능가경 강의

능가경 강의

2014년 1월 16일 초판 1쇄 펴냄
2024년 7월 1일 초판 5쇄 펴냄

지은이 남회근
옮긴이 신원봉

펴낸곳 부키(주)
펴낸이 박윤우
등록일 2012년 9월 27일
등록번호 제312-2012-000045호
주소 서울시 마포구 양화로 125 경남관광빌딩 7층
전화 02-325-0846 팩스 02-325-0841
홈페이지 www.bookie.co.kr
이메일 webmaster@bookie.co.kr
ISBN CODE 978-89-6051-367-9 04220 978-89-6051-039-5 (세트)

잘못된 책은 바꿔 드립니다.
책값은 뒤표지에 있습니다.

남회근
저작선
8

능가경 강의

남회근 지음 신원봉 옮김

부·키

『능가경』 대승성종돈교(大乘性宗頓教) 41법문

절수(浙水) 자운사문(慈雲沙門)이 법을 이어 설명하다

송(頌)으로 말하다

사십일 문의 떠남을 백팔구로 남기니

법상이 다하지 않음이 없어 진정한 성품이 홀연 드러나도다

四十一門離　一百八句遣　法相非非盡　眞性頓然顯

옮긴이 말

『능가경』은 불교 경전 중에서도 보물 같은 존재다. 이 경전은 유식학의 중심 경전이지만 유식을 떠나서도 불교의 교리나 이치를 이해하는 데 빼 놓을 수 없다. 그러기에 달마대사는 이조에게 법을 전하면서, "내가 중국의 모든 경전을 보았지만 오직 『능가경』 네 권만이 심인(心印)으로 삼을 수 있다"고 했다. 달마대사는 인도인이었고 수행의 경지 또한 높았기에 당시로서는 불경에 대한 가장 정확한 안목을 지닐 수 있었으리라 판단된다.

달마대사가 전한 것은 네 권짜리 『능가경』이었다. 이것이 『능가아발다라보경』으로 남회근 선생이 풀이한 바로 이 책이다. 『능가경』은 네 권짜리 말고도 열 권짜리 『입능가경』과 일곱 권짜리 『대승입능가경』이 있다. 달마대사 생존 시 『능가경』은 네 권짜리 말고도 열 권짜리가 있었다. 하지만 네 권짜리를 전한 것은 열 권짜리가 비록 양적으로는 풍부하지만 잘못된 부분이 많았기 때문이다.

하지만 네 권짜리 역시 문제가 없진 않았다. 심인으로 삼을 수 있을 만치 빼어난 경전이었지만 문장이 고풍스럽고 간결해 정확한 해독이 어려웠던 것이다. 네 권짜리가 이후 점차 자취를 감추게 된 것도 바로 그 난독성 때문이었다. 이런 배경하에서 나온 것이 바로 일곱 권짜리 『능가경』이었다. 당나라 측천무후는 인도인 실차난타에게, 네 권짜리 『능가경』은 널리 유통되지 못하고 열 권짜리는 잘못된 부분이 많으니 새 번역본을 만들어 달라고 청했다. 그러자 실차난타는 인도에서 새로 가져온 범어본을 토대로 기존의 두 판본(네 권, 열 권)을 취사선택해 새로운 경전을 편찬했는데, 이것이 바로 일곱 권짜리 『능가경』이다.

네 권짜리와 일곱 권짜리의 분량은 대략 삼 대 오 정도지만, 일곱 권짜리가 분량이 많은 것은 앞부분의 부처님에 대한 찬탄과 법을 청하는 부분 그리고 맨 뒷부분의 게송품 때문이며 이것을 뺀 나머지 부분은 거의 차이가 없다. 그뿐 아니라 어떤 대목은 네 권짜리가 일곱 권짜리보다 더 상세한 부분도 있다. 더욱이 일곱 권짜리 『능가경』에는 다른 두 판본보다 더 난해하게 번역된 부분이나 오역 및 오탈자가 있는 부분이 있으니, 남회근 선생이 네 권짜리를 소개하고자 애를 쓴 것도 이런 상황과 무관하지 않으리라 본다.

『능가경』은 어느 판본이든 불교 경전 중에서도 난삽한 경전에 속한다. 달마대사가 이조에게 소의경전으로 전했지만 후대에 이르러 결국 『금강경』에 자리를 내주고 만 것도 이 때문이라 생각된다. 이런 상황은 후세에 이르러서도 변하지 않은 듯하다. 우리나라 불자들이 『능가경』을 생소하게 여기는 것도 이와 무관하지 않다. 이 경전이 조금 더 이해하기 쉬웠더라면 지금까지도 선종의 핵심 경전으로 널리 읽힐 법하다.

안타까운 것은 『능가경』이 생소한 경전으로 밀려나면서 이 속에 들어 있는 중요한 교리마저 생소한 것으로 여겨지고 있다는 점이다. 예를 들어 선(禪)을 초선(初禪) 이선(二禪) 삼선(三禪) 사선(四禪)이라 세분하여 언급하거나, 중음신(中陰身)이니 의생신(意生身)이니 하는 말을 꺼내면 그게 과연 불교 용어인지, 부처님이 가르침이 맞는지 우리나라 불교인들은 의아해하곤 한다. 이런 점에서 우리나라 불교계에는 불교의 핵심 교리가 제대로 소개되지 않고 빠져 있다는 느낌이 들기도 한다.

역자가 남회근 선생이 풀이한 『능가경』을 꼭 번역 소개하고 싶었던 것은 『능가경』 자체가 생소한 경전이 되어 버린 지금의 상황 때문이지만, 이 외에도 남선생이 네 권짜리 『능가경』을 대본으로 삼았기 때문이다. 사실 네 권짜리 『능가경』을 풀이하고자 한 시도는 한국뿐 아니라 중국에서도 거의 드물었다. 그 원인은 역시 이 경전의 읽기 어려움 때문이었다. 한국에서는 신라 시대 원효대사가 『능가경소』 등 『능가경』 관련 저술을 남겼지만 아쉽게도 모두 실전되고 말았다. 원효대사가 참고한 것은 네 권짜리와 열 권짜리였다.

『능가경』을 이해하기 위해서는 네 권짜리와 일곱 권짜리를 같이 읽어 볼 필요가 있다. 서로 대조해 가며 읽으면 원래의 진면목에 한 발 더 다가설 수 있기 때문이다. 일곱 권짜리 『능가경』은 이미 그 역주가 나와 있으니, 남선생의 이 네 권짜리가 발간된다면 한국 불자들의 『능가경』 이해에 적지 않은 도움이 되리라 생각된다. 남선생은 이 네 권짜리 『능가경』을 이해하기 쉽도록 풀어쓰는 데 많은 공력을 들였다. 남선생 자신이 이 책을 다 쓰고 나서 머리가 세었다고 술회했으니 얼마나 많은 정력을 쏟아부었는지 짐작할 수 있다. 남선생만 한 식견과 자질로 이만치 고심해 풀어놓았으니 우리에게는 더할 나위 없이 좋은 참고서가 될 수 있지 않겠는가.

역자가 그동안 남회근 선생의 여러 저작을 번역 소개하면서도 남선생이 풀이한 『능가경』을 먼저 소개하지 못한 것은 사실 시장성 때문이었다. 정말 중요한 경전이지만 얼마나 팔릴지 자신이 없었기에 출간을 권하기 어려웠다. 다행히 부키에서 전집을 목표로 남선생 저술이 하나하나 발간되면서 『능가경』도 소개할 수 있는 기회를 갖게 되었다. 어려운 상황임에도 전집을 기획해 주신 부키출판사 사장님, 그리고 전집 출판을 도맡아 많은 수고를 아끼지 않은 편집자께 다시 한 번 깊은 감사를 드린다.

2013년 12월 15일
역자 신원봉

차례

『능가아발다라보경』 서(序)

나는 일찍이 『능가경』을 읽으며 그 난삽함에 고생했으며 또 좋은 판본을 얻기도 어려웠다. 마침 남도(南都)의 태자태보(太子太保)[1] 치정(治政) 장공(張公)이 경전 인쇄에 돈을 대고 미산(眉山) 소자첨(蘇子瞻)[2]이 글을 써서 이를 판각해 금산사에 보관하게 했는데, 금산사 장로 불인대사(佛印大師) 요원(了元)이 지니고 있다가 내게 보여 주었다. 내가 그걸 보고서 말했다.

부처님께서 말한 경전이 모두 열두 부로, 그 많기가 오천 권에 이릅니다. 정법(正法)이 유행할 때는 게송의 반만 듣거나 한 구절을 듣고도 깨달은 자가 부지기수였지요. 상법(像法)과 말법(末法)에 이른 후에는 성인께서 가신 지 이미 오래되어 사람들이 문자에 빠지기 시작하자 바닷속에 들어가 모래알을 세는 만치 그 진의를 파악하기가 어려워졌습니다. 진리의 본체에 대해

---

1 태자를 가르치는 동궁(東宮)의 관직에는 태자태사(太子太師)·태자태부(太子太傅)·태자태보(太子太保)가 있었는데, 태자태사는 문(文)을 태자태부는 무(武)를 가르쳤으며 태자태보는 태자의 안전을 보호하는 관직이었다.

2 자첨(子瞻)은 소식(蘇軾, 1037~1101)의 자(字).

어지럽기만 할 뿐 깨달아 알 수 없었지요. 이에 조사가 출현하여 직지인심(直指人心)과 견성성불(見性成佛)을 교외별전으로 삼으니, 표정이 움직이거나 말을 꺼내는 순간 상근기의 날카로운 이들이 이미 그것을 목격해 얻었습니다. 운문(雲門)이 부처를 나무라고 약산(藥山)이 사람들에게 경을 읽지 못하게 한 것도 모두 이런 취지였지요. 이로부터 불(佛)을 떠나는 것을 일러 선(禪)이라 했으며, 의(義)를 떠나는 것을 일러 현(玄)이라 했습니다. 이 때문에 불법을 배우는 자는 반드시 선(禪)을 헐뜯고 의(義)에 어긋나는 것도 오로지 현(玄)을 으뜸으로 삼기 때문이라 했지요. 이가(二家)의 무리가 이처럼 서로 비난했지만 서로가 용(用)이 됨을 알지 못했습니다. 거기다 선(禪)도 육도(六度)의 하나이니 돌이켜 보아도 어찌 불법과 다름이 있겠습니까? 제 생각엔 선(禪)은 불(佛)로부터 나왔고 현(玄)은 의(義)로부터 나왔으니, 불(佛)로 선(禪)을 폐하지 않고 현(玄)으로 의(義)를 폐하지 않아야 할 것입니다. 염구(冉求)가 들은 것을 행해야 하느냐고 묻자 공자께서 들은 것을 행하라고 했지만, 자로(子路)가 들은 것을 행해야 하냐고 묻자 말씀하시기를 부모와 형제가 있으니 어찌 들은 대로 행할 수 있겠느냐고 했습니다. 염구는 소극적이어서 부추긴 것이고 자로는 적극적이어서 만류한 것이니, 말이라는 것이 어찌 변함이 없는 것이겠습니까? 그 편향된 것을 고치려 할 뿐입니다. 불법을 배우는 폐단이 경문(經文)에 빠지고 구절의 뜻에 미혹되어 현(玄)을 체득하지 못한다면 선(禪)으로 구해야 하며, 선(禪)의 폐단이 공언(空言)이나 기이한 말장난으로 치달아 그 뜻을 파악하지 못한다면 불법으로 구해야 합니다. 이 둘은 번갈아 가며 서로를 구해 불법을 온전히 해야 합니다. 옛날 달마가 서쪽에서 왔을 때 이조(二祖)에게 심인(心印)을 전한 뒤에 다시 말하기를, "나에게 『능가경』 네 권이 있어 역시 그대에게 부촉하니 이는 여래의 심지(心地) 요문(要門)이라. 이제 여러 중생에게 보여 깨달음에 들도록 하라"고 했습니다. 이 역시 불법과 선을 같이 전한 것이요, 현과 의를 같이 부촉한 것입니다. 그러다 오조에 이르러 『금강경(金剛經)』으로 바뀌어 전수되기 시작했고, 이 때문에 육조는 손님이 『금강경』 읽는 것을 듣고 그것이 어디에서 나온 것인지 물었습니다. 손님이 대답했습니다. "나는 기주(蘄州) 황매현(黃梅縣) 동쪽 오조산(五祖山)에서 왔다오." 오조대사(五祖大師)는 항시 승속(僧俗)에게 『금강경』을 수지(受持)하도록 권하며 견성성불할 자는 오로지 『금강경』을 수지하는 자라 했습니다. 즉 『금강경』을 수지한 것은 오조(五祖)에서부터 시작했습니다. 이 때문에 『금강경』이 세상에 성행하게 되고 『능가경』은 마침내 전하지 않게 되었습니다.

　그것이 지금까지 전해지는 것은 실로 장공(張公)의 창도로부터입니다. 저는 남도를 지나면서 장공을 알현하고 공이 말하는 『능가경』과의 인연을 직접 들었습니다. 장공이 삼사사한림학사(三司使翰林學士)로부터 저주(滁州)의 지방 장관으로 나아간 초기에, 하루는 낭야(琅邪)의 절에 들어가서 경전을 보관하는 함 하나를 발견했는데, 열어 보았더니 바로 『능가경』이었다고 합니다. 그런데 홀연 그것이 공이 전생에 쓴 책임을 깨달았다고 합니다. 필획이 완연하여 그것이 전생으로부터 물려받은 것임이 아주 분명했다는 것입니다. 제가 들으니 양숙자(羊叔子)는 다섯 살 때 유모에게 자기가 가지고 놀던 금가락지를 가지러 가자고 했습니다. 유모가, 넌 처음부터 아무것도 갖고 있지 않았다고 하자, 양숙자가 제 발로 이웃집 이씨의 동쪽 담장 뽕나무 속에 있는 가락지를 찾아내었습니다. 주인이 놀라 말하기를, "저건 죽은 내 아이가 잃어버린 물건인데 어떻게 찾아냈느냐"고 했습니다. 유모가 자초지종을 말하자 양숙자의 전생이 이씨의 아들임을 알게 되었습니다. 백락천(白樂天)은 태어난 지 칠 개월 때에 유모가 채 두 글자도 가르치지 않았지만 백 가지 글자로 시험해 봐도 틀림이 없었고, 아홉 살 때에는 성률(聲律)을 기억해 알았습니다. 사씨(史氏)는 재주와 문장이 견실하여 아마도 천품인 듯하다고 했지만 백락천 스스로는 오래 익혔기 때문이라 했습니다. 이것을 보면 사람은 참으로 소멸되지 않는 성(性)을 지닌 채 삶과 죽음을 되풀이하며 천지 사이를 왔다 갔다 하나 봅니다. 아마도 그것을 숫자로 따지면 천하의 초목을 꺾어 산가지로 삼더라도 다 못 셀 것입니다. 그러나 죽음과 삶에 빠져 신(神)과 식(識)을 모두 소모함으로써 다시 기억하지 못합니다. 오직 원만하고 밝은 사람만이 압니다. 장공 같은 사람은 뛰어난 학문으로 과거에 합격하여 시종을 거느리고 정권을 장악해 사십 년이 넘게 조정에 출입하면서 맹렬히 사업을 추진했습니다. 그렇게 해서 사람들의 이목을 새롭게 하니 이는 그가 전생에 뛰어난 선지식이었기 때문입니다. 이는 의심할 바가 없습니다. 그가 전생의 일을 기억하는 것을 어찌 믿을 수 없는 일이라 하겠습니까. 이 때문에 『능가경』이란 새 경전을 읽고서도 그 인연을 기억해 경의 마지막에 적어 놓았습니다.

조의대부(朝議大夫) 직룡도각(直龍圖閣) 권강회형절등로(權江淮荊浙等路)

제치염반(制置鹽礬) 겸 발운부사(發運副使)

상호군(上護軍) 사자금어대(賜紫金魚袋) 장지기(蔣之奇) 찬(撰)

『능가아발다라보경』 서(序) 2

　『능가아발다라보경(楞伽阿跋多羅寶經)』은 부처님께서 말씀하신 것으로 미묘하고 가장 진실한 요의(了義)[3]이기에 이것을 불어심품(佛語心品)이라 했다. 달마조사는 이조(二祖)에게 부촉하면서 말했다. "내가 중국의 모든 경전을 보았지만 오직 『능가경』 네 권만이 심인(心印)으로 삼을 수 있네." 이후 조사들이 서로 전수하며 심법으로 삼았는데, 이는 의학의 『난경(難經)』과 같아서 구절구절이 모두 이치요, 글자글자가 모두 법이다. 후세에 뛰어난 자, 신명하여 마치 쟁반에 구슬 구르듯 걸림이 없는 자가 만일 새로운 뜻을 제시하며 옛 학문이 쓸모없는 것이라 버린다면, 어리석은 자이거나 무지한 자가 아니라면 미친 자일 것이다. 근세의 학자는 각 파의 종지를 스승으로 삼아 간편한 것으로 애써 따르며, 한 구절 한 게송을 얻어 스스로 증득했다고 한다. 아낙네와 아이들까지도 기분 좋게 선(禪)의 기쁨을 다투어 말하며 높은 자는 명예를 취하고 낮은 자는 이익을 취하니, 그 여파가 말류에까지 이

---

3 불법의 이치를 직접적으로 완전히 드러내는 것을 요의라 하고, 중생의 이해 정도를 감안해 점차적 방편적으로 인도하는 것을 불요의(不了義)라 하는데, 이 둘을 합쳐 이의(二義)라고 한다.

르러 가지 못하는 곳이 없어졌지만 불법은 도리어 미약해지기만 했다. 비유하자면 세속의 의사가 경전의 논의에 근거하지 않고 전해 오는 처방으로 병을 치료하는 것과 같으니, 혹 치료가 될 수 있다고 하더라도 환자는 생사를 걸고 응해야 하니 경전을 알고 옛것을 배우는 자와 같이 말할 수 없다. 세상 사람들이 만약 지극한 한 가지 기술만 가지고 혹 옛사람보다 낫다고 여겨 『난경』은 공부하지 않아도 된다고 한다면 이 어찌 오해가 아니겠는가? 『능가경』은 그 뜻이 오묘하며 문자가 간결하고 고아(古雅)해 읽는 자가 혹 그 구절을 이해하지 못할 수 있다. 하물며 남겨진 글만으로 뜻을 얻으려 하거나 뜻조차 잊고서 마음으로 알려고 하는 자이겠는가? 이 때문에 세상에 거의 잊히고 폐기되다시피 근근이 남아 있는 것이다. 태자태보(太子太保) 악전선생(樂全先生) 장안도(張安道)는 광대한 마음으로 청정한 깨달음을 얻었다. 경력(慶曆)[4] 연간에 일찍이 저주(滁州) 지방 장관으로 재직하면서 어느 절에 이르러 우연히 이 경전을 손에 넣게 되었는데, 홀연 옛 물건을 얻은 듯했다. 책을 펼쳐 채 다 읽지도 않았을 때 오래된 장애가 얼음 녹듯 녹아내렸다. 자세히 필적을 살피니 손으로 쓴 흔적이 완연했다. 슬픔과 기쁨이 크게 그치더니 이로부터 깨달음에 들었다. 항시 경전의 처음에 있는 네 구절의 게송으로 심요(心要)로 삼았다. 나는 공의 집안을 삼십 년이나 드나들었다. 올해 이월 남도(南都)를 지나면서 사저에서 공을 알현했는데 공은 그해 일흔아홉 살이었다. 미혹이 모두 소멸되어 남아 있지 않았고 자애로운 광채가 은은했으며 나 역시 나이가 들어 온갖 우환이 찾아들었다. 공은 가르칠 만하다고 생각하여 이 경전과 함께 삼십 만 전을 주면서 이 책을 찍어 양자강과 회수 사이에 배포하도록 하였다. 그런데 금산사 장로인 불인대사(佛印大師) 요원(了元)이 말하기를, 찍어서 나누어 주면 책이 다 없어질 수 있으니 만약 글로

---

4 송나라 인종(仁宗)의 연호(1041년 11월~1048년).

써서 나무판에 새겨 두면 다 사라지지 않을 것이라 하였다. 그리하여 내가
이 책을 글로 쓴 다음 그 시자(侍者) 효기(曉機)를 시켜 전당(錢塘)에게 가져
가서 뛰어난 장인을 구해 판에 새기게 하여 마침내 금산사에 항시 보관하게
하였다.

조봉랑(朝奉郞) 신차지등주군주(新差知登州軍州) 겸 관내권농사(管內勸農事)
기도위(騎都尉) 차비(借緋) 소식(蘇軾)이 씀

원풍(元豐)[5] 8년 9월 9일

---

5 송나라 신종(神宗) 때의 연호(1078~1085).

서문 1

불경은 읽기 어렵지만 불경 중에서도 『능가경』은 특히 읽기 어렵다. 소동
파(蘇東坡, 1037~1101)는 일찍이 말하기를, "『능가경』은 그 뜻이 정치하며
문자가 간결하고 고아하다"고 했다. 읽어 보아도 혹 무슨 소리인지 모르는
경우가 있는데, 하물며 남겨진 글로 뜻을 얻으려 하고 잃어버린 뜻을 마음
으로 알려고 하는 자이겠는가? 전하는 바에 따르면 군자는 덕성을 존중하되
묻고 배우며, 넓게 배우되 정미(精微)함을 다하고, 지극히 고명하되 중용을
말한다고 했다. 중국의 유가는 한나라에서 송나라에 이르도록 정자, 주자,
육상산, 왕양명을 거치며 천 년에 이르도록 논의가 분분했다. 불학을 보더
라도 부처를 떠나 선(禪)으로 나아가면서 뜻보다는 현묘함을 추구하더니,
이른바 승의유(勝義有)니 필경공(畢竟空)이니 하며 문호를 다퉈 지금에 이르
도록 잦아들지 않고 있다. 옛적에 달마가 서쪽에서 와서 심인(心印)을 이조
(二祖)에게 전하고서 다시 말하기를, "나에게 『능가경』 네 권이 있어 이것도
너에게 주노라. 이는 여래의 심지 요문이다. 이제 여러 사람에게 가르쳐 깨
달음에 들도록 하라"고 했다. 무릇 『능가경』의 오묘한 뜻은 본래 성(性)과

상(相)을 융회 관통하여 공(空)과 유(有)가 다르지 않음을 제시한 것이다. 그러니 유식학자가 아니더라도 반드시 세밀하고 깊게 연구하고 익혀야 한다. 성종(性宗)의 대덕들은 더욱 달마 심인의 언어를 면밀히 살피고 부지런히 닦아 증득해야 한다. 내가 일찍이 말한 바 있지만 문학과 종교는 그 체(體)와 질(質)이 항시 술(術)과 용(用)으로 몽롱하게 엄폐되어 그 진정한 면목을 쉽게 엿볼 수 없다. 종교 문학 중에서도 불교 경전의 빼어난 문장의 경우는 분명하지 않고 허황하여 그 폐단이 더욱 심하다. 이전에 아이들에게 양경부(兩京賦)[6]와 삼도부(三都賦)[7]를 가르친 적이 있는데, 매 구절마다 마치 깊은 산속 오솔길을 걷는 듯해 일일이 설명하기 어려웠고, 어둑어둑하고 한가로위 그 구경을 알 수 없었다. 만약 불경 중『화엄경』과『능가경』등을 본다면 그 방대하게 펼쳐진 밭이 넓고도 넓어 두둑을 볼 수 없으니, 대개 장자와 사마천, 양웅(揚雄)과 반고(班固) 등 제자(諸子)의 문장도 여기에 비하면 하찮게 여겨질 듯하다. 비록 그렇더라도 옛 성현의 미언대의(微言大義)를 잘 정돈하여 껍질을 벗겨 핵심을 드러내었고, 정치하고 미세한 요지를 낱낱이 밝혀 배우는 자로 하여금 다함없이 깨달아 증험할 수 있게 하였다. 남회근 거사는『능엄내의금석(楞嚴大義今釋)』에 이어 이 책을 저술했는데, 미래에 구도할 마음이 있는 자를 위해 온 힘을 다해 가시와 피를 제거하고, 만경(萬頃)의 좋은 밭에 금쪽같은 곡식을 길러 후인들에게 전해 주려 했다. 큰 선지식의 원력으로 세인을 깨쳐 도를 넓히고자 하니 그 공덕이 무량하다 할 것이다. 육 년 전『능엄대의금석』을 출간하던 날 내가 그 책 말미에 발문을 썼는데, 그 후 육 년 동안 기암정사(奇岩精舍)의 경연(經筵)을 끊임없이 지속하는

---

6 장형(張衡)의 대표작으로 '서경부(西京賦)'와 '동경부(東京賦)' 두 편으로 구성되어 있다. 여기서 서경과 동경이란 한나라의 장안과 낙양을 가리킨다.

7 서진(西晉) 좌사(左思)의 작품으로 '오도부(吳都賦)' '위도부(魏都賦)' '촉도부(蜀都賦)'로 구성되어 있다. 이들 부는 실제로 세 도성을 묘사하는 데 그치지 않고 위(魏)·촉(蜀)·오(吳) 나라의 전체적 개황을 묘사하고 있다.

것을 보고 나처럼 완고하고 둔한 자가 일찍이 걱정은 하면서도 그 정진을
가로막지 않았으니, 공을 몹시 수고롭게 하면서 포기하지 않게 하는 것이
도리어 도에 나아갈 수 있는 길이 되리라 생각했기 때문이다. 이제 큰절을
올리며 그 인연을 책머리에 적어 둔다.

1965년 11월

창파거사(滄波居士) 정중행(程中行)[8]

---

8 정중행(1903~1990)은 강소성 무진(武進) 사람으로 저명한 문필가였다. 1925년 복단대학(復旦
大學)을 졸업하고 이후 상해 『시사신보(時事新報)』 주필로 활약했다. 1930년 영국에 유학했으
며 돌아와서 복단대학 교수로 재직한 후 중국공학대학부(中國公學大學部)와 국립정치대학(國立
政治大學), 동오대학(東吳大學) 교수를 역임했다. 일찍이 대만서예가협회 이사장을 역임하기도
했다.

서문 2 자서

1.

『능가경』은 불교를 통틀어 사상이나 이론뿐 아니라 수행 방법에서도 아주 중요한 보물 같은 경전이다. 유식(唯識)이나 법상(法相)[9]을 연구하는 중국학자들은 이 경전을 오경(五經) 십일론(十一論)[10]의 중심으로 삼으니 무릇 유식에 뜻을 둔 학자라면 반드시 깊이 알아야 한다. 하지만 성종(性宗)[11]에 중심을 둔 학자라도 반드시 읽지 않을 수 없다. 더욱이 전불심인(傳佛心印)[12] 불립문자(不立文字)를 표방한 선종의 경우는 달마대사가 동쪽으로 와서 법을 전하던 초기부터 이 경전을 전하며 마음에 새기도록 하였다. 그러니 불교 교리를 연구하든 혹은 곧바로 불법을 닦아 몸으로 얻으려는 사람이든 『능가경』을 깊이 있게 연구하지 않는 것은 대단히 유감스러운 일이다.

『능가경』의 번역본에는 모두 세 종류가 있다.

첫째는 송나라 번역본이다. 유송(劉宋) 시대(420~479년)인 서기 443년에

---

9 유식론에 입각해 세운 불교의 한 종파. 불법의 본체보다는 현상을 중시한다는 점에서 법상(法相)이라는 이름이 붙었다.

구나발라(求那跋羅)가 『능가아발다라보경(楞伽阿跋多羅寶經)』이라는 이름으로 번역한 것으로 총 네 권이다.

둘째는 위(魏)나라 번역본이다. 서기 513년 보리류지(菩提流支)가 『입능가경(入楞伽經)』이라는 이름으로 번역한 것으로 모두 열 권이다.

셋째는 당나라 번역본이다. 서기 700년 실차난타(實叉難陀)가 번역한 『대승입능가경(大乘入楞伽經)』으로 모두 일곱 권이다.

우리가 일반적으로 접하는 『능가경』은 대부분 송나라 번역본이다.

---

10 법상종은 육경(六經) 십일론(十一論)을 그 이론적 근본으로 삼으니 육경이란 『화엄경(華嚴經)』, 『해심밀경(解深密經)』, 『능가경(楞伽經)』, 『밀엄경(密嚴經)』, 『여래출현공덕경(如來出現功德經)』, 『아비달마경(阿毗達磨經)』을 말한다. 이 중 『여래출현공덕경』과 『아비달마경』은 중국에 전해지지 않았다. 육조(六朝) 시기에 이르러 『능가경』을 익히는 사람치고 『대법고경(大法鼓經)』, 『승만경(勝鬘經)』을 같이 읽지 않는 사람이 드물어 이들을 '능가삼경(楞伽三經)'이라고도 불렀다. 이렇게 해서 법상이나 유식의 핵심 경전은 첫째가 『대법고경』, 둘째가 『승만경』, 셋째가 『능가경』, 넷째가 『해심밀』, 다섯째가 『화엄경』이 되었다.

십일론(十一論)은 다음과 같다.

(1) 유가사지론(瑜伽師地論): 미륵보살이 설한 것을 당나라 현장(玄奘)이 옮김. 모두 100권.

(2) 현양성교론(顯揚聖敎論): 무착보살(無著菩薩)이 짓고 현장이 옮김. 모두 20권.

(3) 대승장엄경론(大乘莊嚴經論): 무착보살이 짓고 당나라 때 파라파밀다라(波羅頗蜜多羅)가 옮김. 13권.

(4) 집량론(集量論): 진제(眞諦)와 의정(義淨)의 두 번역이 있었으나 지금은 전해지지 않음.

(5) 섭대승론(攝大乘論): 후위(後魏)의 불타선다(佛陀扇多) 번역본(2권), 진(陳)의 진제 번역본(3권), 당 현장 번역본(3권)의 세 종류가 있음.

(6) 십지경론(十地經論): 세친보살(世親菩薩)이 짓고 후위(後魏)의 보리류지가 옮김. 12권.

(7) 관소연연론(觀所緣緣論): 진(陳)의 나보살(那菩薩)이 짓고 현장이 옮김. 1권.

(8) 아비달마집론(阿毗達磨集論): 무착보살이 짓고 현장이 옮김. 7권.

(9) 유식이십론(唯識二十論): 세친보살이 지음. 후위(後魏)의 구담반야류지(瞿曇般若流支), 진(陳)의 진제, 당 현장의 세 번역본이 있음. 1권.

(10) 변중변론(辨中邊論): 세친보살이 지음. 진의 진제(2권)와 당의 현장(3권)이 옮김.

(11) 분별유가론(分別瑜伽論): 중국에 전해지지 않음.

11 법성종(法性宗)이라고도 함. 법성(法性)은 법상(法相)과 대비되는 개념으로 법상이 현상을 중시한다면 법성은 진여 또는 불성(佛性)을 세계의 근본으로 봄. 화엄종, 천태종, 삼론종, 밀종 등을 흔히 법성종이라 칭함.

12 글이나 말로 표현할 수 없는 부처님의 내심(內心)의 깨달음을 전함.

『능가경』은 어떤 번역이든 의미도 글자도 어려워 이해하기 쉽지 않다. 옛 사람들이 온 힘을 다해 심원한 불교의 이치를 알기 쉽게 명확히 번역하려 했건만 읽으면 읽을수록 더욱 이해하기 어려우니, 이 어찌 처음의 생각과 너무도 달라진 것이 아니겠는가? 어떤 사람은 말하기를, 불법이 원래 오묘하고 불가사의한 데다 번역한 문장마저 난삽해 마치 바다에 떠 있는 삼신산처럼 보이긴 해도 다가설 수 없으니, 이것 역시 『능가경』을 읽고도 이해하지 못하는 주요 원인 중 하나라 하였다. 사실 『능가경』이 어려운 것은 번역문이 난삽해서인 것만은 아니다. 『능가경』의 오묘한 이치는 본래 법성(法性)과 법상(法相)을 융회 관통하는 것으로, 공(空)과 유(有)가 다르지 않음을 말하고, 이론과 실제 수행에서 반드시 인명(因明, 논리)에 통달해 법상(法相)을 제대로 분별함으로써 치밀한 사색을 통해 궁극의 진리로 돌아가게 한다. 동시에 실제 수행을 통해 마음으로 증득하고 그런 뒤 사태의 핵심을 찾아낼 수 있게 하여 그 오묘한 곳을 살피게 한다.

동서를 막론하고 시대를 거슬러 올라갈수록 성현의 가르침은 대부분 문답 형식이나 어록 형태로 기록되어 있는데, 꾸밈없고 깊으며 간결하다. 이에 반해 시대가 흘러갈수록 화려함이 덧붙어 유창하게 이어지며 아름답기 그지없다. 하지만 말 속에 들어 있는 것이 없어 한 번 읽고 나면 곧 잊어버린다. 그럼에도 화려함에 길들여진 사람들이 고전을 비웃으며 떠나 버리니, 참으로 비웃음을 당하지 않으면 도(道)로서 부족함이 있다고 할 수밖에 없다. 『능가경』 역시 문답 형식으로 되어 있는데, 언뜻 보기엔 아무 두서도 없어 무슨 말인지 알지 못하나 자세히 살펴보면 그 나름의 규율이 있어 선후 차례만 파악할 수 있다면 어렵지 않게 그 체계와 깊은 뜻을 분명히 파악할 수 있다. 그러므로 『능가경』을 읽으면서는 신중하게 사고하고 명석하게 판단하며 엄밀하게 분석해 논거를 귀납해야 한다. 이렇게 해서 그 논거를 이해한 뒤에야 비로소 두서를 알게 되니, 이 경전은 말하자면 불교 경전 중에서도 철학적 전적이라 할 수 있다.(이 경전의 대의를 말미에 한 장의 표로 체계화시켜 놓았음.) 그 밖의 다른 경전 예를 들면『해심밀경』,『능엄경』등은 조리 정연하게 한 단계 한 단계 전환하며 깊숙이 들어가므로 사람들로 하여금 실을 당겨 고치를 풀어 가는 재미를 느끼게 한다. 그런 점에서 이들 경전은 불교 경전 중에서도 과학적 전적이라 말할 수 있다.『아미타경』,『관무량수경』및 밀종의 경전 등은 신묘하고 장엄해 오직 믿음으로만 들어설 수 있으니 불교 경전 중에서도 종교적 전적이라 말할 수 있다. 그러므로『능가경』을 연구하면서는 탐색적 철학적 사변적 소양을 길러 두어야만 그 깎아지른 언덕을 두루 조망할 수 있다.

　『능가경』은 대혜대사가 질문한 백여 개의 문제로부터 시작된다. 그 속에는 인생, 우주, 물리, 인문에 관한 것이 들어 있는데, 그 중 한 문제라도 깊이 있게 천착한다면 백과전서와 같은 두툼한 책이 될 수 있는 것으로 결코 불교의 범주에 머무르지 않는다. 이들 문제는 동서고금을 막론하고 사람들이 마음속에 품어 온 것으로 불교에 국한되지 않는다. 먼저 이들 문제를 훑어보면 그 기세가 대단해 꽤나 번거로운 논의가 이어질 듯하지만, 부처님은 의외로 이 순서를 따르지 않고 손 가는 대로 곧바로 심(心), 성(性), 상(相)에 대해 말하며 형이상의 궁극적 진리를 끌어온다. 이 때문에 묻지도 않은 질문에 답하는 듯한 느낌이 들 수 있지만 실제 본 경전의 종지(宗旨)는 인생의 신심성명(身心性命)과 우주 만상의 근본 체성(體性)을 직접 가리키는 데에 있다. 물리든 사상이든 모두가 현실 세계를 마주 대하면서 생겨난 것으로, 현상에 대한 감각과 관찰을 통해 나온 것이다. 이것이 바로 불교에서 말하는 상(相)이다. 만약 명(名)에 따라 상(相)을 판별하고자 한다면 온갖 어휘가 분분해 결국 영원히 완성될 수 없을 것이다. 설사 분석이 물리적으로 혹은 정신적으로 최고도에 달했다 하더라도 필연코 그 뿌리인 형이상의 만물의 본래자리로 되돌아가야만 가능할 것이다. 이런 까닭에 부처님은 오법(五法)[13], 삼자성(三自性)[14], 팔식(八識)[15], 이무아(二無我)[16]로부터 분석하기 시작해 마음과 물질의 실제인 여래장식으로 총괄적 답을 제시한다. 이 경전을 후세 법상학자들이 유식종의 보물 같은 경전으로 보는 이유도 바로 여기에 있다.

2.

부처님께서 돌아가신 후 유식과 법상의 학이 시대를 거듭하며 밝게 드러나고 융성해지자 불교의 대소승 경론 역시 유식의 관점을 따라 그 나름의 체계를 세울 수 있었다. 그러나 불행히도 인도로부터 멀어짐에 따라 가까이는 중국에서부터 동방 각국에 번역 전래된 불교는 도리어 이 때문에 승의유(勝義有)[17]와 필경공(畢竟空)[18]의 학술적 대립이 생겨나 이천여 년이나 잦아들지 않았는데, 이는 참으로 애초 석가모니께서 원하던 바가 아니었다. 여래장식이 본래의 깨끗한 모습으로 전환된 것을 진여(眞如)라 하고 훈습된 종성(種性)[19]을 여래장(如來藏)이라 불러, 이 속에는 아(我)도 물(物)도 심(心)도 없으니 어찌 승의유를 말할 수 있겠는가. 그러므로 『해심밀경(解深密

---

13 『입능가경(入楞伽經)』 권7에 의하면 밍(名)·상(相)·분별(分別)·정지(正智)·여여(如如)를 오법이라 하는데, 일체의 불법이 모두 이 오법 속에 있다고 했다.

14 일체의 생명에 구비되어 있는 세 종류의 자성으로 변계집성(遍計執性)·의타기성(依他起性)·원성실성(圓成實性)을 가리킨다.

15 유식학에서 말하는 여덟 가지 식(識)으로, 안(眼)·이(耳)·비(鼻)·설(舌)·신(身)의 다섯 감각기관에 의(意)·말나(末那)·아뢰야(阿賴耶)가 포함된 것이다. 앞의 다섯 식은 구체적 대상을 인식하는 능력이며 뒤의 세 식은 추상적 인식 능력이다.

16 인무아(人無我)와 법무아(法無我)를 이른다. 인무아를 아공(我空)이라 하고 법무아(法無我)를 법공(法空)이라고 하며 이 둘을 통칭하여 이공(二空)이라고 하는데, 이공이 바로 이무아(二無我)이다. 혹은 아법이공(我法二空)이라 부르기도 한다.

17 세속을 초월한 궁극적 존재.

18 일체 중생이 법(法)에 집착할까 봐 말한 것이 공(空)이며, 다시 공(空)에 집착할까 봐 말한 것이 비공비유(非空非有)와 시공시유(是空是有)의 중도의 법이며, 다시 중도의 법에 집착할까 봐 말한 것이 필경공이다. 모든 현상에 대한 판단이 완전히 끊어진 상태다.

19 타고난 본래의 종자적 성향을 이른다.

經)』에서 부처님은 이렇게 말씀하셨다. "아타나식[20]은 지극히 깊고 세밀해 일체의 종자가 폭포처럼 흐른다. 내가 어리석은 범부들에게 이것을 말하지 않은 것은 그들이 분별심을 내어 이것이 아(我)라 집착할 것을 두려워했기 때문이다." 같은 이치를 부처님께서는 반야(般若) 방면에서도 말씀하셨다. 일체의 법이 꿈이나 환상 같아 가는 것도 오는 것도 없으며 그 본성은 공(空)으로 상(相)이 없으나 동시에 진실하며 허무하지 않다고 하셨으니, 부처님께서 어찌 필경공을 정설로 삼았겠는가. 한층 더 깊이 닦아 증득하는 것이 법상과 유식의 설법이라면, 이는 상과 집착을 타파한 것으로 이렇게 해야 비로소 철저한 공을 표방한 불법이라 할 수 있다. 하지만 반야의 설법은 그럼에도 불구하고 곧바로 본성을 말하며 여래 자성을 가리키고 있으니 이런 논의를 훌쩍 뛰어넘으려는 것이 아닌가.

그렇지만 어떤 설법에서도 심(心)과 성(性), 유(有)와 공(空), 진여 자성과 비진여 자성 간의 관계, 즉 이들 형이상의 본체가 어떻게 마음과 물질 양면으로 구성된 온갖 군상(群相)을 통섭하는지, 혹은 형이상의 것과 형이하의 물리 세계가 어떻게 관련을 맺고 있는지에 대해서는 시종 구체적인 설명이 없다. 그뿐 아니라 대부분의 이론이 결국은 유심(唯心)과 유식(唯識)으로 치우치고 만 것도 역시 유감스러운 일이 아닐 수 없다. 만약 이들 문제를 좀 더 분석해 명백하게 했다면 지금까지도 지속되는 유심론과 유물론의 논쟁도 필요 없었을 것이며 장기간에 걸쳤던 인류의 크나큰 재앙도 애초 존재하지 않았을 것이니, 이 어찌 인문 사상사의 획기적인 사건이 아니었겠는가. 당나라 현장법사는 일찍이 팔식규구송(八識規矩頌)을 지어 아뢰야식의 속뜻을 종합했는데, 그는 이것을 "훈습되어 종자를 속에 품은 채 몸뚱이의 뿌리가 되며, 죽을 땐 뒤에 떠나고 태어날 땐 앞서 와 주인공이 된다[受熏持種根身

---

20 아뢰야식의 다른 이름이다.

器, 去後來先做主公)"라고 표현했다. 하지만 불교에서는 일반적으로, 몸의 뿌리를 중시하고 죽을 땐 뒤에 떠나고 태어날 땐 앞서 와 주인공이 되는 것 외에는 결코 기세계(器世界, 물리 세계)와의 관계에 대해 체계적이며 근본적인 연구를 수행하려 하지 않았다. 불교가 현대의 철학과 과학에 더 큰 빛을 발할 수 없었던 것도 이 때문이다. 말하자면 자기 집에 보관된 보물을 거들떠보지도 않고 과학과 철학의 소양도 결여한 데다 대승과 소승의 진정한 의미도 꿰뚫어 보지 못한 셈이니 참으로 애석한 일이 아닐 수 없다. 만약 두터운 종교적 습기(習氣)를 털어 버리고 이러한 측면에 착안한다면 현실의 인간 세계와 장래 다가올 세계에 더 큰 공헌을 할 수 있을 것이다. 내 생각엔 이렇게 하는 것이 부처님의 마음에 부합할 것이다. 우리 부처님께서도 응당 회심의 미소를 지으실 것이다! 만약 이 방향으로 연구하고자 한다면 『화엄경(華嚴經)』과 『유가사지론(瑜伽師地論)』 등에 대해서도 심식(心識)이 어떻게 이 세계를 만들었는지에 대해 그 이치를 탐구하는 데 더 많은 노력을 기울여야 할 것이니, 그렇게 해야만 기대에 어긋나지 않을 것이다.

　반대로 참선으로 곧바로 증득하고자 하는 자가 가장 쉽게 범하는 잘못은 종(宗)에는 통하나 교(敎)에는 통하지 못하는 것이다. 이렇게 되면 많은 경우 의근(意根) 아래에 뿌리를 내리거나 혹은 독영경(獨影境)[21]상에서 연기(緣起)에 의거해 상(相)을 쫓아가는 경계로 나아가 맴돌기도 하며, 혹은 청정이나 공무(空無)에 집착하거나 혹 광명이나 이염(爾燄)[22]을 인정하기도 한다. 혹은 종횡으로 기미를 변론하며 즐기기도 하고, 혹은 고인의 말이나 구절을 사수하기도 한다. 참선이 그저 불법을 증득하는 초보적 입문 방법에 불과한 것임을 모르고 스스로 높다고 여겨 교리를 인증하지 않으려 하니,

---

21 삼류경(三類境)의 하나. 주관이 홀로 착각하여 객관적으로 존재하지 않은 것을 존재하는 것처럼 보는 것이다.

22 인식이 일어나게 하는 대상으로, 소지(所知)나 경계(境界) 등으로 번역된다.

작은 것으로 만족해 그것을 옳다고 우기는 것이다. 이는 유식학설에 대해 이해가 깊지 않거나 잘못 알고 있는 일반인들이 "제법에 자성이 없다[諸法無自性]"거나 "일체에 자성이 없다[一切無自性]"는 데 대해 스스로 증득해 보지도 않고서 선종의 명심견성을 사설(邪說)이라 말하는 것과 같으니 중대한 착오를 범한 것이다. "제법에 자성이 없다"거나 "일체에 자성이 없다"는 것은, 우주 만유의 현상계 속에서 생겨난 일체의 물질적 모습이나 심리적 분별 의식에서 생겨난 여러 지견(知見)들이 모두 고정된 자존(自存)이 없거나 혹은 영원불변한 독립적 자성(自性)이 없음을 말한 것이다. 이들 일체 만상은 모두가 여래장 속의 변화 작용일 뿐이기에 "자성이 없다"고 했다. 『화엄경』에서, "일체가 모두 법계를 따라 흐르고, 일체가 다시 법계로 되돌아간다[一切皆從法界流, 一切還歸於法界]"라고 한 것도 바로 이 뜻이다. 법상이나 유식의 저작과 설법에 대해 오해를 하고 있다면 이를 바로잡아 스스로 어긋나지 않고 다른 사람을 어긋나게 하지 않으며, 불법을 그릇 해석하는 잘못에 빠지지 않아야 한다. 나는 여기서 합장해 절하며 그러지 않기를 간곡히 청한다.

3.

1960년 달이 유난히 밝은 중추절에 『능엄대의(楞嚴大義)』의 번역 출판을 처음 일단락 지으며 다시 『능가대의(楞伽大義)』를 써야 되겠다는 생각을 했다. 하루는 북투(北投)의 기암정사에서 『화엄경』을 강술했는데, 그 자리에서 양관북(楊管北) 거사 또한 그런 건의를 했으며 그의 부인 방국선(方菊仙) 여사도 고급 만년필 두 자루를 사 주며 성공을 기원했다. 인연이 모여들자 기운을 내어 이 책의 역주 작업에 들어갔다. 경자(庚子)년 중양절 후에 시작해 겨울과 봄을 넘기며 생각을 거듭했으며, 추위와 더위 및 밤낮을 가리지 않고 다음 해인 1961년 6월 12일 하력(夏曆)으로 신축(辛丑)년 4월 29일 밤 초고를 완성했다. 이 칠팔 개월의 저술 과정 중 깊이 생각해도 풀리지 않는 곳이 생기면 편안히 앉아 참선을 하며 그 실제적 이치를 증득해 융회 관통하고자 했다. 당시 필자는 식료품 시장 안에 살고 있어서 환경이 좋지 못했다. 떠들썩한 데다 비린내 누린내 나는 쓰레기들이 가득했다. 이러한 열악한 환경 속에서 불사(佛事)를 행하고 그 속에서 재미를 느끼고 있었으니 지금 생각하면 실소를 금할 수 없다! 그런 광경도 십여 년 접하다 보니 이미 습관이되어 자연스레 느껴졌으며 깨끗하고 더러운 것을 가리는 마음도 점차 사라졌다. 그런데 어느 겨울 밤 글을 쓰다 문득 정법이 쇠퇴하고 삿된 견해가 넘쳐나 사람들이 거기에 빠져드는 상황이 생각나 개탄을 금할 수 없었다. 그느낌을 절구 네 수로 정리해 제목을 「경자년 겨울밤 경전을 옮기며 지은 시〔庚子冬夜譯經卽賦〕」라 했는데, 비록 환몽(幻夢) 같고 공화(空花) 같지만 옮겨 놓아 기념으로 삼고자 한다.

첫 수는

비바람에 하늘이 질펀하니 또 한 해가 가고
진흙 밭에 꼬리 끌며 삼거[23]를 말하도다
벼랑이 가팔라 공생[24]이 앉지 못하니
능인[25]께서 그랬듯 스스로 저술치 못하도다
風雨漫天歲又除　泥塗曳尾說三車
崖巘未許空生坐　輪與能仁自著書

---

23 『법화경』비유품(譬喩品)에서 말하는 양거(羊車), 녹거(鹿車), 우거(牛車)의 세 수레 즉 삼거(三車)이다. 양거는 성문승(聲聞乘), 녹거는 연각승(緣覺乘), 우거는 보살승(菩薩乘)에 비유된다.

24 공생(空生)은 부처님의 십대제자 중 공(空)의 이치에 밝았던 수보리(須菩提)를 가리킨다.

25 '석가(釋迦)'의 의역. 자비를 인(仁)으로 새겨 능인(能仁) 즉 '인을 행할 수 있는 자'로 번역한다.

둘째 수는

영취산에 바람 높아 꿈속에서 찾고
불법을 전하며 스스로 비결을 찾게 하도다
옛날 그 드문 기수급고독원 모임에 의지하는 것이
지금 밤 새워 문자를 희롱하는 마음과 같도다
靈鷲風高夢裏尋　傳燈獨自度金針
依稀昔日祇園會　猶是今宵弄墨心

셋째 수는

무착과 천친[26] 가서 오지 않고
눈앞 도솔천[27] 가는 길은 높기만 하니
이 세상 누구와 함께 토론하랴
그저 부처님께 머리 조아려 의문을 풀어낼 뿐
無著天親去未來　眼前兜率路崔嵬
人間論義與誰證　稽首靈山意已摧

넷째 수는

청산이 잠에 들어 평호를 비추니
나외 누가 있어 이 병을 기울이랴

---

26 유식종의 창시자로 형제 사이이다.

27 미륵보살이 살고 있는 곳. 무착과 천친 형제가 없어 미륵보살이라도 만나고자 하나 그 역시
어렵다. 『유가사지론(瑜伽師地論)』은 미륵보살이 강연한 것을 무착이 기록한 것이다.

밤새 경전을 번역하다 날 샌 것도 잊으니

눈서리 머리 위에 내린 것[28]도 모르도다

靑山入夢照平湖　外我爲誰傾此壺

徹夜翻經忘已曉　不知霜雪上頭顱

이 책을 쓰면서 『능가경』의 세 종류 역본을 참고했다. 주로 유통본인 『능가아발다라보경』을 따랐으나 다른 것도 참고하고 그들의 장점을 취해 원본의 내용이 잘 통하도록 번역했다. 또 좀 더 풀어 설명할 곳이 있으면 붓이 가는 대로 개인적 견해를 덧붙이고 이를 달리 표기하여 개인의 관점일 뿐임을 적었다. 나중에 혹 어떤 사람이 내용을 좀 더 덧붙이자고 해도 실제로 다시 기운을 내기는 어려울 듯하다. 이번 작업은 양관북 부부의 발심 외에 다른 몇 분의 도움이 있었다. 그분들의 발심과 공덕은 결코 잊을 수 없다. 대만대학 농화학과 강사 주문광(朱文光)은 원고지 천 장을 사 주고 깨끗이 정서하고 교정하는 작업을 책임져 주었다. 설명이 필요한 부분에 주해를 붙였고 분주히 일하면서 노고를 아끼지 않고 원망을 두려워하지 않았다. 그는 아무 소리 없이 마치 바보처럼 시키는 대로 하면서 그 몇 년 간 아침저녁으로 얼굴을 대했다. 내가 때론 까탈스럽게 굴어도 아무런 내색을 하지 않았다. 그는 많은 공덕을 행하면서도 드러내 놓고 하지 않았다. 그 외 사범대 학생 진미지(陳美智), 탕산선(湯珊先)도 원고를 정서하고 베껴 쓰는 데 힘을 아끼지 않았다. 중국문화연구소의 연구생 오이(吳怡)도 이 책의 윤문에 참가했으며 문제를 제기하며 도왔다. 한장기(韓長沂) 거사는 출판과 교열을 책임졌다. 그리고 마지막으로 정창파(程滄波) 거사는 이 책의 서문을 써 주었다. 이들은 모두 이 책의 저술과 출판에 직접 관계된 사람이므로, 이내 사라질 눈밭

---

28 『능가경』을 번역하면서 뜬눈으로 날을 새우다 번역을 마치고 거울을 보니 귀밑머리가 하얗게 세어 있어 그 백발을 '능가두발(楞伽頭髮)'이라 했다고 한다.

기러기 발자국이더라도 그 진상을 적어 두기로 한다.

책이 완성된 후 다시 문장을 살펴보니 차분하기는 하나 따분하고 재미가 없었다. 아마도 타고난 결함이리라. 평소에 흥취가 있으면 달려들지만 시들해지면 어떤 질책도 고려하지 않고 중도에 그만두곤 했다. 한편으로 생각하면 중년이 넘어 경륜이 깊어지면서 도리어 일처리가 늦어진 탓인지도 모른다. 어쨌든 원고를 다 쓰고 나서 밀쳐 둔 채로 사 년이 흘렀다. 이렇게 사 년을 보내며 그사이 유가와 도가에 관한 책을 쓰기도 했지만 모두가 하다 말다 한 것으로 무료하고 재미가 없었다. 심지어 저술이란 것이 모두 쓸모없게 여겨져 이전에 경솔하게 써 낸 것이 후회스럽기도 했다. "온갖 현묘한 논변도 텅 빈 허공에 날리는 가는 털 하나요, 세상 온갖 변화의 관건이란 것도 거대한 계곡에 떨어지는 물방울 하나다[窮諸玄辯, 若一毫置於太虛, 竭世樞機, 似一滴投於巨壑]"라고 한 덕산선사(德山禪師)의 말을 접할 때마다 참으로 지극한 이치가 담긴 명언이라 여겨 스스로 폄하하길 즐겼다. 불가의 구절을 인용해 말하는 것도 소승적 생각이라는 마음이 수시로 떠올라 이 책의 출판을 미루고 또 미뤘다. 올해 정월 선집법회(禪集法會)를 막 마치고 양관북 거사가 또 이 일을 꺼냈다. 돌아가신 그의 어머니 설씨 부인에게 회향하기 위해 이 책 오천 부 인세를 출연해 명복을 빌려 한다고 했다. 이렇게 해서 비로소 이 책이 세상에 나오게 되었다. 처음부터 끝까지 이 일을 이루어 낸 것은 양관북 거사였다. 경전에서 말하길, "효자가 끊어지지 않으니 영원히 복을 받으리라[孝子不匱, 永錫爾類]"고 했다. 나는 단지 흥이 나서 했을 뿐 시비 득실에 대해서는 따지지 않았다. 단지 옮겨 놓은 이 책의 문장이 제대로 되지 않은 듯해 유감스러웠을 뿐이다. 만약 장래에 흥취가 생기면 다시 이 책의 미진한 부분을 한번 새롭게 보완할 생각이었다. 그런데 조판과 인쇄 과정에서 다시 눈병이 생겨 칠팔 개월을 밀쳐 둘 수밖에 없었다. 업이 깊고 장애가 심해 일을 풀어내기 어렵다는 것을 절실히 느꼈다. 본래 이 경전과 유식법상의 관계, 그리고 성종과 상종의 상통하는 부분에 대해 한 편의 간략한 개요를 쓰고자 했다. 그런데 한편으로 생각하니 이렇게 잉크와 종이를 허비해 봐야 세상 사람들에게 그다지 도움이 되지 않을 듯해 그만두었다. 전현들의 저술 중 범고농(範古農) 거사의 팔식규구송관주해(八識規矩頌貫珠解)를 찾아 덧붙여 배우는 자들이 유식법상의 기본을 쉽게 이해하도록 했으니, 이로부터 입문해 성종과 상종의 동이점을 연구한다면 경전의 속뜻에 통할 수 있을 것이다.

1965년 11월 금량헌(金粱軒)에서

남회근 씀

일러두기 —————————

1. 원서 『능가대의금석(楞伽大義金釋)』의 번역 원문은 대만 대북시 선도사(善導寺)와 대만인경처(台灣印經處)에서 출간한 4권본 『능가경』이다.

2. 『능가경』 경전 원문은 이 책의 원서인 『능가대의금석』의 자구와 구두점을 따랐다. 다만 문단이 나뉜 곳에는 빈 행을 넣어 읽기 편하게 하였다.

3. 원서 『능가대의금석』은 부처님의 큰 뜻을 파악하기 위해 구어체를 사용해 연구자들이 참고할 수 있게 한 것으로, 한 구절 한 구절 해석해 나간 것은 아니다.

4. 원서는 현대적 방식에 따라 장절의 앞부분에 소제목을 달아 일반인들이 읽기에 편하도록 하였다. 아울러 『능가경』의 중점이 나열되도록 하여 차례만 한 번 보아도 각 장절의 요점을 알 수 있을 뿐 아니라 『능가경』의 전체 대의도 대략 짐작할 수 있도록 하였다.

5. 원서 『능가대의금석』에는 팔식규구송을 본문 앞에 두었으나 여기서는 본문 뒤에 배치하였다.

6. 원서 『능가대의금석』에 괄호로 묶어 저자의 개인 의견임을 밝힌 부분은 괄호를 없애고 '이런 뜻이다'만 살려 구별하였다. 이 부분은 저자의 사견이니 참고하고 의심스러운 곳이 있으면 원래 경전을 연구해 보기 바란다.

7. 각주에는 원주와 역주가 있다. 원주는 원서에 주가 있던 위치 그대로 두었고 원주임을 밝혔다. 따로 표시가 없는 각주는 모두 역주이다.

8. 이 책 말미에 용어풀이를 두어 독자들이 좀 더 읽기 쉽게 하였다. 용어풀이에 있는 항목 중 원주나 역주 표시가 있는 것은 각주 내용을 반복한 것이다. 따로 표시가 없는 용어는 시공불교사전, 표준국어대사전, 한자사전, 동국역경원불교사전, 그리고 각종 백과사전을 참고해 편집자가 정리한 것이다.

9. 어려운 용어를 풀어쓴 경우에 필요하면 특별한 표시 없이 대괄호 안에 원문을 병기하였다.

능가경 권1

일체불어심품(一切佛語心品) 1

유송(劉宋)의 인도 출신 승려 구나발다라(求那跋陀羅)²⁹ 옮김

남회근 해설

如是我聞. 一時佛住南海濱楞伽山頂. 種種寶華以爲莊嚴. 與大比丘僧, 及大菩薩
衆俱. 從彼種種異佛刹來. 是諸菩薩摩訶薩. 無量三昧自在之力. 神通遊戲. 大慧菩
薩摩訶薩而爲上首. 一切諸佛手灌其頂. 自心現境界. 善解其義. 種種衆生. 種種
心色. 無量度門. 隨類普現, 於五法自性識二種無我, 究竟通達. 爾時大慧菩薩與
摩帝菩薩, 俱遊一切諸佛刹土, 承佛神力. 從坐而起. 偏袒右肩. 右膝著地. 合掌恭
敬, 以偈讚佛.

世間離生滅　猶如虛空華　智不得有無　而興大悲心

一切法如幻　遠離於心識　智不得有無　而興大悲心

遠離於斷常　世間恒如夢　智不得有無　而興大悲心

知人法無我　煩惱及爾燄　常清淨無相　而興大悲心

一切無涅槃　無有涅槃佛　無有佛涅槃　遠離覺所覺

若有若無有　是二悉俱離　牟尼寂靜觀　是則遠離生

是名爲不取　今世後世淨

爾時大慧菩薩偈讚佛已自說姓名.

我名爲大慧　通達於大乘　今以百八義　仰諮尊中上

世間解之士　聞彼所說偈　觀察一切衆　告諸佛子言

汝等諸佛子　今皆恣所問　我當爲汝說　自覺之境界

---

29 중국 이름이 공덕현(功德賢)으로 인도 중부 사람이다. 남조(南朝)의 송(宋) 문제(文帝) 때 바다
를 건너 광주(廣州)에 이르렀는데, 황제가 사신을 보내 경사(京師)로 모시며 깊이 숭상했다.
화엄을 강연하고 이 경전을 번역했다.(원주)

문제의 개시

석가모니부처께서 세상에 머물던 그 시기, 부처께서는 인도의 남해 바닷가에 있는 능가산[30] 정상에 계셨는데, 거기에는 출가한 비구[31] 제자와 대승 보살도[32]를 닦는 제자들, 그리고 많은 사람들이 함께 모여 있었다. 당시 대혜대사가 대중의 상좌(上座)였는데, 그는 일체 유심과 만법 유식의 심식(心識)이 드러나는 경계에 대해 이미 진실한 의미를 이해하고 증험할 수 있었다. 그는 각종 차별적 중생이나 심물(心物)과 색상(色相)의 궁극적 실체에 대해 이미 남김없이 파악하고 있었다. 그뿐 아니라 불법에 깊어 중생을 제도하는 법문에 대해서도 통달해 있었다. 하지만 일체 중생의 상이한 바람을 따르기 위해 인연을 따라 세간에 모습을 드러내었다. 오법(五法), 삼자성(三自性), 팔식(八識), 이무아(二無我)의 이치에 대해서도 그는 이미 통달해 있다. 부처님의 계시에 따라 당시 사람들과 후세인들의 수많은 의문을 해결하기 위해 여러 사람을 대신해 부처님께 문제를 제기했다. 그는 의문을 제기하기 전 먼저 부처님의 경지를 찬미하는 게송을 읊었는데, 사실 이것 역시 불법의 핵심을 설명한 것이다. 그는 이렇게 읊었다.

세간의 생멸을 벗어남이 마치 허공의 꽃과 같아
유무를 알지 못하나 큰 자비심이 일어난다

---

30 사자국(師子國 즉 석란도錫蘭島)의 산 이름이다. '능가(楞伽)'란 보석의 이름인데 달리 도달할 수 없고 들어가기 어렵다는 뜻도 있다. 이 산이 능가라는 이름으로 불린 것은 험준해서 사람이 들어가기 어려웠기 때문이다. 부처님은 이 산에서 『능가경』을 설하면서 뛰어난 법을 드러내셨다.(원주)
31 출가해서 구족계(具足戒)를 받은 사람을 통칭한다. 남자를 비구라 하고 여자를 비구니라 한다.(원주)
32 보살. 보리살타(菩提薩埵)의 준말로 도를 구하는 큰마음을 지닌 자이며 부처가 되기를 바라는 대승의 무리를 통칭한다.(원주)

世間離生滅　猶如虛空華　智不得有無　而興大悲心

　이런 뜻이다. 온갖 것이 존재하는 세간의 일체법은 모두 끊임없이 생겨났
다 소멸하고 소멸했다 생겨난다. 마치 허공 속의 환화(幻華)와도 같이 갑
자기 나타났다 사라지고 만다. 만약 생겨나고 소멸하는 작용을 떠난다면
바로 허공과 같아 어떤 것도 존재하지 않는다. 환화의 작용과 현상이 공중
에 나타날 때는 '무(無)'가 아니지만 사라진 이후는 더 이상 '유(有)'가 아
니다. 지혜로운 자는 이 속의 '체(體)'와 '상(相)' 또는 '용(用)'의 원인을 알
아서 속세의 얽매임을 벗어나 항상 밝게 깨어 있다. 일체 세간이 결정적으
로 '유(有)'라 집착하지도 않고 절대적으로 '무(無)'라 집착하지도 않는다.
그럼에도 세간 일체 중생의 어리석음을 불쌍히 여겨, 큰 자비의 마음을 일
으켜 일체 세간에 몸을 드러내어 설법으로 세간을 제도해 중생을 고통으
로부터 벗어나게 한다.

　일체의 법은 환상과 같아 심식을 멀리 벗어나니
　유무를 알지 못하나 큰 자비심이 일어난다
　一切法如幻　遠離於心識　智不得有無　而興大悲心

　이런 뜻이다. 일체의 법은 생겨났다 사라지며 항시 변화해 마치 꿈속과도
같다. 이들 일체는 모두 심의식(心意識)[33]이 변해 나타난 것으로, 만약 심
의식을 벗어난다면 어떤 것도 존재하지 않는다. 지혜로운 자는 이들이
'상(相)'과 '용(用)'으로 드러난 환상이며 본래 아무런 자성(自性)이 없어
얻을 수 없는 것임을 잘 안다. 그런 까닭에 세간의 어리석음을 불쌍히 여

---

33 오온(五蘊)으로 설명하면 색(色)은 물질, 수(受)와 상(想)은 심(心), 행(行)은 의(意), 식(識)은 식
　(識)이다.

겨 대자대비의 마음을 일으켜 세간을 교화해 제도한다.

　　단견과 상견을 멀리 벗어나 세간이 항시 꿈과 같으니
　　유무를 알지 못하나 큰 자비심이 일어난다
　　遠離於斷常　世間恒如夢　智不得有無　而興大悲心

　　이런 뜻이다. 온갖 세간의 일체 제법은 모두 꿈속처럼 생겨났다 사라진다. 이렇게 생멸하는 현상 속에서 만약 그것이 사라져 끊어지는 '무(無)'라고 말한다면 반대로 서로 이어지는 작용이 있고, 만약 항시 지속되는 '유(有)'라고 말한다면 반대로 생멸하며 항시 변화한다. 지혜로운 자는 일체 제법이 결정적인 '유'도 아니요 절대적인 '무'도 아님을 잘 안다. 이런 까닭에 세간의 어리석음을 불쌍히 여겨 대자대비한 염원을 일으켜 세간을 교화 제도하고자 한다.

　　인무아 법무아[34]와 번뇌 및 이염을 알아
　　항상 청정하고 상이 없으나 큰 자비심이 일어난다
　　知人法無我　煩惱及爾燄　常淸淨無相　而興大悲心

　　이런 뜻이다. 부처님은 대지혜를 지닌 해탈자로서 그는 이미 '인무아(人無我)'와 '법무아(法無我)'를 증험하고, 일체의 번뇌장(煩惱障)과 지장(智障)이 분별하고자 하는 망상에서 생긴다는 것을 깨달아 알고 있다. 이 분별하는 망상은 마치 불빛 속 연기와 화염 및 그림자와도 같아서 그 자성은 본

---

34 인간의 몸은 오온(五蘊)의 일시적 결합에 불과한 것으로 거기에 불변하는 본체가 없다는 것이 인무아요, 모든 현상 역시 여러 인연의 일시적 결합에 불과한 것으로 거기에 불변하는 실체가 없다는 것이 법무아이다.

래 상(相)이 없어 고요하고 청정하다. 번뇌와 지혜도 마찬가지로 자성이 없어 본래 고요하고 청정하다. 이 때문에 세간의 어리석음을 불쌍히 여겨 대자대비한 염원을 일으켜 세상에 와서 교화 제도하고자 한다.

일체의 열반이 없고 열반한 부처도 없으며
부처도 열반도 없어 깨달은 바를 멀리 떠난다
一切無涅槃　無有涅槃佛　無有佛涅槃　遠離覺所覺

이런 뜻이다. 일체의 법은 본래 공허하고 자성이 없으니 생사가 없을 뿐 아니라 열반 적멸의 경계 또한 얻을 것이 없다. 열반 적멸의 경계에 머물러 있는 부처도 없을 뿐 아니라 열반 적멸의 경계를 왕래하는 부처 또한 없다. 본래 청정한 자성인 진여 속에는 깨달음의 경계도 없고 깨달을 수 있는 본체도 없다. 만약 부처의 경계가 있느냐 없느냐에 집착한다면 이는 마치 열반에 들어갈 수 있느냐 나올 수 있느냐에 집착하는 것과 같아 법에 집착하게 된다. 그러므로 깨닫는 주체와 깨닫는 대상 모두를 멀리 벗어나 거기에 머물지 않는 것이 불법에서 말하는 진정한 깨달음이다.

있는 듯 있지 않은 듯 이 둘을 모두 떠나니
석가모니의 고요한 살림은 생겨남을 멀리 벗어난다
이것을 일러 취하지 않는다고 하니
금세와 후세가 청정하다
若有若無有　是二悉俱離　牟尼寂靜觀　是則遠離生
是名爲不取　今世後世淨

이런 뜻이다. 모니(牟尼)는 부처님의 이름으로 적막하다는 뜻이다. 부처님은 청정하고 적막한 본성으로부터 고요히 만법을 살펴 생멸의 작용을 멀리 떠나며, 하나의 법을 취하지도 않고 하나의 법을 버리지도 않는다. 그저 절로 그러한 본성을 얻으니 그것이 바로 세속의 구속을 멀리 벗어나는 해탈의 법문이다. 만약 생멸을 벗어나 적멸한 청정으로 돌아갈 수 있다면, 고금의 법에 집착하지 않아 이로부터 시방(十方)의 공간과 삼세의 시간으로부터 벗어나 궁극의 적정(寂靜)을 증득할 것이다.

덧붙임 ❶ 상술한 대혜대사의 게송 중 가장 핵심적인 부분은, 부처님이 이미 생멸이 없는 경계 속에서 해탈을 증득하고 또 청정하고 적멸한 자성 속에서 대지혜를 얻었으나, 세간 일체 중생을 제도해 고통의 바다를 벗어나게 하기 위해 대자대비의 마음을 일으켰다는 지적이다. 그렇다면 부처님이 불쌍히 여긴 것은 무엇일까? 바로 중생의 어리석음이다. 사실 사람과 법이 불쌍한 것도 아니요, 사람과 법이 절대로 불쌍하지 않은 것도 아니다. 그저 불쌍한 바를 불쌍히 여기고 거기에 머물지 않을 뿐이다. 대승의 불법을 알아 한 몸처럼 생각하는 대비(大悲)의 마음을 일으키고 또 아무런 연분도 없는 대자(大慈)의 마음을 일으켜 세간을 제도하니, 이것이야말로 그 중요한 내면의 정신이다.

이때 대혜대사가 찬불의 게송을 다 읊고 나서 스스로 이름이 대혜라고 소개한다. 이제 대승 불법의 핵심 의미를 철저히 이해하기 위해 백여덟 가지 문제를 제기해 부처님의 해답을 바란다. 부처님은 그가 물은 문제에 답하면서 곁들여 그를 위해 여래가 자각한 경계를 설명한다.

爾時大慧菩薩摩訶薩, 承佛所聽, 頂禮佛足, 合掌恭敬, 以偈問曰.

云何淨其念	云何念增長	云何見癡惑	云何惑增長
何故剎土化	相及諸外道	云何無受次	何故名無受
何故名佛子	解脫至何所	誰縛誰解脫	何等禪境界
云何有三乘	唯願爲解說	緣起何所生	云何作所作
云何俱異說	云何爲增長	云何無色定	及與滅正受
云何爲想滅	何因從定覺	云何所作生	進去及持身
云何現分別	云何生諸地	破三有者誰	何處身云何
往生何所至	云何最勝子	何因得神通	及自在三昧
云何三昧心	最勝爲我說	云何名爲藏	云何意及識
云何生與滅	云何見已還	云何爲種姓	非種及心量
云何建立相	及與非我義	云何無衆生	云何世俗說
云何爲斷見	及常見不生	云何佛外道	其相不相違
云何當來世	種種諸異部	云何空何因	云何剎那壞
云何胎藏生	云何世不動	何因如幻夢	及揵闥婆城
世間熱時焰	及與水月光	何因說覺支	及與菩提分
云何國土亂	云何作有見	云何不生滅	世如虛空華
云何覺世間	云何說離字	離妄想者誰	云何虛空譬
如實有幾種	幾波羅蜜心	何因度諸地	誰至無所受
何等二無我	云何爾焰淨	諸智有幾種	幾戒衆生性
誰生諸寶性	摩尼眞珠等	誰生諸語言	衆生種種性
明處及伎術	誰之所顯示	伽陀有幾種	長頌及短句
成爲有幾種	云何名爲論	云何生飮食	及生諸愛欲

云何名爲王　轉輪及小王　云何守護國　諸天有幾種

云何名爲地　星宿及日月　解脫修行者　是各有幾種

弟子有幾種　云何阿闍黎　佛復有幾種　復有幾種生

魔及諸異學　彼各有幾種　自性及與心　彼復各幾種

云何施設量　唯願最勝說　云何空風雲　云何念聰明

云何爲林樹　云何爲蔓草　云何象馬鹿　云何而捕取

云何爲卑陋　何因而卑陋　云何六節攝　云何一闡提

男女及不男　斯皆云何生　云何修行退　云何修行生

禪師以何法　建立何等人　衆生生諸趣　何相何像類

云何爲財富　何因致財富　云何爲釋種　何因有釋種

云何甘蔗種　無上尊願說　云何長苦仙　彼云何教授

如來云何於　一切時刹現　種種名色類　最勝子圍繞

云何不食肉　云何制斷肉　食肉諸種類　何因故食肉

云何日月形　須彌及蓮華　師子勝相剎　側住覆世界

如因陀羅網　或悉諸珍寶　箜篌細腰鼓　狀種種諸華

或離日月光　如是等無量　云何爲化佛　云何報生佛

云何如如佛　云何智慧佛　云何於欲界　不成等正覺

何故色究竟　離欲得菩提　善逝般涅槃　誰當持正法

天師住久如　正法幾時住　悉檀及與見　各復有幾種

毗尼比丘分　云何何因緣　彼諸最勝子　緣覺及聲聞

何因百變易　云何百無受　云何世俗通　云何出世間

云何爲七地　唯願爲演說　僧伽有幾種　云何爲壞僧

云何醫方論　是復何因緣　何故大牟尼　唱說如是言

迦葉拘留孫　拘那含是我　何故說斷常　及與我無我

何不一切時　演說眞實義　而復爲衆生　分別說心量

雞羅及鐵圍　金剛等諸山
無上世間解　聞彼所說偈
善哉善哉問　大慧善諦聽
生及與不生　涅槃空利那
佛子與聲聞　緣覺諸外道
須彌巨海山　洲渚利土地
解脫自在通　力禪三摩提
諸禪定無量　諸陰身往來
心意及與識　無我法有五
乘及諸種性　金銀摩尼等
智爾燄得向　衆生有無有
譬因成悉檀　及與作所作
諸地不相至　百變百無受
諸山須彌地　巨海日月量
一一利幾塵　弓弓數有幾
兔毫窗塵蟻　羊毛𪎭麥塵
獨籠那佉梨　勒叉及舉利
爲有幾阿㝹　名舍梨沙婆
幾賴提摩沙　幾摩沙陀那
幾迦梨沙那　爲成一波羅
是等所應請　何須問餘事
身各有幾數　何故不問此
根根幾阿㝹　毛孔眉毛幾
云何王守護　云何爲解脫
衆生種種欲　種種諸飮食

訶梨阿摩勒　何因男女林
仙闥婆充滿　無量寶莊嚴
諸佛心第一　大乘諸度門
如汝所問說　我今當次第
佛諸波羅蜜　趣至無自性
如是種種事　及與無色行
外道天修羅　星宿及日月
覺支及道品　滅及如意足
三昧起心說　正受滅盡定
及與現二見　自性想所想
荒亂及一佛　一闡提大種
云何而捕取　象馬諸禽獸
心量不現有　叢林迷惑通
伎術諸明處　醫方工巧論
身各幾微塵　下中上衆生
半由延由延　肘步拘樓捨
阿羅𪎭麥幾　鉢他幾𪎭麥
是各有幾數　乃至頻婆羅
名爲一賴提　幾舍梨沙婆
爲迦梨沙那　復幾陀那羅
幾波羅彌樓　此等積聚相
佛及最勝子　聲聞辟支佛
風阿㝹復幾　火燄幾阿㝹
轉輪聖帝王　護財自在王
如汝之所問　廣說及句說

云何男女林　金剛堅固山　云何如幻夢　野鹿渴愛譬

云何山天仙　揵闥婆莊嚴　解脫至何所　誰縛誰解脫

云何禪境界　變化及外道　云何無因作　云何有因作

有因無因作　及非有無因　云何現已滅　云何淨諸覺

云何諸覺轉　及轉諸所作　云何斷諸想　云何三昧起

破三有者誰　何處爲何身　云何無衆生　而說有吾我

云何世俗說　唯願廣分別　所問相云何　及所問非我

云何爲胎藏　及種種異身　云何斷常見　云何心得定

言說及諸智　戒種性佛子　云何成及論　云何師弟子

種種諸衆生　斯等復云何　云何爲飲食　聰明魔施設

云何樹葛藤　最勝子所問　云何種種刹　仙人長苦行

云何爲族姓　從何師受學　云何爲醜陋　云何人修行

欲界何不覺　阿迦膩吒成　云何俗神通　云何爲比丘

云何爲化佛　云何爲報佛　云何如如佛　平等智慧佛

云何爲衆僧　佛子如是問　箜篌腰鼓華　刹土離光明

心地者有七　所問皆如實　此及餘衆多　佛子所應問

一一相相應　遠離諸見過　悉檀離言說　我今當顯示

次第建立句　佛子善諦聽　此上百八句　如諸佛所說

不生句生句. 常句無常句. 相句無相句. 住異句非住異句. 刹那句非刹那句. 自性句離自性句. 空句不空句. 斷句不斷句. 邊句非邊句. 中句非中句. 常句非常句. 緣句非緣句. 因句非因句. 煩惱句非煩惱句. 愛句非愛句. 方便句非方便句. 巧句非巧句. 淨句非淨句. 成句非成句. 譬句非譬句. 弟子句非弟子句. 師句非師句. 種性句非種性句. 三乘句非三乘句. 所有句非所有句. 願句非願句. 三輪句非三輪句. 相句非相句. 有品句非有品句. 俱句非俱句. 緣自聖智現法樂句非現法樂句. 刹土

句非刹土句. 阿兔句非阿兔句. 水句非水句. 弓句非弓句. 實句非實句. 數句非數句. 明句非明句. 虛空句非虛空句. 雲句非雲句. 工巧伎術明處句非工巧伎術明處句. 風句非風句. 地句非地句. 心句非心句. 施設句非施設句. 自性句非自性句. 陰句非陰句. 衆生句非衆生句. 慧句非慧句. 涅槃句非涅槃句. 爾燄句非爾燄句. 外道句非外道句. 荒亂句非荒亂句. 幻句非幻句. 夢句非夢句. 燄句非燄句. 像句非像句. 輪句非輪句. 揵闥婆句非揵闥婆句. 天句非天句. 飲食句非飲食句. 淫欲句非淫欲句. 見句非見句. 波羅蜜句非波羅蜜句. 戒句非戒句. 日月星宿句非日月星宿句. 諦句非諦句. 果句非果句. 滅起句非滅起句. 治句非治句. 相句非相句. 支句非支句. 巧明處句非巧明處句. 禪句非禪句. 迷句非迷句. 現句非現句. 護句非護句. 族句非族句. 仙句非仙句. 王句非王句. 攝受句非攝受句. 寶句非寶句. 記句非記句. 一闡提句非一闡提句. 女男不男句非女男不男句. 味句非味句. 事句非事句. 身句非身句. 覺句非覺句. 動句非動句. 根句非根句. 有爲句非有爲句. 無爲句非無爲句. 因果句非因果句. 色究竟句非色究竟句. 節句非節句. 叢樹葛藤句非叢樹葛藤句. 雜句非雜句. 說句非說句. 毗尼句非毗尼句. 比丘句非比丘句. 處句非處句. 字句非字句. 大慧. 是百八句, 先佛所說. 汝及諸菩薩摩訶薩. 應當修學.

대혜대사가 제시한 문제 속의 문제

이에 대혜가 물었다.

云何淨其念? 云何念增長?
어떻게 해야 마음속 망념을 깨끗이 할 수 있는가요? 왜 마음속 망념이
멈추지 않고 늘어나기만 하는 건가요?

云何見癡惑? 云何惑增長?

왜 지견(知見)이 의혹 속으로 떨어지는가요? 왜 의혹을 보면 멈추지 않고 더 증가하기만 하는 건가요?

何故刹土化?

왜 세간에 있는 이 많은 국토가 끊임없이 생겨나고 변화하는가요? 이들은 어떻게 해서 생겨난 것인가요?

相及諸外道?

그리고 이들 국토상에는 서로 다른 각종의 외도가 있는데, 이들의 상황은 어떠한가요?

云何無受次? 何故名無受?

어떻게 해야 깨달음도 없고 받아들임도 없는 적멸의 경계에 도달할 수 있는가요? 어떻게 되어야 깨달음도 없고 받아들임도 없다고 말할 수 있는가요?

何故名佛子?

어떻게 해야 불자라 칭할 수 있는가요?

解脫至何所?

해탈을 하고 난 뒤에는 다시 어디로 가나요?

誰縛誰解脫?

미혹 속에 있을 때 얽매이는 자는 누구인가요? 그리고 깨달은 후 해탈한 자는 또 누구인가요?

何等禪境界?
어떤 것이 선정의 경계인가요?

云何有三乘? 唯願爲解說?
불법 속에 왜 서로 다른 성문, 연각, 보살의 삼승이 있는가요?

緣起何所生?
만법을 생겨나게 하는 인과 연은 도대체 어디에서 온 것인가요?

云何作所作?
무엇이 작용을 일으키는 인(因)이며, 작용을 통해 생겨나는 과(果)는 무엇인가요?

云何俱異說? 云何爲增長?
왜 세간에는 서로 다른 많은 이론이 있는가요? 이들은 어떻게 해서 생겨나고 체계를 갖추며 또 변화되나요?

云何無色定? 及與滅正受? 云何爲想滅? 何因從定覺?
어떤 것이 무색정(無色定)의 경계인가요? 어떤 것이 멸진정(滅盡定)의 경계인가요? 어떤 것이 무상정(無想定)의 경계인가요? 정(定) 속에서 스스로 깨어나 정(定) 바깥으로 나가는 경계는 어떤 것이며 무슨 원인 때문에 그런 건가요?

云何所作生?

어떻게 해서 일체의 작위(作爲)가 인과(因果)의 작용을 일으킬 수 있나요?

進去及持身?

어떻게 해야 어머니 뱃속으로 들어가 이 몸을 만들 수 있나요?

云何現分別?

어떻게 식(識)이 드러나 분별 망상을 일으키고 만물과 더불어 형형색색의 작용을 하나요?

云何生諸地?

왜 불법에서 대승과 소승 등 각종 지위의 차별이 생겼나요?

破三有者誰?

삼계[35]의 생사를 타파할 수 있는, 즉 욕계·색계·무색계를 벗어날 수 있는 자는 누구인가요?

---

35 달리 삼유(三有)라고도 한다. 범부가 생사 왕래하는 세계는 세 가지로 나누어진다. 첫째는 욕계다. 음욕과 식욕의 두 욕구를 지닌 유정(有情)이 머무는 곳이다. 위로 육욕천(六欲天)으로부터 중간에 사람이 사는 사대주, 그리고 아래로는 무간지옥까지를 욕계라 한다. 둘째는 색계다. 색이란 물질이 응고되어 있는 것으로, 형체를 지닌 물질을 말한다. 이 세계는 욕계의 위에 있으며 음욕과 식욕을 벗어난 유정(有情)이 머무는 곳이다. 신체와 궁전 및 일체의 물질이 모두 오묘하고 정교해 이 때문에 색계라 한다. 이 색계는 선정의 얕고 깊음에 따라 네 단계로 나누는데, 이를 사선천(四禪天)이라 부른다. 셋째는 무색계다. 이 세계는 색(色)도 없고 물질도 없으며 신체도 없고 궁전이나 국토도 없다. 오직 심식(心識)이 깊고 오묘한 선정에 들어 있을 뿐이라 이를 무색계라 한다. 아무 물질도 없는 세계라 그 방향과 장소를 정할 수 없다. 하지만 과보로 말한다면 색계의 위에 있다. 여기에는 사천(四天)이 있어 사무색(四無色) 또는 사공처(四空處)라 불린다.(원주)

何處身云何?

어떻게 해서 육도(六道)[36] 중 각종 생명이 끊임없이 순환할 수 있나요?

往生何所至?

왕생해서 궁극적으로 어디로 가나요?

云何最勝子?

어떤 것이 불법 중에서도 가장 뛰어난 법인가요?

何因得神通? 及自在三昧?

어떻게 해야 신통을 얻을 수 있나요? 어떻게 해야 자재(自在)의 삼매(三昧)[37]를 얻을 수 있나요?

云何三昧心? 最勝爲我說.

어떤 것이 삼매 정수(正受)[38]의 심경(心境)인가요?

云何名爲藏? 云何意及識?

무엇을 장식(藏識, 아뢰야식)[39]이라 하나요? 의(意)와 식(識)은 어떻게 분별하나요?

---

36 달리 육취(六趣)라고도 한다. 지옥, 아귀, 축생, 아수라, 인간, 천상이 그것이다. 이 여섯은 중생이 윤회하는 길이라 육도라 한다. 중생은 각기 그 원인인 업에 따라 달려가므로 육취라고도 한다.(원주)

37 정(定)이라고 하는 것으로 마음이 한곳에 머물러 움직이지 않는 상태이다.

38 마음의 산란을 멈추고 대상을 있는 그대로 바르게 받아들이는 선정(禪定).

39 심식(心識)의 명칭으로 팔식 중 여덟 번째이다. 번역해서 장(藏)이라고 하는데, 일체 사물의 종자를 머금어 저장한다는 뜻이다.(원주)

云何生與滅?

생멸의 현상은 어떠한가요?

云何見已還?

어떻게 되어야 '불환과(不還果)'[40]의 경계가 이미 드러난 건가요?

云何爲種性?

어찌해서 중생의 허다한 종성(種性)이 있게 되었나요?

非種及心量?

왜 부처가 아닌 종성이 있으며 그들의 심량(心量)[41]은 또 어떠한가요?

云何建立相? 及與非我義?

왜 일체의 법상(法相)을 세워야 하나요? 왜 또 일체 법상에서 무아를 높이 내세워야 하나요?

云何無衆生?

왜 본래 제도할 중생이 없다고 말씀하시는 건가요?

云何世俗說?

어떤 불법이 세속을 따르는 설법인가요?

---

40 아나함(阿那含)이라고도 하며, 욕계의 번뇌를 다 끊은 탓에 다시 욕계에 태어날 필요가 없는 경지에 도달한 성자를 말한다.

41 마음이 작용하여 대상을 분별하고 차별함.

云何爲斷見? 及常見不生?

어떤 것이라야 단멸(斷滅)이 생겨나지 않는 견해라 할 수 있는가요? 어떤 것이라야 상주(常住)가 생겨나지 않는 견해라 할 수 있는가요?

云何佛外道? 其相不相違?

부처와 외도의 다른 점은 무엇인가요? 또 그들 서로 소통할 수 있는 곳은 어디인가요?

云何當來世, 種種諸異部?

왜 불법은 후세로 전해지면서 여러 가지 서로 다른 부파로 나누어지는가요?

云何空何因?

어떤 상태를 공(空)이라 하나요? 공의 경계란 또 어떤 것인가요?

云何刹那壞?

왜 한 생각 한 생각 사이, 매 찰나에도 모두 허물어지고 있나요?

云何胎藏生?

중생계의 생명 중 왜 어떤 것은 태속에 있다가 태어나나요?

云何世不動?

왜 과거·현재·미래 삼세가 본래 바뀐 적이 없다고 말씀하시나요?

何因如幻夢? 及揵闥婆城? 世間熱時燄? 及與水月光?

왜 세계 일체의 만법이 모두 꿈이나 환상과 같고 신기루와 같으며, 혹은 불꽃이나 그 그림자와 같고, 혹은 물속 달과 같은가요?

何因說覺支? 及與菩提分?

왜 칠각지(七覺支)[42]가 있는가요? 또 왜 삼십칠보리도품(三十七菩提道品)[43]이 있는가요?

云何國土亂?

왜 국가 간 전쟁이 일어나며 또 내란이 발생하는가요?

云何作有見?

왜 사람들은 만상(萬象)이 실제로 존재한다고 생각하는가요?

云何不生滅?

---

42 아래 주43에 열거된 삼십칠도품에 나온다.(원주)

43 도(道)란 통할 수 있다는 뜻으로, 열반의 길에 이르는 삼십칠종의 자량(資糧)을 말한다. 열거하면 다음과 같다.

(1) 사념처(四念處): 신념처(身念處) 수념처(受念處) 심념처(心念處) 법념처(法念處).

(2) 사정근(四正勤): 이미 생긴 악을 끊어 버리고 부지런히 정진한다. 아직 생겨나지 않은 악은 생겨나지 않도록 부지런히 정진한다. 아직 생겨나지 않은 선은 생겨나도록 정진한다. 이미 생긴 선에 대해서는 더욱 자라나도록 정진한다.

(3) 사여의족(四如意足): 욕여의족(欲如意足) 염여의족(念如意足) 정진여의족(精進如意足) 사유여의족(思惟如意足).

(4) 오근(五根): 신근(信根) 정진근(精進根) 염근(念根) 정근(定根) 혜근(慧根).

(5) 오력(五力): 신력(信力) 정진력(精進力) 염위(念爲) 정력(定力) 혜력(慧力).

(6) 칠각지(七覺支): 택법각지(擇法覺支) 정진각지(精進覺支) 희각지(喜覺支) 경안각지(輕安覺支) 염각지(念覺支) 정각지(定覺支) 행사각지(行捨覺支).

(7) 팔정도(八正道): 정견(正見) 정사유(正思惟) 정어(正語) 정업(正業) 정명(正命) 정정진(正精進) 정념(正念) 정정(正定).(원주)

왜 자성(自性)[44]은 생겨나지도 소멸되지도 않는가요?

世如虛空華?

왜 세간(世間)[45] 일체가 허공 속에 핀 환화(幻華)와 같은가요?

云何覺世間?

어떻게 해야 세간을 벗어나지 않고 스스로 깨달아 마음속으로 증험해 깨칠 수 있나요?

云何說離字?

왜 제일의제(第一義諦)[46]는 문자나 언어로 표현할 수 없는가요?

離妄想者誰? 云何虛空譬?

망상을 멀리 벗어날 수 있는 자는 누구인가요? 왜 부처님은 설법에서 늘 허공의 비유를 사용하시나요?

如實有幾種?

진여(眞如)[47]에는 궁극적으로 몇 종류가 있는가요?

幾波羅密心?

바라밀(피안에 도달)의 심법에는 궁극적으로 몇 종류가 있는가요?

---

44 다른 것과 혼동되지 않으며 변하지도 않는 독자적인 본성.

45 유정(有情)의 중생이 서로 의지하며 살아가는 세상.

46 열반, 진여, 실상 등의 깊고도 오묘한 절대적 진리.

47 제법의 본체는 허환(虛幻)을 벗어나 진실하므로 이 때문에 진(眞)이라 했다. 항시 머물러 변하지 않고 바뀌지 않으므로 여(如)라 했다.(원주)

何因度諸地? 誰至無所受?

어떻게 하면 보살의 각지(各地)[48] 경계를 넘어설 수 있는가요? 깨우침도 받아들임도 없는 경계에 도달할 수 있는 자는 누구인가요?

何等二無我?

왜 인무아(人無我)와 법무아(法無我)의 이무아(二無我)가 있는가요?

云何爾燄淨?

어떻게 해야 아집(我執)과 법집(法執)의 불꽃 그림자를 소멸시킬 수 있나요?

諸智有幾種?

지혜의 경계에는 궁극적으로 몇 종류가 있는가요?

幾戒衆生性?

중생의 성계(性戒)[49]에는 몇 종류가 있는가요?

誰生諸寶性? 摩尼眞珠等?

세간 일체의 진주와 보물 등이 보배롭고 귀한 것은 궁극적으로 누가 그렇게 한 것인가요?

---

48 대승 보살에는 환희지(歡喜地), 이구지(離垢地), 발광지(發光地), 염혜지(焰慧地), 난승지(難勝地), 현전지(現前地), 원행지(遠行地), 부동지(不動地), 선혜지(善慧地), 법문지(法雲地)의 십지가 있다.(원주)

49 따로 정하지 않아도 행위 그 자체가 죄악이므로 당연히 금지된 살생(殺生), 투도(偸盜), 사음(邪淫) 등의 계율.

誰生諸語言? 衆生種種性?

세간의 모든 언어와 다양한 중생들은 궁극적으로 누구의 작품인가요?

明處及伎術, 誰之所顯示?

세간의 오명(五明)[50]—내명(內明), 인명(因明), 성명(聲明), 의방명(醫方明), 공교명(工巧明)— 및 일체의 공예 기술은 궁극적으로 누가 발명하고 만든 것인가요?

伽陀有幾種? 長頌及短句.

게어(偈語)[51]와 풍송(諷頌)[52]에는 모두 몇 종의 형식이 있는가요? 어떤 것이 장송(長頌) 또는 단구(短句)인가요?

成爲有幾種? 云何名爲論?

세간에 계통을 갖춘 학문은 몇 종류나 될까요? 어떤 것을 논장(論藏)[53]이라 하는가요?

云何生飮食? 及生諸愛欲?

왜 세상에는 각종 음식이 있는가요? 왜 세간에는 허다한 애욕이 있는가요?

---

50 고대 인도의 다섯 가지 학문. 내명(內明)은 각 종교의 취지를 밝히는 학문, 인명(因明)은 논리학, 성명(聲明)은 언어나 문법에 대한 학문이며, 의방명(醫方明)은 의술에 대한 학문, 공교명(工巧明)은 공예나 기술에 대한 학문이다.

51 불경에서 교리를 설명하기 위해 사용한 노래 형식이며 매 구절이 보통 네 글자로 된 것이 많다.

52 경전의 서술 형식이 운문체로 된 것이다.

53 삼장(三藏, 경장經藏·율장律藏·논장論藏)의 하나. 경전의 요지를 정리하고 분류해 그에 해설을 덧붙인 조사(祖師)들의 논설이다.

云何名爲王? 轉輪及小王?

어떤 사람을 국왕이라 하나요? 전륜성왕과 소왕(小王)은 어떻게 구별하나요?

云何守護國? 諸天有幾種?

어떻게 국토(國土) 사이에 있는 수많은 사람과 신(神)을 수호하나요? 삼계의 천인(天人)은 또 모두 몇 종류나 되나요?

云何名爲地? 星宿及日月?

어떻게 해서 대지가 이루어지나요? 일월과 성수(星宿) 등은 또 어떻게 존재하나요?

解脫修行者, 是各有幾種?

해탈의 도를 닦는 사람은 모두 몇 종류가 있나요?

弟子有幾種? 云何阿闍黎?

불제자는 모두 몇 종류인가요? 어떻게 해야 불법에서 말하는 교수사(教授師)[54]라 불릴 수 있나요?

佛復有幾種? 復有幾種生?

부처에는 궁극적으로 몇 종류가 있나요? 중생은 또 몇 종류가 있나요?

魔及諸異學, 彼各有幾種?

---

54 계율을 받는 사람에게 예법을 가르치는 승려.

마(魔)와 일체의 외도에는 몇 종류가 있나요?

自性及與心, 彼復各幾種?
자성(自性)과 심(心)에는 궁극적으로 몇 종류가 있나요?

云何施設量? 唯願最勝說.
어떻게 가설(假說)의 설법이 있을 수 있는가요?

云何空風雲?
어떻게 해서 허공에서 바람과 구름이 생기나요?

云何念聰明?
어떻게 세상 사람들이 천부적인 총명을 지닐 수 있는가요?

云何爲林樹?
어떻게 세간의 삼림에는 나무가 빽빽이 들어찰 수 있는가요?

云何爲蔓草?
어떻게 세간에는 덩굴풀이 번식할 수 있는가요?

云何象馬鹿? 云何而捕取?
어떻게 세간에는 코끼리, 말, 사슴 등 동물이 있을 수 있는가요? 왜 어떤 사람은 그들을 붙잡으려 하는가요?

云何爲卑陋? 何因而卑陋?

어떤 것이 비천하고 누추한가요? 왜 비천함과 누추함이 있을 수 있는가요?

云何六節攝?

왜 일 년을 여섯 절기로 나누는가요?—과거 인도의 풍속에는 두 달을 한 절기로 하여 일 년을 여섯 절기로 나누었음.

云何一闡提?

어떻게 세상에 선근(善根)이 완전히 끊어진 중생이 있는가요?

男女及不男, 斯皆云何生?

남자와 여자 그리고 남자도 여자도 아닌 음양인은 어떻게 해서 생겨난 것인가요?

云何修行退? 云何修行生?

왜 수행인에게 중도에 물러서는 마음이 생기나요? 수행인이 진보한다는 것은 어떤 것인가요?

禪師以何法? 建立何等人?

선관(禪觀)[55]을 가르치는 대사(大師)분들은 어떤 방법으로 가르치나요? 그리고 어떤 사람에게 마땅히 선관을 닦도록 가르쳐야 하나요?

衆生生諸趣, 何相何像類?

---

55 좌선하면서 여러 가지 관법을 사용해 망상을 끊는 것.

일체의 중생은 각기 다른 곳에 왕생하는데 그 형상은 어떠한가요? 궁극적으로 몇 종류가 있는가요?

云何爲財富? 何因致財富?

어떤 것이 진정한 재부(財富)인가요? 어떤 방법으로 재부를 얻을 수 있는가요?

云何爲釋種? 何因有釋種? 云何甘蔗種? 無上尊願說.

어떤 것이 석가의 종족인가요? 어떻게 해서 석가의 종족이 형성될 수 있었던가요? 또 어떤 것이 석가감자[56] 종족(釋迦甘蔗種族)의 계통인가요?

云何長苦仙? 彼云何教授?

어떻게 오랫동안 고행을 닦는 선인(仙人)들이 있을 수 있나요? 그들이 가르치고 닦는 것은 어떤 방법인가요?

如來云何於, 一切時利現, 種種名色類, 最勝子圍繞?

여러 부처와 보살들이 항시 일체의 시간 속에 있고, 항시 일체의 국토상에 있으며, 각각 다른 종류의 이름과 모습과 몸으로 나타나 사람을 제도한다는 것은 무슨 말인가요? 왜 수없이 많은 사람과 천상의 뛰어난 불자들이 항시 부처님 주위를 에워싸고 있는가요?

云何不食肉? 云何制斷肉? 食肉諸種類, 何因故食肉?

부처님은 왜 육식을 하지 말라고 하는가요? 부처님은 어떤 제도를 활용

---

56 감자(甘蔗). 석가족의 시조로 달리 일종(日種) 또는 선생(善生)이라고도 한다.

해 육식을 금지시키는가요? 저들 육식을 하는 중생들은 왜 육식을 하려 하나요?

云何日月形, 須彌及蓮華, 師子勝相刹, 側住覆世界.
如因陀羅網, 或悉諸珍寶, 箜篌細腰鼓, 狀種種諸華.
或離日月光, 如是等無量.

왜 부처님은 법계 중 무수한 국토가 있고, 무수한 수미산(須彌山)[57] 또는 묘고산(妙高山)이 있다고 말씀하시나요? 또 어떤 세계는 형체가 연꽃과 같다고 하시나요? 왜 가장 좋은 세계의 명칭을 '사자상찰(師子相刹)'이라 하시나요? 그리고 각종 세계가 마치 그릇처럼 바로서기도 하고 뒤집어지기도 하며 횡으로 드러눕기도 한다고 하시나요? 왜 무한한 허공 속 다함이 없는 세계가 마치 제석천의 보물 그물처럼 겹겹이 이어져 끝이 없으며, 어떤 것은 형체가 진귀한 보물 같고 어떤 것은 공후(箜篌)나 허리가 잘룩한 북과 같아 그 광채가 사람의 혼을 빼앗는다고 하시나요? 여기다 다시 왜 또 다른 세계가 있어 우리와 달리 해와 달의 빛이 없다고 하시나요? 이들 은 궁극적으로 무엇 때문인가요?

云何爲化佛? 云何報生佛? 云何如如佛? 云何智慧佛?
무엇이 부처님의 화신(化身), 보신(報身), 법신(法身)과 지혜신(智慧身)인 가요?

云何於欲界, 不成等正覺? 何故色究竟, 離欲得菩提?
왜 부처님은 노사나보신불(盧舍那報身佛)[58]이 욕계에서는 무상정각을

---

57 묘고산이라 번역하는데, 한 소세계의 중심이다. (원주)

이룰 수 없다고 하셨나요? 그리고 색구경계(色究竟界)[59] 속에서야 비로소 보리정각을 증득한다고 하셨나요?

善逝般涅槃, 誰當持正法? 天師住久如? 正法幾時住?
부처님이 열반에 드신 이후는 누가 이 세간의 정법을 주지(住持)하시나요? 요컨대 부처님은 세상에 얼마나 계시나요? 부처님의 정법은 또 언제까지 세상에 남아 있을까요?

悉檀及與見, 各復有幾種?
실단[60](悉檀)[61]과 해탈의 지견(知見)[62]은 모두 몇 종류나 있는가요?

毘尼比丘分, 云何何因緣?
부처님은 무슨 인연으로 출가한 비구들의 비니(毘尼)인 '계율'을 제정하려 하시나요?

彼諸最勝子, 緣覺及聲聞, 何因百變易, 云何百無受?
이 불법 중에 가장 뛰어난 불자들, 예를 들면 성문(聲聞)[63]과 연각(緣

---

58 삼신불(三身佛)의 하나. 노사나불(盧舍那佛)은 보신(報身)이요 비로자나불(毘盧遮那佛)은 법신(法身)이며 석가불(釋迦佛)은 응신(應身)이다.

59 색계(色界) 사선천(四禪天) 중에서도 제일 위에 위치한 천(天). 색계에는 모두 열여덟 개의 천(天)이 있다.

60 실단이란 부처님이 설법하여 중생을 교화하는 방법으로 네 가지가 있다.

61 부처님의 설법은 사실단(四悉檀)을 벗어나지 않는다. 실단이란 옛 사람이 번역한 것으로, 이 네 가지 법의 성취로 중생이 부처의 길로 나아가므로 이렇게 이름을 붙였다. 사실단으로는 첫째가 세계실단(世界悉檀), 둘째가 각각위인실단(各各爲人悉檀), 셋째가 대치실단(對治悉檀), 넷째가 제일의실단(第一義悉檀)이다.(원주)

62 분별하지 않고 대상을 있는 그대로 직관하는 능력이다.

覺)⁶⁴ 중 왜 어떤 자는 인연의 지배를 받거나 혹 변역생사(變易生死)⁶⁵ 속에 있어야 하나요? 요컨대 어떻게 해야 아무 데도 얽매이지 않는 최고의 적멸 경계에 이를 수 있나요?

云何世俗通? 云何出世間?
세속적 신통이란 어떤 것인가요? 출세간적 신통이란 어떤 것인가요?

云何爲七地? 唯願爲演說.
대승 보살 칠지(七地)의 심량(心量)이란 어떤 것인가요?

僧伽有幾種? 云何爲壞僧?
승가에는 몇 종류가 있나요? 어떤 것이 승려 단체의 화합을 파괴하는 것인가요?

云何醫方論, 是復何因緣?
부처님의 의방론(醫方論)⁶⁶이란 어떤 것인가요? 무슨 까닭으로 부처님은 이런 의방을 찾아내어야 했나요?

何故大牟尼, 唱說如是言, 迦葉拘留孫, 拘那含是我?

---

63 부처님의 소승 제자로서 부처님이 설한 고집멸도를 듣고서 출세법을 닦는 자이다.(원주)

64 스스로 십이인연을 살피고서 도를 이루는 자로 역시 대승은 아니다.(원주)

65 윤회에는 분단생사와 변역생사 두 종류가 있다. 분단생사(分段生死)는 중생이 일정한 수명(分)과 형상(段)을 취해 육도를 윤회하는 것이고, 변역생사(變易生死)는 보살 등이 이전의 거친 몸 대신 미세한 몸으로 바꾸어(變易) 삼계 밖에서 성불할 때까지 받는 생사를 가리킨다. 분단생사의 고통은 벗어났지만 아직 미세한 번뇌로 인한 고통이 남아 있다.

66 의방명(醫方明)이라고도 한다. 고대 인도의 다섯 가지 학문인 오명(五明) 중 하나로서 질병이나 의료, 약방에 관해 해설하는 학문이다.

왜 우리 위대한 부처님께서는 과거 무수한 겁(劫) 속의 가섭불과 구류손 불 그리고 구나함불[67] 등이 모두 내 화신이라고 말씀하셨나요?

何故說斷常, 及與我無我?

왜 부처님께서는 세간의 단견과 상견 및 아(我)와 무아(無我)의 함의를 설명하시려 하나요?

何不一切時, 演說眞實義. 而復爲衆生, 分別說心量?

왜 부처님께서는 어떤 시기 어떤 장소에서나 그저 불법의 진의(眞義)만 말씀하시나요? 그러면서도 일체 중생을 위해 갖가지 서로 다른 심량의 법문을 분별해서 알려 주시나요?

何因男女林? 訶梨阿摩勒?

왜 세간에는 남녀 등의 중생이 있나요? 또 왜 가리(訶梨)나 아마륵(阿摩勒)[68] 등의 과일나무가 있나요?

雞羅及鐵圍, 金剛等諸山, 無量寶莊嚴, 仙闥婆充滿?

왜 이 세간의 가장자리에 계라(雞羅), 철위(鐵圍), 금강(金剛) 등의 산이 둘러싸고 있나요? 그리고 왜 이들 산속에는 셀 수 없이 많은 보석으로 가득 차 있으며, 수많은 신선들이 머물고 있나요?

덧붙임 ❷ 이상에서 말한 것은 엄격히 말하면 결코 백여덟 가지 문제에

---

67 가섭(迦葉), 구류손(拘留孫), 구나함(拘那含). 과거 일곱 부처님 중 셋이다.(원주)

68 가리와 여감자(餘甘子) 등은 다섯 가지 약재다. 아마륵은 형태가 빈랑(檳榔)처럼 생겼는데 먹으면 풍냉(風冷)을 막을 수 있다.(원주)

그치지 않지만 이들을 백여덟 가지 문제로 귀결시키는 것이 불가능한 것도 아니다. 이 경전에서는 단지 백여덟 가지 질문을 그 범위로 삼으나 이역시 개괄적인 것일 뿐이다. 법문은 이루 다 헤아릴 수 없으니 하나에서 시작해도 열까지 가득 차며 열을 넘는 것은 백으로 통섭된다. 논장(論藏) 중 『백법명문론(百法明門論)』이 있는 것도 이 때문이다. 무수한 법문도 팔변(八變)을 떠나지 않는다. 이들 수와 이치와 현상을 통괄해서 말하자면 바로 팔식(八識)이라 부를 수 있다. 바로 이 경전에서 단지 백팔로써 무수한 문제를 통괄하려는 이유다. 불교의 현교(顯敎)에서 사용하는 염주 알이 백팔 개를 표준을 삼는 것도 이 경전에서 유래하여 관례가 된 것이라 생각한다. 후세에 이르러 밀교(密敎)에서는 백열 알이나 백스무 알로 된 염주를 사용하는데 이는 가득 찬 숫자로 원만함을 의미한다.

대혜보살은 생각나는 대로 두서없이 많은 문제를 제기했는데, 석가모니 부처님 역시 이들을 종합해 아래와 같은 게송으로 설명한다.

세간의 더없는 해탈자께서 저 게송의 내용을 들으시고
無上世間解　聞彼所說偈

이런 뜻이다. 이 두 구절은 아마 경문을 결집한 사람이 집어넣은 말일 것이다. 부처님은 일체의 지혜를 구비하고 계시고 만법의 본원을 철저히 알고 계시기에 부처님을 더없는 세간의 해탈자 또는 의혹을 해소하는 자라 달리 부르기도 한다.

대승의 여러 법문은 여러 부처님의 마음을 제일로 삼도다
大乘諸度門　諸佛心第一

이런 뜻이다. 이 두 구절이야말로 부처님이 이 경전에서 말하고자 하는 진의(眞義)다. 부처님은 대승의 일체 법문은 여러 부처의 심지법문(心地法門)[69]을 제일로 삼는다고 말씀하신다.

훌륭하도다 훌륭해 물음이여, 대혜는 잘 듣게나
나는 이제 마땅히 차례대로 그대가 물은 바를 말하리라
善哉善哉問　大慧善諦聽　我今當次第　如汝所問說

이런 뜻이다. 이 네 구절의 의미는 뚜렷하며 그 대의는 원문과 같다. 아래는 모두 부처님께서 대답한 내용이다.

생과 불생, 열반과 공, 찰나는 자성이 없는 데로 이르기 위함이로다
生及與不生　涅槃空刹那　趣至無自性

이런 뜻이다. 생멸과 불생불멸, 열반 적멸과 찰나 허공 등의 설법은 모두 그대 스스로 자각해 일체의 법이 텅 비어 자성이 없는 그런 경지로 들어서게 하기 위한 것이다.

불법의 제 바라밀, 불제자와 성문, 연각과 제 외도 및 무색행, 이와 같은 여러 일들
佛諸波羅密　佛子與聲聞　緣覺諸外道　及與無色行　如是種種事

이런 뜻이다. 불법에는 육도(六度)[70] 등의 법문이 있고 불제자들에는 성문과 연각 등이 있다. 이 외에도 외도(外道)를 배워 '무색정(無色定)'에 들어간

---

69 마음을 대지에 비유해 대지가 만물을 생성하듯 마음이 만물을 생성함을 부각시킨 표현이다. 불법의 핵심이 심법(心法)임을 강조한다.

수행자들도 있다. 이들에 관한 사정과 그 속에 내재된 문제는 아주 많다!

　수미산, 거대한 바다, 산, 해안, 찰토, 대지, 성수, 일월, 외도의 천, 아수라

　　須彌巨海山　洲渚刹土地　星宿及日月　外道天修羅

이런 뜻이다. 그 밖에도 수미산과 사대 해양 및 세계의 해안과 토지, 천상의 별과 해와 달, 외도와 천인들 그리고 아수라(천마天魔) 등도 모두 문제가 된다.

　해탈과 자재통, 십력, 선정, 삼매
　멸진과 여의족, 각지[71]와 삼십칠도품
　제 선정의 무량함, 제 음신의 왕래
　정수와 멸진정, 삼매기심설

　解脫自在通　力禪三摩提　滅及如意足　覺支及道品
　諸禪定無量　諸陰身往來　正受滅盡定　三昧起心說

이런 뜻이다. 불법의 해탈, 자재(自在) 및 신통, 부처의 십력(十力)[72]과 선정·삼매·정수(正受) 등의 경계, 생멸 멸진(滅盡)과 부처의 사여의족(四如

---

70 육바라밀을 말하는데 도(度)란 생사의 바다를 건너간다는 뜻이다. 그 행법(行法)에는 보시(布施), 지계(持戒), 인욕(忍辱), 정진(精進), 선정(禪定), 지혜(智慧)의 여섯 가지가 있다.(원주)

71 각지(覺支)는 깨달음에 이르게 하는 수행의 갈래.

72 부처님에게는 열 가지 능력이 있다. 옳은 것과 그른 것을 아는 지혜, 삼세의 업보를 아는 지혜, 여러 선의 해탈 삼매를 아는 지혜, 여러 근기의 뛰어남과 열등함을 아는 지혜, 여러 해법을 아는 지혜, 여러 세계(소천세계)를 아는 지혜, 일체의 도에 이르는 바를 아는 지혜, 아무 걸림 없이 천안으로 아는 지혜, 생사의 번뇌를 벗어나는 바를 아는 지혜, 습기를 영원히 단절할 줄 아는 지혜가 있다.(원주)

73 사여의족(四如意足). 56쪽 주43에 열거된 삼십칠도품에 나온다.(원주)

意足)⁷³, 칠각지(七覺支, 56쪽 주42)와 삼십칠도품(56쪽 주43), 일체 선정의 각종 한량없는 경계, 그리고 중음신(中陰身)⁷⁴의 왕래와 생사, 정수(正受) 중의 멸진정(滅盡定), 삼매정(三昧定) 속에서 마음을 일으키는 설법 등 이들 역시 문제가 된다.

> 심과 의와 식, 무아와 오법
> 자성과 망상의 주체와 객체, 능견과 소견
> 승과 여러 종성, 금은과 마니 등
> 일천제의 대종, 황란 중생과 일승 불도
> 지혜와 이염의 취향, 중생의 유무
> 心意及與識　無我法有五　自性想所想　及與現二見
> 乘及諸種性　金銀摩尼等　一闡提大種　荒亂及一佛
> 智爾燄得向　衆生有無有

이런 뜻이다. 심의식(心意識), 이무아(二無我), 오법(五法), 삼자성(三自性) 및 망상(妄想)의 주체와 객체, 능견(能見)과 소견(所見)도 문제가 될 수 있다. 불법 각 승(乘)의 종성(種性)은 마치 금은과 주보(珠寶)의 성질이 각기 다른 것과 같다. 선근이 끊어져 없는 일천제(一闡提)의 종성(種性) 및 황란(荒亂) 중생과 일승(一乘) 불도, 지혜와 망상의 이끌려 가는 방향, 중생의 유무 등 이들이 모두 문제가 된다!

> 코끼리, 말 등 여러 짐승을 왜 붙잡아 취하는지
> 비유와 인명이 실단이 되는지, 그리고 행하는 것과 행해지는 것

---

74 사람이 죽은 뒤 다음 생을 받을 때까지의 상태.

총림과 미혹과 신통, 심량과 나타나지 않는 것

여러 지가 서로 이르지 않는 것, 온갖 것으로 변화하면서도 무수로 끝나는 것

의술과 공교론, 기술과 여러 학문 분야

여러 산과 수미산과 대지, 거대한 대양과 일월의 분량

상중하 중생의 몸이 각각 몇 개의 미진으로 구성되었는가

象馬諸禽獸　云何而捕取　譬因成悉檀　及與作所作

叢林迷惑通　心量不現有　諸地不相至　百變百無受

醫方工巧論　伎術諸明處　諸山須彌地　巨海日月量

下中上衆生　身各幾微塵

이런 뜻이다. 코끼리나 말, 짐승을 붙들어 두어도 되는 이유는 무엇인가?
인명(因明)의 논변(論辨)을 어떻게 활용하면 불법과 상응할 수 있는가? 인
과(因果)의 근거가 무엇인가? 대중이 알 수 없는 신통의 이치, 붙들 수 없
는 자기 마음의 현량(現量)[75]과 보살 십지(十地, 58쪽 주48) 사이의 상호 관
계, 혹은 온갖 변화를 하면서도 마침내 무상(無相), 무수(無受)로 귀결되는
오묘한 이치, 의술과 공교(工巧) 등의 이론, 기술(伎術)과 인명(因明), 성명
(聲明) 등의 방법과 이치[76], 심지어 일체의 산과 수미산의 정황, 대양(大洋)
과 일월의 대소, 상중하 각 등급의 중생들, 한 몸을 구성하는 티끌같이 작
은 물질이 몇 개인가 하는 등도 역시 문제가 된다!

---

75 사물을 지각하는 방법의 하나로, 비판이나 분별을 떠나 외계의 대상을 있는 그대로 지각하는
것이다. 전오식은 외계의 사물을 직접 지각할 뿐이기에 현량의 성질을 가진다.

76 고대 인도에서는 다섯 영역의 학문, 즉 성명(聲明)·인명(因明)·의방명(醫方明)·공교명(工巧明)
·내명(內明)을 '오명처(五明處)'라 했는데, 당시의 모든 지식 체계를 대괄한 것이다. 이 중 성
명은 요즘의 언어학, 인명은 논리학, 의방명은 의학, 공교명은 농업, 상업, 수학, 점술, 음악
등 열두 개 영역을 포괄하는 광범한 전문 기술 영역이었다. 이들 네 영역은 어느 학파에도 적
용되는 동일한 내용이었으나 내명은 이와는 달리 특정 학파의 고유한 종지로서 학파마다 그
내용이 달랐다.

하나하나의 찰토는 몇 개의 미진이고, 일 궁의 수는 얼마인가

주와 보는 몇 구루사이며, 반 유연과 한 유연 사이의 거리는 얼마인가

──利幾塵　弓弓數有幾　肘步拘樓舍　半由延由延

이런 뜻이다. 매 한 찰토(利土)는 몇 개의 미진(微塵)으로 구성되어 있는가? 일 궁(弓, 약 240센티미터)은 얼마나 긴가? 일 주(肘, 약 60센티미터)와 일 보(步, 약 180센티미터)는 몇 구루사(拘樓舍, 약 1킬로미터)이며, 반 유연(由延, 약 10킬로미터)과 한 유연의 사이에는 얼마만큼 거리가 있는가? 하나하나의 대천세계가 한 찰토(利土)이며, 이 척(尺, 약 30센티미터)이 일 주(肘), 사 주가 일 궁(弓), 오백 궁이 일 구루사(拘樓舍), 십 구루사가 일 유연(由延)이 되는데, 유연은 유순(由旬)으로 번역하기도 한다. 이들이 모두 문제가 된다!

토호창진과 기, 양모굉맥과 진

발타는 몇 굉맥이고 아라는 몇 굉맥인가

독룡과 나구리, 늑차와 거리

내지는 빈과 파라가는 각기 얼마나 되는 수인가

몇 아누를 사리사파라 하며

몇 사리사파를 일 뇌체라 하는가

몇 뇌체와 마사가 몇 마사와 타나가 되며

다시 몇 타나라가 가리사나가 되며

몇 가리사나가 일 파라가 되는가

이들 쌓여 있는 모습이 몇 파라이루인가

이들이 응당 청해야 할 것이라면 어찌 다른 일을 묻겠는가

兔毫窗塵蟣　羊毛麨麥塵　鉢他幾麨麥　阿羅麨麥幾

獨籠那佉梨　勒叉及擧利　乃至頻婆羅　是各有幾數

爲有幾阿㝹　名舍梨沙婆　幾舍梨沙婆　名爲一賴提

幾賴提摩沙　幾摩沙陀那　復幾陀那羅　爲迦梨沙那

幾迦梨沙那　爲成一婆羅　此等積聚相　幾婆羅彌樓

是等所應請　何須問餘事

이런 뜻이다. 미진(微塵)으로부터 크고 작은 도량형 등 이들이 모두 문제가 된다! ―고주(古注)에는 이렇게 기록되어 있다. 고인도에서는 칠 미진(微塵, 티끌)이 일 창진(窓塵)이 되고, 칠 창진이 일 토모단진(兎毛端塵), 칠 토모단진이 일 양모단진(羊毛端塵), 칠 양모단진이 일 우모단진(牛毛端塵), 칠 우모단진이 일 기(蟣, 서캐), 칠 기가 일 슬(虱, 이), 칠 슬이 일 개자(芥子, 겨자씨), 칠 개자가 일 대맥(大麥, 보리)이 되는데, 굉(䵃)은 바로 대맥의 별칭이다. 반 두(斗, 말)를 발타(鉢他)라 하고, 한 두를 아라(阿羅), 한 곡(斛, 열 말)을 독롱(獨籠), 열 곡을 나구리(那佉梨), 십 만(萬)을 늑차(勒叉), 일 억(億)을 거리(擧利), 일 조(兆)를 빈파라(頻婆羅), 일 진(塵)을 아누(阿㝹), 일 개자(芥子, 겨자씨)를 사리사파(舍梨沙婆), 일 초자(草子, 풀씨)를 일 뇌제(賴提), 일 두(豆, 너 되)를 마사(摩沙), 일 수(銖, 이십사 분의 일 냥)를 타나(陀那), 한 냥(兩, 십육 분의 일 근)을 가리사나(迦梨沙那), 한 근(斤, 한 관의 십분의 일로서 삼백칠십오 그램)을 파라(波羅)라 한다. 파라이루(波羅彌樓)가 바로 수미산(須彌山)이니 이는 수미산이 모두 몇 근(斤)인가 하는 말과도 같다. 이들이 모두 문제다. 만약 하나하나를 모두 뚜렷이 알아야겠다고 생각한다면 언제 다른 일을 물어볼 틈이나 있겠는가?

　성문과 벽지불, 부처 및 가장 뛰어난 제자들은
　각각 몇 명인가, 왜 이것은 묻지 않는가

聲聞辟支佛 佛及最勝子 身各有幾數 何故不問此

이런 뜻이다. 성문과 연각의 독각불, 부처의 대제자 들은 모두 몇 명인가? 그들 일신(一身)의 미진(微塵)은 얼마나 되는가? 그대는 왜 이런 질문은 하지 않는가?

화염에는 몇 개의 미진이 있으며 바람에는 미진이 또 몇 개이며
털 하나하나에는 미진이 몇 개이며 모공과 눈썹 털에는 미진이 몇 개 있는가

火燄幾阿㝹 風阿㝹復幾 根根幾阿㝹 毛孔眉毛幾

이런 뜻이다. 하나의 화염에는 몇 개의 미진이 들어 있는가? 한 줄기 바람에는 얼마나 많은 미진이 있는가? 털 하나에는 몇 개의 미진이 있는가? 그리고 털구멍과 눈썹에는 얼마나 많은 미진이 있는가? 이것 역시 모두 문제가 아닌가! 그대는 왜 묻지 않는가?

어떻게 하면 재산을 보호하는 자재왕이 되고 어떻게 하면 전륜성왕이 되며
왜 왕이 수호하며 어떤 것이 해탈인가

護財自在王 轉輪聖帝王 云何王守護 云何爲解脫

이런 뜻이다. 어떻게 하면 백성의 신체와 재산을 보호하는 가장 좋은 제왕이 될 수 있는가? 어떻게 해야 세상을 잘 다스리는 전륜성왕이라 할 수 있는가? 왜 세간은 왕이 수호해야 하는가? 어떤 것이 해탈의 법문인가? 이들 역시 모두 문제이니 그대는 이들 하나하나를 모두 알아야 한다.

광의의 설과 협의의 설, 그대가 물은 것처럼

중생의 여러 욕구, 여러 음식

廣說及句說 如汝之所問 衆生種種欲 種種諸飲食

이런 뜻이다. 그대는 왜 언어 문자의 광의와 협의의 이론 근거에 대해서는 묻지 않는가? 왜 여러 중생들은 남녀와 음식의 욕망이 있는가 하는 문제 등을 포괄해 그대가 지금 묻고 있는 갖가지 문제는 당연히 하나하나 모두 알아야 한다.

왜 남녀가 수풀처럼 많고 금강처럼 견고한 산이 있으며
왜 환상과 꿈같으며 왜 목마른 야생 사슴에 비유하는가
왜 산천에 선인이 있으며 그들이 사는 곳은 신기루처럼 장엄한가

云何男女林 金剛堅固山 云何如幻夢 野鹿渴愛譬
云何山天仙 揵闥婆莊嚴

이런 뜻이다. 왜 세간에는 온갖 남녀가 마치 수풀처럼 무성히 번식해야 하는가? 왜 세계의 가장자리에는 금강산과 같은 견고한 고산(高山)이 있어야 하는가? 왜 세간의 일체가 모두 꿈과 같이 환상과 같이 실재하지 않는데도 중생들은 목마른 사슴처럼 쉼 없이 탐애(貪愛)하는가? 왜 금강산 등의 산 위에는 천선(天仙)들이 거주하며 그들의 천지는 또 어떻게 해서 신기루처럼 장엄하고 아름다울 수 있는가? 이들 역시 당연히 문제가 되어야 하지 않는가!

해탈은 어디에 이르는가, 누가 속박하고 누가 해탈하는가
선의 경계는 어떠하며 변화와 외도는 어떠한가

解脫至何所 誰縛誰解脫 云何禪境界 變化及外道

이런 뜻이다. 불법에서 말하는 해탈은 궁극적으로 해탈해서 어디로 간다는 것인가? 그리고 누가 그대를 얽어매고 있다는 것인가? 또 누가 해탈을 하는 것인가? 어떤 것이 선정의 경계인가? 신통 변화와 외도의 방법과 내용은 또 어떤 것인가? 그대는 이런 문제에 대해서도 당연히 모두 하나하나 알아야 한다.

왜 인이 없이도 생겨나는가, 왜 인이 있어야 생겨나는가
인이 있거나 없이 생겨난다거나 인의 유무와 상관없이 생겨난다거나

云何無因作　云何有因作　有因無因作　及非有無因

이런 뜻이다. 일체가 모두 아무런 인이 없이 생겨난다는 이론의 근거가 무엇인가? 일체가 모두 인이 있어서 생겨난다는 이론의 근거는 무엇인가? 인이 있는 것과 인이 없는 것의 통일과 모순은 무엇인가? 인이 있는 것과 인이 없는 것 모두 불합리하다는 것은 또 무엇인가? 이런 문제 역시 당연히 하나하나 알아야 한다.

어떻게 드러난 것이 이미 소멸되며 어떻게 여러 감각을 깨끗이 하며
어떻게 여러 감각을 전환시키며 만들어 놓은 것을 전환시키는가

云何現已滅　云何淨諸覺　云何諸覺轉　及轉諸所作

이런 뜻이다. 어떻게 번뇌를 끊고 깨달음의 세계로 돌아가는가? 어떻게 해야 일체 망념과 망각(妄覺)을 깨끗이 제거할 수 있는가? 왜 일체의 망념과 망각이 끊임없이 이어지는가? 어떻게 일체 유위적이고 작위적인 망상을 깨끗이 정화시킬 수 있는가? 이들 문제는 당연히 하나하나 알아야 한다.

어떻게 여러 망상을 끊으며 어떻게 삼매를 일으키며
삼유를 타파할 수 있는 것은 누구이며 어떤 몸이 어느 곳에 있는가

云何斷諸想　云何三昧起　破三有者誰　何處爲何身

이런 뜻이다. 어떻게 일체의 망상을 끊어 없앨 수 있는가? 삼매의 정경(定境)은 어떻게 일어나는가? 욕계, 색계, 무색계를 벗어날 수 있는 자는 누구인가? 삼계의 속박을 벗어난 후 법신은 다시 어느 곳에 존재하는가? 이들 문제는 당연히 모두 하나하나 알아야 한다.

왜 중생이 없다고 하면서 내가 있다고 하는가
왜 세속을 말하면서 널리 분별하고자 하는가
묻고자 하는 모습은 어떠하며 묻고자 하는 것은 내가 아닌가
태 속의 생명은 어떠하며 기타 여러 다른 몸은 어떠한가

云何無衆生　而說有吾我　云何世俗說　唯願廣分別

所問相云何　及所問非我　云何爲胎藏　及種種異身

이런 뜻이다. 왜 한편으로는 법계에 본래 중생이 없다고 하고서 다른 한편으로는 중생에게 모두 아상(我相)이 있다 말하는가? 어떻게 해야 세속에서 말하는 법과 맞아떨어질 것인가? 이러한 것들은 반드시 상세하고 널리 분별해야 한다. 더욱이 방금 물었던 '아(我)'는 어떤 존재인가? 아울러 '무아(無我)'의 모습은 어떠한가? 태(胎) 속의 생명은 어떻게 생겨날 수 있는가? 어떻게 다양한 중생의 신상(身相)이 존재할 수 있는가? 이런 문제들은 당연히 하나하나 모두 알아야 한다.

단견과 상견은 어떠하며 어떻게 마음이 정을 얻으며

언설과 지혜는 어떠하며 중생과 불자의 종성의 차이는 어떠한가

云何斷常見　云何心得定　言說及諸智　戒種性佛子

이런 뜻이다. 단견(斷見)과 상견(常見)[77]은 어떤 것인가? 어떻게 해야 마음의 정력(定力)을 얻을 수 있는가? 언어 문자와 바른 지혜의 차이는 무엇인가? 부처가 말한 마음을 다스려야 하는 중생〔戒性〕과 불자들의 종성(種性)의 차이는 무엇인가? 이러한 문제 역시 당연히 하나하나 알아야 한다.

어떻게 해야 논이 되며 어떻게 해야 사제 간이 되는가
다양한 여러 중생들의 차이는 또 어떠한가

云何成及論　云何師弟子　種種諸衆生　斯等復云何

이런 뜻이다. 어떻게 해야 정견(正見)의 이론이 되는가? 스승과 제자의 관계는 어떠해야 하는가? 일체 중생의 여러 차이는 또 어떠한가? 이러한 문제에 대해서도 당연히 하나하나 알아야 한다.

음식은 어떠한가, 총명과 마시설[78]의 차이는 어떠한가
나무들의 뒤엉킴은 어떠한가, 이들 역시 가장 뛰어난 자들이 물어야 할 바이다

云何爲飮食　聰明魔施設　云何樹葛藤　最勝子所問

이런 뜻이다. 중생들은 왜 음식에 구속을 받아 그것에 의지해 살아야 하는

---

77 사람이 죽으면 마음과 몸도 모두 사라져 아무것도 남지 않는다고 보는 것이 단견(斷見)이며, 반대로 사람이 죽어도 자아는 사라지지 않는다고 보는 것이 상견(常見)이다.

78 '마경'의 뜻. '시설(施設)'이란 불교 용어로, '명칭' 혹은 '개념'의 뜻으로 사용된다. '시설'이란 말 속에 본래 설정(設定), 제정(制定)이라는 뜻이 들어 있기에 '명칭 혹은 개념으로 설정되는 것'이라는 뜻으로도 해석된다.

가? 사람들의 총명과 마경(魔境)의 변화 작용이 어떻게 다른가? 왜 세간에는 숲과 넝쿨이 단단히 뿌리를 내리고 줄기가 어지러이 뒤엉키는가? 이들은 모두 부처나 보살의 가장 뛰어난 제자들이 물어야 할 것으로 역시 당연히 하나하나 알아야 한다.

왜 여러 찰토가 생겨나는가, 선인은 왜 오랫동안 고행을 하는가
무엇이 족성인가, 어떤 스승으로부터 배우는가

云何種種刹　仙人長苦行　云何爲族姓　從何師受學

이런 뜻이다. 왜 법계 속에 여러 국토가 생겨나는가? 왜 많은 선인들이 오랫동안 고행을 닦는가? 세계 인류는 왜 서로 다른 종족의 특징을 지니며 또 어떻게 이들 특징을 이어가는가? 이러한 문제에 대해서도 당연히 하나하나 알아야 한다.

왜 못생기게 태어나는가, 왜 사람이 수행하는가
욕계에서는 왜 깨닫지 못하는가, 어떻게 아가니타[79]가 이루어지는가

云何爲醜陋　云何人修行　欲界何不覺　阿迦膩吒成

이런 뜻이다. 왜 세상에는 못생긴 사람이 있어 사람들에게 경시당하는가? 왜 어떤 사람은 수행하려 하는가? 왜 욕계에서는 보리 정각을 얻지 못하는가? 그리고 왜 색구경계(色究竟界)로 승화되어서야 비로소 정등정각(正等正覺)을 이룰 수 있는가? 이러한 문제 역시 당연히 하나하나 알아야 한다.

---

79 아가니타(阿迦膩吒)는 색구경천(色究竟天)을 말한다.

어떤 것이 속세의 신통인가, 어떤 것이 비구인가

어떤 것이 화신불인가, 어떤 것이 보신불인가

어떤 것이 여여불인가, 어떤 것이 평등지혜불인가

어떤 것이 승단인가, 불자라면 이렇게 물을 것이로다

왜 공후와 같고 허리 잘록한 북과 같으며 찰토에 광명이 없는가

云何俗神通　云何爲比丘　云何爲化佛　云何爲報佛

云何如如佛　平等智慧佛　云何爲衆僧　佛子如是問

筌篌腰鼓華　刹土離光明

이런 뜻이다. 세간의 신통은 어떤 것인가? 어떻게 해야 진정한 비구인가? 화신불과 보신불 그리고 여여부동의 법신불과 평등지혜불은 어떤 것인가? 어떻게 해야 승가(僧家)라 칭할 수 있는가? 이들은 모두 불자들이 마땅히 물어야 할 문제다. 또 각종 중생의 국토 세계의 형상은 왜 그렇게 많이 다르며, 왜 어떤 것은 공후와 같고 어떤 것은 허리가 잘록한 북과 같은가? 동시에 어떤 국토에는 왜 광명이 없는가? 이러한 문제는 당연히 하나하나 알아야 한다.

심지는 칠종이 있으니 묻는 바가 모두 보배와 같으며

이는 나머지 중생도 알아야 하니 불자라면 응당 물어야 할 바로다

하나하나가 서로 상응해 여러 견해의 잘못을 멀리 떠나며

교화의 방편이 언설을 떠나니 내가 이제 마땅히 보여 주리라

이에 언설로 풀이하니 그대들은 잘 들어라

이상의 백팔 구는 제불께서 말씀하신 바와 같도다

心地者有七　所問皆如寶　此及餘衆多　佛子所應問

一一相相應　遠離諸見過　悉檀離言說　我今當顯示

次第建立句 佛子善諦聽 此上百八句 如諸佛所說

이런 뜻이다. 심왕(心王)[80]이 통괄하는 팔식의 작용은 크게 일곱 종으로 나뉘니 바로 눈, 귀, 코, 혀, 몸, 의식과 말나(아집이 일어나는 의식의 뿌리)의 작용이다. 이 수많은 문제는 실로 사람들이 알고 있어야 하며 또 여러분이 물어야 하는 문제로, 다른 불제자들도 마땅히 물어야 한다. 하지만 만법은 마음으로부터 생겨 일체 유식이 만드는 허다한 문제는 하나하나 모두 '마음'과 연관되니, 이 마음만 철저히 알면 각종 외도 및 견해상의 잘못을 멀리 벗어날 수 있게 된다. 제일의(第一義)의 경계는 세속의 언어로 묘사할 수 있는 것이 아니다. 내가 이제 제일의를 그대에게 드러내어 보여 줌으로써 그대로 하여금 각종 문제의 연쇄 관계와 그 중심 근거를 알게 하고자 하니 유의해서 잘 듣기 바란다.

부처님은 매우 많은 문제를 제기한 다음 잇따라 모든 문제에 대해 스스로 뒤집어엎은 뒤에, 아래에서 질문을 제기하는 것 자체가 최대의 문제이며 일체가 마음에 귀결된다고 말씀하신다. 그뿐 아니라 방법상에서 문제를 제기하려는 것이나 문제를 해결하려는 것이, 마치 허공에 글을 쓰고 그림자를 그리는 것과 같으니 거기에 집착해서는 안 된다고 말씀하신다.

불생구생구(不生句生句). 상구무상구(常句無常句). 상구무상구(相句無相句). 주이구비주이구(住異句非住異句). 찰나구비찰나구(刹那句非刹那句). 자성구리자성구(自性句離自性句). 공구불공구(空句不空句). 단구부단구(斷句不斷句). 변구비변구(邊句非邊句). 중구비중구(中句非中句). 상구비상구

---

80 우리 몸의 여섯 감각 기관인 육근(六根)이 여섯 대상인 육경(六境)에 부딪혀 여섯 가지 마음이 일어나는데 이것을 육식(六識)이라 한다. 이 외에도 제칠식인 말나식과 제팔식인 아뢰야식이 있는데 이 여덟 가지 식(識)을 마음의 주체라 생각하여 심왕이라 부른다.

(常句非常句). 연구비연구(緣句非緣句). 인구비인구(因句非因句). 번뇌구비번뇌구(煩惱句非煩惱句). 애구비애구(愛句非愛句). 방편구비방편구(方便句非方便句). 교구비교구(巧句非巧句). 정구비정구(淨句非淨句). 성구비성구(成句非成句). 비구비비구(譬句非譬句). 제자구비제자구(弟子句非弟子句). 사구비사구(師句非師句). 종성구비종성구(種性句非種性句). 삼승구비삼승구(三乘句非三乘句). 소유구비소유구(所有句非所有句). 원구비원구(願句非願句). 삼륜구비삼륜구(三輪句非三輪句). 상구비상구(相句非相句). 유품구비유품구(有品句非有品句). 구구비구구(俱句非俱句). 연자성지현법락구비현법락구(緣自聖智現法樂句非現法樂句). 찰토구비찰토구(剎土句非剎土句). 아토구비아토구(阿㝹句非阿㝹句). 수구비수구(水句非水句). 궁구비궁구(弓句非弓句). 실구비실구(實句非實句). 수구비수구(數句非數句). 명구비명구(明句非明句). 허공구비허공구(虛空句非虛空句). 운구비운구(雲句非雲句). 공교기술명처구비공교기술명처구(工巧伎術明處句非工巧伎術明處句). 풍구비풍구(風句非風句). 지구비지구(地句非地句). 심구비심구(心句非心句). 시설구비시설구(施設句非施設句). 자성구비자성구(自性句非自性句). 음구비음구(陰句非陰句). 중생구비중생구(衆生句非衆生句). 혜구비혜구(慧句非慧句). 열반구비열반구(涅槃句非涅槃句). 이염구비이염구(爾燄句非爾燄句). 외도구비외도구(外道句非外道句). 황란구비황란구(荒亂句非荒亂句). 환구비환구(幻句非幻句). 몽구비몽구(夢句非夢句). 염구비염구(燄句非燄句). 상구비상구(像句非像句). 윤구비륜구(輪句非輪句). 건달바구비건달바구(揵闥婆句非揵闥婆句). 천구비천구(天句非天句). 음식구비음식구(飮食句非飮食句). 음욕구비음욕구(淫欲句非淫欲句). 현구비현구(見句非見句). 바라밀구비바라밀구(波羅蜜句非波羅蜜句). 계구비계구(戒句非戒句). 일월성수구비일월성수구(日月星宿句非日月星宿句). 제구비제구(諦句非諦句). 과구비과구(果句非果句). 멸기구비멸기구(滅起句非滅起句). 치구비치구(治句非治

句). 상구비상구(相句非相句). 지구비지구(支句非支句). 교명처구비교명처구(巧明處句非巧明處句). 선구비선구(禪句非禪句). 미구비미구(迷句非迷句). 현구비현구(現句非現句). 호구비호구(護句非護句). 족구비족구(族句非族句). 선구비선구(仙句非仙句). 왕구비왕구(王句非王句). 섭수구비섭수구(攝受句非攝受句). 보구비보구(寶句非寶句). 기구비기구(記句非記句). 일천제구비일천제구(一闡提句非一闡提句). 여남불남구비여남불남구(女男不男句非女男不男句). 미구비미구(味句非味句). 사구비사구(事句非事句). 신구비신구(身句非身句). 각구비각구(覺句非覺句). 동구비동구(動句非動句). 근구비근구(根句非根句). 유위구비유위구(有爲句非有爲句). 무위구비무위구(無爲句非無爲句). 인과구비인과구(因果句非因果句). 색구경구비색구경구(色究竟句非色究竟句). 절구비절구(節句非節句). 총수갈등구비총수갈등구(叢樹葛藤句非叢樹葛藤句). 잡구비잡구(雜句非雜句). 설구비설구(說句非說句). 비니구비비니구(毗尼句非毗尼句). 비구구비비구구(比丘句非比丘句). 처구비처구(處句非處句). 자구비자구(字句非字句). 대혜(大慧). 시백팔구(是百八句), 선불소설(先佛所說). 여급제보살마하살(汝及諸菩薩摩訶薩). 응당수학(應當修學).[81]

이런 뜻이다. 원문은 위와 같으며 여기에 대해서는 다시 풀어 설명하지 않는다.

---

81 부처님은 백팔 구를 대혜대사에게 일러 준 후 마지막으로, "대혜여! 이 백팔 구는 이전의 부처님께서 말씀하신 것이니 그대와 보살마하살들이 응당 닦고 배워야 한다"고 당부하신다. 상기 백팔 구는(실제 백삼 구밖에 되지 않음) 긍정과 부정의 반복으로, 주문과 같은 형식이므로 따로 번역하지 않고 우리말 음만 병기한다.

爾時大慧菩薩摩訶薩復白佛言. 世尊. 諸識有幾種生住滅. 佛告大慧. 諸識有二種
生住滅. 非思量所知. 諸識有二種生. 謂流注生, 及相生. 有二種住. 謂流注住, 及
相住. 有二種滅. 謂流注滅, 及相滅.

무엇이 식인가

이때 대혜대사가 다시 부처님께 물었다. "모든 식(識)에는 몇 종류의
'생(生, 생겨남)' '주(住, 존재함)' '멸(滅, 사라짐)'의 작용이 있습니까?" 부처
님께서 말씀하셨다. "모든 식에는 두 종류의 '생' '주' '멸'의 작용이 있지
만 이들은 생각이나 추측으로 알 수 있는 것이 아니네. 무엇이 모든 식의
두 종류 '생(生)'인가? 소위 유주생(流注生)과 상생(相生)이 그것이네. 시냇
물과 같이 흘러 쉼 없이 생겨나므로 이름을 유주생이라 하며, 이로 인해
끊임없이 이어지는 모든 현상이 발생하므로 이름을 상생이라 하네. 무엇
이 모든 식의 두 종류 '주(住)'인가? 소위 유주주(流注住)와 상주(相住)가
그것이네. 마치 폭포가 이어지듯 뚜렷이 서로 이어져 일체 현상계가 존재
하게 된다네. 무엇이 식의 두 종류 '멸(滅)'인가? 소위 유주멸(流注滅)과 상
멸(相滅)이 그것인데, 존재가 서로 이어지게 하는 작용인 동시에 끊임없이
사라지게 하고 또 부단히 현상을 소멸시킨다네."

덧붙임 ❸ 부처님께서 말씀하시는 식은 일반적으로 말하는 정신과 유사
하다. 하지만 좀 더 엄밀히 유식의 관점에서 이야기한다면 통상적으로 말
하는 유식의 변화 작용에 불과하므로, 그저 평상시 지식에만 의거해 그것
을 전적으로 정신이라 말해서는 안 된다. 부처님이 말하는 삼계유심(三界

唯心)과 만법유식(萬法唯識)은 원래 우주 만유의 큰 기틀과 작용이 단지 식의 변화일 뿐임을 지적한 것이다. 대혜대사의 질문에 대한 이상의 답변은 우주 만유 식의 변화 과정이 단지 생겨나고 존재하고 소멸되는 세 단계에 지나지 않음을 설명한다. 이 식의 세 가지 변화 과정을 귀납하면 마치 시냇물이 끊임없이 서로 이어지듯 의존하는 작용, 그리고 그것으로부터 발생하는 현상[相, 用]의 두 작용에 지나지 않는다. 그럼에도 일반인들은 모두 이론으로만 추측하고 이해하려 해 직접 몸으로 그 구경을 체험할 수 없다.

大慧. 諸識有三種相, 謂轉相, 業相, 眞相. 大慧. 略說有三種識. 廣說有八相. 何等爲三. 謂眞識, 現識, 及分別事識. 大慧. 譬如明鏡, 持諸色像. 現識處現, 亦復如是.

식의 현상

부처님께서 또 말씀하셨다. "일체의 식에는 세 가지 현상이 있네. 첫째는 전상(轉相)이네. 순환하며 변하는 현상으로 이것을 전식(轉識)이라 하네. 둘째는 업상(業相)이네. 업력[82]의 현상으로 이것을 업식(業識)이라 하네. 셋째는 진상(眞相)이네. 성스러운 지혜[聖智]의 현상으로 이것을 정지(正智) 또는 진상(眞相)이라 하네." 또 말씀하셨다. "만약 넓게 말한다면 여덟 개의 식이 있고, 간략히 말한다면 단지 세 종의 식이 있을 뿐이네. 첫

---

82 선업은 즐거운 과[樂果]를 일으키는 힘으로 작용하고, 악업은 괴로운 과[苦果]를 일으키는 힘으로 작용한다.(원주)

째는 진식(眞識)이네. 이는 진상(眞相)의 식으로 진식 또는 여래장식이라 부른다네. 둘째는 현식(現識)이네. 이는 경계를 대하여 드러나는 현량식(現量識)으로 현식이라 부른다네. 셋째는 분별사식(分別事識)이네. 이는 일체 사물을 분별할 수 있으므로 분별사식이라 부른다네. 어떻게 해야 현식이 드러내는 현량경(現量境)의 작용을 명료히 할 수 있을까? 비유를 들어 말하자면 마치 맑은 거울이 사물을 비추면서 어떤 현상이든 수용하는 것과 같으니 상(相)이 와도 거부하지 않고 상이 떠나도 머물지 않네. 현식의 작용 역시 이와 같다네."

덧붙임 ❹ 유식이 무엇인지 알기 위해서는 먼저 식이 무엇인지 뚜렷이 알 필요가 있으며, 식이 무엇인지 뚜렷이 알려고 한다면 그 첫걸음으로 현량경(現量境) 속의 현식(現識)을 알아야 한다. 이 때문에 부처님은 먼저 현식을 들어 맑은 거울이 사물을 비추는 것에 비유하셨다. 비유를 드는 것은 본래 인명(因明)의 방식이나, 인명이나 로직(logic)은 때론 궁색함이 있어 결코 그 진의를 다 드러낼 수 없다. 예로부터 지금까지 인간의 언어는 마음속 생각을 완전히 표현하고 전달할 수 없었다. 이 때문에 언어 외에 동작과 표정 및 부호나 비유 등의 보조적 방법으로 이해의 효과를 높여야 했다. 하지만 이러한 방법에도 문제가 있으니 바로 달을 가리키는 손가락을 달로 보게 한다는 것이다. 그러므로 비유는 단지 비유일 뿐임을 유의해야 한다.

사람이 세간 일체의 사물을 대할 때 가장 먼저 접촉해—가장 먼저 떠오른 생각이 아님—아직 분별이 일어나지 않은 이때가 바로 현식의 현량경이 작용하는 시기다. 하지만 현식과 분별 의식이 교류하며 변화하는 과정 사이에는 털끝 하나도 끼어들 수 없다. 찰나에 의식의 분별 작용이 일어나니, 이 때문에 현량경을 파악할 수 없으며 현식의 면목을 뚜렷이 인식할 방법이 없다. 만약 현식의 작용을 분명히 인식한다면 이른바 유심과 유식의 궁극적 이치를 체험할 수 있을 것이다. 어떤 사람은 직각(直覺)[83]을 현식(現識)이라 여기나 이건 잘못된 것이다. 직각은 단지 의식에서 가볍게 일어나는 분별심으로 결코 현식의 현량경이 아니다. 왜냐하면 직각이 있다고 해서 그것이 바로 현량경은 아니기 때문이다.

大慧. 現識, 及分別事識. 此二壞不壞. 相展轉因. 大慧. 不思議熏, 及不思議變, 是現識因. 大慧. 取種種塵, 及無始妄想熏, 是分別事識因.

현식과 분별사식의 상호 인과 관계

부처님께서 다시 말씀하셨다. "현식과 분별사식의 두 작용이 충돌하겠는가, 하지 않겠는가? 겉으로 볼 때는 마치 이 현행식(現行識)의 현량경이 다해야 비로소 분별사식이 생겨나는 듯하지만 사실 이 둘은 서로 순환하며 주고받아 인과를 이룬다네. 외계 현상에 접촉할 때면 불가사의한 훈염(熏染)을 받아들여[受] 불가사의한 변화가 생겨나는데, 이것이 바로 현식의 인(因)이라네. 안팎의 여러 육근(六根)과 육진(六塵)의 현상을 흡수하고 거기다 무시이래 습관적인 망상의 훈염을 받아들여 분별사식의 인이 형성된다네."

---

83 사물을 보거나 듣는 즉시 추리 등의 사유를 거치지 않고 곧바로 깨달아 아는 것.

大慧. 若覆彼眞識, 種種不實諸虛妄滅, 則一切根識滅. 是名相滅. 大慧. 相續滅

者. 相續所因滅, 則相續滅. 所從滅, 及所緣滅, 則相續滅. 大慧. 所以者何. 是其

所依故. 依者謂無始妄想薰. 緣者, 謂自心見等識境妄想. 大慧. 譬如泥團微塵,

非異非不異. 金莊嚴具, 亦復如是. 大慧. 若泥團微塵異者, 非彼所成. 而實彼成, 是

故不異. 若不異者, 則泥團微塵, 應無分別. 如是大慧. 轉識藏識眞相若異者, 藏識

非因. 若不異者, 轉識滅, 藏識亦應滅. 而自眞相實不滅. 是故大慧. 非自眞相識

滅. 但業相滅. 若自眞相識滅者, 藏識則滅. 大慧. 藏識滅者, 不異外道斷見論議.

어떻게 진식을 회복하는가

부처님께서 또 말씀하셨다. "만약 본래의 진식(眞識)[84] 자상(自相, 여래장

식의 진상)을 회복하려면 먼저 습기로 오염된 허망한 분별사식의 작용을

없애야 하네. 이렇게 하면 일체 신심(身心)의 근식(根識)이 자연 사라져 식

의 상이 소멸되네."

덧붙임 ❺ 그러므로 상(相)에 집착하지 않으려면 먼저 분별사식의 작용

을 소멸시켜야 한다. 즉 먼저 사유의 분별적 의식을 없애야 하는데, 이것

이 바로 기타 경전에서 말하는 "이 한 생각을 비운다(空此一念)"는 이치

다. 하지만 분별 의식이 없다고 나무나 돌처럼 아무것도 알지 못한다고 오

해해서는 안 된다. 분별 의식은 진식이 전환된 제팔식 아뢰야식으로부터

나오는 일종의 작용일 뿐이다. 분별 의식이 소멸될 때에만 여래장을 통해

---

84 원래의 청정한 성품.

우주 만유의 진면목을 볼 수 있다. 아래 문장에서 부처님은 '의식의 소멸'에 대해 한 걸음 더 나아가 설명한다.

  부처님께서 또 말씀하셨다. "생겨나고 이어 가는 작용의 원인을 소멸시키기만 해도 바로 가능하네. 생겨나고 지속되는 작용의 원인이 소멸되기에 '인(因)'으로부터 이어져 생겨나는 '연(緣)' 또한 자연 소멸되며, 그렇게 되면 이어지는 작용 또한 당연히 존재할 방법이 없네. 그렇다면 서로 이어지는 인과 연이란 어떤 것인가? 소위 '인'이란 현량에 근거하여 나타나는 현식의 전상(轉相) 작용으로, 무시이래 망상에 훈염(熏染)된 습기에 기대어 생겨난다네. 소위 '연'이란 인에 의지해 일어나는 것으로, 심식 속으로부터 일어나는 견분(見分)의 분별 경계네. 진흙덩어리와 티끌에 비유한다면 진흙덩어리가 반드시 티끌은 아니나 티끌이 쌓여야 진흙덩어리가 되는 것과 같네. 이 둘이 서로 다른 것이라 말하고자 해도 진흙덩어리는 사실 티끌이 쌓여 만들어지는 것이며, 이 둘이 하나라 말하고자 해도 둘의 형체는 확연히 다르네. 그러므로 진흙덩어리와 티끌은 본질상 같으나 현상적으로 차이가 있네. 비유하자면 금으로 어떤 그릇을 만든 것과 같아서 그릇의 작용은 다르지만 금의 원래 성능(性能)은 잃지 않은 것과 같네. 이 비유로부터 그대는 현식에서 생겨난 현량경이 한 번 전환되어 분별사식의 작용을 일으키며, 이들이 모두 여래장식의 진상(眞相)이 변화된 전식(轉識)으로부터 형성됨을 알 수 있을 것이네. 만약 여래장식과 전식의 형성이 근본적으로 다른 것이라면 여래장식이 전식의 원인이라 볼 수 없을 것이네. 만약 서로 다른 것이 아니라면 전식으로 형성된 현상이 소멸하면 여래장식 역시 따라서 소멸될 것이네. 사실상 전식의 사이에서 변화하고 괴멸되는 흔적은 보이지만 여래장식의 자상(自相)은 그럼에도 불멸한다네. 소위 모든 식이 소멸한다는 것은 여래장식의 자상이 소멸되는 것이 아니라 전식의 업상(業相)에서 흘러나온 현상이 소멸되는 것임을 알아야 하네. 만약 여래장식의 자상 역시 소멸될 수 있다면 여래장 역시 생멸하는 것이어야 하네. 정말로 이렇게 된다면 외도들의 단견 이론과도 같아질 것이네."

덧붙임 ❻ 앞에서 부처님의 유식법상[85]의 말씀은 범부 중생의 심식(心識) 현상을 설명한 것으로, 모두가 여래장식의 업력에서 흘러나온 것이 인(因)이 되었다. 무시이래의 아집과 법진(法塵)[86]의 변계소집(遍計所執)[87]이 현재 행하고 있는 업력과 서로 뒤섞여 훈습(薰習)됨으로써 여덟 종의 심(心)이 현상을 인식하는 작용을 일으키므로, 이를 가리켜 팔식이라 했다. 만약 일체 모든 식(識)의 망연(妄緣) 훈습을 없애 변계소집과 의타기(依他起)[88]의 작용을 일으키지 않을 수 있다면, 업식과 망상의 흐름은 한순간에 끊어지고 식이 지혜로 전환되어 진여 성정(性淨)의 여래 경계를 얻을 수 있다. 그렇지만 업식의 흐름을 없애는 것은 결코 세간에서 말하듯 생각을 끊어내는 것이 아니라 아무것도 남기지 않고 소멸시키는 것이다. 소멸시킨다는 것은 모든 업식으로부터 흘러나오는 유주상(流注相)을 없애는 것이요, 허황한 망상 종자의 훈습을 전환시켜 깨끗한 지혜의 광명을 원만히 성취

---

85 원리적 측면에서 보면 유식과 법상은 하나다. 그래서 보통은 유식과 법상을 구별하지 않고 유식법상이라 병기한다. 하지만 차이도 있으니 법상(法相)은 광범위하고 유식(唯識)은 아주 정밀하다. 유식의 식이 마음의 본체라면 법상의 상은 마음속에 나타나는 여러 모습이므로 유식과 법상의 관계는 말하자면 체용의 관계다. 따라서 법상은 반드시 유식을 그 근본으로 삼는다. 여기서는 일반적 관점을 따라 유식과 법상을 구별하지 않고 유식법상이라 병기한다.

86 진(塵)은 더럽히는 것으로 원래의 마음을 더럽히는 것 중 하나가 법(法)이다. 외부로부터 들어와 마음을 더럽히는 것으로는 색(色)·성(聲)·향(香)·미(味)·촉(觸)·법(法)의 여섯 가지가 있는데 이를 육경(六境) 또는 육진(六塵)이라고 하며, 이 중 법진은 의근(意根)의 대상이 되는 법(法)을 가리킨다.

87 '변계(遍計)' 즉 온갖 것을 두루 따져, '소집(所執)' 즉 거기에 집착하는 것이다.

88 인연에 의해 생겨나는 모든 것.

하는 것이다.

소위 무생(無生)과 불생(不生)이라고 말하는 것 역시 이런 이치다. 과거·미래·현재의 삼세에 갖추어진 종성과 무변 허공의 종성은 모두 옛것을 새것으로 바꾸는 것처럼, 이로부터 오염되고 훈습된 업력이 바뀌어 깨끗한 지혜가 되고 아뢰야식이 전환되어 진여가 된다. 바로 이 작용과 하나가 되면서도 이 작용을 벗어나며, 이 작용을 벗어나면서도 이 작용과 하나가 되는 것이다. 하지만 체(體)에 의거해 뜻을 취하면 바로 필경공(畢竟空)이 되고 마니, 진여(眞如)의 자상(自相)이 이미 모든 업식의 유주상을 확실히 공(空)으로 만들었기 때문이다. 오로지 용(用)에 의거해 뜻을 취하면 승의유(勝義有)가 되고 마니, 진여의 체상(體相)이 본래 불생불멸하며 상락아정(常樂我淨)[89]하기 때문이다. 어떤 학자도 모두 이 이치로부터 이념상 다툼의 실마리가 생기지만 실제 부처님의 크나큰 가르침의 전체 종지(宗旨)에 대해서는 원만히 꿰뚫지 못한다. 만약 진정으로 "일체법을 잘 분별해 제일의에 대해서도 움직이지 않는[善能分別一切法, 於第一義而不動]" 경계를 증득할 수 있다면 스스로 의혹이 풀려 쟁론을 그칠 것이다.

大慧. 彼諸外道作如是論. 謂攝受境界滅, 識流注亦滅. 若識流注滅者, 無始流注應斷. 大慧. 外道說流注生因, 非眼識色明集會而生. 更有異因. 大慧. 彼因者. 說言若勝妙, 若士夫, 若自在, 若時, 若微塵.

---

89 열반에 갖춰져 있는 네 특성. 즉 영원히 변하지 않으며[常] 괴로움이 없이 편안하며[樂] 진아의 경지로서 자유자재하여 걸림이 없으며[我] 더러움이 없이 깨끗한[淨] 특성을 가리킨다.

기타 학파와 종교 이론에 대한 비판

부처님께서 말씀하셨다. "일반 외도들의 이론은 단지 외부 경계를 멀리 벗어나 그것을 받아들이지 않으면 끊임없이 흐르는 업식의 작용을 자연 소멸시킬 수 있으리라 생각한다네. 만약 끊임없이 흐르는 업식이 정말로 소멸된다고 한다면 무시이래 모든 식(識)의 종성 역시 마땅히 끊어져 없어질 것인데, 이렇게 되면 여래장의 진식(眞識) 자상(自相)이 과거·현재·미래의 삼세 종자를 품을 수 있다고 말할 수 없게 되네. 그들은 끊임없이 흐르는 식의 업력이 결코 인연으로 인해 생겨나지 않는다고 말하네. 예를 들면 안식(眼識)은 색(色)·상(相)·공(空)·명(明) 등의 인연이 모여 생겨난 것이 아니라 실제로는 다른 어떤 것이 주재한다는 것이네. 혹은 여기에 기타의 다른 원인이 있다고도 하네. 예를 들어 신(神)이 주재한다거나 혹은 자재천주(自在天主)로 말미암아서라거나 혹은 숙명이라거나 현묘함이라거나 더 나아가 시간이나 수리 및 물질 등의 능력에 의해 생겨난다고 하네."

復次大慧. 有七種性自性. 所謂集性自性. 性自性. 相性自性. 大種性自性. 因性自性. 緣性自性. 成性自性. 復次大慧. 有七種第一義. 所謂心境界. 慧境界. 智境界. 見境界. 超二見境界. 超子地境界. 如來自到境界. 大慧. 此是過去未來現在諸如來應供等正覺, 性自性第一義心. 以性自性第一義心. 成就如來世間出世間. 出世間上上法. 聖慧眼, 入自共相建立. 如所建立. 不與外道論惡見共. 大慧. 云何外道論惡見共. 所謂自境界妄想見. 不覺識自心所現. 分齊不通. 大慧. 愚癡凡夫性. 無性自性第一義. 作二見論.

부처님께서 다시 말씀하신다. "다시 분석해 보면 일곱 종의 자성이 있으니, ① 집성자성(集性自性, 마음으로부터 일체 선악의 업력을 모을 수 있는 성능) ② 성자성(性自性, 자성 본래의 지혜로운 성능) ③ 상성자성(相性自性, 안팎 일체 현상을 알아내는 성능) ④ 대종성자성(大種性自性, 지수화풍의 사대종四大種과 만물의 성공연기性空緣起의 성능) ⑤ 인성자성(因性自性, 형이상의 이념을 추리하는 성능) ⑥ 연성자성(緣性自性, 이미 유무와 공환空幻을 떠났음을 깨달아 아는 성능) ⑦ 성성자성(成性自性, 원만함을 자각하는 성능)이 그것이네. 그다음으로 다시 일곱 종의 제일의(第一義)가 있는데, ① 심경계(心境界) ② 혜경계(慧境界) ③ 지경계(智境界) ④ 견경계(見境界) ⑤ 초이견경계(超二見境界) ⑥ 초불자지경계(超佛子地境界) ⑦ 여래자도경계(如來自到境界)가 그것이네. 이러한 것은 모두 과거·미래·현재의 여러 부처님들이 마음속으로 증득한 자성에 대한 바른 깨우침으로, 자성의 제일의심(第一義心)의 경계라네. 이 자성 정각(正覺)의 제일의심으로써 여래는 세간과 출세간의 최상승 법문을 성취하네. 이들은 모두 여러 부처님이 자성을 정각한 가운데 나온 혜안으로, 자성과 중생의 공상(共相)으로 건립한 의리(義理)이며 일반 외도들의 삿된 견해나 이론과는 다르네. 어떻게 다른가? 외도들은 모두 자아의 심리 체험의 경계상에서 망상으로부터 근거해 추리한 것으로, 자신을 돌이켜 보며 진실 여부를 깨닫거나 인식하지 못하고 곧바로 이렇다 저렇다고 확정하지만, 일체 세간 혹은 출세간의 사물이 모두 자기 마음의 망상이 분제(分齊, 분석 혹은 종합)해 드러난 차별 현상임을 알지 못하네. 보통의 지혜 없고 어리석은 범부들은 실제로 형이하적 온갖 사물의 본성에 모두 그 자성이 없음을 체득하지 못하네. 이 때문에 자성의 형이상한 제일의에 대해서는 더욱 증험해 들어갈 수 없으니, 무(無)를 보자마자 유(有)를 보면서 상대적인 모순 이론을 주장하게 된다네."

덧붙임 ❼ 일곱 종의 자성은 모두 일반 범부의 상태로서, 지각 혹은 감각 기관으로부터 생겨나며 이로부터 심리적 물리적 작용을 추론한다. 사실 이러한 감각 기관과 지각은 모든 사람이 구비한 심식(心識)의 기능으로 모두 여래장식에 의지해 존재한다. 일단 식(識)이 지혜로 전환되면 일곱 종이 제일의심(第一義心)으로 변해 모두 진여에 의지하여 작용을 일으킨다. 경전에서, "일체 성현은 모두 무로써 법을 삼으나 차별이 있다〔一切聖賢, 皆以無爲法而有差別〕"라고 말한 것과 같다. 만약 명(名)과 상(相)에 강하게 집착한다면 다시 변계소집의 망상속으로 떨어진다.

復次大慧. 妄想三有苦滅, 無知愛業緣滅. 自心所現幻境隨見. 今當說. 大慧. 若有沙門, 婆羅門, 欲令無種有種因果現, 及事時住. 緣陰界入生住. 或言生已滅. 大慧. 彼若相續, 若事, 若生, 若有, 若涅槃, 若道, 若業, 若果, 若諦, 破壞斷滅論. 所以者何. 以此現前不可得, 及見始非分故. 大慧. 譬如破缾, 不作缾事. 亦如焦種. 不作芽事. 如是大慧. 若陰界入性, 已滅今滅當滅. 自心妄想見. 無因故, 彼無次第生. 大慧. 若復說無種有種識, 三緣合生者, 龜應生毛. 沙應出油. 汝宗則壞. 違決定義. 有種無種說, 有如是過. 所作事業, 悉空無義. 大慧. 彼諸外道說有三緣合生者. 所作方便因果自相, 過去未來現在, 有種無種相. 從本已來成事. 相承覺想地轉. 自見過習氣, 作如是說. 如是大慧. 愚癡凡夫, 惡見所噬, 邪曲迷醉無智. 妄稱一切智說.

일반 철학 종교 사상의 오류

부처님께서 다시 대혜대사에게 말씀하셨다. "만약 무지(無知)와 업(業)과 애(愛)의 인(因, 망심)과 연(緣, 안팎의 경계)을 없앨 수 있다면 망상에서 생겨나는 삼유(三有, 욕계·색계·무색계)의 고통을 없앨 수 있네. 동시에 의식에서 생겨나는 안팎의 일체 현상을 볼 수 있으니, 이들은 모두 자기 마음의 현식(現識)이 드러낸 환상이네. 이 이치를 이제 다시 말하고자 하네. 예를 들어 속세를 떠난 일부 학자나 바라문(婆羅門)⁹⁰ 등은 이런 이론을 말하네. 즉 무시이래 만물은 아무것도 없는 데에서 생겨나니 유무는 본래 서로 인과가 된다는 것이네. 심지어 이렇게도 말하네. 허무(虛無) 속에서 다른 한 물질이 생겨 (혼魂이나 조물주 등과 같이) 시간과 운수(運數) 등의 연(緣)과 결합해 사람의 몸과 마음이 생겨난다는 것이네. 금방 생겨났다가는 금방 죽고 금방 죽었다가 금방 생겨나니, 생겨남은 바로 소멸됨의 시작이라고 말하네. 이러한 이론을 주장하는 것은, 진여 자성이 연을 따라 상주 불변한다는 것을 그들이 확실히 알지 못하기 때문이네. 이 때문에 우주 정신이 연속되고 사물의 생원(生元)⁹¹이 있어 작용하며, 열반 자성이 본래 스스로 적멸하고 원만하나 형이상의 도와 업력에 의존한다는 것, 내지는 인과의 진의(眞義)와 도과(道果)의 진제(眞諦) 등이 모두 허무하고 종잡을 수 없는 것으로 간주되어 파괴적인 단멸론의 논거가 되고 만다네. 그저 무에서부터 유가 생겨나며 유에서 다시 무로 되돌아간다고만 생각하는 것이네. 그 원인이 무엇일까? 그들은 현재에도 생명 원래의 근원을 실증할 수 있는 아무런 방법이 없는 데다 그 근본 원인을 파악할 수도 없기 때문

---

90 인도 사성(四姓)의 왕. 이들은 정예(淨裔)라고 하며 정행(淨行)이라고도 한다. 이 종족은 스스로 경서를 지니고 대대로 물려가고 있으며 도학(道學)을 업으로 삼는다.(원주)

91 자연계와 인류의 발전을 이끌어 가는 일종의 우주적 의지를 가리킨다.

이네. 이들의 이론과 견해는 마치 깨어져 새는 병처럼 다시 다른 것을 담을 수 없네. 그리고 불에 그슬린 종자와도 같아 영원히 다시 싹을 틔울 수 없네. 대혜여! 잘 알아야 하네. 만약 심신이 의존하는 자성이 한 번 지나가 소멸되어 버린다고 한다면 과거는 이미 과거일 뿐 현재와 무슨 상관이 있겠는가? 또 현재가 현재일 뿐이라면 어찌 과거와 이어질 수 있겠는가? 미래가 미래일 뿐이라면 또 어찌 현재나 과거와 이어질 수 있겠는가? 이들은 모두 내 마음의 주관적 망상으로부터 나온 것으로, 근본적으로 의거할 만한 진실한 근거가 없네. 또 만약 무에서 유가 생겨난다면 허무한 것과 실질적인 것은 절대적으로 모순이 되는 관계인데, 어찌 이것으로 심리의 의식 작용을 설명할 수 있겠는가? 가령 이들의 주장처럼 세 연이 서로 호응해 만물이 생겨난다면 모래에서 기름이 나온다는 환상만으로도 기름이 나오지 않겠는가? 거북이 등에 털이 난다고 엉뚱하게 생각하기만 해도 털이 자라나지 않겠는가? 이렇게 보면 이들의 이론과 종지가 모두 성립될 수 없고, 절대로 긍정할 수 있는 진리가 아니며, 또 그 자체로 모순적인 것임을 알 수 있네. 그러므로 그들의 이론은 모두 잘못된 견해이며 그렇다면 그들의 모든 행위는 아무 의미가 없네. 그들이 '유(有)' '무(無)' '식(識)'의 세 연이 호응해 온갖 것이 생겨난다고 말한 것은, 단지 세간의 현실적 사물 속의 인과율에만 통달했기 때문이네. 과거의 사실은 이미 허무하고 현재의 존재는 미래에 아무것도 남아 있지 않으리라 유추하기 때문에 그 사이에 유무가 상생하여 서로 인과가 되는 법칙이 있으리라 생각한다네. 사실 이들은 모두 심리의 직관 작용에 의지한 것으로 망심으로 관찰한 것이네. 모두가 무시이래의 습기에 훈습되어 생겨난 견해네. 대혜여! 하지만 우매한 범부들은 자기 마음이 악견(惡見)에 매몰되고 사설(邪說)에 취해 있으면서도 스스로는 대지혜를 이미 성취했다고 망령되이 생각한다네!"

大慧. 若復諸餘沙門, 婆羅門, 見離自性. 浮雲火輪, 揵闥婆城, 無生. 幻燄水月及
夢. 內外心現. 妄想無始虛僞, 不離自心. 妄想因緣滅盡. 離妄想, 說所說, 觀所觀,
受用, 建立身之藏識. 於識境界, 攝受, 及攝受者, 不相應. 無所有境界, 離生住滅.
自心起, 隨入分別. 大慧. 彼菩薩不久當得生死涅槃平等. 大悲巧方便. 無開發方
便. 大慧. 彼於一切衆生界, 皆悉如幻. 不勤因緣, 遠離內外境界. 心外無所見. 次
第隨入無相處. 次第隨入從地至地三昧境界. 解三界如幻. 分別觀察, 當得如幻三
昧. 度自心現, 無所有. 得住般若波羅蜜. 捨離彼生所作方便. 金剛喩三摩提, 隨入
如來身. 隨入如如化. 神通自在, 慈悲方便, 具足莊嚴. 等入一切佛刹, 外道入處.
離心意意識. 是菩薩漸次轉身, 得如來身.

심의식을 떠나 심물동체의 여래 실상을 증득하다

부처님께서 말씀하셨다. "덧붙여 말하면 속세를 떠나 법을 구하고자 하
는 학자와 바라문 들은 일체의 사물에 홀로 존재하는 자성이 본래 없으며
그것은 잠시의 우연한 환상일 뿐이라 주장하네. 세간의 사물은 비록 모습
을 갖추고 있으나 실제로 모두 허무한 것으로, 바로 뜬구름이 모였다 흩어
지는 것과 같고, 불을 붙여 휘둘러 만든 원과 같으며, 신기루와도 같고, 태
양 속의 어른거리는 불꽃과 같으며, 물속의 밝은 달과 같고, 꿈속의 공화
(空花)와 같아 이 일체가 모두 자기 마음 안팎의 망상이 드러난 것에 불과
하다네. 이들은 무시이래 허황하게 존재해 온 것으로, 이 역시 모두 진여
자성의 마음의 본체 작용이라는 전체 대용(大用)에서 생겨나지 않은 것이
없다네. 만약 망상의 인연을 소멸시켜 망상을 멀리 떠나고, 주체와 객체
등의 견해를 멀리 떠나며, 주관과 객관의 작용을 멀리 떠난다면, 몸과 마

음(그리고 일체가 서로 의지하며 살아가는 물질적 형기形器세간[92]) 등을 뚜렷이 알수 있게 되는데, 이들은 장식(아뢰야식)의 작용이 드러난 경계라네. 이 외에 달리 온갖 기미를 그 속에 갖춘 주재적 존재란 결코 없으며, 세상에 실제로 주재가 될 수 있는 어떠한 것도 없네. 모든 사물의 과정에는 비록 생겨나고 존재하며 소멸하는 정황이 있으나 이들은 모두 현상의 작용으로 진여 자성의 근본에는 본래 생겨남이 없네. 그러므로 소멸이라 할 것도 없으니 일체가 모두 자기 마음이 드러난 것이네. 만약 이와 같은 사유로 관찰해 증득할 수 있다면 자기 마음이 일으키는 의타기(依他起)와 변계소집(遍計所執) 등의 분별심이 어떻게 작용하는지 알 수 있을 것이네. 대혜여! 만약 이렇게 될 수 있다면 반드시 생사와 열반이 평등하여 서로 다르지 않은 경계에 도달할 수 있을 것이니, 대비심의 방편을 절묘히 운용할 수 있어서 애써 힘쓰지 않아도 절로 이를 수 있게 되네. 그들은 일체 중생의 세계가 완전히 몽환과 같음을 증득해 일체의 연기가 본래 공임을 알아 다시는 안팎 경계의 인연에 휘둘리지 않게 되며, 우주의 온갖 것이 모두 진여 일심의 성공연기(性空緣起)[93]임을 증득하게 되네. 여기에서부터 점차 무상(無相)의 경계로 들어서게 된다네. 보살의 초지(初地)에서부터 시작하여 점차 위로 올라가 마침내 원만한 보살 십지 경계의 삼매를 증득하게 되는 것이네. 이미 삼계유심(三界唯心)과 제법여환(諸法如幻)을 증득하면 이에 의거해 수행함으로써 자연 분별과 관찰을 잘 할 수 있게 되어 여환삼매(如幻三昧)[94]에 이르러서는 자기 마음이 잠연(湛然) 적정한 지혜 실상(實相)의 피안에 도달하네. 생사가 파도처럼 일어나는 고해를 떠나 태어남이 없는

---

92 형형색색의 물질로 구성된 세계.

93 사물은 가유(假有)로서 그 본성이 공하며 인연에 따라 존재한다.

94 모든 차별적 대상이 실재하지 않는 환상에 불과함을 살펴 아는 삼매이며, 동시에 실제로 존재하지 않은 것을 존재할 수 있게 하는 삼매이기도 한다.

궁극의 경계에 도달하는 것이네. 금강과 같이 견고하고 불변하며 미세한 무명을 끊을 수 있는 바른 정(定)을 증득하면 여래의 여여부동하며 수많은 화신(化身)으로 변화하는 경계에 이르게 된다네. 신통 자재하며 자비 방편 등을 모두 장엄하게 두루 갖출 수 있게 되어, 일체 제불의 국토에 자유롭게 출입하고 일체 외도의 경지에도 자유롭게 드나들 수 있네. 이들은 모두 진정으로 심의식의 작용과 합치하면서도 그것을 벗어날 수 있어, 이로부터 몸을 바꾸어 보살 경계의 묘유(妙有)의 몸을 증득하고 그런 다음 마침내 여래의 묘색신(妙色身)[95]에 도달한 것이네."

大慧. 是故欲得如來隨入身者. 當遠離陰界入心, 因緣所作方便, 生住滅妄想虛僞. 唯心直進. 觀察無始虛僞過, 妄想習氣因, 三有. 思惟無所有, 佛地無生, 到自覺聖趣. 自心自在, 到無開發行. 如隨衆色摩尼. 隨入衆生微細之心, 而以化身隨心量度. 諸地漸次, 相續建立. 是故大慧. 自悉檀善, 應當修學.

부처님께서 말씀하셨다. "만약 여래 경계의 법계일신(法界一身)[96]을 증득하고자 한다면 마땅히 이 몸과 마음에서 일어나는 망상 작용과, 이것에 의지하여 모여든 온갖 인연으로 생겨난 망심 현상을 내려놓아야 하네. 생겨나고 존재하고 소멸하는 마음이 만든 허구의 세계를 벗어나야 하는 것이네. 만법 유심을 철저히 이해하기만 한다면 우주의 모든 것이 진심(眞心)

---

95 삼십이상을 갖춘 여래의 아름다운 몸.
96 상주불변하는 진아(眞我)를 가리킨다.

의 전체적 큰 작용임을 알게 되네. 이것으로부터 심리적 망상을 관찰하면 모두 무시이래의 허망한 습기의 작용임을 알게 되어 비로소 삼계 만유의 속박을 벗어나네. 이로부터 고요히 사유하면 그 본체에 도달해 만물이 원래 어느 것도 존재하지 않는다는 것을 증득하네. 이렇게 해서 점차 부처의 경지인 적정 원만하고 본래 생겨나지도 않는 성스러운 경계에 도달하게 되어 자신에게 본래 구비되어 있던 성스러운 지혜를 철저히 자각한다네. 그리고 머지않아 마땅히 일심(一心)의 자재로운 능력을 얻어 애써 행하지 않고도 행하는 궁극의 행함을 얻는다네. 이는 마치 쟁반 가운데 있는 여의주와 같아 중생의 업력에 따라 관찰 각도가 달라져 갖가지 다른 모습으로 나타나지만 여의주 자체에는 아무런 상이 없는 것과도 같네. 이 때문에 비로소 중생의 갖가지 미묘한 마음을 따라 다양한 형상의 화신으로 나타나, 중생의 심리(心理)와 심량(心量)에 따라 그들로 하여금 보살의 각지(各地) 경계에 진입하게 하여 마침내 적정의 피안으로 이르게 할 수 있네. 그러므로 나는 말하네. 그대들은 마땅히 각자의 실단(悉檀, 65쪽 주61)을 닦아 안으로 이 마음이 본래 갖고 있는 삼매의 선법(善法)을 밝혀야 한다네."

爾時大慧菩薩復白佛言. 世尊. 所說心意意識五法自性相. 一切諸佛菩薩所行. 自心見等所緣境界. 不和合. 顯示一切說, 成眞實相, 一切佛語心. 爲楞伽國摩羅耶山, 海中住處諸大菩薩, 說如來所歎, 海浪藏識境界法身. 爾時世尊告大慧菩薩言. 四因緣故, 眼識轉. 何等爲四. 謂自心現攝受不覺. 無始虛僞過色習氣, 計著識性自性. 欲見種種色相. 大慧. 是名四種因緣. 水流處, 藏識轉識浪生.

심리 상태는 오법을 형성하는 근원이다

부처님의 설법이 여기에 이르자 대혜대사가 다시 물었다. "부처님께서 다시 심(心)·의(意)·식(識)의 오법(五法)—명(名)·상(相)·분별(分別)·정지(正智)·여여(如如)—의 자성 현상을 설명해 주시기 바랍니다. 여러 부처님과 대사(大士)들이 여기에 의거해 수행하고, 스스로의 마음이 다시는 바깥의 각종 상황에 집착하거나 얽혀들지 않게 하여 확 틔여 밝은 상태에서 진심 자체의 원만한 실상을 드러내며, 일체 부처님이 말씀하신 삼계유심의 진실 경계를 철저히 증득하게 하는 바로 그것 말입니다. 이것이 바로 부처님이 이번에 능가국 마라나산의 바닷가 섬에서, 집회에 모인 대사들을 위해 여래의 법신이 마치 끝없이 넓은 바다의 장식(여래장식)과 현행의 심리 상태와 같다고 연신 찬탄하신 것입니다." 부처님께서 말씀하셨다. "안식(眼識)에서 나온 보는 작용은 간단히 말하면 네 종류의 인연으로부터 나와 비로소 안식을 형성하여 경계에 따라 전환되는 현상이네. 이 네 종류의 인연으로는, ① 자기 마음의 현식의 본능적 활동으로 부지불식간 외부 환경을 받아들일 수 있는 성능 ② 무시이래로 지니고 있는 색상(色相)의 습기에 훈습된 허망한 작용 ③ 심식(心識) 자성의 분별적 습관 ④ 현행 심리로서 시간과 장소에 따라 다양하게 나타나는 색상(色相)의 원인을 보려 하는 것을 들 수 있네. 이러한 네 종류의 인연이 생겨나면 평정하고 출렁임이 없는 장식의 바닷속에서 드센 한 줄기 파도가 크게 일어난다네. 여기에 이르러 전체 바다에 이미 파도가 생겨날 때에 저 평정한 여래장식은 거대한 물결로 바뀐다네."

덧붙임 ❽ 부처님은 여기서 단지 안식만 설명하신다. 이 세계의 중생은 색상(色相)의 유혹에 가장 민감하여 눈이 마음의 중심이 되므로 이 때문에 안식에 대해서만 간략히 말해 이것으로 유추할 수 있게 했다.

大慧. 如眼識, 一切諸根微塵毛孔俱生. 隨次境界生, 亦復如是. 譬如明鏡, 現衆色像. 大慧. 猶如猛風, 吹大海水. 外境界風, 飄盪心海, 識浪不斷. 因所作相, 異不異. 合業生相, 深入計著. 不能了知色等自性, 故五識身轉. 大慧. 卽彼五識身俱. 因差別分段相知. 當知是意識因. 彼身轉, 彼不作是念, 我展轉相因. 自心現, 妄想計著轉. 而彼各各壞相俱轉. 分別境界, 分段差別, 謂彼轉. 如修行者入禪三昧, 微細習氣轉而不覺知. 而作是念, 識滅然後入禪正受. 實不識滅而入正受. 以習氣種子不滅, 故不滅. 以境界轉, 攝受不具, 故滅.

심의식이 생겨나게 하는 경계 현상

부처님이 말씀하셨다. "다시 예를 들면 안식 작용이 발생할 때 모든 눈의 생리 기능, 모든 신경과 세포 및 모공은 동시에 작용을 일으키네. 그리고 안식이 일단 작용하면 기타의 심리적 경계도 연이어 일어나네. 그 정황은 마치 눈을 깜빡일 때 눈썹이 움직이는 것처럼 거의 동시에 일어나네. 비유하자면 큰 거울이 외부 물체를 비출 때 크든 작든 모두 동시에 비추는 것과 같네. 또 마치 강한 바람이 휘몰아쳐 모든 바다가 일시에 출렁이는 바다로 변하는 것과 같네. 평정한 심식(心識)의 바다가 외계 경상(境象)의 바람에 따라 움직일 때는 마음속에도 갑자기 온갖 모습이 떠올라 이로부터 거대한 파도가 일고 부단히 물결치게 된다네. '바깥 경계의 바람이 마음의 바다를 뒤흔드니 끊임없이 식의 파도가 일어난다[外境界風, 飄盪心

海, 識浪不斷]'는 것이네. 비록 심리적 파도가 모두 심신 안팎의 경풍(境風)에서 일어나는 것이긴 해도 언뜻 보면 모두가 심파(心波)가 출렁이는 일종의 심리 현상처럼 보인다네. 그러나 자세히 분석해 보면 각기 다른 성질이 있음을 알 수 있네. 즉 심(心)과 파(波)는 모두 식(識)의 출렁임에서 일어나는 것이지만 그 작용에는 각기 다른 점이 있네. 이들은 서로 도와 인과가 되며 여기에 심량(心量)과 업력 및 시간과 공간에서 발생하는 각기 다른 현상이 서로 배합됨으로써, 갈수록 더 깊이 빠져들고 더 단단히 얽매여 자기 마음이 허망한 경계에 집착해 한사코 내려놓으려 하지 않네. 사람들은 외계의 색상에 모두 자성이 없다는 것을 철저히 알지 못하므로, 이 때문에 오식신(五識身)—안(眼)·이(耳)·비(鼻)·설(舌)·신(身)—이 모두 외부의 색상 작용에 휘둘리게 되네."

선정 경계 속의 심식 현상

"대혜여! 소위 의식은 전오식과 동시에 생겨나는 것으로, 그것이 각종 사물의 작용을 식별할 수 있기에 이름을 의식이라고 하네. 그것은 전오식에 대해 어떤 때는 차별적이고 단계적인 인식 작용을 일으키고, 어떤 때는 전체적이고 동시적인 인식 작용도 일으키네. 하지만 오식신과 의식은 비록 수시로 쉼 없이 움직이고 있지만 모두 자신의 몸이 의식과 서로 인과를 이루는 것을 알지 못하네. 그저 각자 미세한 생멸 현상 속에서 쉼 없이 움직이면서 각종 차별적 경계와 단계적 현상에 집착해 그것이 각각 스스로 움직인다고 생각함으로써, 무분별적 경계에 도달하지 못하고 각자의 경계 끄트머리로 제각기 머물고 만다네. 예를 들면 공력이 있는 수많은 수행자들이 선정 삼매에 들어갈 때에 무시이래의 미세한 훈염의 습기가 아직도 유전(流轉)하고 있음을 깨닫지 못하고, 자신이 이미 여러 식의 작용을 소멸시켰기에 이제야 비로소 선정 경계의 정수(正受)를 얻었다고 여기네. 사실상 그는 소위 선정 삼매의 정수 경계가 결코 진여 자상(自相)을 소멸시키고서 들어서는 것이 아님을 알지 못하네. 무시이래 종자를 훈습할 수 있었던 진여의 작용은 소멸되는 것이 아니어서, 이 때문에 선정 삼매 속에서 진여 장식은 소멸되지 않는다네. 단지 경계가 전환될 때 여러 식이 외부 경계의 인연에 집착하지 않게 되므로 의식이 완전히 사라진 것처럼 느끼는 것일 뿐이네."

大慧. 如是微細藏識究竟邊際. 除諸如來, 及住地菩薩. 諸聲聞緣覺外道修行, 所得三昧智慧之力, 一切不能測量決了. 餘地相智慧, 巧便分別, 決斷句義. 最勝無邊, 善根成熟. 離自心現妄想虛僞. 宴坐山林, 下中上修. 能見自心妄想流注. 無量刹土, 諸佛灌頂. 得自在力, 神通三昧, 諸善知識, 佛子眷屬. 彼心意意識, 自心所現自性境界虛妄之想, 生死有海, 業愛無知. 如是等因, 悉已超度. 是故大慧, 諸修行者, 應當親近最勝知識. 爾時世尊欲重宣此義, 而說偈言.

譬如巨海浪	斯由猛風起	洪波鼓冥壑	無有斷絶時
藏識海常住	境界風所動	種種諸識浪	騰躍而轉生
靑赤種種色	珂乳及石蜜	淡味衆華果	日月與光明
非異非不異	海水起波浪	七識亦如是	心俱和合生
譬如海水變	種種波浪轉	七識亦如是	心俱和合生
謂彼藏識處	種種諸識轉	謂以彼意識	思惟諸相義
不壞相有八	無相亦無相		
譬如海波浪	是則無差別	諸識心如是	異亦不可得

心名采集業　意名廣采集　諸識識所識　現等境說五

爾時大慧菩薩以偈問曰.

青赤諸色像　衆生發諸識　如浪種種法　云何唯願說

爾時世尊以偈答曰.

青赤諸雜色　波浪悉無有　采集業說心　開悟諸凡夫
彼業悉無有　自心所攝離　所攝無所攝　與彼波浪同
受用建立身　是衆生現識　於彼現諸業　譬如水波浪

爾時大慧菩薩復說偈言.

大海波浪性　鼓躍可分別　藏與業如是　何故不覺知

爾時世尊以偈答曰.

凡夫無智慧　藏識如巨海　業相猶波浪　依彼譬類通

爾時大慧菩薩復說偈言.

日出光等照　下中上衆生　如來照世間　爲愚說眞實
已分部諸法　何故不說實

爾時世尊以偈答曰.

若說眞實者　彼心無眞實　譬如海波浪　鏡中像及夢
一切俱時現　心境界亦然　境界不具故　次第業轉生
識者識所識　意者意謂然　五則以顯現　無有定次第
譬如工畵師　及與畵弟子　布彩圖衆形　我說亦如是
彩色本無文　非筆亦非素　爲悅衆生故　綺錯繪衆像
言說別施行　眞實離名字　分別應初業　修行示眞實
眞實自悟處　覺想所覺離　此爲佛子說　愚者廣分別
種種皆如幻　雖現無眞實　如是種種說　隨事別施設
所說非所應　於彼爲非說
彼彼諸病人　良醫隨處方　如來爲衆生　隨心應量說
妄想非境界　聲聞亦非分　哀愍者所說　自覺之境界

심의식을 벗어나려는 수행 중에서 실제로 증득하다

　부처님께서 말씀하셨다. "이렇게 극히 깊고 미세한 장식(아뢰야식)의 궁극적 변제(邊際)[97]에 대해서는 이미 여래 과위의 경지에 도달한 사람이나 또는 진실로 보살 경지를 증득한 대사들 외에 기타 성문이나 연각, 외도 등의 수행인들은, 그들이 얻은 삼매 지혜의 힘으로는 결코 그 절대적인 이치와 경계를 유추할 수 없네. 이미 보살의 여러 경지를 증득한 대사들은 아주 빼어난 지혜와 방편 법문이 있어, 이전 부처님의 성스러운 경문(經

---

97 더는 갈 수 없는 데까지 이르는 것.

文)의 가르침 속에서 장구(章句)의 이치를 연구 판단하여 장식의 경계를 믿고 들어갈 수 있네. 하지만 만약 그 궁극의 이치를 절실하고 명백하게 알고자 한다면 반드시 가장 뛰어난 자를 만나거나 무량무변의 선근 인연이 성숙해 자기 심중에 드러난 현행의 허위적 망상으로부터 벗어날 수 있어야 하네. 적정한 산림 속에 고요히 앉아 참선하여 하사도(下士道, 천인승天人乘)로부터 점차 중사도(中士道, 성문과 연각승)로 진입하고, 이어서 다시 상사도(上士道, 보살대승菩薩大乘)에 이르게 되네. 이렇게 점차적으로 위로 올라가면 마침내 자기 마음의 망상의 흐름이 드러나게 할 수 있네. 이렇게 해서 수지(修持)의 공(功)과 행(行)이 원만해지면 자연 무량제불이 오셔서 관정(灌頂, 성광性光과 지혜의 가비加庇)을 행할 것이고, 자재의 힘과 신통 삼매를 증득해 대선지식 및 불자들과 서로 손잡고 같이 노닐게 된다네. 그런 뒤에야 비로소 해탈해 생사의 바다를 건너 열반의 경계에 도달하며, 확실히 심의식을 멀리 떠나 자기 마음이 드러내는 자성(自性)의 경계를 보게 되며, 그때에야 비로소 허망한 습기로 조성된 생사의 고해를 벗어날 수 있네. 대혜여! 그러므로 말하기를 무릇 진실로 수행하는 자라면 마땅히 가장 뛰어나고 얻기 힘든 선지식을 가까이 해야 한다고 하네." 여기까지 말씀하시고 나서 부처님은 이 이치를 종합해 한 편의 게송으로 말씀하셨다.

비유컨대 큰 바다의 파도와 같아 맹렬한 바람으로부터 일어나
거대한 흐름이 되어 어두운 골짜기를 때려 끊임없이 이어지듯
장식은 바다에 항시 머물러 경계의 바람에 움직여
갖가지 여러 식의 파도가 넘실거리며 다른 것으로 다시 생겨나도다
譬如巨海浪　斯由猛風起　洪流鼓冥壑　無有斷絶時
藏識海常住　境界風所動　種種諸識浪　騰躍而轉生

이런 뜻이다. 예를 들면 바람과 파도가 잠든 고요하고 깨끗한 바다에 홀연 강한 바람이 불어오면, 고요한 바다에 파도가 일고 만 개의 계곡에서 노호하는 듯한 소리가 일어난다. 천지가 어두워지면 다시는 고요한 휴식의 시간을 얻지 못한다. 여래장은 이와 같아 본래 깨끗하고 잠연해 연(緣)을 따라 항시 머물며 불변하지만, 안팎의 바람이 불어오면 그 고요하고 청정한 본체에 파도가 일어 칠식의 여러 작용이 일어나게 된다. 이러한 물결이 서로 부딪히면서 거세게 일어나 치솟아 오르니 윤회의 일체 경계에는 그침의 경계가 사라진다.

청색과 적색 등 여러 색, 하얀 마노와 젖 그리고 석밀
담백한 맛의 여러 과실과, 해와 달 그리고 광명은
다르지도 않고 다르지 않지도 않으니 바닷물이 파도를 일으키듯
칠식 역시 이러해 마음에 갖춰져 화합해 생겨나도다
靑赤種種色　珂乳及石蜜　淡味衆華果　日月與光明
非異非不異　海水起波浪　七識亦如是　心俱和合生

이런 뜻이다. 세간의 여러 모습들과 지하의 광물, 산림 속의 식물, 천상의 해와 달의 광채 등은 그 근원을 따지면 모두가 여래장식으로부터 변화되어 나온 것이다. 이들 물체와 장식은 본질상 전혀 다르지 않다. 하지만 그들이 만물로 형성된 이후부터는 심식의 작용과 다름이 없다고 말할 수는 없다. 예를 들면 바닷물이 이미 파도가 되고 나면 파도의 형식과 작용은 전체 바닷물과는 달라진다. 하지만 파도의 근본은 여전히 바닷물이 변화한 것이다. 물질의 방면으로 말하자면 만물의 다양한 차별(분화와 분류)은 모두 이 일체로부터 변화되어 나온 것이다. 마음의 방면으로 말하자면 칠식(七識)의 분별 작용 역시 모두가 여래장식으로부터 변화되어 나

온 것이다. 또 마음과 물질이 화합해 세간의 여러 상황이 발생하고 나면 본래 맑고 깨끗한 식(識)의 바다에는 영원히 평온할 날이 없다. 이 게송에서 청색과 적색 등의 다양한 색깔은 안근(眼根)이 접하는 색진(色塵)의 대상을 가리킨다. 가패(珂珮)[98]는 이근(耳根)이 접하는 성진(聲塵)의 대상을 가리킨다. 젖과 석밀은 비근(鼻根)이 접하는 향진(香塵)의 대상을 가리킨다. 담백한 맛의 여러 과일들은 설근(舌根)이 접하는 미진(味塵)의 대상을 가리킨다. 해와 달, 광명은 신근(身根)이 접하는 촉진(觸塵)의 대상을 가리킨다.

비유컨대 바닷물이 변해 여러 파도가 일 듯
칠식 역시 이와 같아 마음에 갖춰져 화합해 생겨나도다
저 장식이 있는 곳에 여러 식이 전전하여
저들 의식이 사유의 여러 모습으로 드러나니
무너지지 않고 여덟 개 모습으로 나타나나 모습이 없는 것은 역시 모습이 없도다
譬如海水變　種種波浪轉　七識亦如是　心俱和合生
謂彼藏識處　種種諸識轉　謂以彼意識　思惟諸相義
不壞相有八　無相亦無相

이런 뜻이다. 예를 들어 맑고 고요한 바닷물도 그것이 일단 움직이고 나면 출렁이는 파도로 바뀌고 만다. 마음으로부터 생겨나는 칠식의 작용도 이러하며 역시 모두 여래장으로터 출발해 화합하여 생겨난다. 즉 칠식이 작용하기 시작할 때 여래장식의 모든 바다에 파도가 일어나는데, 그중 가장 중요한 것이 바로 제육식이다. 이 의식은 사유 작용을 일으킬 수 있어 각

---

98 흰색의 마노 노리개.

식의 현상과 이치를 분별한다. 요컨대 식의 작용과 현상은 대체로 여덟 개로 나누어지는데, 비록 이 여덟 개 작용이 서로 다르긴 해도 사실 거기에 정해진 상(相)이 있는 것이 아니다. 그리고 소위 상이 없다는 것은 상의 필경공(畢竟空)을 말한 것으로, 무상(無相)은 무상일 뿐이지 결코 무상의 상이 따로 있는 것은 아니다.

비유하자면 바다와 파도와도 같아 차별이 없으니
여러 식과 심도 이와 같아 역시 다름을 얻을 수 없도다
譬如海波浪　是則無差別　諸識心如是　異亦不可得

이런 뜻이다. 바닷물을 예로 들면 바닷물이 파도를 일으킬 때는 온 바다에 파도가 일어난다. 하지만 현상과 작용에 비록 차이가 있어도 그들이 모두 바닷물이라는 점에서 원래 차별이 없다. 그들이 파도에서 바닷물로 바뀌었을 때는 그저 현상과 작용이 평온해진 것으로 결코 돌아갈 곳이 따로 있는 것이 아니다. 일체의 식의 작용이 일어난 곳은 여전히 심에서 벗어나지 않는다. 소위 심식이라는 것은 체용상의 차이일 뿐이지 근본적으로 무슨 차별이 있는 것이 아니다.

심은 업을 모으고 의는 널리 모으며
제 식은 능식과 소식을 분별하니 드러난 경계로 오식을 말하도다
心名采集業　意名廣采集　諸識識所識　現等境說五

이런 뜻이다. 장식은 일체의 업력을 누적시킬 수 있는 근본이며 의식은 널리 업력을 모으는 선봉이다. 소위 모든 유식의 작용은 곧 식별할 수 있는 주체와 식별할 수 있는 대상을 분별하는 작용을 가리킨다. 명수(名數)[99]로

써 말한다면 비록 심, 의, 의식 등은 차별이 있지만 사실 이들은 모두 근(根)과 진(塵)의 상대적인 것으로 일념의 망심에서 일어난 것이다. 그것이 안팎의 경계에 접해 작용할 때 전오식이 형성되는데, 전오식이 경계에 대해 아직 분별심을 일으키지 않았을 때가 바로 식(識)의 현량경(現量境)이다.

이때 대혜대사가 다시 게송으로 도를 물었다.

청색과 적색의 여러 색상에서 중생의 여러 식이 일어나는데
여러 법이 파도와 같다고 하시니 왜 그런지 듣고 싶습니다
青赤諸色像 衆生發諸識 如浪種種法 云何唯願說

이런 뜻이다. 세간 일체의 색상과 청색과 적색 등의 빛깔은 중생들로 하여금 눈의 식별 작용을 일으키게 합니다. 그런데도 왜 그것이 마치 바닷물과 파도처럼 단지 한 몸체의 변화된 모습에 불과하며 완전히 여래장에 근거해 나온 것이라 하십니까? 부처님께서 우리를 위해 그 이치를 좀 더 풀어서 설명해 주셨으면 합니다.

부처님 역시 게송으로 대답하셨다.

청색과 적색의 여러 잡색과 파도는 모두 존재하지 않으니
업을 모으는 것을 심이라 말하며 여러 범부를 깨오시키노라
青赤諸雜色 波浪悉無有 采集業說心 開悟諸凡夫

---

99 어떤 양을 단위를 붙여 수치로 나타낸 것을 말한다. 예를 들면 일 원, 두 마리, 세 그루 등이다. 이에 반해 단위가 붙지 않은 단순한 수를 무명수(無名數)라고 한다.

이런 뜻이다. 청색과 적색 등의 빛깔은 여래장에서 변화되어 나온 잠시의 현상일 뿐으로, 그 근본은 원래 공으로 존재하는 것이 아니다. 마치 큰 바다가 고요해 한 점의 파도도 없는 것과 같으니, 단지 자기 마음의 집착으로 상이 생겨나고 이것이 누적되어 업력이 작용하게 된다. 그러므로 부처는 일체가 자기 마음에서 일어나지 않는 것이 없다고 한다. 부처는 이 비유를 활용해 범부들이 그 중의 진제(眞諦)를 깨치게 하려고 한다.

저 업은 모두 존재하지 않으니 자심의 끌어당김을 벗어나면
끌어당기는 주체와 객체가 저 파도와 같도다
彼業悉無有　自心所攝離　所攝無所攝　與彼波浪同

이런 뜻이다. 마음으로부터 업이 생겨나나 업력의 자성은 본래 공이다. 만약 자기 마음이 끌어당겨 취하는 주체와 그 대상을 벗어난다면, 마치 대양의 파도와 같이 근본으로 돌아갈 수 있어서 스스로 청정하고 적멸한 대해의 물로 되돌아간다.

수용해서 몸을 세우니 이것이 중생의 현식이로다
저 속에서 드러나는 제업은 비유하자면 물과 파도와 같도다
受用建立身　是衆生現識　於彼現諸業　譬如水波浪

이런 뜻이다. 중생들은 세간의 빛깔 등 각종 현상 속에서 단지 서로 수용해 살아가기에 심신(心身)과 성명(性命)의 존재가 형성되는데, 이것이 바로 현식(現識)의 경계다. 그 속에서 드러나는 일체 업력의 인과 관계에 따라 서로 엎치락뒤치락 순환하며 마치 첩첩이 일어나는 파도와 같이 쉼 없이 이어진다.

이때 대혜대사가 다시 게송으로 물었다.

대해의 파도는 출렁임을 분별할 수 있는데
장식과 업도 이러하다면 왜 느끼지 못하는 걸까요
大海波浪性 鼓躍可分別 藏與業如是 何故不覺知

이런 뜻이다. 부처님께서는 대해와 파도의 현상과 관계로 식의 바다와 마
음의 파도를 비유하셨습니다. 그런데 파도와 바닷물의 경우는 그 활동 현
상이 있어 지식으로도 분별할 수 있습니다. 만약 업력과 장식의 관계 역시
이와 같다면 왜 사람들이 그것을 느끼지 못하는 것일까요?

부처님이 다시 게송으로 대답하셨다.

범부는 지혜가 없으나 장식이 거대한 바다와 같고
업상이 파도와 같음을 비유로써 통하게 하도다
凡夫無智慧 藏識如巨海 業相猶波浪 依彼譬類通

이런 뜻이다. 범부들은 지혜가 모자라기 때문에 장식이 깨끗하고 고요한
바닷물과 같음을 이해할 수가 없다. 업력의 현상은 대해에서 일어나는 파
도와 같아 단지 비유로써 설명할 수 있을 뿐이다. 그러니 그들을 이러한
방식으로 설득시켜 스스로 구하게 한다면 활연히 깨우치게 할 수 있다.

이때 대혜가 다시 게송으로 도를 물었다.

해가 떠오르면 상중하의 중생들을 비추듯

여래께선 세간을 비추어 어리석은 이를 위해 진실을 말하시고

이미 제법을 분별해 주셨는데 왜 실상을 말씀해 주시지 않는지요

日出光等照　下中上衆生　如來照世間　爲愚說眞實

已分部諸法　何故不說實

이런 뜻이다. 해가 동방에서 떠오르면 광명이 세간을 널리 비추어 상중하의 중생들이 모두 그 빛을 받습니다. 부처님과 같이 대지혜를 지닌 분은 마치 태양이 세간을 비추듯이 일반의 우매한 범부들을 위해 진실한 법을 풀어 설명해 주십니다. 그런데 우리 부처님께서는 이미 중생을 위해 각종 법문을 일러 주시면서도 왜 마음의 진실한 체상(體相)에 대해서는 말씀하지 않으십니까?

부처님께서 다시 게송으로 대답하셨다.

만약 진실을 말한다면 이 마음에는 진실이 없으니

비유컨대 바다의 파도처럼 거울 속 모습이나 꿈처럼

일체가 한 번에 나타나니 마음의 경계도 이와 같도다

경계가 갖추어지지 않으니 차례로 업에 따라 생겨나도다

若說眞實者　彼心無眞實　譬如海波浪　鏡中像及夢

一切俱時現　心境界亦然　境界不具故　次第業轉生

이런 뜻이다. 만약 마음의 진실한 체상에 대해 말하고자 한다면 이 마음에는 세상 사람들이 상상하는 것처럼 어떤 진실한 것이 근본적으로 존재하지 않는다. 진실이라는 말은 단지 세속의 지식으로 말하는 것일 뿐이므로 여기에 집착해 허망하게 구해서는 안 된다. 비유컨대 바닷물에서 파도가

일어나면 일시에 모두 일어나는 것이지 결코 전후 순서를 밟아 가며 출현하지 않는다. 마치 거울이 모습을 비추는 것과 같고 꿈속에서 각종 경계가 나타나는 것과 같아서 모두 한순간에 동시에 드러난다. 마음의 경계 작용도 이와 마찬가지다. 하지만 어떤 때에는 순서대로 인연을 의지해 업력의 인과 관계를 따라 일어나기도 한다.

식은 식의 주체와 대상을 분별하며 의가 의임도 그러하니
오식이 이로써 드러나 정해진 차례가 없도다

識者識所識　意者意謂然　五則以顯現　無有定次第

이런 뜻이다. 소위 식이란 분별해서 아는 작용을 가리킨다. 가장 뚜렷하게는 심리 의식에 분별력이 생겨 그렇고 그렇지 않은 것을 감별하는 작용이다. 전오식은 안이비설신으로, 이들은 경계의 현량(現量) 기능을 드러낸다. 그리고 결코 일정한 순서에 따라 발생하는 것이 아니라 어느 곳이든 응하여 작용할 때면 그 현량 작용을 드러나게 한다.

비유컨대 그림 가르치는 자와 그림을 배우는 제자와도 같아
베에다 채색해 여러 형상을 그려 내니 내가 말하는 것도 이와 같도다
채색에는 원래 문양이 없으며 붓에도 없고 바탕에도 없지만
중생을 기쁘게 하기 위해 비단에다 칠해 여러 모습을 그리도다

譬如工畵師　及與工畵於　布彩圖衆形　我說亦如是
彩色本無文　非筆亦非素　爲悅衆生故　綺錯繪衆像

이런 뜻이다. 의식은 전오식에 대해 마치 그림 교사가 제자들을 가르치듯이 어떻게 색을 칠하고 어떻게 그려 내는가를 지도한다. 안팎의 각종 경계

에 대해서는 마치 그림을 그리듯이 채색한다. 경계는 본래 스스로 무심하니 마치 색채 그 자체와도 같아서 아무런 무늬가 없다. 하지만 사람의 마음과 뜻을 거쳐 한 편의 그림이 될 때는, 이 그림 그 자체는 붓도 아니요 아무 형상도 없는 백지가 아니라 각종 선과 색채가 어울린 한 폭의 그림이 된다. 만약 그 그림의 각 부분을 자세히 분석해 보면 근본적으로 아무것도 없다. 내가 말하는 심의식의 작용 역시 이와 같아서 사실 아무 진실한 자성도 존재하지 않는다.

> 언설로 따로 베풀어 보지만 그 진실은 언어를 떠나니
> 분별은 응당 업력을 아는 초보적 계기로 삼으며 수행으로 진실을 드러내도다
> 스스로 깨달은 진실은 느낌의 주체와 대상을 떠나야 하니
> 이것이 부처가 말하는 바이로다
> 言說別施行 其實離名字 分別應初業 修行示眞實
> 眞實自悟處 覺想所覺離 此爲佛子說

이런 뜻이다. 언어 문자로 그것을 설명하기 위해 각종 이론과 비유로써 분별하여 해설한다. 하지만 마음의 진실한 체상에 이르면 그 경계는 근본적으로 문자와 언설을 초월한다. 내가 자세히 분석하는 것은 단지 심식의 업력 작용을 인식하는 초보적 계기로 삼기 위해서다. 만약 진정으로 마음의 진실한 경계를 알고자 한다면 그저 수행해서 증득해야 한다. 그래야만 절실히 알 수 있다. 마음의 진실한 체상은 오직 스스로 깨달아 증득해야 하니, 느끼는 주체와 그 대상의 작용을 모두 놓아 버려야만 비로소 그 진실한 면목을 알 수 있다.

어리석은 자를 위해 널리 분별하지만 이들은 모두 환상과 같아

비록 나타나긴 해도 진실이 없도다
이런 여러 설이 현상과는 별도로 펼쳐진다면
말한 바가 제대로 맞아떨어지지 않을 것이니
저들이 잘못된 설이라 여길 것이로다
愚者廣分別　種種皆如幻　雖現無眞實　如是種種說
隨事別施設　所說非所應　於彼爲非說

이런 뜻이다. 지혜가 없는 어리석은 자들이 쉽게 알 수 있도록 하기 위해 널리 분별하여 그 속의 이치를 말한다. 사실상 이러한 논변은 모두 환상과 같아 진실한 의미가 없다. 이들 다양한 해설은 시간과 지역 그리고 사람에 따라 달리하지 않은 것이 없고, 일일이 설법하여 각기 다른 법상(法相)을 세운 것이다. 만약 상황에 맞게 설법하지 못한다면 그대가 말한 것과 그들이 필요로 하는 것이 결코 맞아떨어지지 않을 것이니, 일반인이 본다면 그대가 횡설수설하는 것으로 생각할 것이다.

저들 여러 병자들에게 양의가 병에 따라 처방하듯
여래가 중생을 위해 심량에 따라 설하도다
彼彼諸病人　良醫隨處方　如來爲衆生　隨心應量說

이런 뜻이다. 부처가 말하는 법은 비유컨대 뛰어난 의사가 약을 쓰는 것과 같아, 상이한 중생의 심량(心量)에 따라 서로 다른 법을 설하여 그들이 기미를 쫓아 깨달음에 들게 한다.

망상은 경계가 아니며 성문 역시 분별할 수 없으니
부처가 말하는 바는 자각의 경계로다

妄想非境界　聲聞亦非分　哀愍者所說　自覺之境界

　이런 뜻이다. 범부들은 망상심으로 부처가 말한 심식(心識)의 체상을 추측
하려고 하니 당연히 그 경계를 알 수 없다. 설사 성문 등의 사람이라도 그
들의 지혜로 마음의 본래 모습을 볼 수 없다. 대자대비한 부처가 말한 자
기 마음의 경계는 오직 진정으로 자각하여 마음속으로 증득한 사람이라
야 비로소 그 실제(實際)를 알 수 있다.

復次大慧. 若菩薩摩訶薩, 欲知自心現量, 攝受及攝受者, 妄想境界. 當離群聚習
俗睡眠. 初中後夜, 常自覺悟修行方便. 當離惡見經論言說, 及諸聲聞緣覺乘相.
當通達自心現妄想之相.

復次大慧. 菩薩摩訶薩, 建立智慧相住已. 於上聖智三相, 當勤修學. 何等爲聖智
三相當勤修學. 所謂無所有相. 一切諸佛自願處相. 自覺聖智究竟之相. 修行得此
已. 能捨跋驢心智慧相. 得最勝子第八之地, 則於彼上三相修生. 大慧. 無所有相
者. 謂聲聞緣覺, 及外道相, 彼修習生. 大慧. 自願處相者. 謂諸先佛自願處修生.
大慧. 自覺聖智究竟相者. 一切法相無所計著, 得如幻三昧身諸佛地處進趣行生.
大慧. 是名聖智三相. 若成就此聖智三相者, 能到自覺聖智究竟境界. 是故大慧.
聖智三相, 當勤修學.

어떻게 해야 자기 마음을 깨우칠 수 있는가

부처님께서 말씀하셨다. "다시 말하지만 만약 대승 보살들이 제도하는 주체인 자기 마음의 현량과 제도하는 대상인 망상 경계를 알려 한다면, 마땅히 속세를 떠나 세속에 구애받지 말아야 하네. 그뿐 아니라 수면을 끊고 아침부터 저녁까지 밤을 새워 스스로 깨우치는 방편 법문을 닦아야 하네. 동시에 외도의 경론이나 언설을 멀리하고, 성문과 연각 이승(二乘)의 학문 이론이나 경계를 버리며, 일심으로 부지런히 자기 마음의 현식이 만들어내는 망상의 정황에 통달하기를 구해야 하네."

부처를 이루는 단계

"다시 말하지만, 대혜여! 대승 보살들은 이미 지혜와 덕상(德相)을 지니고자 하는 심원을 세웠으니 상승(上乘)의 성지삼상(聖智三相)에 대해 마땅히 열심히 배워야 하네. 열심히 배워야 할 성지삼상이란 어떤 것인가? 바로 무소유상(無所有相)[100], 일체 제불의 자원처상(自願處相)[101], 그리고 자각성지구경상(自覺聖智究竟相)[102]이 그것이네. 만약 수행을 통해 이 세 가지 상을 얻을 수 있게 되면, 수도 과정에서 잘못되거나 나태해져 스스로 그르치는 과오를 범하지 않는다네. 절룩거리는 노새처럼 마음이 흐트러지거나 혹은 작은 것을 얻고서 만족하다 보면 스스로 지혜와 덕상을 얻었다고 착각하게 되는 것이네. 불법에서도 가장 뛰어난 보살 팔지를 알려고 한

---

100 세상의 모든 것 즉 아(我)와 법(法)을 모두 놓아 버리는 것으로, 성문과 연각 외에 일부 외도에서도 주장한다.

101 성불에 가장 중요한 것으로 서원(誓願)을 세우는 것이다. 예를 들면 지장보살이 중생을 다 구제하지 않는 한 성불하지 않겠다, 지옥이 텅 비지 않는 한 성불하지 않겠다는 서원 등이다.

102 모든 것을 놓아 버린 후 최후로 여환삼매(如幻三昧)를 증득하는 것이다.

다면 이 삼상(三相)을 닦는 데서부터 시작해야 하네. ① 소위 무소유상(無所有相)이란 성문과 연각 및 외도의 경계를 닦는 데 기쁨과 즐거움을 느껴야 비로소 생겨나는 것이네. ② 소위 자원처상(自願處相)이란 과거 여러 부처님들이 세운, 보리대비심(菩提大悲心)에서 나온 자발적 대원력으로부터 생겨나는 것이네. ③ 소위 자각성지구경상(自覺聖智究竟相)이란 일체의 법상(法相)에 대해 아무런 집착이 없는 것으로, 스스로 여환삼매(如幻三昧)의 몸을 얻어 일체 제불이 수행해 나아갔던 여러 경지로 하나하나 나아가는 것이네. 이것을 자각성지구경의 경계로 나아가는 길로서 성지삼상(聖智三相)이라고 하는데, 대승에 뜻을 둔 보살들은 마땅히 힘써 닦아야 하네."

덧붙임 ❾ 소위 성지삼상(聖智三相)이란 소승에서 대승에 이르는 것으로, 세간을 벗어나는 데서부터 시작하여 세간을 벗어나지도 들어서지도 않는 데에 이르는 불법의 역정이다. 처음에 얻는 무소유상은 공(空)의 과위를 증득하는 것이다. 하지만 이는 치우친 공으로 원만한 해탈의 지견이 아니다. 반드시 '지혜'와 '자비' 두 가지를 같이 갖추어야 진공묘유(眞空妙有)의 경계에 진입할 수 있다. 그러므로 다시 나아가 일체 제불의 자원처상(自願處相)을 닦아야 비로소 대자비력을 갖추어 복덕의 표준을 완성하게 된다. 하지만 공(空)에 오묘한 원만함이 생기고 '지혜'와 '자비'가 갖추어져 해탈의 지견이 생겨도 아직 복덕의 지혜는 원만하지 못하니, 최종적으로 자각성지구경상을 닦아야 비로소 부처의 경지를 증득해 들어갈 수 있다. 하지만 먼저 무소유상을 증득하지 못하면 공(空)에 의거할 수가 없어서 자각성지구경상을 완성할 수 없다. 만약 공(空)만 알아서 적막함에 머문다면 원만하지 못한 것으로 소승의 과위가 될 뿐이다. 하지만 자비심에서 나온 서원이 연(緣)을 따라 끝없이 생겨나는 것도 역시 보살도를 닦는 데 장애가 된다. 그래서 최종적으로는 반드시 자각성지구경상에서 통섭될 필요가 있다. 그래야 원만하고 치우치지 않은 불과(佛果)를 증득하게 된다. 일체의 불법은 결국 일승(一乘)일 뿐으로, 공(空)에 치우치거나 유(有)에 집착하는 것은 불법을 닦는 바른 길이 아니다. 오직 성지삼상을 완성하는 것만이 진실한 불법으로 나아가는 길이다. 선종의 삼관설(三關說)[103]도 역시 이 경문 대목을 참고해야 한다.

爾時大慧菩薩摩訶薩, 知大菩薩衆心之所念, 名聖智事, 分別自性經. 承一切佛威神之力而白佛言. 世尊. 唯願爲說聖智事分別自性經. 百八句分別所依. 如來應供等正覺, 依此分別說菩薩摩訶薩, 入自相共相妄想自性. 以分別說妄想自性故, 則能善知周遍觀察人法無我. 淨除妄想. 照明諸地. 超越一切聲聞緣覺, 及諸外道諸禪定樂. 觀察如來不可思議所行境界. 畢定捨離五法自性. 諸佛如來法身智慧, 善自莊嚴. 起幻境界, 昇一切佛剎兜率天宮, 乃至色究竟天宮. 逮得如來常住法身.

佛告大慧. 有一種外道, 作無所有妄想計著. 覺知因盡, 兔無角想. 如兔無角. 一佛法亦復如是. 大慧. 復有餘外道, 見種求那極微陀羅驃形處, 橫法各各差別. 見已計著, 無兔角橫法. 作牛有角想. 大慧. 彼墮二見. 不解心量. 自心境界, 妄想增長. 身受用建立, 妄想根量. 大慧. 一切法性, 亦復如是. 離有無不應作想. 大慧. 若復離有無而作兔無角想, 是名邪想. 彼因待觀, 故兔無角, 不應作想. 乃至微塵分別事

---

103 선종에서는 본래 깨달음의 단계를 설정하지는 않았다. 삼관(三關)의 설은 이후 조사들이 배우는 사람들의 방편으로서 제시한 것이다. 삼관설은 백장선사(百丈禪師)의 삼구(三句)로부터 시작했으며, 후에 간화선(看話禪)이 일어나면서 참선의 세 단계로 자리잡았다. 삼관이란 초관 파본참(破本參), 이관 파중관(破重關), 삼관 답뇌관(踏牢關)으로서, 초관은 반야의 공성(空性)에 들어 반야의 지혜를 얻는 것이요, 이관은 반야의 지혜로써 번뇌를 소멸시키는 것이요, 삼관은 번뇌를 소멸시켜 속세로부터 자유롭게 되는 것이다. 하지만 삼관에 대한 해석은 각 종파에 따라 약간씩 달라지기도 했다.

性, 悉不可得. 大慧. 聖境界離. 不應作牛有角想.

爾時大慧菩薩摩訶薩白佛言. 世尊. 得無妄想者, 見不生相已. 隨比思量觀察不生妄想, 言無耶. 佛告大慧. 非觀察不生妄想言無. 所以者何. 妄想者, 因彼生故. 依彼角生妄想. 以依角生妄想. 是故言依因. 故離異不異, 故非觀察不生妄想言無角. 大慧. 若復妄想異角者, 則不因角生. 若不異者, 則因彼故. 乃至微塵分析推求, 悉不可得. 不異角故, 彼亦非性. 二俱無性者. 何法何故而言無耶. 大慧. 若無故無角, 觀有故言兔無角者, 不應作想. 大慧. 不正因故, 而說有無. 二俱不成.

大慧. 復有餘外道見, 計著色空事, 形處橫法. 不能善知虛空分齊. 言色離虛空. 起分齊見妄想. 大慧. 虛空是色, 隨入色種. 大慧. 色是虛空, 持所持處所建立. 性色空事, 分別當知. 大慧. 四大種生時, 自相各別. 亦不住虛空. 非彼無虛空. 如是大慧. 觀牛有角, 故兔無角. 大慧. 有牛角者, 析爲微塵. 又分別微塵, 刹那不住. 彼何所觀故而言無耶. 若言觀餘物者, 彼法亦然.

爾時世尊告大慧菩薩摩訶薩言. 當離兔角牛角, 虛空形色, 異見妄想. 汝等諸菩薩摩訶薩, 當思惟自心現妄想. 隨入爲一切刹土最勝子, 以自心現方便而教授之. 爾時世尊欲重宣此義, 而說偈言.

色等及心無　色等長養心　身受用安立　識藏現衆生
心意及與識　自性法有五　無我二種淨　廣說者所說
長短有無等　展轉互相生　以無故成有　以有故成無
微塵分別事　不起色妄想　心量安立處　惡見所不樂
覺想非境界　聲聞亦復然　救世之所說　自覺之境界

이때 대혜대사가 다시 말했다. "성스러운 지혜[聖智]의 경계 중에 일어나는 분별 자성의 사상(事相)과 백여덟 가지 문제의 기본 근거에 대해 말씀해 주셨으면 합니다." 그리고 또 말했다. "이렇게 분별 작용을 말씀해 주신다면 대승 보살들이 자상(自相)[104]과 공상(共相)[105]의 망상으로부터 자성을 증득해 들어갈 수 있을 것입니다. 만약 분별 망상의 자성을 안다면 인무아와 법무아를 두루 잘 관찰할 수 있게 되어, '망상을 깨끗이 제거하고, 여러 경지를 밝게 비추며, 일체의 성문과 연각 및 여러 외도와 여러 선정의 즐거움을 초월하고, 여래의 불가사의한 모든 행위의 경지를 관찰해 결국 오법자성(五法自性)[106]을 떠날 것입니다. 여러 부처 여래의 법신 지혜는 참으로 장엄합니다. 환상의 경계에서 시작하여 일체 불찰(佛刹)의 도솔천궁(兜率天宮) 혹은 색구경천궁(色究竟天宮)에 올라서 여래의 상주(常住) 법신을 얻는 데 이를' 것입니다." (경문의 말씀이 명백하여 다시 풀이하지 않음.)

심물과 유무의 두 견해에 대한 변론

부처님께서 말씀하셨다. "일부 외도에서는 어떠한 것도 존재하지 않는 것이 도의 근본이라 생각해 이러한 사견(邪見)을 붙들고 놓지 않으려 하네. 그들은 일체의 여러 법이 모두 인(因)에 따라 다하기 때문에 본래 아무런 본체가 없다고 생각하네. 하지만 그들은 여기서 착각을 일으켜 마치 토끼의 경우처럼 본래 뿔이 없었다고 생각하네. 따라서 일체법의 근본에는

---

104 사물 그 자체만이 가지는 개별적 성질과 모양.

105 여러 가지 사물에 공통되는 보편적 성질.

106 온갖 법의 자성을 분별하여 다섯 가지로 나눈 것이다. 이를 줄여서 오법(五法) 또는 오사(五事)라고도 하는데 첫째가 명(名), 둘째가 상(相), 셋째가 분별(分別), 넷째가 정지(正智), 다섯째가 여여(如如)이다. 이 중 앞쪽 세 가지가 미(迷)의 법이라면 뒤쪽 두 가지는 오(悟)의 법이라 할 수 있다.

어떤 것도 존재하지 않으며 어떤 것도 존재하지 않으니 아무런 본체가 없다는 것이네.(이런 관점은 공空에 집착하는 유형으로 무無가 곧 궁극적인 것이라 여긴다.) 또 다른 외도가 있으니 그들은 지수화풍의 사대(四大)가 서로 의지하여 물질이 되며, 물체의 미세한 성질이 모두 물리적 변화로부터 온다고 생각하네. 따라서 각종 원소의 차별에서 모두 그 형상과 수량을 유추할 수 있다고 본다네. 이 때문에 그들은 주관적인 편견에 사로잡혀 토끼가 뿔이 없는 것은 토끼의 종자 자체에 뿔이 없기 때문이며, 소에게 뿔이 있는 것은 소의 종자 자체에 뿔이 있기 때문이라 생각하네.(이런 관점은 유有에 집착하는 유형이라 할 수 있어 유가 곧 진제眞諦라 생각한다.) 대혜여! 그들은 모두 '유'나 '무' 양극단의 상대적 견해에 떨어져 마음의 식량(識量)과 자기 마음의 경계를 철저히 알지 못하네. 자기 마음의 경계 망상은 이로 인해 계속 자라나며 몸과 마음도 이러한 망상에 기초하여 색신의 감각 기관과 지각 작용의 착각을 수용함으로써 사상(思想)은 더욱 무궁무진하게 발전한다네. 하지만 스스로의 마음에서 구하지 못해 그 사상의 본래 모습이 무엇인지 알지 못하네. 우주 일체 제법의 자성은 모두 오직 마음에서부터 일어나는 것으로 그 본성은 절로 유무를 떠나네. 이미 유무를 떠날 수 있다면 다시는 어떤 상에 집착하는 망상이 일어나지 않네. 만약 유무를 떠나서도 다시 토끼에 뿔이 없다는 등의 추리를 한다면 그건 사견(邪見)이라 할 수 있네. 왜 그런가? 유와 무는 모두 유심(唯心) 식량의 상대적 관찰로 얻는 것이기 때문이네. 토끼는 뿔이 없지만 이 한 가지 예로써 일체법의 근본을 개괄하여 아무것도 존재하는 것이 없다고 주장할 수는 없네. 그리고 자기 마음의 관찰 작용에 근거하여 자기 마음의 그러한 분별적 식량으로써 기타의 것에도 근본적으로 자성이 없다고 말한다면 이런 생각은 문제가 있네. 그렇다면 유(有)에 집착하는 일면은 어떠한가? 모름지기 알아야 할 것은 어떤 미세한 물질이라 하더라도 철저히 분석하고 연구한다면 그들에게 아무 자성이 없음을 알게 된다는 것이네. 그러니 어디에 유(有)가 있겠는가? 대혜여! 무릇 마음속으로 깨우치고 자각해 성스러운 지혜의 경계로 증득해 들어가는 것은 일체의 분별을 떠나는 것이며 유와 무를 떠나는 것이네. 그러므로 다시는 소가 뿔이 있다는 한 가지 예로써 일체 종자에 모두 어떤 것이 있다고 단정해서는 안 되네."

이때 대혜가 다시 물었다. "그렇다면 이렇게 말할 수 있겠습니다. 이미 망상이 없어진 사람은, 그가 비록 망상이 없는 경계를 보았더라도 외물을 따라 드러나는 비교의 사량 관찰은 일으킨다고요. 하지만 자기 자신에게는 여전히 망상이 없으니 일체가 본래 존재하지 않는다고 말할 수도 있다고요." 부처님께서 말씀하셨다. "결코 그대가 말한 것과 같지는 않지만 외물을 관찰하는 중에도 자기 마음에는 여전히 망상이 생기지 않으니 무(無)라고 할 수는 있네. 왜 그런가? 생각이란 것은 원래 다른 것에 의지해 일어나기 때문이네. 소와 토끼에 뿔이 있느냐 없느냐 하는 것으로부터 뿔의 유무에 대한 망상이 생겨났듯이, 망상이란 다른 것에 의지해 생겨나기 때문이네. 그것이 이미 다른 것에 의지해 일어난 망상이라면, 그것을 분별해 문제의 궁극적 해결을 얻고자 하는 것도 다른 것의 작용을 근거로 삼는 것이니 이미 저 인(因)으로 이 과(果)를 구하는 잘못을 범한 것이네. 이 논거의 근본에 이미 잘못이 있으니 어찌 추리의 표준으로 삼을 수 있겠는가? 그러므로 외물을 비교 관찰해 망상이 일어나지 않는다고 해서 본래 아무것도 존재하지 않는다고는 결코 말할 수 없네. 대혜여! 만약 분별하는 생각에 또 다른 실체가 있다면 구태여 토끼 뿔이나 소뿔을 근거로 삼아서 뿔의 유무에 대한 생각을 일으키지는 않을 것이네. 만약 분별하는 생각에 토끼 뿔이나 소뿔과 마찬가지로 따로 분별할 수 있는 존재가 있다면, 어떻게 미진을 분석하든 혹은 망상을 추리하여 구하든 모두가 마찬가지로 아무것도 존재하지 않는 것이 되지 않겠는가? 이미 망상과 토끼나 소의 뿔이 같다고 한다면 분석하고 추리하여 구한 후에는 아무것도 존재하지 않을 것이니 이들 모두에게 자성이 없음을 알 수 있네. 심(心)과 물(物)에 모두 자성이 없다면 무엇을 근거로 그것이 '무(無)'라는 것을 설명할 수 있겠는가? 만약 토끼에 뿔이 없는 것을 보고 토끼엔 본래 뿔이 없다고 한다면 그래도 괜찮겠지만, 소에 뿔이 있는 것을 보고 토끼의 종자에는 뿔이 없다고 한다면 이는 대단히 불합리한 추론으로, 지혜로운 자라면 이러한 불합리한 생각을 해서는 안 되네. 이 둘의 인(因)이 서로 같지 않으니 여기에 의거해 유와 무를 말하는 것은 도무지 아무런 논리적 근거가 없는 것이네. 그러므로 이 두 논증은 모두 성립하지 않네."

허공과 형색의 분석

"대혜여! 이 외에도 다른 외도들의 견해가 있네. 그들은 단지 물리적 색상과 허공 그리고 그 가운데 일체 현상과 법칙만을 알고 거기에 집착하나, 분석하고 종합하여 허공을 분별하는 이치를 알지 못하네. 그렇게 해서 색상과 허공을 절대적으로 다른 두 외물계의 것이라 분리해 버리네. 허공을 무(無)라고 보고 색상을 실유(實有)로 보아 여기에 근거해 차이를 분별하는 망상을 만들어 낸다네. 대혜여! 허공 역시 일종의 색상임을 알아야 하네. 허공은 일체 색상 속에 스며들어 있으니 색상이 곧 허공이네. 단지 수용할 수 있고 수용당하는 차별이 있을 뿐이요, 현상(現象)과 명상(名相)이 다를 뿐이라네.(달리 말하면 허공은 색상을 수용할 수 있는 일종의 성능이요, 색상은 허공 속에서 드러날 수 있는 현상일 뿐이다.) 색상의 자성은 본래 공(空)이요 공 속에 현상이 갖추어져 있으니, 그대는 색상과 허공의 궁극적 이치에 대해 마땅히 잘 분별할 수 있어야 하네. 사대종(四大種)[107]이 생겨나 형성된

무렵 사대종 각자의 본래 모습에는 모두 차별이 있었네. 그들의 자성은 비록 허공을 초월해 존재하며 허공 자체에 머물지 않지만 그럼에도 사대종 속에는 결코 허공이 없지는 않네. 그것들이 생기어 나타나 작용할 때면 반드시 허공에 의거해야 하기 때문이네. 만약 그대가 이 이치를 안다면 마찬가지로 소에 뿔이 있는 것을 보고 유(有)라고 하거나, 토끼에 뿔이 없는 것을 보고 무(無)라고 하는 이러한 이론이 옳은 듯하지만 그르다는 것을 알 수 있네. 다시 말해 보겠네. 만약 소뿔을 분석해 들어간다면 미세한 티끌이 되겠지만, 이 티끌을 다시 분석하고 분석해 한순간도 쉬지 않는다고 해도 이것이 어찌 '무(無)'가 되겠는가? 이 같은 법칙으로 다른 것들을 관찰한다고 해도 역시 마찬가지네. 대혜여! 그러므로 그대들은 마땅히 앞에서 열거한 것, 즉 토끼에 뿔이 없다고 무에 집착하거나 소에 뿔이 있다고 유에 집착하는 생각들을 멀리 떠나야 하네. 그리고 허공과 형색이 다르다는 일체의 망상으로부터도 멀리 떠나야 하네. 그저 자기 마음속에서 구하며 마음을 가라앉혀 고요히 생각함으로써 스스로 여러 망상들을 보아 낼 수 있어야 하네. 이것으로써 중생을 따라 일체의 찰토에 들어설 때에야 비로소 가장 뛰어난 묘법이라 할 수 있네. 제법은 오직 자기 마음에서 드러나는 방편 법문일 뿐으로, 이것으로 모든 초학의 중생과 불자들을 가르쳐야 하네." 부처님은 이 이치를 종합해 한 편의 게송을 지으셨다.

색이나 심에는 없는데도 색 등에서 심을 길러
몸으로 받아들여 편안히 서니 장식이 중생으로 나타나도다
色等及心無　色等長養心　身受用安立　識藏現衆生

---

107 지(地), 수(水), 화(火), 풍(風)의 네 원소.

이런 뜻이다. 형형색색의 색상과 그 색상을 분별하는 심리적 망상에는 모두 자성이 없다. 그럼에도 범부와 중생 들은 색상 등의 형색(形色)의 관계에 따라 망심을 증가시키고 강화한다. 이로 인해 색신(色身) 역시 그 속에서 생겨난 감각을 받아들여 그것에 발붙이고 의지해 살아감으로써 형형색색의 중생계를 형성한다. 사실 심(心), 물(物), 중생(衆生)의 삼자는 모두가 여래장식의 종자가 모습을 드러낸 것이다!

심물일원설

심과 의와 식, 자성과 오법
인무아와 법무아가 여래가 하는 말이로다
心意及與識　自性法有五　無我二種淨　廣說者所說

이런 뜻이다. 여래는 중생이 깨닫도록 하기 위해 거듭 심(心)과 의(意) 등 팔식(八識)과 오법(五法), 삼자성(三自性) 및 인(人)과 법(法)의 이무아(二無我)의 경계를 풀이한다.

장단과 유무 등은 서로 영향을 미치며 생겨나니
무로써 유가 생겨나고 유로써 무가 생겨나도다
티끌 같은 분별 현상에 색상의 망상을 일으키지 않으면
마음의 헤아림이 편안해져 악견을 즐기지 않도다
長短有無等　展轉互相生　以無故成有　以有故成無
微塵分別事　不起色妄想　心量安立處　惡見所不樂

이런 뜻이다. 우주의 형형색색 물체는 서로 대립하고 변화한다. 이 때문에 길고 짧은 것이 서로 형상을 이루고 유(有)와 무(無)가 서로 어울려 생겨난다. 이들은 모두 인과를 이루어 서로 갈마들며 변화해 끊임없이 생겨난다. 물질의 미세한 티끌의 생멸 법칙도 이와 같다. 그러므로 지혜로운 자는 색(色)과 공(空) 사이에서 색의 티끌이 실유(實有)라는 망령된 생각을 하지 않는다. 심, 물, 중생은 원래 모두 유심의 현량이 일으킨 것으로 이로부터 세계의 가지각색의 모습이 만들어진다. 그렇지만 이 이치는 지혜롭지 못하고 사견(邪見)에 젖은 사람이 알 수 있는 것이 아니다. 이 때문에 그들은 마음속의 망상과 악념도 깨끗이 끊어 내지 못한다.

느끼고 생각하는 것은 경계가 아니니 성문 역시 그러하도다
부처가 말하는 것도 자각의 경계로다
覺想非境界　聲聞亦復然　救世之所說　自覺之境界

이런 뜻이다. 이 이치의 진의를 반드시 알아야 하니 절대로 느낌이나 생각만으로 증득할 수 없다. 설사 성문 도과(道果)의 경계에 이를지라도 그 궁극적인 것을 알 수 없다. 세상을 구하는 대자대비하신 부처님께서는 거듭 우리에게 만약 이 속의 진제(眞諦), 즉 자각의 경계를 증득하려면 반드시 마음속에서 스스로 증득하고 스스로 깨쳐야 한다고 일러 주신다.

爾時大慧菩薩, 爲淨除自心現流故, 復請如來. 白佛言世尊. 云何淨除一切衆生自心現流. 爲頓爲漸耶. 佛告大慧. 漸淨非頓. 如庵羅果, 漸熟非頓. 如來淨除一切衆生自心現流, 亦復如是. 漸淨非頓. 譬如陶家造作諸器, 漸成非頓. 如來淨除一切衆生自心現流. 亦復如是. 漸淨非頓. 譬如大地漸生萬物, 非頓生也. 如來淨除一切衆生自心現流, 亦復如是. 漸淨非頓. 譬如人學音樂書畫種種伎術, 漸成非頓. 如來淨除一切衆生自心現流, 亦復如是. 漸淨非頓.

譬如明鏡, 頓現一切無相色像. 如來淨除一切衆生自心現流, 亦復如是. 頓現無相, 無有所有靑淨境界. 如日月輪, 頓照顯示, 一切色像. 如來爲離自心現習氣過患衆生, 亦復如是. 頓爲顯示不思議智最勝境界. 譬如藏識, 頓分別知自心現, 及身安立受用境界. 彼諸依佛, 亦復如是. 頓熟衆生所處境界. 以修行者, 安處於彼色究竟天. 譬如法佛, 所作依佛, 光明照耀. 自覺聖趣, 亦復如是. 彼於法相有性無性惡見妄想, 照令除滅.

大慧. 法依佛, 說一切法. 入自相共相自心現習氣因. 相續妄想自性計著因. 種種不實如幻. 種種計著, 不可得.

復次大慧. 計著緣起自性, 生妄想自性相. 大慧. 如工幻師, 依草木瓦石作種種幻. 起一切衆生若幹形色. 起種種妄想. 彼諸妄想, 亦無眞實. 如是大慧. 依緣起自性, 起妄想自性. 種種妄想心. 種種想行事妄想相, 計著習氣妄想. 是爲妄想自性相生. 大慧. 是名依佛說法. 大慧. 法佛者, 離心自性相. 自覺聖所緣境界, 建立施作. 大慧. 化佛者, 說施戒忍精進禪定, 及心智慧. 離陰界入解脫識相分別. 觀察建立. 超外道見, 無色見.

大慧. 又法佛者, 離攀緣, 攀緣離. 一切所作根量相滅非諸凡夫聲聞緣覺外道, 計著我相所著境界. 自覺聖究竟差別相建立. 是故大慧. 自覺聖究竟差別相, 當勤修學. 自心現見應當除滅.

돈오 점수 법문의 가리킴

이때 대혜대사가 다시 물었다. "어떻게 해야 비로소 일체 중생의 마음 속으로 흘러 들어오는 분별 망상을 깨끗이 제거할 수 있겠습니까? 이 속의 궁극적 이치는 갑자기 머물게 되는 돈오의 법입니까, 아니면 점차 닦아 이루는 점수의 법입니까?" 부처님께서 대답하셨다. "만약 자기 마음의 분별 망상을 깨끗이 없애고자 한다면 그것은 점차 닦아서 깨끗해지는 것이지 결코 갑자기 되지 않네. 과일나무를 예로 들면 나무는 점점 자라는 것이지 결코 갑자기 크는 것은 아니네. 도자기를 만들 때도 그렇다네. 도자기는 점차 만들어지는 것이지 갑자기 만들 수 있는 것이 아니네. 대지가 만물을 길러 내는 것도 그렇네. 모두가 점차 만들어지는 것이지 갑자기 생겨나지는 않네. 또 사람이 음악이나 글씨, 그림 등의 기술을 배우는 것도 그러하니 이들은 점차적으로 이루어지는 것이지 결코 갑자기 얻을 수 있는 것이 아니네."

"하지만 모두가 그런 것은 아니네. 밝은 거울을 예로 들면 한순간에 문득 일체 유무의 색상을 드러낸다네. 여래가 일체 중생의 분별 망상을 깨끗이 없애는 것 역시 그러하네. 갑자기 아무것도 없는 무상(無相)의 청정 경계를 드러낸다네. 또 해와 달과 마찬가지로 돌연히 일체 색상을 비추네. 여래가 중생을 위해 자기 마음의 습기와 허물을 깨끗이 제거할 때에도 상황은 마찬가지여서 한순간에 불가사의한 최상의 경계를 드러낸다네. 또 장식의 예를 들면 한순간에 자기 마음의 현식을 분별해 알 수 있고 또 색신의 수용 경계를 방편적 개념으로 표현할 수 있네. 일체 업보에 의지하는 불신(佛身) 역시 마찬가지여서, 한순간에 일체 중생이 처하는 경계를 성숙시켜 수행인이 그의 색구경천(色究竟天)에서 편안하고 고요히 머물 수 있게 한다네. 또 법신에서 생겨나는 정보(正報)[108]의 불신(佛身)도 광명을 드러내며 한순간에 무수한 화신을 만들어 낸다네. 그리고 이미 자각성취(自覺聖趣)를 증득한 사람 역시 마찬가지로, 한순간에 법상을 비추어 보고서 유와 무에 집착하는 등의 사견(邪見)과 망상을 깨끗이 제거할 수 있다네."

법신불, 보신불, 화신불의 속뜻

"대혜여! 법신불과 보신불은 일체법의 자상(自相)과 공상(共相)이 모두 자기 마음에서 흘러나오는 습기 때문에 생겨남을 설명한다네. 사람들은 자성을 알지 못해 서로 이어지는 망상에 집착하여 윤회를 거듭한다네. 사실 일체법의 자상과 공상은 모두 실재하지 않는 환상과 같으니 모든 집착은 근본적으로 얻을 수 없는 것이네."

"다시 말하지만 중생들은 연기(緣起)나 자성에 집착하여 그 자성이 본래 공(空)임을 알지 못하고 도리어 진실하다고 생각하기에 망상의 자성 현상이 생겨난다네. 예를 들면 솜씨 있는 마술사들이 초목이나 와석(瓦石)을 가지고 각종 환상을 만들어 내어 일체 중생계의 다양한 형색을 보여 주

---

108 정보(正報)와 의보(依報). 정보는 금생에 부모로부터 받은 몸과 마음으로 오랜 윤회를 거치며 누적된 업보의 결과이며, 의보는 자신의 몸이 의탁하는 환경으로 역시 과거 업보의 결과이다. 말하자면 정보는 자기 몸으로 받는 업보요, 의보는 환경으로 받는 업보다.

면, 사람들은 이러한 환상을 보고서 갖가지 망상을 일으키는 것과 같다네. 하지만 이러한 망상은 허구적 경계로 근본적으로 진실하지 않네. 중생의 망상 역시 이와 같다네. 스스로 다른 것에 의지하는 연기의 자성을 알지 못하고 망상을 자성의 작용으로 알기에 이로 인해 각종 망심이 생겨난다네. 각종 행위의 형상과 망상에 집착함으로써 망상의 습기를 형성하는데 이것이 바로 망상에 물든 자성의 모습이네. 대혜여! 이것이 바로 보신불이 말하는 업보에 의해 생겨난 법상(法相)의 법이네. 법신불이란 무엇인가? 망심 자성과 일체 법상을 멀리 떠나 스스로 깨우쳐 증득한 성스러운 지혜에 머무는 경계네. 그렇다면 화신불이란 무엇인가? 보시·지계·인욕·정진·선정 및 자기 마음을 증득한 반야 지혜로 오음(五陰), 십팔계(十八界)[109], 십이입(十二入)[110]의 속박을 멀리 벗어나 여러 식(識)의 행상(行相)[111]을 해탈한 경계네. 그럼에도 세속에서 중생의 근기를 따라 제법을 세워 일체의 고통을 떠나 구경의 즐거움을 얻게 하네. 이것은 일체의 외도와 사설(邪說) 그리고 이승(二乘)[112]의 편견을 초월해 있네."

"대혜여! 부처의 법신 경계에 대해 다시 말하네만, 그것은 쉼 없이 뒤얽히는 일체의 망상을 벗어난 것이네. 이미 망심의 뒤얽힘을 떠나 있기에 일체의 유위적인 근진(根塵)[113]과 식량(識量)[114] 및 법상(法相)[115]이 모두 사라

---

109 인식을 성립시키는 열여덟 가지 요소. 즉 외부 감각을 받아들이는 여섯 기관인 육근(六根)과 육근의 대상인 육경(六境) 그리고 그것을 식별하는 여섯 가지 마음 작용인 육식(六識)을 말한다.

110 십이처(十二處)라고도 하며 육근과 육경을 말한다.

111 십이입을 통해 들어온 객관의 모습을 인식하는 작용.

112 대승과 소승을 가리키기도 하며 달리 성문승과 연각승을 가리키기도 한다.

113 육근(六根)에 끼는 육진(六塵). 육진은 육적(六賊)으로 지혜를 해치고 공덕을 덜게 하는 색(色)·성(聲)·향(香)·미(味)·촉(觸)·법(法) 등의 욕정(欲情)을 가리킨다.

114 식견(識見)의 정도.

115 진리라 여기는 관념.

져 고요하네. 이것은 일체 범부와 성문이나 연각이 알 수 있는 경지가 아니며, 이상에 사로잡힌 외도들이 알 수 있는 경계는 더더욱 아니네. 이것은 자각성경(自覺聖境)[116]이 구경(究竟)의 차별 현상을 마음속으로 증득하여 건립된 것이네. 그러므로 그대들은 자각성지(自覺聖智)[117]의 구경적 차별상에 대해 열심히 닦아 배워야 하며, 자기 마음의 분별 망상에 대해서는 마땅히 제거해 없애야 하네."

復次大慧. 有二種聲聞乘通分別相. 謂得自覺聖差別相. 及性妄想自性計著相. 云何得自覺聖差別相聲聞. 謂無常, 苦, 空, 無我, 境界, 眞諦. 離欲寂滅, 息陰界入自共相. 外不壞相如實知. 心得寂止. 心寂止已. 禪定解脫, 三昧道果, 正受解脫. 不離習氣, 不思議變易死. 得自覺聖樂住聲聞. 是名得自覺聖差別相聲聞. 大慧. 得自覺聖差別樂住菩薩摩訶薩, 非滅門樂正受樂. 顧憫衆生及本願, 不作證. 大慧. 是名聲聞得自覺聖差別相樂. 菩薩摩訶薩, 於彼得自覺聖差別相樂, 不應修學.

大慧. 云何性妄想自性計著相聲聞. 所謂大種靑黃赤白, 堅濕煖動, 非作生自相共相. 先勝善說. 見已, 於彼起自性妄想. 菩薩摩訶薩, 於彼應知應捨. 隨入法無我相, 滅人無我相見. 漸次諸地, 相續建立. 是名諸聲聞性妄想自性計著相.

---

116 법신의 경계를 가리키는 것으로 일체의 언설과 마음의 작용이 끊어진 상태다.
117 자각성취(自覺聖趣)라고도 하는데 여래가 스스로 증득한 경계다. 이 경계에 이르면 바로 여래지로 들어가 여래의 법신을 증득하게 된다.

두 종류의 성문 경계

부처님께서 말씀하셨다. "대혜여! 소위 성문승에는 공통된 두 가지 차별의 도가 있으니, 바로 '자각성차별상(自覺聖差別相)'을 얻은 것과 성망상자성계착상(性妄想自性計著相)'을 얻은 것'이네. 무엇을 자각성차별상을 얻은 성문이라 하는가? 바로 무상(無常), 고(苦), 공(空), 무아(無我)의 경계를 뚜렷이 보아서 진제(眞諦)의 도(道)를 얻고 욕구를 떠나 적멸의 경계에 머물며, 또 음계(陰界)로 들어선 자상(自相)과 공상(共相)을 종식시켜 없앨 수 있는 것이네. 외물과 내심에 대해 허물어지고 허물어지지 않는 모습을 모두 여실히 알아 자기 마음이 항시 고요함을 얻은 것이기도 하네. 자기 마음이 항시 고요함을 얻으므로 선정의 해탈 삼매의 열매를 모두 바르게 얻어 해탈한다네. 하지만 이들은 아직도 무시(無始)의 습기를 벗어나지 못해 불가사의한 훈습의 변역생사를 벗어나지 못하는데, 이처럼 자각성(自覺聖)에 도달해 즐거움에 머무는 성문을 '자각성차별상' 성문이라 하네. 자각성차별상을 얻어 즐거움에 머무는 대승 보살은 결코 적멸문 속에 머물기를 원하지 않고 삼매 정수(正受)의 즐거움에 탐닉한다네. 단지 일체 중생을 되돌아보고 근심하며 본원(本願)의 힘을 일으켜 비록 적멸을 알아도 열반을 증득하지 않으니, 이 때문에 대승 보살은 여기에 대해 마땅히 닦고 배워야 하는 것은 아니네."

"어떤 것이 '성망상자성계착상(性妄想自性計著相)' 성문인가? 물리적 사대 종성(種性), 즉 견고함[地]·습함[水]·따스함[火]·움직임[風]과 청(靑)·황(黃)·적(赤)·백(白) 등에 대해 비록 그것이 조물주에 의해 주재되는 것은 아니지만 확실히 끊임없이 생겨나는 작용이 존재함을 인정하는 것이네. 자상과 공상으로부터 추론해 보면 모두가 이와 같네. 그리고 선배 학자들이 말하는 것 역시 이와 같네. 그들은 단지 이 이치만을 보아 그것에 대해 일종의 자성이 존재한다는 망상을 일으킨다네. 그러므로 대승 보살들은 이들의 견해에 대해 마땅히 취하고 버릴 바를 알아 응당 순서에 따라 가르쳐서 그들이 법무아의 경계에 도달하게 한 다음 다시 인무아의 경계를 버려 인(人)과 법(法)의 두 견지가 소멸된 후 다시 보살 등의 각 경계로 점차 들어간다네."

爾時大慧菩薩摩訶薩白佛言. 世尊. 世尊所說常, 不思議, 自覺聖趣境界, 及第一義境界. 世尊非諸外道所說常不思議因緣耶. 佛告大慧. 非諸外道因緣, 得常不思議. 所以者何. 諸外道常不思議, 不因自相成. 若常不思議不因自相成者. 何因顯現常不思議. 復次大慧. 不思議若因自相成者. 彼則應常. 由作者因相故, 常不思議不成. 大慧. 我第一義常不思議, 第一義因相成, 離性非性得. 自覺性故有相, 第一義智因故有因, 離性非性故. 譬如無作虛空, 涅槃滅盡故常. 如是大慧, 不同外道常不思議論. 如是大慧, 此常不思議, 諸如來自覺聖智, 所得如是. 故常不思議自覺聖智所得. 應當修學.

復次大慧. 外道常不思議, 無常性. 異相因故. 非自作因相力故常. 復次大慧, 諸外道常不思議, 於所作, 性非性無常. 見已思量計常. 大慧. 我亦以如是因緣, 所作者, 性非性無常見已, 自覺聖境界, 說彼常無因. 大慧. 若復諸外道因相, 成常不思議. 因自相性非性, 同於兔角. 此常不思議, 但言說妄想. 諸外道輩, 有如是過. 所以者何. 謂但言說妄想, 同於兔角, 自因相非分. 大慧. 我常不思議, 因自得相故, 離所作性非性故常. 非外性非性無常, 思量計常. 大慧. 若復外性非性無常, 思量計常. 不思議常, 而彼不知常不思, 議自因之相. 去得自覺聖智境界相遠, 彼不應說.

상불사의와 제일의의 경계

이때 대혜대사가 또 부처님께 물었다. "부처님께서 평소 말씀하시던 상불사의(常不思議)한[118] 자각성취(自覺聖趣) 경계와 제일의(第一義)의 경계는 외도들이 말하는 또 다른 상불사의한 조작(造作) 인연과는 어떻게 다른가요?" 부처님이 말씀하셨다. "내가 말한 것은 외도들이 말하는 것과는 다르네. 왜 그런가? 외도들의 상불사의는 자상(自相)으로 말미암아 이루어지지 않네. 만약 이 상불사의가 자상으로부터 이루어지지 않는다면 또 어떤 원인에 근거해 상불사의의 경계가 나타날 수 있겠는가? 반대로 만약 상불사의가 자상으로부터 말미암아 이루어진다면 그것은 항시 머물며 불변할 것이네. 그들이 말하는 조작자의 인연이 어디에 있는가? 그러므로 상불사의 이론은 성립할 수 없네. 내가 말한 것은 제일의(형이상)의 상불사의네. 제일의는 자상성취(自相成就)로서 일체의 유성(有性)과 무성(無性)을 떠나 스스로 깨쳐 증득하는 상(相)이네. 이 때문에 거기에 상이 있다고 말했네. 제일의는 반야 지혜를 인(因)으로 삼으므로 이 때문에 거기에 인이 있다고 말했네. 그것은 필경 유성과 무성을 떠나 있네. 바로 아무 조작자가 없는 허공으로 열반(적멸)이자 멸진정의 경계이기에 이 때문에 상불사의라 말하네. 이것은 외도의 상불사의 이론과는 다른 것으로 일체 여래의 자각성지(自覺聖智)의 큰 경계이니 그대들이 마땅히 닦고 배워야 하네."

"다음으로, 외도에서 말하는 상불사의는 항시 머무는 것이 아니고, 자

---

118 변함없이 존재하는[常] 것이지만 생각할 수도 없고[不思], 언어로 표현할 수도 없는[不議] 것으로 자각성지(自覺聖智)의 경계에서만 드러난다. 이 경계는 제일의의 경계와 같은 것으로 성문이나 연각 또는 외도가 알 수 있는 것이 아니다. 외도들이 말하는 상불사의는 스스로 증득한 것이 아닌, 말하자면 일종의 개념으로 사실상 언어적 유희에 불과하다.

상을 인(因)으로 삼지 않으며, 그렇다고 수행 중 얻는 것도 아닌 또 다른 하나의 부사의(不思議)로 항시 드러난다네. 그들은 유성(有性)과 무성(無性)의 모든 것을 무상(無常)으로 보기 때문에 이로써 사량(思量) 추측에 또 다른 상불사의한 존재를 인정하게 된다네. 그리고 내가 가리키는 것 역시 이 이치로서 만법이 모두 인연으로부터 생겨나며, 성(性)이 있는 것도 아니며 없는 것도 아니네. 인연의 법 중에는 모두가 무상인데, 이미 이 이치를 증득하여 자각성지의 경계에 머물면서도 다시 그들이 또 다른 상불사의의 설을 인정한다고 지적하는 이것은 인(因)이 없다는 논의이네. 만약 외도들이 또 다른 존재의 상이 있다고 인정한다면 상불사의가 된다네. 그러나 이미 자상의 인(因)인 자성을 아는 것은, 조건이 없는 것과 같고 토끼의 뿔과도 같아 본래 그런 것이 없네. 한번 물어보겠네. 그 또 다른 상불사의한 존재가 있다면 그것은 어디에서부터 왔을까? 그러므로 그들이 말하는 상불사의는 그저 일종의 관념적 유희에 불과한 것으로 언설이나 이름 또는 망상일 뿐이네. 외도들의 주장에는 이미 이런 잘못이 있어 그들은 공언(空言)에 의탁해 망상할 뿐이니 마치 토끼에 뿔이 있다는 것과 같아 일고의 가치가 없네. 그러니 그것은 당연히 자각의 경계로 증득해 들어가지 못하는, 일종의 분수에 맞지 않는 망상이네. 하지만 내가 가리키는 상불사의는 자각의 경계로 증득해 들어가 유위의 조작자와 멀리 떨어지고, 성(性)이 있지도 없지도 않아 영원히 항시 존재한다고 할 수 있네. 내 설법은 결코 외부의 일체 자성에 성(性)이 없고 일체가 무상하며 사량 추측에 또 다른 상불사의가 있다고 인정하지 않네. 외도들은 상불사의가 스스로 깨달아 스스로 증득한 경계임을 알지 못하여 이 때문에 그들이 성(聖)으로부터 아득히 멀어지니, 그들의 이론은 잘못된 것이네."

復次大慧. 諸聲聞畏生死妄想苦, 而求涅槃. 不知生死涅槃差別一切性, 妄想非性. 未來諸根境界休息, 作涅槃想. 非自覺聖智趣, 藏識轉. 是故凡愚說有三乘. 說心量趣無所有. 是故大慧. 彼不知過去未來現在諸如來自心現境界. 計著外心現境界. 生死輪常轉. 復次大慧. 一切法不生, 是過去未來現在諸如來所說. 所以者何. 謂自心現, 性非性, 離有非有生故. 大慧. 一切性不生. 一切法如兔馬等角. 是愚癡凡夫不實妄想, 自性妄想故. 大慧. 一切法不生. 自覺聖智趣境界者. 一切性自性相不生. 非彼愚夫妄想二境界. 自性身財建立趣自性相. 大慧. 藏識攝所攝相轉. 愚夫墮生住滅二見. 希望一切性生. 有非有妄想生, 非賢聖也. 大慧. 於彼應當修學.

생사와 열반의 유일 심량

부처님께서 말씀하셨다. "대혜여! 여러 성문들은 생사 망상의 고통을 깊이 두려워해 열반을 추구하지만 그들은 결코 생사와 열반의 차이를 알지 못하네. 이것은 모두 자성이 변화한 모습으로 일체의 분별 망상과 마찬가지로 모두 자성이 없네. 여러 성문들은 그저 과거와 현재의 염(念)을 소멸시켜 미래의 심신에 여러 근(根)이 다시 작용하지 않도록 하여 휴식 상태에 머무는 것을 열반의 경계라 생각하네. 그들은 자각성지(自覺聖智)를 증득하지 못하고 근본에서부터 장식을 전환시키지 못하네. 이 때문에 어리석은 범부들은 불법에 대소 삼승(三乘)의 구별이 있다고 말하며, 심량이 아무것도 없는 무심의 경계에 진입할 수 있다고 생각하네. 대혜여! 그들은 과거, 현재, 미래의 일체법이 모두 여래의 마음이 드러난 경계라는 것을 모르네. 본래 머물 곳이 없거늘 그들은 도리어 그것이 마음 바깥에 드러나는 경계라 여겨 생사의 바닷속에서 항시 순환하려 하네. 다시 말하지만 일체법은 생겨나지 않으니 이는 과거, 미래, 현재의 제불께서 말씀하신 것이네. 이것이 무슨 이치인가? 이는 일체가 모두 자기 마음이 드러난 분별 망상에서 생기며, 성(性)은 원래부터 자성이 없으니 본래 유(有)도 아니고 무(無)도 아니네. 일체 망상의 본질인 성(性)에는 자성이 없기 때문에, 일체 제법은 바로 토끼나 말의 뿔처럼 본래부터 공(空)으로 어떤 것도 없네. 단지 어리석은 범부들이 자성과 망상의 진제를 알지 못해 망상에 집착함으로써 그것이 실재한다고 생각하네. 대혜여! 만약 자각성지의 경계를 증득한다면 일체법이 본래 생겨남이 없는 진제임을 알 것이네. 일체의 성(性)에는 본래 자성이 없으므로 제법의 성(性)과 상(相)은 본래 생겨나지 않네. 이것은 우매한 범부들이 망상으로 상상하는 양극단의 상대적인 경계가 아니네. 신심(身心)이란 모두 성자성(性自性)에서 생긴 것이며 생존하는 신심이나 세계의 의보(依報)에 의존하는 것으로, 이 역시 모두가 성자성이 드러난 현상임을 반드시 알아야 하네. 장식의 받아들이는〔攝取〕 주체와 받아들이는 대상의 관계로 인하여 비로소 일체 현상이 순환하며 생겨난다네. 어리석은 중생들은 생멸의 견지에 빠져 일체법에 생멸의 본성이 있기를 희망하네. 유와 무는 모두가 망상에서 생겨난 경계로 결코 성현의 경계가 아니네. 그대들은 마땅히 여기에서 닦고 배워 증득해야 하네."

復次大慧. 有五無間種性. 云何爲五. 謂聲聞乘無間種性. 緣覺乘無間種性. 如來乘無間種性. 不定種性. 各別種性.

云何知聲聞乘無間種性. 若聞說得陰界入自共相斷知時, 擧身毛孔, 熙怡欣悅. 及樂修相智. 不修緣起發悟之相. 是名聲聞乘無間種性聲聞無間, 見第八地, 起煩惱斷. 習氣煩惱不斷不度不思議變易死. 度分段死. 正師子吼, 我生已盡. 梵行已立. 不受後有. 如實知, 修習人無我, 乃至得般涅槃覺.

大慧. 各別無間者. 我人, 眾生, 壽命, 長養, 士夫. 彼諸眾生作如是覺, 求般涅槃. 復有異外道說, 悉由作者. 見一切性已, 言此是般涅槃. 作如是覺. 法無我見非分. 彼無解脫. 大慧. 此諸聲聞乘無間外道種性, 不出出覺. 爲轉彼惡見故, 應當修學.

大慧. 緣覺乘無間種性者. 若聞說各別緣無間, 舉身毛豎, 悲泣流淚. 不相近緣, 所有不著. 種種自身, 種種神通若離若合, 種種變化. 聞說是時, 其心隨入. 若知彼緣覺乘無間種性已. 隨順爲說緣覺之乘. 是名緣覺乘無間種性相.

大慧. 彼如來乘無間種性, 有四種. 謂自性法無間種性, 離自性法無間種性. 得自覺聖無間種性. 外刹殊勝無間種性. 大慧. 若聞此四事一一說時, 及說自心現身財建立不思議境界時, 心不驚怖者. 是名如來乘無間種性相.

大慧. 不定種性者. 謂說彼三種時, 隨說而入. 隨彼而成.

大慧. 此是初治地者, 謂種性建立, 爲超人無所有地故, 作是建立. 彼自覺藏者, 自煩惱習淨, 見法無我. 得三昧樂住聲聞. 當得如來最勝之身. 爾時世尊欲重宣此義, 而說偈言.

須陀槃那果　往來及不還　逮得阿羅漢　是等心惑亂
三乘與一乘　非乘我所說　愚夫少智慧　諸聖遠離寂
第一義法門　遠離於二教　住於無所有　何建立三乘

諸禪無量等　無色三摩提　受想悉寂滅　亦無有心量

___

오승 종성의 분류

부처님께서 말씀하셨다. "대혜여! 중생계에는 오승의 종성이 있으니 바로 성문승종성(聲聞乘種性), 연각승종성(緣覺乘種性), 여래승종성(如來乘種性), 부정종성(不定種性) 그리고 각별종성(各別種性)이 그것이네."

"성문승종성(聲聞乘種性)이란 어떤 것인가? 예를 들면 오음(五陰), 십팔계(十八界), 십이입(十二入)의 자타 공동 법상(法相)을 끊어 없애면 온몸의 모공에 기쁨이 넘친다고 듣고는, 즐거이 이러한 번뇌상을 끊어 없애고 의혹을 끊고 진지(眞智)를 배워 익히기는 하나, 여기서 다시 연기(緣起)도 생겨나지 않는 철저한 깨달음을 닦아 나아가지 않으려는 사람이 있다면, 이러한 사람을 일러 성문승종성이라 하네. 그러나 그들 또한 보살 제팔지의 부동지와 유사한 견지(見地)에 이르고 연기의 번뇌를 이미 끊었지만, 아직도 번뇌의 습기를 완전히 끊을 수 없네. 비록 분단생사를 알았지만 아직은 변역생사에 이를 수는 없는 것이네. 그럼에도 그들은 사자후처럼 소리 높여, '나의 생은 이미 다하고 범행(梵行)이 이루어졌다. 행할 바를 다해 더 이상 남은 것이 없다'고 말하네. 그들은 수행을 통해 인무아의 경계를 증득했지만 스스로 이미 열반에 들어갔다고 여긴다네."

"각별종성(各別種性)은 어떤 것인가? 예를 들면 스스로 또 다른 아상·인상·중생상·수자상 혹은 끊임없이 살아가는 장수(長壽)의 상(相)을 깨달아 알거나, 혹은 천인(天人)이나 대장부의 상이 존재함을 알아 그 속에 들어

가기를 바라며, 그것이 바로 열반의 경계라 생각하는 자이네. 혹은 외도들 중에서 일체 생명을 모두 조물주의 걸작으로 여겨 그것이 바로 열반 혹은 지고무상의 진리요 경계라 말하는 그런 자이네. 대혜여! 무릇 이렇게 생각하는 자는 법무아의 경계를 증득할 수 없어 대해탈에 이를 수 없네. 이들 역시 성문승의 외도 종성에 속하는데, 그들은 사실 해탈에 이르지 못했지만 그럼에도 자기가 이미 세간을 떠나 정각을 이루었다고 말하네. 그대들은 사견(邪見)을 지닌 이러한 외도들을 변화시키기 위해 마땅히 무상의 정도를 닦고 배워야 하네."

"연각승종성(緣覺乘種性)은 어떤 것인가? 예를 들어 어떤 사람은 인연이 본래 공(空)이라는 말을 듣고 적멸의 법에 들어서 전신의 털을 곤두세우고 눈물 콧물을 흘리며 다시는 어리석고 번잡한 것을 즐기지 않고, 다시는 여러 연을 가까이하려 하지 않으며, 다시는 세간의 모든 것에 집착하지 않으려 하네. 이로부터 자신이 여러 신통을 증득할 수 있음을 깊이 믿으며 만났다 헤어졌다 흩어졌다 모였다 하며 부단히 변화하네. 그들은 이러한 설법을 듣고는 마음으로 취하는데, 이런 자를 연각승의 종성이라 하네. 그대들이 만약 그 근본 본성을 알 수 있다면 자연스레 연각승의 법상을 풀어 말할 수 있네."

"여래승종성(如來乘種性)은 어떠한가? 여기에는 네 종류의 차이가 있네. 첫째는 실법(實法)을 증득하는 성(性)이요, 둘째는 실법을 떠나 증득하는 성이요, 셋째는 자기 마음속에서 성스러운 지혜를 증득하는 성이요, 넷째는 외부의 장엄한 국토에서 법을 증득하는 성이네. 대혜여! 예를 들어 어떤 사람이 이 네 종류의 법상과 일체 심신과 외물 등이 모두 자기 마음속 아뢰야식의 불가사의한 작용에서 세워졌다는 것을 듣고도 놀라거나 두려워하지 않는다면, 바로 여래승의 종성이네."

"대혜여! 내가 이렇게 분별하는 것은 모두 초발심의 수행인을 위한 것
이네. 그 근본이 서로 가깝다는 것을 일러주기 위한 가르침의 법문으로서
삼승(三乘) 혹은 오승(五乘) 종성의 설을 세운 것이네. 하지만 모두가 인무
아와 법무아의 구경의 불지(佛地)에 들어서게 하기 위한 분류일 뿐이네.
그들이 만약 스스로 여래의 경계를 증득한다면 번뇌의 습기가 자연 깨끗
이 사라져 인무아와 법무아의 경계를 증득할 수 있을 것이네. 비록 잠시
성문 삼매의 법락(法樂) 경계에 머물더라도 마침내는 여래지의 가장 뛰어
난 몸을 얻을 수 있네." 이때 부처님은 이 이치를 종합해 한 편의 게송을
지으셨다.

수다반 등의 과위는 왕래 및 불환으로
아라한에 이르러 얻을 수 있어도 이들의 마음은 어지럽도다
須陀槃那果　往來及不還　逮得阿羅漢　是等心惑亂

이런 뜻이다. 예류(預流), 일래(一來), 불환(不還) 및 아라한의 성문 사과(四
果)는 비록 얻은 바가 있으나 여전히 스스로의 마음을 알지 못해 법에 속
박되는 바가 있다. 여기서 수다반(須陀槃)은 수다원(須陀洹)이라고도 하는
데, 이를 번역한 것이 예류(預流)로서 초과 성문(聲聞)이다. 이과(二果)가
사다함(斯陀含)으로 일래 혹은 왕래로 번역한다. 삼과(三果)는 아나함(阿那
含)으로 불환이라 번역한다.

삼승과 일승은 내가 말하는 승이 아니나
어리석은 자가 지혜가 적어서이니 여러 성현이라면 멀리 떠나 고요하리라

三乘與一乘　非乘我所說　愚夫少智慧　諸聖遠離寂

이런 뜻이다. 불법에서 말하는 대소 삼승―혹 본래 삼승이 없고 단지 일 승만 있다고도 하고, 혹은 일승도 없다고 말하기도 함―은 모두 어리석은 범부가 지혜가 부족해 구경의 진의를 알지 못하기 때문에 내가 차별의 법 을 말한 것이다. 만약 성스러운 지혜를 스스로 증득한 성자(聖者)라면 이 러한 지식과 견문을 멀리 벗어나 자기 마음의 고요함으로 돌아갈 수 있다.

제일의 법문은 유나 무와 멀리 떨어져
아무것도 없는 데에 머무니 어디에 삼승을 건립하랴
第一義法門　遠離於二教　住於無所有　何建立三乘

이런 뜻이다. 제일의(第一義)의 경계는 유와 무의 상대적인 법상을 멀리 떠 나서 본래 아무것도 없는 경지에 머무니 어디에 삼승의 차별적 상을 세우 겠는가?

한량없는 여러 선과 무색계의 삼매에서
감각과 생각이 사라져 적멸해져도 역시 심량이 있는 것은 아니로다
諸禪無量等　無色三摩提　受想悉寂滅　亦無有心量

이런 뜻이다. 한량없는 모든 선정의 경계, 예를 들어 공무변정(空無邊定)과 색무변정(色無邊定) 및 멸진정(滅盡定) 등은 모두 그들만의 삼매가 있지만, 감각과 지각이 완전히 사라지는 등의 심리 상태는 모두 마음이 만들어 낸 것으로 결코 마음 바깥에 또 다른 경계가 있는 것이 아니다.

大慧. 彼一闡提, 非一闡提, 世間解脫誰轉. 大慧. 一闡提有二種. 一者捨一切善根. 及於無始衆生發願. 云何捨一切善根. 謂謗菩薩藏, 及作惡言此非隨順修多羅毘尼解脫之說. 捨一切善根故, 不般涅槃. 二者菩薩本自願方便故, 非不般涅槃一切衆生, 而般涅槃. 大慧. 彼般涅槃, 是名不般涅槃法相. 此亦到一闡提趣. 大慧白佛言. 世尊. 此中云何畢竟不般涅槃. 佛告大慧. 菩薩一闡提者. 知一切法本來般涅槃已, 畢竟不般涅槃. 而非捨一切善根一闡提也. 大慧. 捨一切善根一闡提者, 復以如來神力故, 或時善根生. 所以者何. 謂如來不捨一切衆生故. 以是故, 菩薩一闡提, 不般涅槃.

부처의 종성이 없다는 일천제설

부처님께서 말씀하셨다. "대혜여! 오승(五乘)의 본성 이외에 소위 극도로 악해 선근을 갖지 못한다고 하는 사람이 바로 일천제(一闡提)네. 당연한 말이지만 이것이 절대적인 정론(定論)은 아니네. 하지만 그들은 왜 세간의 고통을 떠나 열반의 즐거움을 증득하려 하지 않을까? 그 원인에 대해서는 두 가지 설이 있네. 하나는 근본적으로 일체의 선근을 버려 열반을 증득할 연(緣)이 없다는 설이네. 또 하나는 그들이 무시이래 무수한 중생을 제도하기 위해 스스로 열반에 들어가기를 원하지 않았다는 설이네. 일체의 선근을 버렸다는 첫 번째 설은 대승도의 경전을 비방하고 불법의 계율을 헐뜯는 것을 말하네. 그뿐 아니라 근본적으로 신심(信心)이 없어서 악의적으로 이러한 것이 모두 따라야 할 수행의 길이 아니라 비방하며, 그로 인해 일체의 선근을 버려 열반을 증득할 수 없다는 것이네. 다른 하나는 이른바 보살이 스스로 원해 열반을 증득하지 않은 것으로, 그들은 결코 열반을 증득할 수 없는 것이 아니라 중생을 모두 제도한 후 자신도 열반에 들겠다는 것이네. 예를 들어 그들은 성불하지 않은 중생이 하나라도 있다면 열반에 들지 않겠노라 맹세하네. 비록 그들의 수지(修持)가 이미 자성의 열반을 증득했더라도 이 신심(身心)이 열반의 법상에 들지 않으므로 그 때문에 일천제의 범위에 넣을 수 있네." 대혜대사가 또 물었다. "그렇다면 왜 끝내 열반에 들지 않는다고 말하는지요?" 부처님이 대답하셨다. "일천제 보살들은 이미 일체법의 자성이 본래 적멸함을 알아 스스로 열반에 머물러 있네. 열반의 자성은 본래 생멸도 없고 오고 감도 없으며 본래 이처럼 출입이 없기에 결국 열반에 들기를 구하지 않는다고 했네. 이는 일체의 선근을 버리는 극악한 일천제와 절대 유사한 것이 아니니 이 둘을 같이 논해서는 안 되네. 그뿐 아니라 소위 일체의 선근을 버리는 극악한 일천제들도 여래의 신력(神力)이 베풀어지기에 어떤 시기가 되면 선심이 생겨날 수 있네. 왜 그런가? 여래 본래의 원력은 근본적으로 어느 한 중생도 버리지 않는 것이기에, 일천제 보살들이 열반의 법상에 들어 증득을 구하려 하지 않는 것이라 말할 수 있네."

復次大慧. 菩薩摩訶薩, 當善三自性. 云何三自性. 謂妄想自性. 緣起自性. 成自性.

大慧. 妄想自性, 從相生. 大慧白佛言. 世尊. 云何妄想自性從相生. 佛告大慧. 緣起自性事相相, 行顯現事相相, 計著有二種妄想自性. 如來應供等正覺之所建立. 謂名相計著相, 及事相計著相. 名相計著相者, 謂內外法計著. 事相計著相者, 謂卽彼如是內外自共相計著. 是名二種妄想自性相. 若依若緣生, 是名緣起. 云何成自性. 謂離名相事相妄想. 聖智所得, 及自覺聖智趣所行境界. 是名成自性, 如來藏心. 爾時世尊欲重宣此義, 而說偈言.

名相覺想　自性二相　正智如如　是則成相

大慧. 是名觀察五法自性相經. 自覺聖智趣所行境界. 汝等諸菩薩摩訶薩, 應當修學.

_____

오법과 삼자성

　부처님께서 말씀하셨다. "대승 보살들은 마땅히 삼자성(三自性)인 소위 망상자성(妄想自性, 달리 변계소집성이라 번역), 연기자성(緣起自性, 달리 의타기성이라 번역), 성자성(成自性, 달리 원성실성이라 번역)을 잘 알아야 하네."

　"대혜여! 망상자성(변계소집성)은 상(相)에 집착함으로써 생겨나네. 왜 그런가? 연기자성(의타기성)으로부터 안팎 경계의 연(緣)에 의해 일체의 사(事)와 명(名)이 생겨나면, 행위에서 나타나는 사상(事相)과 명상(名相)이 구성되고 이로부터 확실히 사(事)와 명(名)의 자상(自相)이 있다고 여기게 되네. 이 때문에 이것을 망상자성(변계소집성)이라 부른다네. 여래의 정각을 증득한 자는 이 속에서 세워진 법상을 모두 자기 마음이 집착하는 명상(名相) 현상이자 사상(事相) 현상이라 말하네. 이른바 명상(名相)에 집착하는 현상이란 사람들이 안팎의 제법에 집착하는 것을 말하네. 또 사상(事相)에 집착하는 현상이란 자타에 확실히 안팎이 있다는 등의 사실에 집착하는 것으로, 이를 가리켜 사와 명에 집착하는 두 종류의 망상자성(변계소집)이라 하네. 이러한 것은 모두 인과 연에 의해 생겨나는 것이기에 이름을 연기(緣起, 依他起)라 하네. 그렇다면 성자성(원성실성)이란 어떤 것인가? 이렇게 말할 수 있네. 만약 명상과 사상을 버리고 마음속으로 성지(聖智)를 증득하여 성지가 행하는 경계를 자각한다면 바로 성자성(원성실성)이라 부를 수 있네. 이것이 바로 원성자성의 여래장심이네." 이때 부처님은 이 이치를 종합해 한 수의 게송으로 말씀하셨다.

명과 상과 분별은 의타기와 변계소집의 망상으로
바른 지혜는 여여하니 이것이 원성실상이로다
名相覺想　自性二相　正智如如　是則成相

이런 뜻이다. 명(名), 상(相), 분별(分別)의 세 종류 망상은 바로 의타기(依他起)와 변계소집(遍計所執)의 두 종류 자성이 일으키는 망상 현상이다. 만약 바른 지혜를 자각해 얻게 되면 여여(如如)의 경계로 들어서니 이것이 바로 원성실상이다.

부처님께서 말씀하셨다. "이것이 바로 오법과 삼자성의 법상을 관찰하는 길로 자각성지(自覺聖智)의 경계이네. 그대 대승의 보살도를 배우는 사람들은 마땅히 닦고 배워야 하네."

復次大慧. 菩薩摩訶薩, 善觀二種無我相. 云何二種無我相. 謂人無我, 及法無我. 云何人無我. 謂離我我所, 陰界入聚. 無知業愛生. 眼色等攝受, 計著生識. 一切諸根, 自心現器身藏, 自妄想相, 施設顯示. 如河流, 如種子, 如燈, 如風, 如雲, 刹那展轉壞. 躁動如猿猴. 樂不淨處如飛蠅. 無厭足如風火. 無始虛僞習氣因, 如汲水輪, 生死趣有輪. 種種身色, 如幻術神呪, 機發像起. 善彼相知, 是名人無我智.

云何法無我智. 謂覺陰界入妄想相自性. 如陰界入離我我所. 陰界入積聚, 因業愛繩縛. 展轉相緣生, 無動搖. 諸法亦爾. 離自共相. 不實妄想相, 妄想力, 是凡夫生. 非聖賢也. 心意識五法, 自性離故. 大慧. 菩薩摩訶薩, 當善分別一切法無我. 善法無我菩薩摩訶薩, 不久當得初地菩薩, 無所有觀地相. 觀察開覺歡喜, 次第漸進, 超九地相, 得法雲地. 於彼建立無量寶莊嚴, 大寶蓮華王像, 大寶宮殿. 幻自性境界修習生. 於彼而坐. 同一像類, 諸最勝子眷屬圍繞, 從一切佛剎來. 佛手灌頂. 如轉輪聖王太子灌頂. 超佛子地, 到自覺聖智法趣. 當得如來自在法身. 見法無我故, 是名法無我相. 汝等諸菩薩摩訶薩, 應當修學.

인무아와 법무아

부처님께서 말씀하셨다. "대승 보살들은 두 종류의 무아상인 인무아(人無我)와 법무아(法無我)를 잘 살펴보아야 하네. 인무아(人無我)란 무엇인가? 무시이래 망상자성이 집착한 나, 그리고 나로부터 생겨난 모든 행위와 생각은 오음(五陰)이 모여들어 구성된 다른 사람과 나 사이의 몸과 마음의 작용으로, 모두 무시이래의 어리석음과 애욕의 업력으로 생겨났음을 알아야 하네. 예를 들면 눈으로 색진(色塵)을 받아들여 거기에 집착함으로써 안식 작용이 일어나는 것과 같네. 기타 여러 근(根)의 지(知)와 식(識) 또한 이와 같네. 심신 일체의 근(根)과 기세간(器世間)의 물질, 그리고 일체의 종자를 저장할 수 있는 아뢰야식이 모두 자기 마음이 드러낸 현식(現識)이자 변계소집의 망상으로부터 유래한 것임을 전혀 알지 못하기에 이런 다양한 법상으로 모습을 드러내는 것이네. 그 근본을 찾아보면 모두 찰나 간 부단히 생겨났다 사라지고 사라졌다 생겨나는, 마치 강물과 같고 종자(種子)와 같고 등불과 같고 바람과 같고 구름과 같아 찰나 간 서로 이어져 있는 듯 없는 듯 끊임없이 변화하는 경계이네. 유감스럽게도 사람들은 이 속에서 스스로 집착하여 자기 마음이 원숭이처럼 산만해지고, 냄새를 쫓아다니는 파리나 바람을 만난 불처럼 자신과 일체를 모조리 삼켜 없애네. 사실 이들은 모두 무시이래의 허망한 습기가 만들어 낸 것이네. 사람들은 이 속에서 생과 사, 사와 생을 되풀이하며 각종 몸으로 그리고 각종 색상(色相)으로 생겨나네. 마치 환술이나 신비한 주문처럼 기미가 움직이면 형상이 그에 따라 변화하네. 이러한 정황을 잘 관찰한다면 근본적으로 실재하는 나라는 존재가 없음을 알게 되네. 이것이 바로 인무아의 경계이네."

"무엇이 법무아(法無我)인가? 이렇게 말할 수 있네. 오음, 십팔계[119], 십이입[120] 등의 망상을 깨달아 안다면 자성이 본래 여여하며 음(陰), 계(界), 입(入) 등이 본래 아(我)와 아소(我所)로부터 멀리 떨어져 있음을 알게 되네. 음(陰), 계(界), 입(入)이 쌓여 신심이 되는 것은 업(業)과 애(愛)의 밧줄에 얽매여 서로 여러 연이 되기 때문이네. 이로 인해 여러 상이 만들어지나 실제로 그 속에는 본래 유동하는 생멸과 오고 감의 상이 없네. 일체 제법이 이와 같아서 본래 자타의 여러 상을 떠나 있으니 얻을 만한 진실한 법이 없네. 허망한 망상의 힘이 형성되는 것은 범부들의 습관에서 나온 것으로 결코 성현의 경계가 아니네. 왜 그런가? 심의식(心意識)과 오법 중의

---

119 십팔계(十八界)는 육근(六根)·육진(六塵)·육식(六識)을 끊는 것이다. 계(界)에는 두 뜻이 있다. 하나는 인(因)의 뜻으로 근진식(根塵識)이라 하는데, 삼(三)과 화합해 업을 만들어 생사의 인(因)이 된다. 또 하나는 한(限)의 뜻으로 근진식삼(根塵識三)이라 부르는데, 각자 한계가 있어서 서로 어지러워지지 않는다.(원주)

120 십이입(十二入)의 입(入)은 섭입(涉入)의 뜻이다. 육근과 육진이 서로 섭입하므로 십이라 불렀다. 예를 들어 안근이 색을 대하면 색을 볼 수 있어 안입(眼入)이라 불렸다. 볼 수 있는 모든 색을 눈과 연계시켜 색입(色入)이라 한 것이다.(원주)

명(名), 상(相), 분별(分別) 등은 그들의 자성이 본래 유무와 멀리 떨어져 있어 결코 실제로 얻을 수 있는 법이 아니네. 대혜여! 대승 보살들은 마땅히 법무아를 잘 분별하고 알아야 하니, 만약 그렇게 될 수 있다면 머지않아 초지(환희지) 보살의 지위로 들어갈 것이네. 아무것도 없는 견지에 머물면서 일체의 법상을 살피면 이로부터 부처의 지견(知見)이 계발되어 무량의 환희가 일어날 것이네. 다시 여기서 차례로 나아가면 구지(九地) 보살의 과위를 넘어서 최후로 제십 법운지(法雲地)로 진입하는데, 그 속에서 마치 대보연화왕(大寶蓮花王)처럼 수없이 많은 보물을 간직하고 장엄한 보석 궁전을 건립한다네. 사실 이러한 경계 역시 모두 자성이 여환삼매(如幻三昧)의 경계 속에서 수습(修習)해 생겨난 것이네. 이로부터 여러 뛰어난 상(相)을 얻고, 일체의 뛰어난 불자들이 공손히 주위를 에워싸며, 시방의 제불이 모두 와서 그를 위해 관정(灌頂)을 해 주네. 여기서 다시 불자지(佛子地)를 넘어서면 자각성지(自覺聖智)의 경계에 도달하는데, 여기에 이르러 여래의 자재로운 법신을 얻으니 법무아의 상(相)을 철저히 알게 되네. 이것이 바로 법무아네. 그대들 대보살은 마땅히 이렇게 닦아야 하네."

爾時大慧菩薩摩訶薩復白佛言. 世尊. 建立誹謗相, 唯願說之. 令我及諸菩薩摩訶薩, 離建立誹謗二邊惡見, 疾得阿耨多羅三藐三菩提. 覺已, 離常建立, 斷誹謗見, 不謗正法. 爾時世尊受大慧菩薩請已. 而說偈言.

建立及誹謗　無有彼心量　身受用建立　及心不能知

愚癡無智慧　建立及誹謗

爾時世尊於此偈義, 復重顯示, 告大慧言. 有四種非有有建立. 云何爲四. 謂非有相建立. 非有見建立. 非有因建立. 非有性建立. 是名四種建立. 又誹謗者. 謂於彼所立無所得. 觀察非分而起誹謗. 是名建立誹謗相.

復次大慧. 云何非有相建立相. 謂陰界入, 非有自共相, 而起計著, 此如是, 此不異. 是名非有相建立相. 此非有相建立妄想, 無始虛僞過, 種種習氣計著生. 大慧. 非有見建立相者. 若彼如是陰界入, 我人, 衆生, 壽命, 長養, 士夫見建立. 是名非有見建立相. 大慧. 非有因建立相者. 謂初識無因生, 後不實如幻, 本不生. 眼色明界念前生. 生已實已還壞. 是名非有因建立相. 大慧. 非有性建立相者. 謂虛空, 滅, 般涅槃, 非作. 計著性建立. 此離性非性. 一切法如兎馬等角. 如垂髮現. 離有非有. 是名非有性建立相.

建立及誹謗, 愚夫妄想, 不善觀察自心現量, 非聖賢也. 是故離建立誹謗惡見, 應當修學. 復次大慧. 菩薩摩訶薩, 善知心意意識, 五法自性, 二無我相, 趣究竟爲安衆生故, 作種種類像. 如妄想自性處, 依於緣起. 譬如衆色如意寶珠, 普現一切諸佛刹土, 一切如來大衆集會, 悉於其中聽受佛法. 所謂一切法, 如幻如夢, 光影水月. 於一切法, 離生滅斷常, 及離聲聞緣覺之法. 得百千三昧, 乃至百千億那由他三昧. 得三昧已. 遊諸佛刹, 供養諸佛. 生諸天宮, 宣揚三寶. 示現佛身. 聲聞菩薩大衆圍繞. 以自心現量度脫衆生. 分別演說外性無性. 悉令遠離有無等見. 爾時世尊欲重宣此義, 而說偈言.

　心量世間　佛子觀察　種類之身　離所作行　得力神通　自在成就

정법을 비방하는 원인

이때 대혜대사가 또 물었다. "어리석은 범부들이 정법을 비방하는데, 그들은 어떤 원인과 이유로 그렇게 합니까? 부처님께서 저희를 위해 해설해 주시기를 간절히 청합니다." 부처님은 그 뜻을 종합해 한 수의 게송으로 말씀하셨다.

건립과 비방은 유무에 관한 그들의 심량으로
몸으로 받아들여 건립함으로써 마음으로 알지 못하게 되도다
어리석은 자들은 지혜가 없어 건립하거나 비방하도다
建立及誹謗　無有彼心量　身受用建立　及心不能知
愚癡無智慧　建立及誹謗

이런 뜻이다. 무릇 정법(正法)을 비방하는 이유는 유에 집착하는 상견(常見)이 아니라면 무에 집착하는 단견(斷見)이다. 유와 무, 단견과 상견 역시 모두가 심량의 작용임을 알지 못하기 때문이다. 그럼에도 범부들은 그저 몸과 마음의 감수(感受) 작용에만 집착해 심량의 원통(圓通)한 체상(體相)을 자각하지 못하며 이로 인해 정법을 비방하는 사견(邪見)이 생겨난다. 이는 모두 범부들의 무지 때문에 생겨난 것이다.

부처님은 다시 이 뜻을 풀이해 말씀하셨다. "무(無) 속에서 유(有)가 생겨나는 것에는 네 가지 의미가 있네. 첫째는 본래 유(有)의 상이 없는데도 그 상을 건립하는 것, 둘째는 본래 견(見)이 없는데도 그 견을 건립하는 것, 셋째 본래 인(因)이 없는데도 그 인을 건립하는 것, 넷째 본래 성(性)이 없는데도 그 성을 건립하는 것이네. 다시 말해 일반의 어리석은 범부가 비

방하는 원인은, 세워진 지극한 이치의 실상에 대해 아무것도 얻은 것이 없고 그 속에서 관찰해도 구경의 본제(本際)를 얻을 수 없어서 마침내 일체의 것이 모두 구별할 수 있는 설이 아니라 여겨 비방하게 되는데, 이를 일러 비방의 상을 세운다고 하네."

"다시 말해 보겠네. 첫째로 본래 유의 상이 없는데도 그 상을 건립한다는 것은 무얼 말하는가? 말하자면 이렇네. 신심의 음(陰), 계(界), 입(入) 등에 대해서는 본래 자타의 실상이 없음에도 범부들은 그것을 실재한다고 집착하여 본래 그런 것으로 같지 않음이 없다고 생각하는데, 이것을 일러 상이 없는데도 상을 건립한다고 하네. 이것은 모두 무시이래 허망한 망상의 습기(習氣) 그리고 갖가지 집착의 오염과 훈습이 일어남으로써 생겨나네. 둘째로 본래 견(見)이 없는데도 그 견을 건립한다는 것은 무얼 말하는가? 말하자면 이렇네. 신심의 음(陰), 계(界), 입(入)과 인(人), 아(我), 중생(衆生), 수명(壽命), 조물주(造物主) 등에 대해 확실히 그것이 존재한다고 생각하는 것이네. 이것을 일러 견이 없는데도 그 견을 건립한다고 하네. 셋째로 본래 인(因)이 없는데도 그 인을 건립한다는 것은 무얼 말하는가? 그건 이렇게 생각하는 것이네. 즉 사람에게 최초로 생겨나는 분별식 등의 작용은 아무 인이 없이 생겨나는 것이며, 이후에 이어지는 것 역시 실재하지 않는 환상으로 거기엔 본래 이른바 생겨난다고 할 만한 것이 없다고 여기는 것이네. 목전에 그저 눈으로 색을 접하게 됨으로써 그 빛과 윤곽 등으로 인해 의념이 생겨난다고 여기는 것이네. 이렇게 비록 앞선 염(念)이 생겨났더라도 생겨났다가 다시 스러지니, 이것을 일러 인(因)이 없는데도 그 인을 건립한다고 말하네. 넷째로 본래 성(性)이 없는데도 그 성을 건립한다는 것을 무얼 말하는가? 이것은 허공, 적멸, 입열반(入涅槃), 무소작위(無所作爲) 등의 법에 대해 그들이 각각 별개이며 각각 실재한다고 집착하는 것을 말하네. 이러한 법들은, 그것이 법이든 법이 아니든 법성을 떠나면 성(性)은 절로 성이 아닌 것이 되는데도 뜻밖에 그것을 모르는 것이네. 하물며 일체의 제법이 본래 토끼와 말의 뿔과 같아서 한갓 이름만 있을 뿐 실재하지 않음에랴? 이것을 일러 성이 없으면서도 성의 상을 건립한다고 말하네."

"요약하면 정법을 비방하는 이유는 모두 어리석은 범부의 망상에서 생겨난다네. 그들은 자기 마음의 현량(現量)을 관찰하는 데 서투르니 성현의 경계가 아니네. 이런 까닭에 그대들은 비방하는 사견(邪見)을 멀리 떠난 관점에 대해 마땅히 닦고 배워야 하네. 대승 보살들은 비록 심과 의, 식 등의 오법(五法), 삼자성(三自性), 인무아와 법무아의 실상에 대해 철저히 알고 있지만, 중생의 편안한 깨우침을 위해 각종 신상(身相)을 드러내거나 여러 방편을 사용하여 그들로 하여금 구경의 도과(道果)에 들어서게 하네. 이러한 상황 역시 망상과 마찬가지로 모두가 다른 것에 의지해 일어나는 것으로, 본래 정해진 법이 없네. 비유하자면 마치 여의보주처럼 시방 찰토 중생의 업력에 따라 보이는 것이 다르며, 관점과 각도에 따라 갖가지 다른 모습이 드러나는 것과도 같네. 이 때문에 보살들은 세상을 제도하기 위해 일체 여래의 법회에서 몸을 드러내어 중생과 함께 정법을 듣는다네. 이처럼 그들은 일체법이 모두 꿈과 같고 환상과 같으며, 물 위의 달과 같고 빛과 그림자와 같아, 본래 생멸의 상(常)과 단상(斷常)의 견해 그리고 성문과 연각의 법을 떠나 있음을 안다네. 그들은 '수천 수백의 삼매를 얻고, 백억천억의 나유타 삼매를 얻네. 삼매를 얻고서 여러 불토를 유람하며 여러 부처를 공양한다네. 그리고 하늘 궁전에 태어나 삼보를 선양하네. 부처의 몸을 드러내면 성문·보살·대중이 에워싼 가운데 자기 마음의 현량으로 중생을 제도하여 해탈케 하며, 외성(外性)·무성(無性)을 분별해 자세히 말함으로써 유무 등의 견해를 모두 벗어나게 한다네.'" 부처님은 이 이치를 종합해 한 수의 게송으로 말씀하셨다.

> 세간을 헤아리고 불자를 살펴
> 각종의 몸을 드러냄으로써 일상의 삶을 떠나니
> 신통을 얻어 스스로 성취를 이루도다
> 心量世間 佛子觀察 種類之身 離所作行
> 得力神通 自在成就

:: 이 게송의 뜻은 대승 보살의 경계를 찬양한 것으로 대체로 위에서 말한 내용과 같으니 다시 해석할 필요가 없을 듯하다.

─────────────

爾時大慧菩薩摩訶薩復請佛言. 唯願世尊, 爲我等說一切法空, 無生無二, 離自性相. 我等及餘諸菩薩衆, 覺悟是空無生無二離自性相已. 離有無妄想, 疾得阿耨多羅三藐三菩提. 爾時世尊告大慧菩薩摩訶薩言. 諦聽諦聽, 善思念之. 今當爲汝廣分別說. 大慧白佛言. 善哉世尊, 唯然受教. 佛告大慧. 空空者, 卽是妄想自性處. 大慧. 妄想自性計著者, 說空無生無二, 離自性相. 大慧. 彼略說七種空. 謂相空. 性自性空. 行空. 無行空. 一切法離言說空. 第一義聖智大空. 彼彼空.

云何相空. 謂一切性自共相空. 觀展轉積聚故. 分別無性自共相不生. 自他俱性無性, 故相不住. 是故說一切性相空. 是名相空. 云何性自性空. 謂自己性自性不生, 是名一切法性自性空. 是故說性自性空. 云何行空. 謂陰離我我所. 因所, 成所作業, 方便生. 是名行空. 大惠. 卽此如是行空, 展轉緣起, 自性無性. 是名無行空.

云何一切法離言說空. 謂妄想自性無言說, 故一切法離言說. 是名一切法離言說空. 云何一切法第一義聖智大空. 謂得自覺聖智, 一切見過習氣空. 是名一切法第一義聖智大空. 云何彼彼空. 謂於彼, 無彼空. 是名彼彼空. 大慧. 譬如鹿子母舍, 無象馬牛羊等. 非無比丘衆而說彼空. 非舍舍性空. 亦非比丘比丘性空. 非餘處無象馬. 是名一切法自相. 彼於彼無彼. 是名彼彼空. 是名七種空. 彼彼空者, 是空最麤. 汝等遠離.

大慧. 不自生, 非不生. 除住三昧, 是名無生. 離自性卽是無生. 離自性利那相續流注. 及異性, 現一切性離自性. 是故一切性離自性.

云何無二. 謂一切法, 如陰熱. 如長短. 如黑白. 大慧. 一切法無二. 非於涅槃彼生死. 非於生死彼涅槃. 異相因有性故. 是名無二. 如涅槃生死, 一切法亦如是. 是故空, 無生, 無二, 離自性相, 應當修學. 爾時世尊欲重宣此義, 而說偈言.

我常說空法　遠離於斷常　生死如幻夢　而彼業不壞
虛空及涅槃　滅二亦如是　愚夫作妄想　諸聖離有無

爾時世尊復告大慧菩薩摩訶薩言. 大慧. 空, 無生, 無二, 離自性相, 普入諸佛一切修多羅. 凡所有經, 悉說此義. 諸修多羅, 悉隨衆生希望心故. 爲分別說顯示其義. 而非眞實在於言說. 如鹿渴想, 誑惑群鹿. 鹿於彼相計著水性, 而彼無水. 如是一切修多羅所說諸法, 爲令愚夫發歡喜故. 非實聖智在於言說. 是故當依於義, 莫著言說.

———————

공, 무생, 불이, 이자성상 등의 함의

이때 대혜대사가 다시 물었다. "부처님께서는 일체법이 공(空)이요 무생(無生)이요 불이(不二)요 '자성의 상을 떠났다[離自性相]'고 하셨는데 도대체 무슨 뜻인가요? 저희를 위해 상세히 설명해 주시겠습니까?" 부처님께서 대답하셨다. "소위 공공(空空)[121]이라는 것은 망상자성(妄想自性)[122]의 법체를 가리킨 것으로, 공(空)이라 말하는 것 역시 공이라는 의미네. 망상자성에 집착하는 사람에게 그 진정한 의미를 알게 하기 위해 공(空), 무생(無生), 무이(無二), 이자성상(離自性相) 등의 법상을 말한 것이네. 대혜여! 간략히 말하자면 대략 일곱 종의 공(空)이 있으니 상공(相空), 성자성공(性自性空), 행공(行空), 무행공(無行空), 일체법리언설공(一切法離言說空), 제일의성지대공(第一義聖智大空), 피피공(彼彼空)이 그것이네."

"첫째, 무엇이 상공(相空)인가? 이렇게 말할 수 있네. 일체법의 자타 공상(共相)은 본래 공(空)인데도 사람들이 서로 주거니 받거니 쌓아 간 탓에 마치 유(有)인 것처럼 느껴지는 것이네. 하지만 엄격히 말하자면 거기엔 아무런 자성이 없네. 자상(自相)이 본래 생겨나지 않기에 자타에 모두 자성이 없는 것이네. 법상(法相)이 변하지 않는 상태로 항시 머물 수 없기에 일체의 성상(性相)이 공(空)이라 할 수 있는데, 이를 일러 상공이라 하네. 둘째, 무엇이 성자성공(性自性空)인가? 이렇게 말할 수 있네. 법성 자신은 본래 생겨남이 없으니 이 때문에 일체 법성의 자성이 공(空)이라 말하네. 셋째, 무엇이 행공(行空)인가? 이렇게 말할 수 있네. 신심의 오음(五陰)과 나 그리고 내가 만들어 낸 각종 작용은 본래 주객을 떠나 있으며, 그 작용은 그저 업력에 의해 생겨난 방편적인 것일 뿐으로, 이를 가리켜 행공이라 하네. 넷째, 무엇이 무행공(無行空)인가? 이렇게 말할 수 있네. 행공의 이치로부터 모든 연기 작용에 자성이 없음을 알고, 오온이 본래 열반이라 제행이 존재하지 않음을 아는 것, 이를 일러 무행공이라 하네. 다섯째, 무엇이 일체법리언설공(一切法離言說空)인가? 이렇게 말할 수 있네. 망상의 자성은 본래 언설이 없으니 이 때문에 일체의 본래는 모두 언설을 떠나 있네. 이를 일러 일체법리언설공이라 하네. 여섯째, 무엇이 일체법제일의성지대공(一切法第一義聖智大空)인가? 이렇게 말할 수 있네. 자각성지의 경계를 증득하고 일체 여러 견해의 습기와 과오에서 모두 자연스레 멀리 벗어나는 것, 이를 일러 일체법제일의성지대공이라 하네. 일곱째, 무엇이 피피공(彼彼空)인가? 이렇게 말할 수 있네. 이러한 공(空)이라 불리는 것들 역시 모두 자성이 없으니 이 때문에 공(空)이라 부르네. 내가 이전에 녹자모(鹿子母)[123]를 위해 말한 적이 있네. 여기가 비어 있다〔空〕는 것은 이 녹원(鹿苑) 안에 코끼리, 말, 소, 양 등이 없다는 것이지 다른 곳에도 코끼리, 소, 양이 모두 없다는 말은 아니네. 이 녹원 안에 출가한 비구들이 없다는 것은 더더욱 아니네. 또 이 전당(殿堂)의 성질이 곧 공(空)이라는 것도 아니요, 출가한 비구들의 자성이 공이라는 것도 아니네. 말하자면 이렇네. 이것은 일체법의 자성 하나만을 가리키는 것으로, 어떤 물건 혹은 어떤 한 측면에서 그 현상이 공(空)이라는 것인데, 이를 일러 피피공이라 하네. 이러한 피피공은 공(空) 중에서도 가장 낮은 경계로서 그대들이 마땅히 멀리해야 하며 이를 닦아서는 안 되네. 이상에서 말한 것이 바로 일곱 종의 공(空)이네."

---

121 일체법은 인연에 따라 임시로 구성된 것이므로 공(空)이고 또 그렇게 생각하는 자체도 공이라는 의미다.

122 마음속으로 지어 낸 온갖 허구적 차별상으로 변계소집성과 동의어이다.

123 인도의 승려 비사카. 앙가국(鴦伽國) 출신으로 석가모니부처님이 그 나라에 가서 교화할 때 아버지의 명령으로 오백 시녀(侍女)와 함께 영접하여 설법을 듣고 초과(初果)를 얻었다고 한다.

"무엇이 무생(無生)인가? 이렇게 말할 수 있네. 일체 제법이 그 자체에서 스스로 생겨나지 않으니 이 때문에 불자생(不自生)이라 하네. 하지만 결코 성자성(性自性)[124]이 생겨나지 않는다는 말은 아니네. 단지 일체 제법이 모두 인연에 의지해 생겨날 뿐 결코 저절로 생겨나지 않는다는 것이네. 삼매 경계 속에 머물러 있는 경우를 제외하고는 삼제(三際)를 끊어 버린 뒤에야 비로소 무생이라 부를 수 있네. 왜 그런가? 일체 제법의 자성을 떠난 것이 바로 무생의 경계이기 때문이네. 만약 매 찰나 이어지는 망상자성(妄想自性)을 멀리 떠난다면, 그리고 제법의 같고 다른 본성을 멀리 떠난다면 그것이 바로 무생의 경계라네. 만약 매 찰나 이어지는 망상자성과 제법의 같고 다름의 성(性)을 멀리 벗어날 수 있다면 제법에 자성이 없음을 드러낼 수 있네. 이로부터 일체 제법의 자성이 확실히 본래 자성이 없음을 알 수 있으니, 이 때문에 내가 일체가 자성을 떠나 있다고 말했네."

"무엇이 불이(不二)[125]인가? 이렇게 말할 수 있네. 예를 들어 냉열(冷熱), 장단(長短), 흑백(黑白) 등은 각기 다른 모습을 지니고 있네. 이것이 바로 현상계에서 상호 대립하는 두 법이네. 소위 말하는 진여 법계(본체)에서는 일체법이 둘이 아니네. 열반 외에 달리 생사의 작용이 있는 것이 결코 아니며 생사 외에 달리 열반의 경계가 있는 것도 아니네. 생사와 열반은 그저 서로 다른 두 종류의 상(相)일 뿐으로, 사실 생사와 열반은 그 자성이 다르지 않네. 비단 열반과 생사만 그럴 뿐 아니라 일체 제법의 자성의 체

---

124 원래의 육경과 육근을 성자성이라 하며, 이것이 인연을 만나 작용한 것을 수념자성(隨念自性)이라 하고, 이로부터 인생과 우주를 의식하는 작용을 계탁자성(計度自性)이라 한다. 이들은 각각 원성실성(圓成實性), 의타기성(依他起性), 변계소집성(遍計所執性)이라고도 하는데 성자성은 곧 원성실성을 말한다.

125 용수가 사용한 용어로 번뇌와 보리, 중생과 부처, 생사와 열반이 서로 의지해 존재하는 실체가 없는 공(空)으로 둘이 다르지 않다는 의미다.

상(體相) 역시 그러하네. 이 때문에 공(空), 무생(無生), 무이(無二), 이자성상(離自性相)이라 했으니 그대들은 마땅히 이를 닦아야 하네." 부처님은 이 이치를 종합해 한 수의 게송으로 말씀하셨다.

> 내가 항시 공의 법을 말하며 단상을 멀리 떠나지만
> 생사가 환상과 같고 꿈과 같아도 그 업은 스러지지 않도다

> 我常說空法　遠離於斷常　生死如幻夢　而彼業不壞

이런 뜻이다. 내가 항시 말하는 공의 경계는 절대 존재하지 않는다는 그런 세속의 개념이 아니며, 그렇다고 또 다른 공의 경계가 존재한다는 것도 아니다. 공은 곧 필경공(畢竟空)으로 그것은 단견과 상견을 떠나 있다. 생사와 열반은 마치 꿈과 같이 드러난다. 하지만 자성의 업력은 도리어 영원히 허물어지지 않는다. 공이란 자성의 체공을 말하는 것으로 결코 업의 상 역시 절대로 존재하지 않는다고 말하는 것이 아니다!

> 허공과 열반, 멸이 역시 그러하니
> 어리석은 자들은 망상을 일으키지만 여러 성현은 유무를 떠나노라

> 虛空及涅槃　滅二亦如是　愚夫作妄想　諸聖離有無

이런 뜻이다. 만약 허공과 열반에 집착하여 그것이 실재 세계라 생각한다면 바로 양극단의 견지로 떨어진다. 생사와 열반이든 공(空)이나 유(有)든 모두가 공화(空花)요 몽환적인 것이니, 이 점을 증득할 수 있다면 비로소 진정한 멸도(滅度)라 할 수 있다. 어리석은 범부들은 매번 이 속에서 조작함으로써 더욱 망상을 부추긴다. 일체를 스스로 증득하고 스스로 깨닫는 성현이라면 이 속에서 얻을 수 없다는 것을 알아 유와 무를 벗어난다.

부처님께서 다시 말씀하셨다. "대혜여! 공(空), 무생(無生), 무이(無二), 이자성상(離自性相) 등의 속뜻은 모든 부처의 일체 경전 속에 들어 있으며, 모든 경전이 하나같이 이 뜻을 설하고 있네. 하지만 일체 경전은 모두 중생의 희망을 따라 그들이 여러 이치를 분별하여 스스로 그 뜻을 알도록 하기 위한 것이네. 그러나 진실한 법은 결코 언설에 있지 않네. 마치 뜨거운 열기 속 목마른 사슴들과 같아서 너른 들판에 태양이 반사되어 어른거리는 것을 물로 착각하는 것과도 같네. 이 때문에 여러 성현들은 자비롭게 갖가지 방편을 사용하여 서서히 이끌며 단계적으로 정진케 함으로써 뜨거운 태양의 어른거림 속에는 진정한 물이 없으며, 일체가 빛과 같지만 실제로 아무것도 없음을 알게 한다네. 일체 경전이 말하는 제법 역시 모두 어리석은 범부를 위해 기쁘게 믿는 마음을 일으키고 이에 의지해 점차 나아가 불도를 증득케 하는 것이네. 자각성지는 결코 언설 속에는 없으므로 그대들은 마땅히 속뜻에 의거해야 하니, 단지 언설과 문자에만 집착하여 그것이 실제의 법이라 생각해서는 안 되네."

능가경 권2

일체불어심품(一切佛語心品) 2

爾時大慧菩薩摩訶薩白佛言. 世尊. 世尊修多羅說, 如來藏自性清淨, 轉三十二相
入於一切衆生身中. 如大價寶垢衣所纏. 如來之藏常住不變, 亦復如是. 而陰界入
垢衣所纏, 貪欲恚癡不實妄想塵勞所汚. 一切諸佛之所演說. 云何世尊同外道說我,
言有如來藏耶. 世尊. 外道亦說有常作者, 離於求那, 周遍不滅. 世尊, 彼說有我.

여래장에는 고정된 상과 실체가 없다

그때 대혜대사가 또 부처님께 물었다. "부처님께서는 줄곧, 여래장의
자성은 본래 청정하며 비록 한 번 전환되어 각종 색상이 되기는 해도 이내
일체 중생의 몸에서 화합하여 마치 엄청난 보물이 낡고 꾀죄죄한 옷 속에
있는 것과도 같다고 하셨습니다. 그러나 여래장 자성은 여전히 변하지 않
고 항시 머문다고 하셨지요. 그러므로 일체 제불께서 말씀하시기를, 일체
중생은 오음(五陰, 심신의 어두운 모습), 십팔계(十八界, 안팎 경계와 심과 물의 사
이. 152쪽 주119 참조), 십이입(十二入, 신심 안팎의 근진. 152쪽 주120 참조) 등
의 때 절은 외피에 얽매이고, 탐욕과 원한과 어리석음 등의 망상에 더럽혀
져 벗어나지 못한다고 하셨습니다. 그런데 이러한 설법과 외도들이 말하
는 또 다른 진아가 존재한다는 주장과는 어떤 점이 다릅니까? 지금 부처
님께서 하나의 자성이 있는 여래장을 말씀하십니다만, 외도들도 말하기
를 또 다른 진아가 항시 존재해 일체를 조작할 수 있으며 일체의 연에 의
지하지 않아 불멸한다고 합니다. 그런데 부처님께서는 다시 또 다른 나의
존재에 집착하는 것이 잘못되었다고 지적하십니다. 그건 도대체 무슨 까
닭인가요?"

佛告大慧. 我說如來藏, 不同外道所說之我. 大慧. 有時說空, 無相, 無願, 如實際, 法性, 法身, 涅槃, 離自性, 不生不滅, 本來寂靜, 自性涅槃, 如是等句. 說如來藏 已. 如來應供等正覺, 爲斷愚夫畏無我句. 故說離妄想無所有境界如來藏門. 大慧. 未來現在菩薩摩訶薩, 不應作我見計著. 譬如陶家, 於一泥聚, 以人工水木輪繩方 便, 作種種器. 如來亦復如是. 於法無我, 離一切妄想相. 以種種智慧善巧方便, 或 說如來藏, 或說無我. 以是因緣故, 說如來藏. 不同外道所說之我. 是名說如來藏. 開引計我諸外道, 故說如來藏. 令離不實我見妄想, 入三解脫門境界. 希望疾得阿 耨多羅三藐三菩提. 是故如來應供等正覺, 作如是說如來之藏. 若不如是, 則同外 道. 是故大慧. 爲離外道見故, 當依無我如來之藏. 爾世尊欲重宣此義, 而說偈言.

人相續陰　緣與微塵　勝自在作　心量妄想

부처님께서 말씀하셨다. "대혜여! 내가 말하는 여래장은 외도들이 말하는 진아와는 다르네. 어떤 때는 공(空)·무상(無相)·무원(無願)을 말하고 어떤 때는 여실제(如實際)·법성(法性)·법신(法身)·열반(涅槃)·이자성(離自性)을 말하며, 혹은 불생불멸(不生不滅)·본래적정(本來寂靜)·자성열반(自性涅槃) 등의 명사와 이념을 말하기도 하네. 하지만 사실은 모두 약간 다른 언어 문자를 빌려와 진여 구경의 실상을 표현한 것일 뿐이네. 그렇다면 왜 여래 장을 말하는가? 여래장을 말한 것은, 성자성을 깨달아 이르고 무상정각을 증득한 후 어리석은 범부들이 무아를 두려워하기에 그 두려움을 없애 주기 위해서였네. 즉 여래장을 제시해 사람들의 의혹을 끊어 주려 한 것이네. 이렇게 함으로써 망상을 멀리 떠나 아무것도 없는 경계에 도달해 여래 장 자성의 깊은 곳(堂奧)에 들어갈 수 있게 했네. 현재와 미래에 참된 지식을 훤히 본 대승 보살들이라면 마땅히 여래장에 집착해 그것이 자신의 진제(眞諦)라 생각지는 않을 것이네. 마치 도자기를 빚는 것처럼 한 덩이 점토와 돌림판을 활용해 갖가지 도자기를 만들어 내는 것과 같네. 여래의 설법 또한 이와 같으니 다양한 방법을 연에 따라 보여 주어 사람들이 최후의 실상을 명백히 알도록 하는 것이네. 여래는 일체 망상에서 멀리 벗어난 무아의 경계에서 각종 지혜와 교묘한 방법을 활용하는데, 혹 여래장 자성을 말하기도 하고 혹은 무아를 말하기도 하네. 그러므로 내가 말하는 여래장은 외도들이 말하는 진아와는 다르네. 만약 이 이치를 이해한다면 진정으로 여래장을 알았다고 할 수 있네. 이것은 모두 일반 외도들을 열어 주고 이끌어 가기 위한 것으로, 그들로 하여금 또 다른 진아의 존재에 집착하지 않도록 하고 실재하지 않는 아견과 망상으로부터 벗어나게 하여 삼해탈문(三解脫門)[126]의 경계에 진입하게 한다네. 그들이 신속히 무상정등정각을 증득하기를 희망하면서 그들에게 여래장을 풀어서 설명하는 것이네. 그러므로 이미 정각을 얻은 사람만이 비로소 이러한 설법을 할 수 있네. 그렇지 않고 만약 진정으로 실재하는 여래장의 존재를 생각한다면 완전히 외도의 견해와 같아지는 것이네. 대혜여! 그러므로 외도의 지견(知見)을 멀리 벗어나기 위해서는 마땅히 법무아의 여래장을 믿어야 하네."
이때 부처님은 이 이치를 종합해 한 수의 게송으로 말씀하셨다.

사람은 오음이 서로 이어져 인연으로 세속과 연계되니
승자재천이 만들었다 하지만 심량의 망상일 뿐이도다

人相續陰　緣與微塵　勝自在作　心量妄想

---

126 '해탈(解脫)'은 자재(自在), '문(門)'은 통할 수 있다는 뜻이다. 이 삼해탈문을 통하면 열반에 이를 수 있음을 말한다. 삼해탈문이란 첫째는 공(空), 둘째는 무상(無相), 셋째는 무작(無作)인데, 달리 성정해탈(性淨解脫)·원정해탈(圓淨解脫)·방편해탈(方便解脫)이라고도 한다.(원주)

이런 뜻이다. 남과 나의 몸과 마음의 현상은 모두 오음—물색(物色), 감수(感受), 사상(思想), 본능활동(本能活動), 심식(心識)의 업력—이 끊임없이 이어지고 인연이 화합하여 서로 인과가 되면서 비로소 하나의 물리 세계와 인생을 형성하게 된다. 어떤 사람은 이러한 우주 만유의 현상이 모두 승자재천(勝自在天)[127]의 천주가 만든 것이거나 혹은 또 다른 주재자가 창조했다고 말한다. 하지만 이들은 모두 자기 마음의 분별 망상에 의해 생겨난 것으로 모두 진정한 이치가 아니다.

爾時大慧菩薩摩訶薩, 觀未來衆生, 復請世尊. 唯願爲說修行無間, 如諸菩薩摩訶薩修行者, 大方便. 佛告大慧. 菩薩摩訶薩, 成就四法, 得修行者大方便. 云何爲四. 謂善分別自心現. 觀外性非性. 離生住滅見. 得自覺聖智善樂. 是名菩薩摩訶薩成就四法, 得修行者大方便. 云何菩薩摩訶薩. 善分別自心現. 謂如是觀三界唯心分齊, 離我我所, 無動搖, 離去來. 無始虛僞習氣所熏三界種種色行繫縛, 身財建立. 妄想隨入現. 是名菩薩摩訶薩, 善分別自心現. 云何菩薩摩訶薩, 善觀外性非性. 謂燄夢等一切性. 無始虛僞妄想習因, 觀一切性自性. 菩薩摩訶薩, 作如是善觀外性非性, 是名菩薩摩訶薩, 善觀外性非性. 云何菩薩摩訶薩, 善離生住滅見. 謂如幻夢一切性, 自他俱性不生, 隨入自心分齊, 故見外性非性. 見識不生, 及緣不積聚. 見妄想緣, 生於三界. 內外一切法不可得. 見離自性, 生見悉滅. 知如幻等諸法自性, 得無生法忍. 得無生法忍已. 離生住滅見. 是名菩薩摩訶薩, 善分別離生住滅

---

127 승자재(勝自在)는 최승자재(最勝自在)라고도 하는데, 불가사의하게 오묘하고 최고로 고명하며 위대한 역량으로, 최초의 제1원인이 되는 것을 말한다. 따라서 승자재천이란 더 이상 원인이 없는 그것 자체가 원인이자 시작인 최고의 천주를 말한다.

見. 云何菩薩摩訶薩, 得自覺聖智善樂. 謂得無生法忍, 住第八菩薩地. 得離心意
意識, 五法自性, 二無我相, 得意生身. 世尊. 意生身者, 何因緣. 佛告大慧. 意生
身者, 譬如意去, 迅疾無礙. 故名意生. 譬如意去, 石壁無礙. 於彼異方無量由延,
因先所見, 憶念不忘. 自心流注不絶於身無障礙生. 大慧. 如是意生身, 得一時俱.
菩薩摩訶薩意生身, 如幻三昧力自在神通, 妙相莊嚴聖種類身, 一時俱生. 猶如意
生, 無有障礙. 隨所憶念本願境界. 爲成就衆生, 得自覺聖智善樂. 如是菩薩摩訶
薩, 得無生法忍, 住第八菩薩地. 轉捨心意意識, 五法自性, 二無我相身. 及得意生
身. 得自覺聖智善樂. 是名菩薩摩訶薩. 成就四法, 得修行者大方便. 當如是學.

대승의 수행 방법

이때 대혜대사가 다시 부처님께 대승의 수행 방법을 물었다. 부처님께
서 대답하셨다. "대승 보살들은 사법(四法)을 완성하려 하는데 그래야만
비로소 수행의 대방편을 얻을 수 있네. 사법이란 어떤 것인가? 첫째는, 만
법이 모두 자기 마음이 드러난 것임을 잘 분별하는 것이네. 이것은 삼계의
온갖 차별이 모두 유심(唯心)이 드러난 것임을 관찰해 낼 수 있는 것이네.
이미 나라고 할 만한 주체도 없고, 나에게 속한다고 할 만한 것도 없으며,
일체 형형색색의 변화는 비록 표면상의 작용이 있는 듯해도 궁극적으로
아무런 동요도 없어 모두 무시이래 허망한 습기의 훈습으로 형성된 것에
불과하네. 이러한 관념은 삼계 속 각종 물색(物色)의 활동에 얽혀 형성된
것으로, 생명이 의존하는 물질세계에 지배되어 심리적으로 발생하는 여
러 망상들이네. 만약 이 이치를 투철히 관찰한다면 이것이 바로 대승의
'자기 마음이 드러난 것을 잘 분별하는[善分別自心現]' 것이네. 둘째는 바
깥 사물과 외부 경계에 모두 자성이 없음을 잘 관찰하는 것이네. 이것은

만물의 존재가 수시로 변화하며 모두가 잠시 우연한 현상에 불과함을 관찰하는 것이네. 꿈처럼 나타나 빛처럼 흩어지니 일체 만물에는 고정되어 지속되는 자성(自性)이 없네. 심리상에 있는 사물의 그림자는 무시이래 허위 망상의 훈습으로 인해 생겨나며 어느 하나도 진실한 것이 결코 없네. 이 이치를 뚜렷이 관찰할 수 있는 것이 바로 대승의 '외부의 자성이 자성이 아님을 잘 드러낸〔善現外性非性〕' 것이네. 셋째는 생겨나고 머물며 소멸하는 견지를 잘 벗어나는 것이네. 이것은 신심(身心) 안팎의 일체 경계가 모두 꿈속의 경계와 유사함을 투철히 간파하는 것이네. 소위 일체 바깥 사물과 자타 간의 자성은 근본적으로 연(緣)에 의해 일어나는 것으로 비록 있더라도 생겨나지는 않네. 일체는 자기 마음이 일으킨 경계의 잘못된 분별에 의한 것으로, 이것으로부터 확증한 바깥 사물과 외부 경계는 모두 자성이 없네. 그리고 일체의 현식(現識) 작용은 존재하지 않는 것으로, 비록 인연이 화합하여 만상을 형성하지만 이는 단지 시간과 공간이 쌓아 놓은 현상으로 결코 오랫동안 불변할 수 있는 것이 아니네. 일체의 망상 역시 인연에 의해 생겨나는 것으로 삼계 내외의 일체 사물은 확실히 어떠한 자성도 없네. 만법이 꿈과 같음을 보아 낼 수 있는 이 자성은 비록 잠시나마 눈으로 볼 수 있는 작용을 일으키지만 이내 사라져 버린다네. 오직 제법이 꿈과 같음을 확실히 아는 자성이 있어서 아무런 형상이 없어도 알 수 있으니, 이것을 알고 나서야 비로소 무생법인(無生法忍)[128]을 증득할 수 있네. 무생인을 얻고 난 후에야 생주멸의 망견을 멀리 벗어나니, 망상이 일어나지 않고 지혜가 밝게 빛나는 이것이 바로 대승도의 '생겨나고 머물며 소멸하는 견지를 잘 떠나는〔善離生住滅見〕' 것이네. 넷째는 자각성지를 얻는 즐거움이네. 이것은 무생법인을 얻어 제팔 보살지에 머물며 심(心), 의

---

128 무생법이란 생멸을 멀리 떠난 후의 진여실상의 이치다. 진정한 지혜가 여기에 편안히 머물러 움직이니 이것을 일러 무생법인이라 한다. 초지 혹은 칠팔구지에서 얻는 깨달음이다.(원주)

(意), 식(識), 오법(五法), 삼자성(三自性), 이무아(二無我)의 실상을 잘 알아서 이로부터 의생신(意生身)을 얻는 것이네."

의생신의 경계

대혜가 또 끼어들며 물었다. "의생신(意生身)이 무엇인가요?" 부처님이 이어서 말씀하셨다. "이른바 의생신이란 비유하자면 사람들의 심의식(心意識) 작용과도 같아, 환상이 일어날 때는 즉각 생기고 아무 걸림이 없어서 의생(意生)이라 하네. 이렇게 변화하면 자유롭게 오가며 돌이나 벽이 장애가 되지 않고 지역에 구애받지도 않네. 그런데 사람의 의식이 어떻게 이처럼 자유로울 수 있을까? 이전의 경험이 기억으로 변해 이 기억이 마음속에서 끊이지 않고 이어져 환상을 만들어 내기 때문이네. 의식은 본래 형질이 없어 신체의 형상에 갇히지 않으니, 이 때문에 일신을 주재하는 원천이 되네. 대혜여! 보살이 의생신을 얻는 경계 역시 이와 같아서 손가락 한 번 퉁기는 사이 일체의 신통과 묘용을 갖출 수 있네. 소위 여환삼매(如幻三昧)의 힘과 자재신통, 묘상장엄(妙相莊嚴), 성경변화(聖境變化) 등의 몸도 모두 동시에 갖출 수 있네. 마치 사람들의 의식 작용과도 같아 외계의 일체가 장애가 될 수 없네. 그러므로 의생신을 얻은 보살은 자기 본래의 원력에 따라 일체 중생을 제도하여 성취를 이루게 하는데, 이것이 보살도의 '자각성지를 얻어 즐기는[得自覺聖智善樂]' 것이네. 대혜여! 보살도를 닦는 사람이 이런 무생법인을 얻을 수 있다면 제팔 보살지에 머물며 심, 의, 식, 오법, 삼자성, 이무아상의 경계를 떠나 의생신을 얻고 '자각성지를 얻어 즐기는' 데에 이르네. 이렇게 되어야만 비로소 보살이 수행하는 대방편의 사법(四法)이라 할 수 있으니 그대들은 마땅히 노력해서 구하도록 해야 하네."

덧붙임 ❿ 수행해서 의생신을 얻은 자는 제팔 보살지의 경계에 이른다. 수행이 여기에 이르러 무생(無生)을 직접 증득하고 견도(見道)가 견고하여 후퇴하지 않으면 이를 제팔 부동지 혹은 불퇴전지라 한다. 의생신의 경계는 이 경전에서 부처님이 직접 말씀하신 것으로 이미 명백하다. 하지만 반드시 알아야 할 것은 의생신이 결코 육체를 지닌 실제의 몸은 아니지만 그럼에도 눈으로 볼 수 있다는 사실이다. 반드시 이 경전이 말하는 심식(心識) 진제의 이치를 철저히 알아야 하며, 심의식의 경계를 절실히 벗어나 직접 무생법인을 증득해야 한다. 그런 뒤에야 비로소 식(識)이 지혜로 전환되어 의생신의 신통 묘용을 얻는다. 한 걸음 더 나아가 말한다면 삼천대천세계 및 대천세계 속의 온갖 현상과 부모로부터 받은 우리의 육체는, 엄밀히 말하자면 의생신이 아닌 것이 없다. 의식은 여래장식(아뢰야식)에 근원하며, 식(識)이 지혜로 전환되기 전까지는 의식과 여래장식에서 일어나는 종자의 작용은 모두 업력의 현상으로, 그것이 생(生)이든 무생(無生)이든, 대천세계의 나와 남과 중생 일체가 모두 환상과 같다. 식을 전환하여 지혜를 이룬 후에는 몽환과 같은 대천세계 그리고 나와 남과 중생이 어느 하나 의생신과 여래장식 전체의 큰 기틀과 쓰임이 아님이 없다. 하지만 여래장식의 종자 작용은 단절되지도 지속되지도 않으니, 식을 지혜로 전환시킨 이후에는 비록 종자가 훈습되고 오염되어 변화하긴 했어도 종자의 작용은 여전히 이전과 같기 때문이다. 그뿐 아니라 끊임없이 생겨나는 것이 마치 어리석은 범부의 경계 속에서 연을 따라 생겨나는 것과 같다. 하지만 식(識)을 전환시킨 이후의 보살들은 원력(願力)을 좇아 생겨난다. 비록 그 작용과 쓰임이 다르고 전환하는 곳이 다르긴 해도 그 자성은 여전히 변하지 않는다. 그러므로 보살이 얻은 의생신의 경계 역시 범부의 꿈속 또는 중음경(中陰境) 속에서의 의식신(意識身)과 다를 바 없다. 시간, 공간, 물질, 신체 등의 제한을 받지 않아 일체가 자유자재다. 하지만 한 가지 환기하고 싶은 것은 이런 경계에서 부처님의 말씀, 즉 심의식을 떠나 제팔 부동지에 진입하려면 반드시 무생법인을 얻어야 하니 결코 망상 의식에서 생겨날 수 있는 것이 아니라는 말씀을 믿어야 한다. 예를 들면 의식은 날아오르려 해도 몸이 지상을 떠날 수 없는 것과 같고, 의식으로 산과 바위와 금강을 뚫고자 해도 몸이 장애가 되는 것과 같다. 일반적으로 세간에서 불법이나 외도를 닦는 사람이 고요한 입정(入定)의 경계 속에서 우연히 신의(神意)가 규(竅)를 빠져나가 신통과 유사한 경험을 할 수 있다. 그러나 이것으로 자신이 의생신을 얻었다고 여기는 것은 망상과 무지에 불과하며 두려워해야 할 삿된 견지일 뿐이다. 이러한 경계를 도가에서는 음신(陰神)이라고 하는데 방문좌도의 경계다. 수행하는 사람은 『능엄경(楞嚴經)』 제9권과 제10권의 오십종 음마의 경계를 참고하거나, 혹은 졸저 『능엄경대의금석』 제7장의 내용을 참고하면 그 요점을 명백히 알 수 있다. 또 밀종의 방법을 닦고 유식의 이론에 근거하면 심의식을 떠나 공(空), 무상(無相), 무원(無願)에 이르는 과정을 거치지 않고도 단지 관상(觀想)의 성취만으로도 의생신의 경계를 얻을 수 있으며 금강도인 보살 부동지에 진입할 수 있다. 하지만 이 방법에도 역시 위험이 따른다. 티베트 밀종 황교(黃教)의 초대 조사인 종객파대사가 먼저 열반에 깊이 들어 유식과 중관의 견지를 깨달아 증득할 것을 극력 주장한 것도 이 때문이다. 그런 뒤에야 관상 등의 방법이나 기타 수행법에 온힘을 다하는 것이 보살의 바른 길이다. 그렇지 않으면 음신의 경계인 삿된 견지와 분별하기 거의 어려울 것이다. 저자도 이 문제 때문에 일찍이 티베트까지 가서 거기서 전해지는 홍파(紅派, 홍모파), 백파(白教, 백의학파), 화파(花教, 살가파), 황파(黃派, 황모파) 등 밀종의 수행법을 힘써 배운 적이 있다. 그런 뒤에 그들에게 과연 장점이 많으며 그럼에도 폐단 역시 없지 않음을 알게 되었다. 불법을 닦아 증득하려는 분들이 만약 화엄, 원각, 능가, 능엄의 정(定)을 견고히 지키고자 한다면

『대지도론(大智度論)』과『유가사지론(瑜伽師地論)』등 부처님이 말씀하신 경론을 쫓아 행했으면 한다. 혹자는 안전한 수행을 하기 위해서라면『아미타경』과『대승기신론』에만 의거해도 되니 이렇게 하면 절대 잘못된 길로 들어설 수 없다고도 생각한다. 이제 저자는 피와 땀을 쏟아부은 직접 경험으로 미래에 발심할 대사들에게 공헌하고자 하니, 이를 통해 수증(修證) 방법에 대한 바른 지견을 얻었으면 한다. 결코 현교나 밀교 혹은 기타 종파에 대해 우열을 따지자는 것이 아니다. 단지 법에 의지하되 사람에 의지하지 않고, 요의(了義)에 의존하되 불료의(不了義)에 의존하지 않으며, 성의를 다해 공헌할 뿐이다. 저자는 그저 불법과 문자선(文字禪)을 배우는 아직 성취를 이루지 못한 사람에 불과하다. 세월은 총총히 흘러 머리가 세고 육체가 쇠약해지는데도 실제 수행에서는 부끄럽게도 얻어 증험한 것이 없다. 하지만 번역이 여기에 이르니 천박하나마 한 조각 성심으로 관견(管見)이나마 여기에 덧붙여 둔다. 수행인들이여! 만약 무생법인을 증득한 이후라면 의생신에 대해 반드시 뛰어난 선지식을 친견하여 정성을 다해 배워야 한다. 그렇게 한다면 자연 그의 자비심을 얻어 방편 법문을 받을 수 있을 것이다.

爾時大慧菩薩摩訶薩, 復請世尊. 唯願爲說一切諸法緣因之相. 以覺緣因相故. 我及諸菩薩離一切性, 有無妄見. 無妄想見, 漸次俱生. 佛告大慧. 一切法二種緣相. 謂外及內. 外緣者. 謂泥團, 柱輪繩水木人工諸方便緣, 有瓶生. 如泥瓶, 縷疊, 草席, 種芽, 酪酥等, 方便緣生亦復如是. 是名外緣前後轉生. 云何內緣. 謂無明愛業等法, 得緣名. 從彼生陰界入法, 得緣所起名. 彼無差別, 而愚夫妄想. 是名內緣法. 大慧. 彼因者, 有六種. 謂當有因. 相續因. 相因. 作因. 顯示因. 待因. 當有因

者. 作因已, 內外法生. 相續因者. 作攀緣已, 內外法生陰種子等. 相因者. 作無間相, 相續生作因者, 作增上事, 如轉輪王顯示因者. 妄想事生已, 相現作所作, 如燈照色等. 待因者. 滅時作相續斷, 不妄想性生. 大慧. 彼自妄想相愚夫, 不漸次生, 不俱生. 所以者何. 若復俱生者, 作所作, 無分別. 不得因相故. 若漸次生者, 不得我相故. 漸次生不生. 如不生子, 無父名. 大慧. 漸次生, 相續, 方便, 不然. 但妄想耳因攀緣, 次第, 增上緣等, 生所生故. 大慧. 漸次生不生. 妄想自性計著相故, 漸次俱不生. 自心現受用故. 自相共相, 外性非性. 大慧. 漸次俱不生, 除自心現, 不覺妄想故相生. 是故因緣作事方便相, 當離漸次俱見. 爾時世尊欲重宣此義, 而說偈言.

一切都無生　亦無因緣滅　於彼生滅中　而起因緣想
非遮滅復生　相續因緣起　唯爲斷凡愚　癡惑妄想緣
有無緣起法　是悉無有生　習氣所迷轉　從是三有現
眞實無生緣　亦復無有滅　觀一切有爲　猶如虛空華
攝受及所攝　捨離惑亂見　非已生當生　亦復無因緣
一切無所有　斯皆是言說

심리 상태의 분석

이때 대혜대사가 다시 부처님께 제법의 연(緣)과 인(因)의 현상을 설명해 주시길 청했다. 부처님께서 대답하셨다. "제법에는 두 종류의 연(緣)이 있으니 바로 외연과 내연이네. 소위 외연(外緣)이란 도공의 예를 들면 흙덩어리, 막대기, 돌림판, 밧줄, 물, 나무 등의 공구에다 여러 가지 동작의 연(緣)을 가해 도자기를 만들어 내는 것과 같네. 풀로 이은 자리나 실로 짠 제품, 기타 식물 종자의 생장, 우유를 가공해 진한 유즙을 만들고 진한 유즙으로부터 다시 연유를, 연유에서 다시 버터를 만드는 과정 등 물질이라는 것이 대개는 모두 이와 같네. 이러한 현상을 가리켜 외연이라 하니 앞의 물건에서 뒤의 물건이 생겨 나오는 것이네. 마음 또한 이처럼 서로 생겨나네. 이른바 내연(內緣)이란 바로 무명(無明), 애(愛), 업력(業力) 등이네. 이러한 경상(境象)으로부터 오음, 십팔계, 십이입 등 작용이 생겨나니 여기서 비로소 연기나 인연의 이론이 나온다네. 만약 이러한 사물에 집착하면 반드시 그것과 약간은 다른 관계가 생겨나는데, 이것이 바로 범부의 어리석은 망상 관념이네.

이러한 현상을 종합한 것을 내연이라 하네. 소위 말하는 인(因)이란 무엇인가? 모두 여섯 종류가 있으니 바로 당유인(當有因), 상속인(相續因), 상인(相因), 작인(作因), 현시인(顯示因), 대인(待因)이 그것이네. 첫째, 당유인은 당면한 내외 경계로서 서로 인과가 되는 것이네. 둘째, 상속인은 부단히 안팎 제법의 인(因)을 반연하여 오음 신심의 종자를 과(果)로서 만들어 내는 것이네. 셋째, 상인은 안팎 각종 현상을 유지하여 부단히 그 과(果)가 서로 생겨나고 이어질 수 있게 하는 것이네. 넷째, 작인은 인과 속에 다시 인과가 덧붙여지니 마치 큰 위엄과 덕을 지닌 전륜성왕이 뜻에 따라 자재로 증가시키는 것과 같네. 다섯째, 현시인은 사물에 대해 망상을 일으킨 이후 명백히 비추어 보아 그 경계가 드러나는 것으로, 마치 밝은 등으로 물체의 모습을 비추어 보는 것과 같으니 이 때문에 현시인이라 부르네. 여섯째, 대인은 앞일이 사라진 뒤 이전에 품었던 망상의 염(念)이 이미 끊어진 상태에서 허망한 염이 다시 이어져 생겨나지 않는 바로 그 상황이네. 대혜여! 이러한 것들은 모두 보통 사람의 심리적 망상이네. 이것은 결코 정해진 순서에 따라 하나하나 일어나는 것도 아니요, 동시에 한꺼번에 발생하는 것도 아니네. 만약 이들이 동시에 발생하는 것이라면 망상을 일으키는 주체와 그 대상 간의 인과 관계를 분별할 방법이 없네. 또 이들이 일정한 순서에 따라 발생한다면 그들 각각의 인(因)은 본래 고정된 형상이 없으니 과연 어느 것이 어느 것으로부터 생겨난 것이겠는가? 비유하자면 아이가 태어나지 않았다면 부모라는 호칭이 어떻게 가능하겠는가? 부모라 불리는 인(因)이 있어야 그 과(果)인 자식이 생겨나는 것은 결코 아니네. 대혜여! 심리적 망상 상태의 내인과 바깥 세계의 외연 등에 대해, 혹 그것이 순서에 따라 차례로 발생한다고 생각하기도 하지만 사실은 그렇지가 않으니 이러한 관념 자체가 본래 망상이네. 단지 반연(攀緣), 소연연(所緣緣), 차제연(次第緣), 증상연(增上緣) 등의 작용으로 인해 발생한 것일 뿐이네. 이로 인해 차례로 발생한다는 심리 상태가 생겨나나 근본적으로 필연적 작용이란 존재하지 않네. 단지 망상자성의 추측에 입각하여 자신의 생각에 주관적으로 집착하는 것일 뿐이네. 하지만 점차로 발생하든 동시에 발생하든 이 둘 사이에는 아무런 필연성이 없으니, 모두 자기 마음의 망상이 드러난 신심(身心)의 감수(感受)일 뿐이네. 그러므로 개인의 내적 심리 상태는 군중의 외연적 심리 현상과는 아무런 필연성을 지니고 있지 않네. 자기의 심식(心識)이 부지불식간에 드러내는 망상의 현상 외에 또 무엇이겠는가? 그러므로 인연 등 심리 행위에 대한 학설을 이해하기 위해서는 반드시 '점차적으로 발생한다'거나 '동시에 발생한다'는 관념 자체를 떨쳐 버려야 하네." 부처님은 이 이치를 종합해 한 수의 게송으로 말씀하셨다.

일체가 모두 무생이요 또 인연이 사라지는 것도 아니니
이 생멸 속에서 인연의 상이 일어나도다
一切都無生 亦無因緣滅 於彼生滅中 而起因緣想

이런 뜻이다. 진여 자성은 본래 생겨나더라도 생겨남이 없다. 이 때문에 생성과 소멸을 말할 바가 없다. 그럼에도 사람들은 심리적 망상 속에서 생멸 작용에 집착하고, 인연에 의해 점차 생겨난다거나 동시에 생겨난다거나 하는 잘못된 관념에 집착한다.

사라진 뒤에 다시 생겨나는 것이 아니라
서로 이어진 한 덩어리가 되어 연에 의해 생겨나는데도
어리석은 자는 끊어진다고 생각해 의혹과 망상을 일으키도다
유무의 연기법은 생겨남이 있는 것이 아니라
습기의 유전에 미혹된 것으로 이로부터 삼유가 드러나도다
非遮滅復生　相續團緣起　唯爲斷凡愚　癡惑妄想緣
有無緣起法　是悉無有生　習氣所迷轉　從是三有現

이런 뜻이다. 망상의 생멸 작용은 앞생각이 사라지고 인상이 없어진 이후에야 뒷생각이 일어나는 그런 절대적 작용이 결코 아니다. 사실 망심의 생멸 작용은 부단히 이어지는 것으로 서로 인연이 되고 인과로 작용한다. 이제 범부의 어리석은 망상 인연을 끊어 내기 위해 인연의 유무 등의 법에 대해 말하면서 그것이 본래 생겨남이 없다는 이치를 지적하고 있다. 이러한 범부의 생각은 모두가 무시이래 습기에 미혹되어 생겨난 삼계의 욕(欲), 색(色), 무색(無色)의 출현 때문에 생겨난 것이다.

진실로 생겨나는 것도 없고 또 사라지는 것도 없으니
일체의 유위는 허공의 공화와 같도다
眞實無生緣　亦復無有滅　觀一切有爲　猶如虛空華

이런 뜻이다. 진여의 본체는 비록 생겨나더라도 생겨남이 없으니 이 때문

에 근본적으로 소멸될 수도 없는 것이다. 일체 유형의 만상을 관찰하면 모두가 잠시 피었다 지는 꽃과 같지만 실제로는 일종의 환상일 뿐이다.

받아들이는 것도 받아들여지는 것도 어지러운 망견을 벗어나니
이미 생겨난 것도 생겨나야 할 것도 없고 다시 인연도 없도다
일체가 존재하지 않는다는 것은 모두 이것을 두고 말한 것이리라

攝受及所攝　捨離惑亂見　非已生當生　亦復無因緣
一切無所有　斯皆是言說

이런 뜻이다. 형상이 있는 온갖 사물은 모두 꿈속의 공화(空華)와 같아서 그 속에는 받아들이는 주체가 없을 뿐 아니라 받아들이는 대상도 없다. 이 때문에 이미 생겨난 과거의 것도 없을 뿐 아니라 이제 생겨나는 미래의 것도 없다. 그리고 이른바 인(因)이니 외연(外緣)이니 하는 것도 진실로 얻을 만한 것이 없다. 요컨대 이러한 관념과 일체의 사실은 본래 어느 것 하나 존재하지 않는 것으로 일종의 허망한 문자적 이론에 불과하다.

덧붙임 ⓫ 앞에서 말한 심리 상태의 분석은 현대 심리학 이론과 크게 다른 점이 있으니 말하자면 불교 심리학이라고 볼 수 있다. 불교 심리학은 정치하고 독특한 격조가 있으며 변하지 않는 종지(宗旨)를 갖추고 있다. 현대 심리학은 하나의 독자적 분야를 이루었는데, 인류의 심리 상태를 연구하기 위해 경험을 분석하고 종합하여 체계적인 학설을 세웠다. 지금의 학자들은 이를 부단히 연구해 가면 장차 대성할 것이라 기대한다. 하지만 그 종지는 그저 심리 연구를 위한 것이다. 심리와 물리의 상호 인과 관계나 형이상의 체용의 이치에 대해서는 철학에 그 설명을 미룬다. 바꾸어 말하면 현대 과학에서는 심리학은 심리학이요 철학은 철학이며 물리학은

물리학일 뿐이다. 각자는 독립 분과로서 각자의 범위와 쓰임이 따로 있어서 하나로 합쳐 이야기할 수 없다. 이것이 바로 과학적 정신이다.

이러한 생각의 옳고 그름에 대해서는 과학과 철학의 문제로서 또 다른 것이니 여기서 언급하지 않겠다. 설사 현대 심리학이나 논리학의 입장에서 부처님의 말씀을 보더라도 일체가 공(空)이며 자성이 없다는 전제를 수긍할 수 있을 것이다. 이론적으로 말하면 불법은 먼저 주관적 관념에 입각해 객관적 논증을 행하고 또 이것으로써 일체의 범위로 확대시키니 사람을 설득하기엔 부족하다고 할지 모른다. 단지 논리학의 이론에 근거한다면 이러한 비판은 타당하다. 하지만 심리학은 결국 철학으로 귀결되어야 하는 것이 아닌가. 여기에 대해서는 여전히 연구할 가치가 있다. 만약 이 점을 인정한다면 철학의 최고 지향은 반드시 형이상의 탐구가 되어야 하지 않을까. 그런 점에서 부처님께서 말씀하신 이 이론은 사변적으로 크게 참고할 필요가 있다. 내 생각에 미래 세계의 학술은 언젠가는 이러한 길로 달려갈 것이다.

그 밖에 이러한 말도 덧붙일 필요가 있다. 앞에서 언급한 부처님의 심리 상태 분석은 이천 년도 전에 말씀하신 것이다. 그러니 현대 학술의 입장에서 어떤 부분이 논리적으로 맞아떨어지지 않는다느니 혹은 그 용어가 현대적 정의와 차이가 있다느니 하면서 사상이 깊지 않다거나 완비되지 못했다고 해서는 안 된다. 이는 고인을 모독하는 격이다. 다음으로 불교 심리학은 하나의 독자적 체계를 이룬 것으로, 만약 몸으로 증득할 생각 없이 순수히 학술적으로 비판하고자 한다면 당연히 자기 생각에 따라 옳다고 여기는 것을 옳다고 하고 그르다고 여기는 것을 그르다고 할 수 있을 것이다. 그러나 잊지 말아야 할 것은, 스스로 돌이켜 마음을 탐구하고 부처님이 말씀하신 것을 증득하려 한다면 자세히 그 이치를 살펴야 하며 한 마디라도 소홀히 대해서는 안 된다.

爾時大慧菩薩摩訶薩復白佛言. 世尊. 唯願爲說言說妄想相心經. 世尊. 我及餘菩
薩摩訶薩, 若善知言說妄想相心經. 則能通達言說所說二種義. 疾得阿耨多羅三藐
三菩提. 以言說所說二種趣, 淨一切衆生. 佛告大慧. 諦聽諦聽. 善思念之. 當爲汝
說. 大慧白佛言. 善哉世尊. 唯然受教. 佛告大慧. 有四種言說妄想相. 謂相言說.
夢言說. 過妄想計著言說. 無始妄想言說. 相言說者. 從自妄想色相計著生. 夢言
說者. 先所經境界. 隨憶念生. 從覺已, 境界無性生. 過妄想計著言說者. 先怨所作
業, 隨憶念生. 無始妄想言說者, 無始虛僞計著過, 自種習氣生. 是名四種言說妄
想相. 爾時大慧菩薩摩訶薩, 復以此義, 勸請世尊. 唯願更說言說妄想, 所現境界.
世尊. 何處何故, 云何何因, 衆生妄想言說生. 佛告大慧. 頭胸喉鼻, 唇舌齗齒, 和
合出音聲. 大慧白佛言. 世尊. 言說妄想, 爲異爲不異. 佛告大慧. 言說妄想, 非異
非不異. 所以者何. 謂彼因生相故. 大慧. 若言說妄想異者, 妄想不應是因. 若不異
者, 語不顯義. 而有顯示. 是故非異非不異. 大慧復白佛言. 世尊. 爲言說卽是第一
義. 爲所說者是第一義. 佛告大慧. 非言說是第一義. 亦非所說是第一義. 所以者
何. 謂第一義聖樂, 言說所入是第一義. 非言說是第一義. 第一義者, 聖智自覺所
得. 非言說妄想覺境界. 是故言說妄想, 不顯示第一義. 言說者, 生滅動搖展轉因
緣起. 若展轉因緣起者, 彼不顯示第一義. 大慧. 自他相無性故, 言說相不顯示第
一義. 復次大慧. 隨入自心現量, 故種種相外性非性, 言說妄想不顯示第一義. 是
故大慧. 當離言說諸妄想相. 爾時世尊欲重宣此義, 而說偈言.

諸性無自性 亦復無言說 甚深空空義 愚夫不能瞭

一切性自性 言說法如影 自覺聖智子 實際我所說

언어 이론의 진실성

이때 대혜대사가 다시 부처님께 물었다. "원컨대 부처님께서 심리적 망상의 경계에 대해 말씀해 주셨으면 합니다. 만약 우리가 망상의 마음 상태를 안다면 곧바로 언어 이론의 진의와 언어로 표시된 작용을 명백히 알 수 있어서 신속히 정각에 도달할 수 있을 뿐 아니라 중생의 망념을 정화시킬 수도 있는 것입니까?" 부처님께서 대답하셨다. "네 종류의 언어 망상 경계가 있네. 바로 상언설(相言說), 몽언설(夢言說), 과망상계착언설(過妄想計著言說), 무시망상언설(無始妄想言說)이 그것이다. 첫째, 상언설은 망상으로 색상에 집착하는 분별심에서 생겨나네. 둘째, 몽언설은 이전에 경험했던 경계가 잠잘 때 되살아난 것으로, 꿈에서 깨어나면 거기에 아무런 자성이 없다는 것을 알게 되네. 셋째, 과망상계착언설은 원한과 복수 등에 집착했던 과거의 업력으로부터 생겨나네. 넷째, 무시망상언설은 무시이래 각종 희론(戲論)에 집착하거나 번뇌 종자 등의 훈습으로 생겨나네. 이것을 일러 네 가지 언어 망상 경계라 하네." 대혜대사가 부처님께 보다 상세히 말씀해 주시길 청했다. 부처님께서 말씀하셨다. "언어는 사람들이 머리, 가슴, 목, 코, 입술, 혀, 이, 잇몸 등의 생리 기능이 화합함으로써 나오는 소리네." 대혜대사가 다시 물었다. "언어와 망상의 작용은 궁극적으로 같은 것입니까, 아니면 다른 것입니까?" 부처님께서 말씀하셨다. "언어와 망상은 서로 같은 것도 아니요 다른 것도 아니네. 언어는 망상에서 생겨나니 만약 언어와 망상을 서로 다른 것이라 하면 언사(言辭)가 사상의 산물이라 할 수 없기 때문이네. 만약 같은 것이라 하더라도 문제가 있네. 언어란 감정과 의사를 완전히 표현할 수 없는 것으로 그저 덧붙여진 비교 설명에 불과하기 때문이네. 그러므로 언설과 망상은 서로 같지 않으면서 서로 다르지도 않네." 대혜대사가 또 물었다. "언어 자체가 바로 제일의(지고무

상한 형이상의 진리)인가요, 아니면 말한 바가 제일의인가요?" 부처님께서
대답하셨다. "언어 자체는 제일의가 아니네. 말한 바 역시 제일의가 아니
네. 왜 그런가. 이른바 제일의의 성스럽고 즐거운 경계는 언어로 가리켜야
할 경계이지만 언어 그 자체가 제일의는 아니네. 제일의는 내면의 성스럽
고 지혜로운 자각의 경계 속으로 들어갈 때 비로소 알 수 있는 것으로, 결
코 언어적 개념이나 망상의 경계에 불과한 것이 아니네. 이 때문에 언어나
망상이 제일의를 명확히 표현하지 못한다고 말하는 것이네. 언어 자체는
생멸하며 변화하고 동요하면서 서로 인연이 된다네. 만약 서로 인연이 되
어 순환하며 생겨나는 것이라면 그것은 제일의를 뚜렷이 표현한 것이 아
니네. 그뿐 아니라 언어나 망상이 근본적으로 스스로 고정되지 못한 것인
데, 언어 어디에서 제일의를 명확히 표현해 낼 수 있겠는가? 그다음으로
대혜여! 일체 현상은 모두 자기 마음의 현량경(現量境)에서 생겨나며 외계
의 각종 현상은 근본적으로 자기 고정성이 없네. 그러므로 언어와 망상으
로는 결코 제일의를 명확히 표현할 수 없네. 이러한 까닭에 언어와 일체의
망상을 모두 버려야 비로소 제일의를 증득할 수 있다네." 부처님께서 이
이치를 종합해 한 수의 게송으로 말씀하셨다.

여러 성에는 자성이 없고 다시 언설도 없으니
그 깊고 공허한 뜻을 어리석은 자가 알 수 없도다
일체의 성과 자성에 대한 언설은 그림자와 같으니
성스러운 지혜를 자각한 자가 내가 말한 바 실제로다
諸性無自性 亦復無言說 其深空空義 愚夫不能瞭
一切性自性 言說法如影 自覺聖智子 實際我所說

이런 뜻이다. 일체의 사리(事理) 자체에는 절대적이고 고정된 자성의 실체

가 없다. 이런 까닭에 언어로 표시된 유(有)나 무(無)는 모두 일종의 가설적 설법일 뿐이다. 구경의 공(空)과 공불공(空不空)의 이치와 의미는 지극히 심오해 어리석은 범부들이 알 수 있는 바가 아니다. 일체의 사리(事理)에는 고정된 자성이 없으며, 사물을 표시한 모든 언어와 이론은 일종의 영상일 뿐이다. 내성(內聖) 대지(大智)의 정각인 제일의의 도는 반드시 심성(心性)의 자각을 통해 얻어지며 그래야만 비로소 내가 말하는 심신(心身) 자성의 실제라 할 수 있다.

덧붙임 ⓬ 이상의 부처님 논설은, 언어와 문자가 모두 망상에서 생겨난 것으로 결코 실제의 자성이 없음을 말한 것이다. 불법은 자각성지선락(自覺聖智善樂)의 제일의를 증득하는 데 중점을 두기에 단지 언어나 문자로 따져서는 안 된다. 그렇게 한다면 구두선에 그치고 말 것이다. 그럼에도 날카로운 언사로 시비를 어지러이 가리는 것은 진정한 불법의 증득과는 아무런 상관이 없다. 더욱이 모든 언어와 문자가 결코 인간 내면의 감정과 뜻을 완전히 표현할 수 없는 바에랴! 우리 부처님께서는 이천 년 전에 이미 언어학의 최고 원리를 말씀하시어 언어를 연구하는 사람이 길잡이로 삼을 수 있게 했다.

爾時大慧菩薩摩訶薩復白佛言. 世尊. 唯願爲說離一異俱不俱, 有無非有非無, 常無常. 一切外道所不行. 自覺聖智所行. 離妄想自相共相, 入於第一眞實之義. 諸地相續漸次, 上上增進淸淨之相, 隨入如來地相. 無開發本願. 譬如衆色摩尼境界, 無邊相行, 自心現趣, 部分之相, 一切諸法. 我及餘菩薩摩訶薩. 離如是等妄想自性, 自共相見. 疾得阿耨多羅三藐三菩提. 令一切衆生. 一切安樂, 具足充滿. 佛告

大慧. 善哉善哉. 汝能問我如是之義. 多所安樂. 多所饒益. 哀愍一切諸天世人. 佛告大慧. 諦聽諦聽. 善思念之. 吾當爲汝分別解說. 大慧白佛言. 善哉世尊. 唯然受教. 佛告大慧. 不知心量愚癡凡夫. 取內外性. 依於一異俱不俱, 有無非有非無, 常無常. 自性習因, 計著妄想. 譬如群鹿, 爲渴所逼. 見春時燄, 而作水想. 迷亂馳趣, 不知非水. 如是愚夫, 無始虛僞妄想所熏習, 三毒燒心, 樂色境界, 見生住滅. 取內外性. 墮於一異俱不俱, 有無非有非無, 常無常想, 妄見攝受. 如揵闥婆城. 凡愚無智, 而起城想. 無始習氣計著相現. 彼非有城非無城. 如是外道, 無始虛僞習氣計著. 依於一異俱不俱, 有無非有非無, 常無常見, 不能了知自心現量. 譬如有人, 夢見男女, 象馬車步, 城邑園林, 山河浴池, 種種莊嚴. 自身入中. 覺已憶念. 大慧. 於意云何. 如是士夫, 於前所夢憶念不捨, 爲黠慧不. 大慧白佛言. 不也世尊. 佛告大慧. 如是凡夫, 惡見所噬. 外道智慧. 不知如夢, 自心現性. 依於一異俱不俱, 有無非有非無, 常無常見. 譬如畫像, 不高不下. 而彼凡愚作高下想. 如是未來外道, 惡見習氣充滿. 依於一異俱不俱, 有無非有非無, 常無常見, 自壞壞他. 餘離有無, 無生之論, 亦說言無. 謗因果見. 拔善根本. 壞清淨因. 勝求者, 當遠離去. 作如是說. 彼墮自他俱見, 有無妄想已, 墮建立誹謗. 以是惡見, 當墮地獄. 譬如翳目, 見有垂髮. 謂衆人言, 汝等觀此. 而是垂髮, 畢竟非性非無性. 見不見故. 如是外道, 妄見希望. 依於一異俱不俱, 有無非有非無, 常無常見, 誹謗正法. 自陷陷他. 譬如火輪非輪. 愚夫輪想. 非有智者. 如是外道, 惡見希望. 依於一異俱不俱, 有無非有非無, 常無常想, 一切性生. 譬如水泡, 似摩尼珠. 愚小無智, 作摩尼想. 計著追逐. 而彼水泡, 非摩尼非非摩尼. 取不取故. 如是外道, 惡見妄想習氣所熏, 於無所有說有生. 緣有者言滅. 復次大慧. 有三種量. 五分論. 各建立已. 得聖智自覺離二自性事. 而作有性妄想計著. 大慧. 心意意識, 身心轉變, 自心現攝所攝, 諸妄想斷. 如來地自覺聖智修行者, 不於彼作性非性想. 若復修行者, 如是境界, 性非性攝取相生者. 彼卽取長養, 及取我人. 大慧. 若說彼性自性, 自共相. 一切皆是化佛所說. 非法佛說. 又諸言說, 悉由愚夫希望見生. 不爲別建立趣自性法, 得聖智自覺三昧樂住者, 分別顯示. 譬如水中有樹影現. 彼非影非非影. 非樹形非非樹形. 如是外道, 見習所熏, 妄想計著. 依於一異俱不俱, 有無非有非無, 常無常想. 而不能知自心現量. 譬如明鏡, 隨緣顯現一切色像, 而無妄想. 彼非像非非像, 而見像非像. 妄想愚夫, 而作像想. 如是外道惡見. 自心像現妄想計著. 依於一異俱不俱, 有無非有非無, 常無常見. 譬如風水, 和合出聲. 彼非性非非性. 如是外道, 惡見妄想. 依於一異俱不俱, 有無非有非無, 常無常見. 譬如大地, 無草木處, 熱燄川流. 洪浪雲湧. 彼非性非非性. 貪無貪故. 如是愚夫, 無始虛僞習氣所熏, 妄想計著. 依生住滅, 一異俱不俱, 有無非有非無, 常無常. 緣自住事門, 亦復如彼熱燄波浪. 譬如有人, 呪術機發. 以非衆生數, 毗舍闍鬼, 方便合成, 動搖雲爲. 凡愚妄想計著往來. 如是外道惡見希望. 依於一異俱不俱, 有無非有非無, 常無常見. 戲論計著不實建立. 大慧. 是故欲得自覺聖智事, 當離生住滅, 一異俱不俱, 有無非有非無, 常無常等, 惡見妄想. 爾時世尊欲重宣此義, 而說偈言.

幻夢水樹影	垂髮熱時燄	如是觀三有	究竟得解脫
譬如鹿渴想	動轉迷亂心	鹿想謂爲水	而實無水事
如是識種子	動轉見境界	愚夫妄想生	如爲翳所翳
於無始生死	計著攝受性	如逆楔出楔	捨離貪攝受
如幻呪機發	浮雲夢電光	觀是得解脫	永斷三相續
於彼無有作	猶如燄虛空	如是知諸法	則爲無所知
言教唯假名	彼亦無有相	於彼起妄想	陰行如垂髮
如畫垂髮幻	夢揵闥婆城	火輪熱時燄	無而現衆生
常無常一異	俱不俱亦然	無始過相續	愚夫癡妄想
明鏡水淨眼	摩尼妙寶珠	於中現衆色	而實無所有
一切性顯現	如畫熱時燄	種種衆色現	如夢無所有

復次大慧. 如來說法, 離如是四句. 謂一異, 俱不俱, 有無非有非無, 常無常. 離於有無建立誹謗. 分別結集, 眞諦緣起, 道滅解脫. 如來說法, 以是爲首. 非性, 非自在, 非無因, 非微塵, 非時, 非自性相續, 而爲說法. 復次大慧. 爲淨煩惱爾燄障故. 譬如商主. 次第建立百八句無所有, 善分別諸乘, 及諸地相.

철학과 논리학에 관련한 몇 개의 문제:
동이, 진가, 허실, 유무 존재와 비존재의 변증

이때 대혜대사가 다시 부처님께 물었다. "바라옵건대 부처님께서 저희를 위해 다시 설명해 주십시오. 어떻게 해야만 동(同)과 이(異)에 집착하지 않고, 생명을 갖추면서 동시에 삶을 두려워하지 않으며, 유(有)와 무(無) 그리고 비유(非有)와 비무(非無) 내지 상성(常性)과 무상(無常)의 이치에 집착하지 않을 수 있는지요?" 부처님께서 대답하셨다. "무릇 성자성(性自性)의 심량(心量)을 알지 못하는 어리석은 범부들은 내심으로 외부의 일체 사물만을 추구하려 하니 이러한 관념적 이론에 갇히고 마네. 사실은 모두 성자성(性自性)이 무시이래의 습기에 오염되어 그러한데도 이러한 망상을 진실한 것이라 여긴다네. 거대한 사슴 무리를 예로 들면, 목이 말라서 고생하다가 봄 들판에 태양이 반사되는 것을 보고는 맑은 물이라 잘못 알아 온 힘을 다해 달려가는 것과 같네. 그것이 자신의 착각에서 생긴 환상이라는 것을 전혀 모른다네. 마찬가지로 지혜롭지 못한 일반 범부들은 무시이래의 허위적 망상에 훈습되고 탐욕, 성냄, 어리석음 등 삼독(三毒)에 오염되어 세간의 각종 물상(物象)에 즐겨 집착하네. 세상에 생겨나고 존재하며 소멸하는 현상을 보면서 내심으로 외부의 각종 현상을 붙들고자 하는 것이네. 이로 인해 결국 동(同)과 이(異), 구생(俱生)과 불구생(不俱生), 유(有)

와 무(無), 비유(非有)와 비무(非無), 상(常)과 무상(無常)의 망상과 망견 속으로 떨어지고 만다네. 사실 티끌세상의 일체 사물은 모두 신기루와 같은데도 어리석은 범부는 그것이 진실한 것이라 오인하네. 이는 모두 무시이래의 습기에 훈습 오염되어 나타난 것으로, 그들로 하여금 각종 현상과 드러난 것에 집착케 한다네. 예를 들어 신기루는 결코 실재하지 않지만 그렇다고 아무것도 없는 공(空)이라 할 수도 없네. 일반의 외도 학자들은 무시이래의 허망한 습기에 미혹되어 상호 대립하고 모순적인 견해와 이론을 만들어 내면서도 그것이 자기 마음의 현량(現量) 때문이라는 것을 알지 못하네. 또 비유하자면 어떤 사람이 꿈속에서 여러 남녀와 코끼리, 말, 마차, 도시, 숲, 산천, 못 등의 아름다운 세계를 보고는 자신이 그 속에 있다고 느끼는 것과 같네. 깨어난 이후에도 여전히 꿈속의 광경을 애써 회상하고자 한다면, 이 사람은 꿈을 진짜로 믿고 있는 것이니 과연 총명한 사람이겠는가, 아니면 어리석은 사람이겠는가? 마찬가지로 사람은 습기에 빠져드니 이 때문에 일반의 지혜 없는 외도 학자들은 비단 세간사가 꿈과 같다는 것을 모를 뿐 아니라 여전히 그 속의 동이(同異)와 구불구(俱不俱), 유무(有無)와 비유비무(非有非無), 상무상(常無常)의 법칙을 탐구하려 하지 않겠는가? 다시 비유하자면 한 폭의 그림과 같으니, 종이 한 장에는 본래 높고 낮음도 멀고 가까움도 없지만 사람이 거기에 선과 색을 그려 넣으면 높고 낮으며 멀고 가까운 느낌이 생겨나는 것과 같네. 마찬가지로 미래 세계의 외도 학자들은 한층 더 많은 악견의 습기에 젖어 서로 대립하고 모순된 관점에다 각자 자신의 이론을 세워 자신뿐 아니라 다른 사람까지도 잘못되게 할 것이네.

또 이와 달리 유무가 모두 생겨나지 않는다고 생각하는 사람이 있네. 달리 말하면 근본적으로 어떤 것도 모두 존재하지 않는다고 여기는 것이네. 그들은 인연과 과보의 주장이 근거 없는 것이라 비방하네. 그들은 선근(善

根)의 도덕을 파괴하고 스스로 청정한 정과(正果)[129]를 훼손하네. 무릇 무상(無上)의 정도를 얻고자 하는 자라면 마땅히 이러한 관념과 이론에서 벗어나 스스로 나쁜 과오를 초래하지 않게 해야 하네. 다시 비유하자면 눈병에 걸린 사람과 같으니 허공에 늘어진 머리카락처럼 어른거리는 것을 가리키며 다른 사람에게 보도록 하는 것과 같네. 이는 착각일 뿐으로 눈에 병이 없는 사람은 비록 보고자 해도 볼 수가 없네. 그런데도 그들은 병든 편견으로 각종 모순된 이론에 의거해 정법을 비방하며 자신과 남을 오도하네. 다시 비유하자면 한 점의 불빛과 같아서 아주 빠른 속도로 회전하면 마치 하나의 원처럼 보이는 것과 같네. 사실상 이것은 한 점의 불빛에 불과하네. 하지만 어리석은 사람들은 이것을 불로 된 원이라 생각하네. 그리고 자신의 착각을 근거로 다시 상호 대립하는 각종 이론을 더해 그럴듯한 법칙을 말한다네. 다시 비유하자면 땅 위의 물방울과 같으니 언뜻 보기에는 마치 한 알의 여의보주와 같네. 어리석은 자나 아이들은 그것이 진짜 보물인양 손으로 집으려 하네. 사실 이러한 물방울은 당연히 여의보주가 아님에도 보주의 형상이 없다고는 말할 수도 없으니 바라보는 사람으로 하여금 마음속으로 그것을 취하게도 취하지 않게도 한다네. 하지만 이들은 악견(惡見)의 습기에 훈습되어 없는 것을 억지로 있다고 하고 실제로 있는 것을 없다고 우긴다네."

인명의 논리에 대한 평가

"여기에다 다시 어떤 외도는 선현이 창안한 세 종류의 양(量)[130] 즉 현량

---

[129] 도를 닦아 깨달음을 얻은 것을 증과(證果)라 하는데, 외도의 맹목적인 수련을 통해 얻은 것과 비교하여 정사(正邪)를 구별하기 위해 정과라 부른다.

(現量), 비량(比量), 비량(非量)과 오분론(五分論)[131]인 종(宗), 인(因), 유(喩), 합(合), 결(結)을 이용하기도 하네. 그들은 이러한 변증 규칙을 세워 사상을 범주화시킴으로써 스스로 이미 성지(聖智)의 자각 경계를 얻었다고 여긴다네. 그리고 서로 대립하는 모순 이론을 부정할 수 있어서 이미 사물의 절대적인 규칙을 얻었다고 스스로 믿어 이러한 방법이 진리의 최고 경계라 여긴다. 사실 이것들은 그저 망상에 집착한 변계소집의 작용일 뿐이네. 대혜여! 만약 수행을 통해 얻고자 한다면 심의식에서 생겨나는 신심(身心)을 모두 전환시켜야 하니, 자기 마음에서 나타나는 받아들이는 주체와 객체에 대한 일체 망상을 모두 끊어 버려야 하네. 이로부터 도달하는 여래 경계의 자각성지는 더 이상 일체 사물에 대해 성유(性有)니 성무(性無)니 하며 따지지 않는다네. 그럼에도 여전히 유무의 논쟁을 하고 또 상(相)을 버리지 못하고 집착한다면 그는 여전히 아상, 인상, 수자상의 집착 속에 있는 것이네. 다시 말하면 이렇네. 무릇 사물의 성(性)을 주장하는 데에는 공통적인 것이 있고 혹 각자의 독특한 이론이 있으나, 이들은 모두 화신불(방편적 응화應化)이 중생계에 행하는 방편적인 언론의 유희이지 결코 법신불(자성청정)이 말한 것이 아니네. 그뿐 아니라 일체 화신불이 말하는 언어적 이론은 모두 어리석은 사람의 각자 희망과 자신의 관념에 순응하여 생겨나는 것으로, 결코 자성을 드러내어 자각성지의 삼매 경계를 증득하고자 하는 것이 아니네. 이들은 물속에 비치는 나무 그림자와도 같아서 그것이 그림자라 해도 괜찮고 그림자가 아니라 해도 괜찮네. 그것이 나

---

130 양(量)에는 현량(現量)과 비량(比量)이 있는데, 현량은 눈으로 보고 귀로 듣는 것이요 비량은 연기를 보고 불이 있다는 것을 추측하거나 이미 알고 있는 법(法)으로 미지의 법을 유추하는 것이다.

131 인도에서 1세기 이래 여러 학파에서 쓴 변론 형식의 하나다. 종(宗)은 주장 명제·판단, 인(因)은 이유, 유(喩)는 구체적인 예, 합(合)은 유를 기반으로 하여 종과 인을 결합한 것, 결(結)은 종을 되풀이한 결론으로, 다섯 단계로 성립하는 논증 형식을 이른다.

무 같다고 해도 일리가 있고 나무 같지 않다고 해도 일리가 있네. 이들은 모두 관념의 습관과 망상의 훈습에서 생겨난 집착으로 이로부터 동이(同異), 구불구(俱不俱), 유무(有無), 비유비무(非有非無), 상무상(常無常)의 사상이 논위된다네. 하지만 이들이 모두 자기 마음의 현량 경계임을 알지 못하네. 다시 맑은 거울에 비유하자면 연에 따라 일체의 모습을 비추지만 거울 자체는 결코 망상이 없는 것과 같다네. 거울 속에 있는 각종 모습은 모습이 아니라 말할 수 있지만 결코 모습이 아닌 것도 아니네. 그리고 거울 속에서 보는 모습은 결코 원래의 모습이 아니네. 단지 어리석은 자들이 스스로의 망상에 빠져들어 집착함으로써 상호 대립하고 모순되는 이론이 허다하게 성립될 뿐이네. 다시 비유하자면 바람이 빈 공간이나 흐르는 물과 어울려 소리를 내는 것과 같네. 이러한 소리는 결코 고정된 것이 아니며 결코 소리가 없다고도 할 수 없네. 그럼에도 그들은 습관적인 망상의 악견에 사로잡혀 서로 대립하고 모순되는 이론에 근거해 각자의 관념을 세운다네. 다시 비유하자면 사막의 모래가 태양의 열기를 반사해 만들어내는 도도히 흐르는 물줄기와도 같네. 이러한 모습은 당연히 진실한 것이 아니네. 하지만 결코 없는 것이라 말할 수도 없네. 그저 바라보는 자가 그것을 탐하고 구하며 연연해하는 마음을 지니고 있는 것은 아닌지가 문제가 될 뿐이네. 마찬가지로 어리석은 자는 무시이래의 허위적 습기에 집착하고, 여기에 다시 생겨나고 머물며 소멸하는 것에 근거하며, 다시 동이(同異)와 구불구(俱不俱), 유무(有無)와 비유비무(非有非無), 상무상(常無常)의 관념으로 그것을 추론함으로써 고요한 자기 마음의 경계에 뜨거운 화염과 거센 파도를 일으키는 것이네. 다시 비유하자면 어떤 사람이 주문을 외어 나무 인형을 움직이거나 시체에게 일을 시키는 것과도 같네. 이것은 그저 일종의 눈속임에 불과한 것이나 어리석은 범부들은 정말로 어떤 신비한 것이 강림했다고 집착하여 서로 대립하고 모순되는 이론에 근거하여 그 구경을 탐구하려 한다네. 이들은 모두 관념의 유희로 아무런 근거가 없네. 그러므로 자각성지의 경계를 구하려는 자는 마땅히 이러한 종류의 망상과 악견을 버려야 하네." 부처님은 이 이치를 종합해 한 수의 게송으로 말씀하셨다.

> 물에 비친 나무 그림자처럼 환상 같고 꿈 같아
> 늘어진 머리카락이 뜨거워지면 화염에 휩싸이누나
> 이렇게 삼유를 바라본다면 마침내 해탈을 얻으리라
> 幻夢水樹影　垂髮熱時燄　如是觀三有　究竟得解脫

이런 뜻이다. 세간의 사물은 비록 있는 듯해도 실제로는 모두 환상과 같다. 드리운 머리카락은 눈병이 있는 자를 가리킨 것으로, 텅 빈 눈앞 공간에서 머리카락을 드리운 모습을 본다. 일체 중생의 세간 사물에 대한 생각도 모두 눈병에 걸린 사람의 환각과 같아 결코 사물의 진정한 모습이 아니다. 삼계의 생과 사, 사와 생 역시 이러하다. 만약 뚜렷이 관찰할 수 있다면 곧 구경의 해탈을 얻을 수 있다.

> 비유컨대 목마른 사슴과 같아 어지러이 이리저리 움직이누나
> 사슴은 물 때문이라 말하겠지만 사실은 물 때문이 아니도다
> 이처럼 업력의 종자는 전전하며 경계를 드러내니
> 생각하는 자에게 망상이 생겨나도다
> 譬如鹿渴想　動轉迷亂心　鹿想謂爲水　而實無水事
> 如是識種子　動轉見境界　思夫妄想生

이런 뜻이다. 일체 중생이 세간 사물에 대해 미혹에 빠져드는 것은, 마치

뜨거운 날씨에 목마른 사슴처럼 열기가 어른거리는 것을 맑은 물이라 여겨 쫓아가는 것과 같다. 마찬가지로 인간의 평정하고 고요한 심전(心田. 여래장)은 경계에 의해 일어나 속세의 근심으로 오염된다. 업력의 종자는 이로 인해 미망에 빠져 쉴 새 없이 전전한다. 이러한 것은 어리석은 범부의 망상으로부터 생겨난다.

마치 우산에 가리워진 것처럼 무시이래의 생사에 가려
성을 따지고 받아들이지만 마치 쐐기를 박아 쐐기를 빼듯
탐욕과 집착으로부터 벗어나누나
如爲翳所翳　於無始生死　計著攝受性　如逆楔出楔
捨離貪攝受

이런 뜻이다. 여래장은 업식의 작용이 일어나면 본래 평정하고 고요한 마음속이 마치 우산에 가린 병든 눈처럼 세간 사물의 진상을 볼 수 없게 된다. 무시이래 생사의 바닷속에 떠돌며 공허하고 미혹된 현상에 집착해 그것이 실제로 존재한다고 여겨 그대로 받아들이니 이 때문에 변계소집이라 한다. 부처님이 말씀하신 법은 쐐기를 박아 쐐기를 빼내는 것과 같으니 범부들은 탐욕 등의 집착을 버려야 한다. 달리 말하면 부처님이 말씀하시는 법은 단지 강을 건너는 뗏목과 같아 중생을 삼계로부터 해탈시키기 위한 방편 법문일 뿐이니 마찬가지로 집착해서는 안 된다. 이른바 '강을 건너는 데는 반드시 뗏목을 사용하나 반대편에 이르면 뗏목이 필요하지 않다'는 것이다.

마치 환상 같은 주문으로 기계를 움직이는 듯하고
뜬구름 같고 꿈속 같고 번쩍이는 빛과 같으니

이렇게 관찰하면 해탈을 얻어
삼상의 이어짐을 영원히 끊으리라

如幻呪機發　浮雲夢電光　觀是得解脫　永斷三相續

이런 뜻이다. 사람들의 신심(身心)과 의식적 행동은 모두 마술사들의 로봇과 같아서 그것이 열리고 닫히는 것은 단지 중심의 한 생각에 달려 있으니, 이 생각이 일단 움직이면 곧 일체의 유위가 생겨난다. 하지만 유위의 법이 모두 뜬구름이나 환상과 같고 돌이 부딪힐 때 보이는 불빛과 같아서 수시로 흩어져 사라지니 시종 파악할 수가 없다. 만약 자세히 반성하고 관찰하면 그 속의 이치를 체득하게 되며 해탈도 가능해 지속적으로 이어지는 업력을 영원히 끊어 내어 삼유(三有)의 속박을 벗어날 수 있다.

여기엔 작위가 없어 마치 허공에 화염이 피어나듯 하니
이렇게 제법을 알면 아는 바가 없게 되리라

於彼無有作　猶如焰虛空　如是知諸法　則爲無所知

이런 뜻이다. 우주의 모든 현상은 본래 절대적 자성이 없으니 마치 허공의 빛과 같아 잠시 우연히 존재할 뿐이다. 만약 이렇게 제법을 관찰할 수 있다면 더 이상 환상에 빠져들지 않을 것이며 제법에 집착하지도 않을 것이다.

언어적 가르침은 거짓 이름에 불과한 것으로 거기에도 역시 상이 없다
거기에서 망상을 일으키니 어둡게 나아감이 마치 눈병 환자와 같도다
마치 눈병 환자가 보는 그림처럼 꿈속에 보는 건달바의 성처럼
태양이 뜨거워지면 화염을 내뿜어도 중생은 보이지 않는도다
상과 무상이 하나이면서 다르고 구와 불구 역시 그러하니

무시이래로 서로 이어져 어리석은 자들이 망상에 빠져들도다

言敎唯假名　彼亦無有相　於彼起妄想　陰行如垂髮

如畫垂髮幻　夢揵闥婆城　火輪熱時燄　無而現衆生

常無常一異　俱不俱亦然　無始過相續　愚夫癡妄想

이런 뜻이다. 일체 언어적 교화는 모두가 가설적인 명상(名相)일 뿐이다. 그 뿌리로 돌아간다면 어디에 실제적인 진정한 모습이 있겠는가? 그러므로 언어적 가르침은 바로 손가락으로 달을 가리키는 것과 같아 단지 진정한 의미를 표시하는 언어적 설명에 불과하다. 언어적 가르침은 결코 진정한 달이 아니다. 만약 언어적 이론을 실제의 법이라 생각한다면 이것은 일종의 망상이다. 그것은 마치 범부가 오음이 신심(身心)의 모습이라 집착하는 것과 같고, 눈병 걸린 자가 허공 속에서 털 오라기를 보는 것 같으며, 그림에서 입체감을 느끼는 것과 같고, 신기루를 실제 모습이라 여기는 것과 같으며, 광야에 반사된 햇빛을 맑은 물이라 여겨 쫓아가는 것과 같으니, 모두가 망상을 쫓는 것으로 무에서 유가 생겨난다는 범부들의 망견일 뿐이다. 하물며 형이상의 상존(常存)과 불상존, 본체의 일원(一元)과 다원, 동구(同俱)와 독립 등의 탐구에서야 오죽하겠는가? 이러한 견해는 모두 무시이래의 습기가 이어져 생긴 잘못이며 어리석은 범부들의 대망상일 뿐이다.

밝은 거울 같은 물은 눈을 깨끗이 하고
마니묘보주는 여러 색으로 보이지만 사실 아무런 색이 없도다
일체의 성이 드러남은 마치 뜨거울 때 화염이 솟는 것과 같아
갖가지 모습을 드러내지만 마치 꿈속처럼 아무것도 존재하지 않는구나

明鏡水淨眼　摩尼妙寶珠　於中觀衆色　而實無所有

一切性顯現　如同熱時燄　種種衆色相　如夢無所有

이런 뜻이다. 우주 간의 만법은 아뢰야식의 드러남이 아닌 것이 없다. 비록 잠시 만상의 존재로 우연히 있다 하더라도 단지 꿈처럼 나타난 것으로 거기에는 아무 실체가 없다. 만약 심의식을 떠나서 식(識)을 지혜로 바꿔 불가사의한 진실 자성의 경계를 증득해 들어간다면, 마치 맑은 거울이 사물을 비추듯 법안(法眼)이 문득 깨끗해질 것이다. 또 마치 여의보주와도 같으니 자신은 깨끗한 무색이지만 관찰하는 관점이 다르면 연에 따라 각종 다양한 색상이 나타나는 것과 같다. 사실 고정불변하는 색상은 없으니 세간 만상의 발생은 모두 광대한 사막이 반사해 낸 빛무리와 같아서 마치 꿈속처럼 텅 비고 아무것도 없다.

"대혜여! 여래의 설명은 결국에는 요의(了義)의 법으로 모두가 이러한 서로 대립하고 모순되는 사구(四句) 이론을 떠나 있는 것이네. 이 사구는 바로 일(一, 일원一元)과 이(異, 다원多元), 구(俱, 동시에 갖추어 존재하는 조화론)와 불구(不具, 독립), 유(有)와 무(無), 비유(非有, 없는 듯함)와 비무(非無, 없는 것이 아닌 듯함), 상(常, 영원히 불변함)과 무상(無常, 서로 바뀌며 생겨나고 소멸됨) 등이네. 이러한 시비와 유무의 쟁론을 멀리 벗어나기 위해 정치하게 일일이 분석하고 판별하니, 바로 이 때문에 이러한 여러 차례의 강연과 불법의 결집이 있었던 것이네. 이들은 모두 진제의 실제를 보여 주기 위한 것이며, 만상의 존재가 모두 연기에 의해 일어나는 자성이 없는 공(空)임을 뚜렷이 분석하기 위함이네. 이로부터 생멸하는 망심과 망상을 멀리 벗어나 해탈의 도과(道果)를 증득하기 위함이네. 부처의 설법은 여래 구경의 경계를 위주로 한 것이지 결코 또 다른 초연한 자성의 존재를 말한 것이 아니네. 더욱이 우주의 만물이 모두 자재로운 천주에 의해 만들어졌다는 것은 더더욱 아니네. 그렇다고 만물이 아무 인(因)이 없이 자연히 생겨났다는 것은 아니요, 작은 물질의 조각이 결합해 생겨났다는 것도 아니네. 시간이 일체의 주요 인(因)이라는 것도 아니요, 자성이 끊임없이 이어진다는 것을 말하는 것도 아니네. 그렇다면 궁극적으로 무엇을 위한 것인가? 이러한 다양한 방편 설법은 모두 사람들의 번뇌장(煩惱障)인 나와 다른 사람에 대한 집착, 소지장(所知障)¹³²인 법집(法執)과 지집(智執)을 말끔히 제거하기 위한 것이네. 마치 자본가가 사람들의 수요와 필요에 응해 시장에 온갖 재화와 물품을 진열하여 사람들의 욕구를 만족시키는 것과 같아서 마침내 각자 필요한 것을 얻어 집으로 돌아가 편안히 생활하는 것이네. 부처의 설법 또한 이와 같네. 본 경전의 서두에서 명백히 뜻을 밝히고 먼저 백여덟 가지 문제를 제기했는데, 이것 역시 심(心)과 물(物)에 관한 것이든 사(事)와 이(理)에 관한 것이든 모두 문제 자체가 만약 그 근본을 찾아 파고들어 보면 결국은 자성이 없는 공(空)임을 가리킨 것이네. 오직 여래의 구경 경계를 스스로 깨달아 증득해야만 비로소 직접 제일의를 탐구하고 일체법을 잘 분별할 수 있어서 대승과 소승의 차례 및 보살의 여러 경지를 명백하게 알 수 있네."

---

132 번뇌장(煩惱障)과 소지장은 합쳐 이장(二障)이라고 한다. 탐진치(貪瞋癡) 등의 번뇌가 앎의 진상을 제대로 알지 못하게 하는 것이다. 앎을 덮어 바른 지혜가 생기는 것을 막으므로 지장(智障)이라고도 한다.

復次大慧. 有四種禪. 云何爲四. 謂愚夫所行禪. 觀察義禪. 攀緣如禪. 如來禪. 云
何愚夫所行禪. 謂聲聞緣覺外道修行者, 觀人無我性. 自相共相, 骨鏁無常, 苦, 不
淨相, 計著爲首. 如是相不異觀. 前後轉進, 相不除滅. 是名愚夫所行禪. 云何觀察
義禪. 謂人無我自相共相. 外道自他俱無性已. 觀法無我彼地相義, 漸次增進. 是
名觀察義禪. 云何攀緣如禪. 謂妄想. 二無我妄想. 如實處不生妄想. 是名攀緣如
禪. 云何如來禪. 謂入如來地, 行自覺聖智相三種樂住. 成辦衆生不思議事. 是名
如來禪. 爾時世尊欲重宣此義, 而說偈言.

凡夫所行禪　觀察相義禪　攀緣如實禪　如來淸淨禪

譬如日月形　鉢頭摩深險　如虛空火盡　修行者觀察

如是種種相　外道道通禪　亦復墮聲聞　及緣覺境界

捨離彼一切　則是無所有　一切剎諸佛　以不思議手

一時摩其頂　隨順入如相

선의 종류

부처님께서 다시 말씀하셨다. "대혜여! 선(禪)에는 다음과 같은 네 종류
가 있음을 마땅히 알아야 하네. 첫째는 우부소행선(愚夫所行禪)이요, 둘째
는 관찰의선(觀察義禪), 셋째는 반연진여선(攀緣眞如禪), 넷째는 여래선(如
來禪)이네. 무엇이 우부소행선(愚夫所行禪)인가? 예를 들면 성문과 연각
및 외도의 수행자는 자세히 관찰해 인무아(人無我)의 이치를 아는데, 자기
나 대중을 막론하고 이 몸이 근육과 뼈의 조합으로 이루어졌고 그 속에는
더러운 물질로 채워져 있는 하나의 텅 빈 껍데기에 불과하다는 것을 안다

네. 하지만 어리석은 이는 지혜가 없어서 마음이 형체에 부림을 당하니 이 때문에 내 몸이 나를 묶어 버리네. 이 몸이 원래는 무상한 것이지만 고통과 번뇌의 뿌리가 되는 것이네. 그럼에도 범부들은 이러한 깨끗하지 못한 상에 집착하여 거기에 묶여 버리네. 이 때문에 그들은 자신의 공상(空相)을 관찰해 육체적 몸을 벗어나려 하며 이것을 수행의 목적으로 삼네. 이로부터 관찰하고 정력(定力)을 수지(修持)하여 점점 나아가 멸진정(滅盡定)의 경계를 얻으면 그 정(定)의 경계상에 집착하여 그것을 구경의 것이라 여기는데, 이것이 바로 우부소행선이네. 관찰의선(觀察義禪)은 어떤 것인가? 바로 앞에서 말한 선의 경계로부터 자기와 타인 및 외도들의 수행법에 모두 진실한 자성이 없음을 아는 것이네. 그리고 일체법(事事와 理理)에도 본래 고정된 자아가 없음을 관찰해 이로부터 점점 나아가는 것이네. 이것이 바로 관찰의선이네. 무엇이 반연진여선(攀緣眞如禪, 달리 관진여선觀眞如禪, 연진여선緣眞如禪이라 번역되기도 함)인가? 바로 인(人)과 법(法) 즉 사(事)와 이(理) 모두에 근본적으로 고정된 자아가 없으며, 단지 인간의 망상에서 일어난 것임을 미루어 생각하는 것이네. 이로부터 정치하게 생각해 고요한 상태에 들어가면 망상이 일어나지 않고 한 생각도 일어나지 않아, 마음에 분별이 없고 고요하고 편안한 경계에 도달한 듯한데 이것이 바로 반연진여선이네. 여래선(如來禪)은 어떤 것인가? 바로 진실로 여래의 경지를 증득해 들어간 것으로 자각성지의 세 종류의 낙정(樂定)[133]을 얻은 것이네. 소위 식을 전환하여 지혜를 얻었다거나 큰 지혜로 자재롭다고 하는 것이네. 동시에 일체 중생을 위해 매우 많은 불가사의한 공덕을 만들어

---

133 첫째는 천락(天樂)으로, 십선(十善)을 닦은 자는 천상에 태어나 갖가지 오묘한 즐거움을 누린다. 둘째는 선락(禪樂)으로, 수행인이 선정에 들면 일심이 정결해지고 만 가지 생각이 잦아들어 적정의 즐거움을 얻는 것이다. 셋째는 열반락(涅槃樂)으로, 생사의 고통을 떠나 열반을 증득하는 것으로 구경의 편안함을 얻은 것이다.(원주)

낼 수 있는데 이것이 바로 여래선이네." 부처님은 이 이치를 종합해 한 편의 게송으로 말씀하셨다.

> 범부가 행하는 선, 상의 뜻을 관찰하는 선
> 실제적인 것에 의지하는 선, 여래의 청정한 선
> 비유컨대 해와 달의 모습 같고, 바리때 끝처럼 깊고 험하며
> 허공이 불에 타버린 듯한 모습을 수행자가 관찰하니
> 이러한 모습은 외도의 도통선으로
> 다시 성문이나 연각의 경계로 떨어지도다
> 凡夫所行禪　觀察相義禪　攀緣如實禪　如來淸淨禪
> 譬如日月形　鉢頭摩深險　如虛空火盡　修行者觀察
> 如是種種相　外道道通禪　亦復墮聲聞　及緣覺境界

이런 뜻이다. 선에는 네 종류가 있으니 바로 우부선(愚夫禪), 관찰의선(觀察義禪), 반연여선(攀緣如禪), 여래선(如來禪)이 그것으로 내용은 이미 앞에서 말한 바와 같다. 이러한 선정의 경계를 수지하면 어떤 이는 정(定) 속에서 일월과 같은 광명이 출현하기도 하고, 혹은 붉은 연꽃 혹은 푸른 바다와 맑은 하늘이 나타나기도 하여 그 탐험이 끝이 없다. 혹 한 조각 허공이 불에 타 연기조차 사라지는 경우도 있다. 이러한 여러 경계의 형상은 대개 내도(內道)와 외도(外道)의 공통인 마음 밖에 법이 있는 경계에 떨어진 것이다. 비록 고명한 것을 갖추었다 해도 대부분은 아직 성문과 연각승의 경계에 지나지 않는다.

> 이들 일체를 버리면 아무것도 없게 되니
> 일체 시방찰토의 제불들이 불가사의한 손으로

일시에 그 정수리를 어루만지어 여래선의 경계로 들어서도다

捨離彼一切　則是無所有　一切剎諸佛　以不思議手

一時摩其頂　隨順入如相

이런 뜻이다. 이러한 선의 경계를 멀리 떠나고자 하면 내려놓고 또 내려놓아야 한다. 아무것도 없고 아무것도 얻을 것이 없는 데로 돌아가는 것이다. 소위 마음에도 몸에도 의지하지 않으며 의지하지 않는 데에도 의지하지 않는다. 이렇게 하면 일체 시방찰토의 제불들이 자연 불가사의한 손을 사용할 수 있다. 결코 상(相)을 갖춘 것이 아니고 상이 없는 것도 아닌 손이 동시에 와서 그 정수리를 쓰다듬는다. 그러면 그 역시 자연히 여래선의 경계로 진입한다.

덧붙임 ❸ 부처님은 이미 이 경전에서 선의 네 종류에 대해 말씀하셨고, 이것이 바로 달마조사가 동쪽으로 와서 전하고자 했던 부처님의 심인(心印)인 선종으로, 여기서 매우 뚜렷이 설명되어 있다. 그런데 왜 후세 선종에서는 여래선 외에 다시 조사선(祖師禪)을 말할까? 심지어 조사선을 더 높이 떠받들어 마치 여래선보다 높은 듯이 말하기도 한다. 이것이 도대체 무슨 이치일까? 소위 조사선이 어떻게 부처님이 말씀하신 여래선을 넘어 벗어나고 있는가? 사실은 단지 한마디 말로써 설명하고 있을 뿐으로, 마치 막대기를 세워 그림자를 보면서 그림자만 보고 막대기를 잊는 것과 같음에도 불구하고 그 언설이 끊임없이 계속된다. 그러므로 해탈을 구하는 데 있어 반대로 법의 속박이 무겁고 무겁다. 후세의 선사는 좀 더 고명하게 아무런 의미 없는 구절에서, 혹은 사람을 맞대하는 한 순간 한 경계 상에서 죽이고 살리는 수단을 활용해 바로 그 자리에서 전체의 큰 작용을 지적해 내었다. 그런 후에 마침내 '푸르고 푸른 대나무가 모두 다 법신이며,

우거진 노란 꽃이 반야가 아님이 없다〔靑靑翠竹, 悉皆法身. 鬱鬱黃花, 無非般若〕는 것을 알았다. 마음과 부처 그리고 중생의 삼자가 차별이 없으니, 마음도 아니요 부처도 아니며 사물도 역시 아니다. 무엇이 조사선인가? 무엇이 여래선인가? 여기에 이르면 하나같이 많은 여지를 남긴다. 하지만 반드시 참된 이 경계에 도달해야만 비로소 횡설수설해도 모두 맞아떨어진다. 그렇지 않다면 다른 사람을 기만하고 자신을 기만하는 것을 이루 다 헤아릴 수 없다. 요컨대 부처님은 '좋은 말은 채찍 그림자를 보고도 달린다〔良馬見鞭影而馳〕'고 하셨다. 만약 다리를 저는 노새라면 죽도록 때려도 여전히 느릿느릿 맷돌을 돌 것이다. 여래선이나 조사선은 고사하고 우부선에 도달하고자 해도 결코 쉬운 일이 아니다! 단지 언어적 가르침에만 의존해 마음으로 증득하지 않는다면 혹 조금 증득한 바가 있더라도 철두철미 해탈할 수 없을 것이다. 그것은 마치 허공에다 짖어대는 한로(韓盧)와 다를 바 없으니 자신에게 무슨 소용이 있겠는가? 가령 정말로 거쳐 본 사람이라면 우리 부처님께서 말씀하신 거대한 가르침이 그저 자신의 각주에 불과하다고 볼 것이다. 더 이상 어떤 말이 필요하랴! 결국 어떻게 해야 할 것인가? 요즈음 아침저녁이 다르게 필묵 가격도 오르고 있으니 열심히 노력해 참구할 수밖에!

爾時大慧菩薩摩訶薩復白佛言. 世尊. 般涅槃者, 說何等法謂爲涅槃. 佛告大慧. 一切自性習氣, 藏意意識見習, 轉變名爲涅槃. 諸佛及我, 涅槃自性空事境界. 復次大慧. 涅槃者, 聖智自覺境界. 離斷常妄想性非性. 云何非常. 謂自相共相妄想斷, 故非常. 云何非斷. 謂一切聖, 去來現在得自覺, 故非斷. 大慧. 涅槃不壞不死. 若涅槃死者, 復應受生相續. 若壞者, 應墮有爲相. 是故涅槃離壞離死. 是故修行

者之所歸依. 復次大慧. 涅槃, 非捨非得, 非斷非常, 非一義. 非種種義. 是名涅槃.
復次大慧. 聲聞緣覺涅槃者. 覺自相共相, 不習近境界. 不顚倒見. 妄想不生. 彼等
於彼, 作涅槃覺.

復次大慧. 二種自性相. 云何爲二. 謂言說自性相計著. 事自性相計著. 言說自性
相計著者. 從無始言說虛僞習氣計著生. 事自性相計著者. 從不覺自心現分齊生.

열반의 진정한 의미는 무엇인가

이때 대혜대사가 다시 물었다. "무엇을 열반이라 합니까? 어떻게 해야
열반을 증득할 수 있습니까?" 부처님께서 말씀하셨다. "일체 자성의 업식
에서 생긴 습기와 무시이래로 여래장식(아뢰야)과 의식을 훈습시켜 온 망
견을 철저히 전환시키는 것을 일러 열반이라 하네. 제불과 내가 증득한 열
반은 바로 자성제법성공(自性諸法性空)의 경계네. 대혜여! 소위 열반이란
자각성지의 경계로서 단견이나 상견의 대립되는 두 망상을 멀리 떠난 것
으로, 있다고도 할 수 없고 없다고도 할 수 없는 것이네. 왜 상견(常見)이
아닌가? 자상(自相, 자아의 존재)과 공상(共相, 물아동체) 등의 망상으로부터
멀리 벗어나기에 상견이 아니네. 왜 또 단견(斷見)이 아닌가? 과거, 미래,
현재의 일체 성현이 확실히 자각하여 마음속으로 열반의 경계를 증득할
수 있기에 단견 또한 아니네. 다시 말해 열반은 생사가 없고 파괴되거나
소멸하지 않는다네. 만약 열반의 경계가 일체의 것을 소멸시킨다고 한다
면 생사를 소멸한 이후에야 비로소 열반이 생겨날 것이네. 하지만 생과 멸
은 상대법으로, 소위 열반에 드는 자는 여전히 또 다른 종류의 생멸법에
구속을 받는다네. 만약 열반의 경계가 파괴된다고 한다면 마땅히 유위의

범위에 포함된다고 할 수 있네. 파괴된다는 것은 여전히 유위법의 일종이기 때문이네. 그러므로 열반은 생사와 소멸 등의 작용과 현상으로부터 멀리 벗어난 것으로 일체 정각을 닦는 수행자들이 귀의해야 할 것이네. 다시 말해 열반의 경계는 비록 아무것도 얻을 것이 없는 법이지만 그럼에도 아무것도 버릴 것이 없는 법이기도 하네. 단멸견(斷滅見)도 아니요 그렇다고 항상견(恒常見)도 아닌 것이네. 차안도 아니고 피안도 아니며, 또 청정(淸淨)이나 원적(圓寂) 등을 개괄할 수 있는 것도 아니며, 그 속의 무슨 뜻이나 이치, 내용이 포함되어 있는 것도 아니네. 이런 것을 일컬어 열반이라 한다네. 다음으로 성문과 연각 등 이승(二乘)의 열반 경계는 그저 자아에 대해 깨우치며 외부 경계에 대한 애착을 버리는 것으로, 이로 인해 습기를 버리고 다시는 전도된 망상 등이 생겨나지 않게 하는 것이네. 그들은 단지 이러한 수지(修持)를 열반의 경계로 삼는다네."

이와 사의 장애

부처님께서 다시 말씀하셨다. "대혜여! 또 두 종류의 자성상(自性相)이 있네. 하나는 언설자성상(言說自性相)의 집착이요, 다른 하나는 사자성상(事自性相)의 집착이네. 소위 언설자성상의 집착이란 모두 무시이래 언어 이론 등의 습성에서 유래한 것으로, 계속 누적되어 이 때문에 허위적 집착과 습기가 생겨난다네. 그 결과 고집과 주관적 선입견 등이 형성되는 것이네. 소위 사자성상의 집착이란 자기 마음의 망상에 의해 각종 차별이 드러남을 자각하지 못하고 도리어 그것을 모두 사실인양 받아들이는 것이네."

이런 뜻이다. 이 부분에서는 언설자성상(言說自性相)과 사자성상(事自性相)의 두 종류를 말하고 있다. 그런데 이것을 앞에서 이미 언급한 언설 문제와 같이 다루지 않은 것은 결코 다른 특별한 의미가 있어서가 아니다. 부처님께서 열반의 경계를 말씀하신 이후 다시 이어서 언설과 사(事)의 자성상에 대해 말씀하셨는데, 이는 사람들이 열반 등의 명사나 관념에 곤혹을 느끼지 않도록 하기 위함이다. 그런 뒤에야 비로소 사람들이 열반을 친히 증득할 수 있으며, 이 때문에 여기서 언설자성상과 사자성성을 다시 풀어 설명하셨다.

復次大慧. 如來以二種神力建立, 菩薩摩訶薩頂禮諸佛, 聽受問義. 云何二種神力建立. 謂三昧正受, 爲現一切身面言說神力. 及手灌頂神力. 大慧. 菩薩摩訶薩初菩薩地, 住佛神力. 所謂入菩薩大乘照明三昧. 入是三昧已. 十方世界一切諸佛, 以神通力, 爲現一切身面言說. 如金剛藏菩薩摩訶薩, 及餘如是相功德成就菩薩摩訶薩. 大慧. 是名初菩薩地. 菩薩摩訶薩, 得菩薩三昧正受神力, 於百千劫, 積習善根之所成就. 次第諸地對治所治相, 通達究竟. 至法雲地. 住大蓮華微妙宮殿. 坐大蓮華寶師子座. 同類菩薩摩訶薩眷屬圍繞. 衆寶瓔珞莊嚴其身. 如黃金薝蔔, 日月光明. 諸最勝子從十方來, 就大蓮華宮殿座上, 而灌其頂. 譬如自在轉輪聖王, 及天帝釋太子灌頂. 是名菩薩手灌頂神力. 大慧. 是名菩薩摩訶薩二種神力. 若菩薩摩訶薩住二種神力, 面見諸佛如來. 若不如是, 則不能見. 復次大慧. 菩薩摩訶薩, 凡所分別, 三昧神足諸法之行, 是等一切, 悉住如來二種神力. 大慧. 若菩薩摩訶薩離佛神力, 能辯說者. 一切凡夫亦應能說. 所以者何. 謂不住神力故. 大慧. 山石樹木, 及諸樂器, 城郭宮殿, 以如來入城威神力故, 皆自然出音樂之聲. 何況有心者. 聾盲瘖瘂, 無量衆苦, 皆得解脫. 如來有如是等無量神力, 利安衆生. 大慧菩薩復白佛言. 世尊. 以何因緣. 如來應供等正覺, 菩薩摩訶薩住三昧正受時, 及勝進地灌頂時, 加其神力. 佛告大慧. 爲離魔業煩惱故. 及不墮聲聞地禪故. 爲得如

來自覺地故. 及增進所得法故. 是故如來應供等正覺, 鹹以神力建立諸菩薩摩訶薩. 若不以神力建立者. 則墮外道惡見妄想. 及諸聲聞. 衆魔希望. 不得阿耨多羅三藐三菩提. 以是故, 諸佛如來鹹以神力攝受諸菩薩摩訶薩. 爾時世尊欲重宣此義, 而說偈言.

神力人中尊　大願悉淸淨　三摩提灌頂　初地及十地
───────────────

여래의 신력과 보살도의 바른 수행과의 관계

부처님께서 다시 말씀하셨다. "여래는 두 종류의 신력(神力)을 지녀 일체 대보살들의 의문에 답할 수 있네. 어떤 신력인가? 첫째는 중생을 삼매정수에 들게 하는 주지(住持)의 신력으로, 각종 형상과 언어 등을 드러내게 하는 신력이네. 둘째는 여래 법신의 손으로 정수리를 쓰다듬어 스스로 깨쳐 증득하는 편신법락(遍身法樂)을 얻게 하고, 관정의 주지력(住持力)을 얻게 하는 것이네. 대혜여! 대보살이 보살의 초지(환희지)를 증득해 들어갈 때가 바로 여래의 신력이 주지하는 때인데, 이때에 보살 경계의 대승조명삼매(大乘照明三昧)에 들어가네. 이 삼매의 경계 중에는 시방 세계의 일체 여래가 모두 신통의 능력으로 그를 위해 각종 모습으로 나타나 설법을 하네. 예를 들면 금강장대보살(金剛藏大菩薩)들은 모두 이렇게 각종 공덕을 성취한 자들로서, 이 역시 수행 보살들의 수겁에 걸쳐 누적된 선근의 결과네. 여기에 의거해 나아가면 점차 보살 각지의 수행법의 문제와 대처 법문 그리고 대처해야 할 현상에 대해 알게 되네. 구경에 이르러 보살 제십지 법운지(法雲地)에 도달하면 아주 얻기 어려운 뛰어난 것을 얻는데, 세간의 지식으로 알 수 없는 신비로운 변화의 경계네. 이때가 되면 여래가 신력으로 관정을 행하는 경계를 증득할 수 있는데, 대보살들은 이 두 종류의 신력을 얻어야 비로소 제불여래를 볼 수 있네. 다음으로 대보살들이 각종 삼매와 신통 등의 경계에 대해 분별하고 드높일 수 있다면, 이 역시 여래의 두 종류 신력이 보존하고 유지하는 것이네. 만약 보살들이 근본적으로 여래의 신력이 도와주지 않아도 변설(辯說)하고 드높일 수 있다면, 일체의 범부 역시 응당 무상(無上)의 정의(精義)를 말할 수 있을 것이네. 산이나 바위, 수목 등의 지각이 없는 사물도 여래의 신력을 만나면 자연 소리를 발할 수 있다는 것을 반드시 알아야 하네. 그러니 하물며 마음이 있는 인간이겠는가. 만약 그들이 진정으로 여래를 본다면 소경, 벙어리, 귀머거리 등의 고통도 그 자리에서 벗어날 것이네. 이런 까닭에 여래는 무량의 신력을 갖추고 일체 중생을 편안하고 즐겁게 할 수 있다고 말한다네." 대혜대사가 다시 물었다. "왜 대보살들이 삼매 정수에 머물거나 관정을 할 때 여래께서 신력으로 그들을 가지(加持)하십니까?" 부처님께서 대답하셨다. "그들을 보호하여 그들로 하여금 마업번뇌장(魔業煩惱障)의 산란심을 벗어나게 하고, 그들로 하여금 성문 등의 선정에 떨어지지 않도록 하며, 여래지의 정각을 마음속으로 증득할 수 있도록 하기 위해 신력으로 그들을 가지하는 것이네." 이때 부처님은 이 이치를 종합해 한 수의 게송으로 말씀하셨다.

신력을 지닌 여래께서 모두가 청정해지도록 크게 발원하시어
삼매의 관정으로 초지에서 십지에 이르게 하노라

神力人中尊　大願悉淸淨　三摩提灌頂　初地及十地

덧붙임 ⓗ 이 게송의 문자적 의미는 이미 명백하니 다시 설명하지 않는다. 하지만 열반 정지(正智)의 증득을 풀어 설명한 후에 이어서 여래의 신

력을 말하는 것은 극히 의미가 있다. 반드시 알아야 할 것은 부처와 여래라는 명사에 광의와 협의 두 뜻이 있다는 점이다. 광의의 부처와 여래는 법계의 법신 자성을 가리키는데, 현대어로 말하자면 우주 만유의 형이상의 본체를 가리킨다. 대보살들이 자성을 닦아 증득한다는 것은 바로 이 형이상의 본체를 마음속으로 증득하는 것이다. 그러므로 보살들의 수지(修持) 경계 중에는 자연 여래 신력의 가지(加持)가 있게 된다. 일체 중생들 역시 모두 법계 자성, 법신 여래가 변해서 생겨나므로 중생은 본래부터 모두 여래의 신력 속에 있으며 여래 신력의 변화라 말할 수 있다. 이 이치는 협의의 어떤 부처나 어떤 여래가 어떤 사람을 가지하는 것에 적용시켜도 자연 상통할 수 있다. 그러므로 말하기를, "십세 고금이 시종 이 한 생각을 벗어나지 않으며, 끝없는 찰토의 경계도 자타 털끝을 벗어나지 않는다〔十世古今, 始終不離於當念, 無邊刹境, 自他不隔於毫端〕"고 한다. 소위 부처와 중생의 마음과 본성이 서로 평등하다는 것은, 바로 한 몸이라는 데서 우러나오는 자(慈) 그리고 아무런 연고 없는 비(悲)를 말한다. 체(體)에 의거해 용(用)을 말한다면 어디에 삼세의 시간이 있으며 어디에 자타의 공간적 분별이 있겠는가. 이런 까닭에 귀머거리나 소경, 벙어리라도 자성 법신의 여래의 체(體)를 만난다면 당장 일념이 청정해져 자성 여래의 풍성한 신력을 받아들일 것이다. 현대적 용어로 말하자면 여래의 신력 역시 본체의 작용력으로 그 힘은 우주의 모든 것을 생겨나게 할 수 있다. 그 속의 이치를 신비한 주재의 신변(神變)으로 볼 수는 없겠지만 그럼에도 이러한 신비한 역량이 절대 없다는 것은 아니다. 오직 스스로 증득해 아는 자만이 비로소 평범한 것이 바로 불가사의한 신변(神變)임을 알 수 있다. 불가사의한 신변은 원래 가장 평범하다. 소위 "거울 속 마군을 불사로 공화시킨다〔鏡裏魔軍. 空花佛事〕"고 하지만 이 단계에 이르면 언어와 문자는 모두 쓸 곳이 없다. 참구하고 또 참구해야 한다!

爾時大慧菩薩摩訶薩復白佛言. 世尊. 佛說緣起, 卽是說因緣. 不自說道. 世尊. 外道亦說因緣. 謂勝自在時微塵生, 如是諸性生. 然世尊所謂因緣生諸性言說, 有間悉檀. 無間悉檀. 世尊. 外道亦說有無有生. 世尊亦說無有生, 生已滅. 如世尊所說無明緣行, 乃至老死, 此是世尊無因說. 非有因說. 世尊建立作如是說, 此有故彼有, 非建立漸生. 觀外道說勝, 非如來也. 所以者何. 世尊. 外道說因不從緣生, 而有所生. 世尊說觀因有事, 觀事有因. 如是因緣雜亂. 如是展轉無窮. 佛告大慧. 我非無因說, 及因緣雜亂說. 此有故彼有者, 攝所攝非性, 覺自心現量. 大慧. 若攝所攝計著, 不覺自心現量, 外境界性非性. 彼有如是過. 非我說緣起. 我常說言, 因緣和合而生諸法. 非無因生. 大慧復白佛言. 世尊. 非言說有性, 有一切性耶. 世尊. 若無性者, 言說不生. 是故言說有性, 有一切性. 佛告大慧. 無性而作言說. 謂兔角龜毛等, 世間現言說. 大慧. 非性非非性, 但言說耳. 如汝所說, 言說有性, 有一切性者, 汝論則壞. 大慧. 非一切刹土有言說. 言說者是作耳. 或有佛刹瞻視顯法. 或有作相. 或有揚眉. 或有動睛. 或笑或欠. 或謦欬. 或念刹土. 或動搖. 大慧. 如瞻視及香積世界, 普賢如來國土. 但以瞻視, 令諸菩薩得無生法忍, 及殊勝三昧. 是故非言說有性, 有一切性. 大慧. 見此世界蚊蚋蟲蟻. 是等衆生無有言說, 而各辦事. 爾時世尊欲重宣此義, 而說偈言.

如虛空兔角　及與槃大子　無而有言說　如是性妄想

因緣和合法　凡愚起妄想　不能如實知　輪迴三有宅

연기성공의 이론과 실제

이때 대혜대사가 다시 물었다. "부처님께서 말씀하시기를 세간 사물은 모두 연기(緣起) 이른바 모두가 인연에 의해 생겨난다고 하셨는데, 이는 당연히 자기 마음의 체상(體相)의 이치를 말씀하신 것은 아닐 것입니다. 하지만 외도의 학자들 역시 세간의 사물이 인연에 의해 생겨났다고 합니다. 예를 들면 그들 중 어떤 이는 지고무상의 자재천주(自在天主)로부터 만들어졌다고 하고, 혹은 시간이 만유의 주요 인(因)이라고도 하며, 또 어떤 사람은 이들 모두가 미세한 물질로부터 만들어졌다고 합니다. 이들은 만물을 생겨나게 할 수 있는 또 다른 하나의 성(性)을 강조합니다. 그런데 부처님께서는 인연으로 법이 생겨났다고 하시고 제법에는 다시 자성이 없다고 하십니다. 여기에 달리 깊은 의미가 있는 것입니까, 아니면 근거로 삼을 만한 이치가 없는 것입니까? 그뿐 아니라 외도 학자들은 이렇게도 말합니다. 유(有)와 무(無)가 상생(相生)하며 그런 뒤에 세간의 사물이 있게 된다고요. 부처님 역시 이렇게 말씀하십니다. 본래 생겨남이 없으니 설사 생겨났다 하더라도 생겨남과 동시에 이미 소멸되고 있다고요. 예를 들면 부처님께서는 이렇게 말씀하셨습니다. 무명(無明)은 인(因)이기에 무명이 연(緣)에 의해 행(行, 활동)이 되고, 행이 연에 의해 식(識)이 되고, 식이 연에 의해 명색(名色, 명상과 실질)이 되고, 명색이 연에 의해 육입(六入, 육근)이 되고, 육입이 연에 의해 촉(觸)이 되고, 촉이 연에 의해 수(受)가 되고, 수가 연에 의해 애(愛)가 되고, 애가 연에 의해 취(取)가 되고, 취가 연에 의해 유(有)가 되고, 유가 연에 의해 생(生)이 되며, 생이 연에 의해 노사(老死)가 된다고요. 이런 이치로 말하자면 인(因)이 없다는 이론을 주장하시는 것이 아니겠습니까? 부처님은 이렇게 말씀하시는 것이 아니겠습니까? 이것이 있어 비로소 저것이 있다고요. 설사 그런 것이 아니라 동시에 성립한다 하더라도, 즉 서로 대립하면서 점차적으로 생겨나는 것이 아니라 하더라도 인연의 이치는 이미 성립할 수 없는 것이 아니겠습니까? 외도 학자들의 설법을 들어보면 그들은 또 다른 지고무상의 승인(勝因)이 있음을 인정합니다. 물론 이것은 부처님의 설법과는 다릅니다. 외도들은 최초의 인(因)이 결코 연(緣)에 의해 생겨나지 않으며 달리 생겨나는 곳이 있다고 합니다. 그러나 부처님께서는 말씀하십니다. 과(果)는 인(因)과 상대적인 것으로, 인(因)을 관찰하면 사(事)의 과(果)를 알게 된다고요. 그렇지만 인(因)에는 다시 인(因)이 있고 과(果)에는 다시 과(果)가 있으니, 이렇게 말한다면 인연이 어지러이 돌고 돌아 무궁해지니 피차가 서로 인과가 되고 맙니다. 이렇게 되면 소위 이것이 있어 저것이 있다는 것은 근본적으로 인(因)이 없다는 이론이 됩니다!" 부처님께서 대답하셨다. "대혜여! 내가 말한 것은 만법이 인(因) 없이 생겨난다는 것도 아니요 인연이 어지럽게 뒤섞인다는 것도 아니네. 소위 이것이 있어 비로소 저것이 있다는 것은 단지 자기 마음에 근거해 왔다는 것일 뿐이네. 자기 마음의 능취(能取)와 소취(所取)의 작용을 돌이켜 관찰해 보면 근본적으로 절대적인 자성은 없네. 소위 인연에서 법이 생겨난다는 것은 단지 자기 마음의 현식 경계일 뿐이네. 만약 능취와 소취의 작용에 집착해 이들이 모두 자기 마음의 현식 경계에 근거해 나온다는 것을 깨닫지 못한다면, 그리고 이와 반대로 바깥으로 탐구해 외물에 자성이 있는가 없는가를 추구한다면 이는 잘못을 범하는 것이네. 이것은 내가 말하는 연기의 이치와는 다른 것으로, 나는 항시 세간의 사물을 말하면서 모두가 인연의 화합에 의해 생겨난다고 하였지 결코 인(因)이 없이 생겨난다고 하지 않았네."

이론과 언어는 무엇에 근거하고 있나

대혜대사가 다시 물었다. "그렇다면 언어와 이론은 모두 공담(空談)에 불과한 것으로, 언어와 이론 자체에 고정된 본성이 없어 만법의 본래적 본성을 표시할 수 없는 것입니까? 만약 근본적으로 자성이 없다면 언어와 이론 자체는 아무런 작용을 일으킬 수 없습니다. 그렇지만 언어와 이론에 확실히 그 본성이 있다면 이로 인해 일체 만법 역시 그 자성이 있게 됩니다!" 부처님께서 대답하셨다. "만약 근본적으로 자성이 없다면 언어와 이론은 생겨날 수 없네. 하지만 세간의 사물에는 사실이 없는데도 그것의 추상적 명사가 존재하는 경우가 허다하지 않은가? 그 추상적 명사와 어구에는 근본적으로 절대성이 없는데도 그들 간에 서로 다른 이론이 있지 않은가? 당연하지! 만약 철저히 그 자체를 탐구해 본다면 모두가 한갓 빈말에 불과하지 않음이 없네. 그대는 언어와 이론에 반드시 그 확실한 자성이 있을 것이라 말하지만, 상술한 내용에 의거해 본다면 그대의 이론은 근거가 없네."

일체 언어 이론의 출발점

"대혜여! 일체 찰토 세계에 모두 언어가 있는 것은 결코 아니네. 이른바 언어란 사람들이 만들어 낸 것에 불과하지. 또 다른 불국(佛國)에서는 서로 바라보기만 해도 생각을 알 수 있어 언어가 반드시 필요한 것은 아니네. 또 어떤 세계에서는 단지 동작만으로도 서로 의사를 소통할 수 있네. 예를 들면 눈을 찡긋하거나 미소를 짓거나 하품을 하거나 기침소리 한 번에도 서로 그 뜻을 알 수 있다네. 심지어 피차가 심령으로도 서로 교감할 수 있으며 신체로도 서로 감응할 수 있다네. 다시 말하지만 향적세계(香積世界)[134] 보현 여래의 국토에서는 단지 부처의 몸을 쳐다보기만 해도 보살들이 무생법인과 일체의 얻기 힘든 수승(殊勝)한 삼매를 얻게 할 수 있네. 설마 언어나 이론에 의거하지 않고는 진정한 뜻을 알 수 없는 것이겠는

---

134 여러 향기가 나는 세계로 향적불(香積佛)이 주지(住持)한다.(원주)

가? 이 때문에 나는 언어와 이론에 절대성이 있다고 생각할 수 없으며, 반드시 언어에 기대어야만 자성을 분명히 알 수 있다고는 더더욱 생각하지 말아야 한다고 했네. 대혜여! 그대는 당연히 모기와 벌레, 개미 등을 보았을 것이네. 그들에게 사람의 언어 같은 것은 없지만 그럼에도 서로 뜻을 전달하여 일을 나누어 할 수 있지 않은가!" 이때 부처님은 이 이치를 종합해 한 수의 게송으로 말씀하셨다.

허공이나 토끼뿔처럼 그리고 석녀처럼
존재하지 않지만 언설이 있는 것이 마치 성이나 망상과도 같도다
如虛空兎角　及與槃大子[135]　無而有言說　如是性妄想

이런 뜻이다. 사람의 생각 속에서는 추상적 사물을 만들어 낼 수 있다. 예를 들면 토끼에 뿔이 나고 석녀가 아이를 낳는 것처럼 분명히 존재하지 않는 것인데도 언어로써 묘사할 수 있다. 하지만 이들은 모두 인간 스스로 마음의 망상에서 생겨난 것이다.

인연의 화합에 어리석은 자들이 망상을 일으켜
원래의 모습을 알지 못하고 삼계를 윤회하도다
因緣和合法　凡愚起妄想　不能如實知　輪回三有宅

이런 뜻이다. 세간의 사물은 모두 인연이 화합한 것이며 그렇게 해서 만유의 이치가 생겨난다. 하지만 그들이 비록 연(緣)에 의해 일어나더라도 자성은 없다. 그럼에도 범부들은 연기의 본성이 공(空)임을 알지 못하여 현

---

135 반대자(槃大子)는 바로 석녀를 말한다.(원주)

실을 파악하려 해도 포착할 수가 없다. 이런 까닭에 삼계의 화택(火宅) 속에서 윤회를 거듭하며 고통에 시달리고 있다.

덧붙임 ⓯ 위의 대화는 여래의 법신 신력으로부터 시작하여 거기서 다시 인연이 생겨나는 법과, 언어와 이론이 진실로 믿을 만한 것인가 하는 문제로까지 이어진다. 법신 자성의 본체가 비록 공(空)일지라도 그럼에도 무량의 신력을 갖추고 있는데, 이는 형이상의 본체가 만법을 모두 갖추고 있음을 설명한 것이다. 물질 세간이 생겨남은 바로 본체의 작용이 드러난 것이지만, 그럼에도 인연의 화합에 의지해 생겨나며 생겨나면 다시 소멸한다. 만약 물질 세간의 인연 법칙으로 형이상의 본체인 자성을 구하고자 한다면 그것은 크나큰 착오가 될 터이다. 그 때문에 부처님은 다시 자기 마음의 현량이라는 면을 제시하신 것이다. 물질세계의 언어와 이론 법칙으로는 형이상의 본체인 자성을 구할 수 없음을 우리에게 환기시킨 것이다. 여기서 말하는 심(心)도 바로 만법 유심 여래장성의 또 다른 명칭으로, 그저 망상심으로만 보아서는 안 된다. 만약 언어나 이론적 법칙에 집착해 그것으로 절대적인 형이상의 본체를 구할 수 있다고 생각한다면 그건 일종의 편견이요 착각이다. 이 때문에 언어의 바깥에서, 언어를 빌리지 않아도 소통할 수 있다는 많은 사실을 제시했다. 여기에 이르러 자성 본체의 공(空)이 결코 언어나 문자로 알 수 있는 것이 아니며, 스스로 깨우쳐 얻을 수 있는 것임을 분명히 한다. 이것이 바로 네 종류의 선(禪)을 말한 뒤 열반 자성과 여래 신력에서 제시된 총 결론이다. 이것은 "연기의 본성은 공이며 본성은 공하나 연기한다[緣起性空, 性空緣起]"는 바꿀 수 없는 정칙(定則)으로 귀결된다. 평범한 것이 가장 기이한 것으로, 기이한 것은 평범한 것에 토대를 둔다. 그 속의 요점은 미루어 확대한다면 널리 주변으로까지 통할 수 있다. 여기서 다시 언급하지는 않지만 배우는 자라면 스스로 깨우쳐야 한다.

爾時大慧菩薩摩訶薩復白佛言. 世尊. 常聲者, 何事說. 佛告大慧. 爲惑亂. 以彼惑
亂, 諸聖亦現, 而非, 顛倒. 大慧. 如春時燄, 火輪垂髮, 揵闥婆城, 幻夢鏡像世間顛
倒, 非明智也. 然非不現. 大慧. 彼惑亂者有種種現, 非惑亂作無常. 所以者何. 謂
離性非性故. 大慧. 云何離性非性惑亂. 謂一切愚夫種種境界故. 如彼恒河餓鬼見
不見故. 無惑亂性. 於餘現故, 非無性. 如是惑亂, 諸聖離顛倒, 不顛倒. 是故惑亂
常. 謂相相不壞故. 大慧. 非惑亂種種相. 妄想相壞. 是故惑亂常. 大慧. 云何惑亂
眞實. 若復因緣, 諸聖於此惑亂, 不起顛倒覺, 非不顛倒覺. 大慧. 除諸聖於此惑亂,
有少分想, 非聖智事相. 大慧. 凡有者愚夫妄說, 非聖言說. 彼惑亂者. 倒不倒妄
想, 起二種種性. 謂聖種性. 及愚夫種性. 聖種性者, 三種分別. 謂聲聞乘, 緣覺乘.
佛乘. 云何愚夫妄想, 起聲聞乘種性. 謂自共相計著, 起聲聞乘種性. 是名妄想起
聲聞乘種性. 大慧. 卽彼惑亂妄想, 起緣覺乘種性. 謂卽彼惑亂自共相不親計著, 起
緣覺乘種性. 云何智者卽彼惑亂, 起佛乘種性. 謂覺自心現量, 外性非性, 不妄想
相, 起佛乘種性. 是名卽彼惑亂, 起佛乘種性. 又種種事性, 凡夫惑想, 起愚夫種
性. 彼非有事非無事, 是名種性義. 大慧. 卽彼惑亂不妄想, 諸聖心意意識, 過習
氣, 自性法, 轉變性, 是名爲如. 是故說如離心. 我說此句顯示離想, 卽說離一切
想. 大慧白佛言. 世尊. 惑亂爲有爲無. 佛告大慧. 如幻, 無計著相. 若惑亂有計著
相者, 計著性不可滅. 緣起應如外道, 說因緣生法. 大慧白佛言. 世尊. 若惑亂如幻
者, 復當與餘惑作因. 佛告大慧. 非幻惑因, 不起過故. 大慧. 幻不起過, 無有妄想.
大慧. 幻者從他明處生. 非自妄想過習氣處生. 是故不起過. 大慧. 此是愚夫心惑
計著, 非聖賢也. 爾時世尊欲重宣此義, 而說偈言.

聖不見惑亂　中間亦無實　中間若眞實　惑亂卽眞實

捨離一切惑　若有相生者　是亦爲惑亂　不淨猶如翳

復次大慧. 非幻無有相似, 見一切法如幻. 大慧白佛言. 世尊. 爲種種幻相計著, 言一切法如幻. 爲異相計著. 若種種幻相計著, 言一切性如幻者. 世尊. 有性不如幻者. 所以者何. 謂色種種相非因. 世尊. 無有因色種種相現, 如幻. 世尊. 是故無種種幻相計著相似, 性如幻. 佛告大慧. 非種種幻相計著相似, 一切法如幻. 大慧. 然不實一切法, 速滅如電, 是則如幻. 大慧. 譬如電光刹那頃現, 現已卽滅, 非愚夫現. 如是一切性, 自妄想自共相. 觀察無性, 非現色相計著. 爾時世尊欲重宣此義, 而說偈言.

非幻無有譬　說法性如幻　不實速如電　是故說如幻

大慧復白佛言. 如世尊所說, 一切性無生, 及如幻. 將無世尊前後所說, 自相違耶. 說無生性如幻. 佛告大慧. 非我說無生性如幻, 前後相違過. 所以者何. 謂生無生, 覺自心現量. 有非有, 外性非性, 無生現. 大慧. 非我前後說相違過. 然壞外道因生, 故我說一切性無生. 大慧. 外道癡聚, 欲令有無有生, 非自妄想種種計著緣. 大慧. 我非有無有生. 是故我以無生說而說. 大慧. 說性者. 爲攝受生死故. 壞無見斷見故. 爲我弟子攝受種種業, 受生處故. 以聲性, 說攝受生死. 大慧. 說幻性自性相, 爲離性自性相故, 墮愚夫惡見相希望, 不知自心現量. 壞因所作生, 緣自性相計著. 說幻夢自性相一切法. 不令愚夫惡見, 希望計著, 自及他一切法, 如實處見, 作不正論. 大慧. 如實處見一切法者, 謂超自心現量. 爾時世尊欲重宣此義, 而說偈言.

無生作非性　有性攝生死　觀察如幻等　於相不妄想

만유의 현상은 바로 유심 현량의 경계다

이때 대혜대사가 다시 부처님께 물었다. "어떤 성론학파(聲論學派)에서는 왜 소리가 항시 머문다고 말합니까?"(이것은 고대 인도의 성론학파를 가리켜 말한 것임.) 부처님께서 말씀하셨다. "그들이 지혜가 부족해 우주의 물리적 현상에 혹란(惑亂)되어(혹惑은 외부의 경계나 현상에 미혹되는 것을 가리키며, 란亂은 미혹 속에서 어지러운 생각이 나타남을 가리킴) 심성 자체의 작용을 보지 못했기 때문이네. 하지만 이미 도를 증득한 성자는 비록 똑같은 물리 현상의 혹란 속에 처하더라도 그 마음이 현상계에 의해 전도되지 않는다네. 대혜여! 내가 이미 말하지 않았는가? 물리 세계의 온갖 현상은 사막에서 반사되는 뜨거운 빛이 각종 사물의 환상을 만들어 내는 것과 같다고. 내가 이미 꿈과 같고 신기루 같다고 비유했으니 여기서 다시 말하지 않겠네. 만약 물리 세계의 현상이 진실한 것이라 굳게 믿는다면 그것이 바로 혹란으로 전도된 것이니, 대지혜가 없기 때문에 벗어날 수 없는 것이네. 하지만 여기서 말하고자 하는 것은 지혜를 얻어 해탈하는 것이지 현상계가 존재하지 않는다는 것은 아니라네. 당연한 일이지만 물리 세계는 다양한 현상을 일으킬 수 있네. 단지 대지혜를 얻어 해탈한 사람만이 일체 현상이 무상함을 알아 다시는 거기에 혹란되지 않네. 왜 그런가? 이들 온갖 현상이 비록 각기 성질이 다르긴 해도 그들만의 진실한 자성이 없다는 것을 알기 때문이네. 그런데도 어리석은 범부들은 여기에 집착해 온갖 경계를 만들어 내네. 예를 들어 갠지스강의 물이라도 아귀(餓鬼)가 볼 때는 물이 아니라 거대한 불길이네. 그러나 지혜로운 자가 비록 현상에 미혹되지 않더라도 혹란의 현상은 여전히 존재하네. 그러므로 우리가 그러한 현상 자체를 부정할 수는 없네. 단지 이미 도를 증득한 성자는 스스로 전도망견을 멀리 떠나 있어서 다시는 현상계에 혹란 전도되지 않을 뿐이네. 그가 혹란의 현상계에서도 항성(恒性)을 지니는 원인은 물리 현상과 심리 현상을 비교하기 때문이네. 심리 현상은 시간과 장소에 따라 변화하고 소멸되지만 물리 현상은 비교적 오래 지속되네. 바로 이 때문에 전도되고 혹란되는데, 물리 현상에는 변하지 않는 본성이 있다고 여기는 것이네. 대혜여! 현상계의 혹란 현상을 어떻게 자성의 진실한 작용이라 말할 수 있겠는가? 현상계의 일체는 인연에 의해 생겨나며 연기의 본성은 공(空)으로 결코 자성이 없네. 일체의 성자는 이 혹란의 현상계 속에서 다시는 전도된 망상을 일으키지 않지만 그렇다고 결코 전도된 상황을 보지 않는 것은 아니네. 만약 도를 증득한 성자에게 혹란의 현상에 대해 아직도 깨우쳐야 한다는 생각이 남아 있다면, 이는 대지혜로 해탈한 성자의 경계가 아니네."

삼승 종성의 기본 원인

"대혜여! 무릇 얻을 수 있는 법이 있다는 것은 모두가 지혜롭지 못한 범부의 망언이지 결코 성자의 말이 아니네. 만약 혹란 자성에 대해 그것이 전도된 것이다 그렇지 않다를 분별한다면 두 종류의 종성(種性)을 일으킬 수 있네. 바로 범부의 종성과 성인의 종성이네. 하지만 성인의 종성에도 역시 세 종류의 다른 차이가 있으니 바로 성문승과 연각승 그리고 불승이 그것이네. 왜 범부의 망상 분별이 성문승의 종성을 불러일으키는 것일까? 이는 자기가 거쳐 온 각종 현상을 떠나기 싫어하기 때문이네. 외부 경계를 관찰하면서 사람들은 공통적으로 소란스러움을 싫어하고 고요함을 구하는데, 이렇게 청정함에 집착하기 때문에 성문승의 종성이 생겨나는 것이네. 고요함에 집착하는 것 역시 하나의 큰 망상임을 모르기 때문에 그 이름을 망상기성문승종성(妄想起聲聞乘種性)이라 했네. 왜 이 혹란 망상에서 연각승 종성이 이끌려 생겨날 수 있을까? 그가 안팎의 각종 혹란 현상을 모두 피해 멀리하고 외로운 봉우리에 홀로 앉아 고요히 온갖 변화를 살피며 자각 경계에 집착해 인연을 가까이 하지 않는 것이 구경의 해탈이라 생각하기 때문이네. 이 때문에 그 이름을 계착기연각승종성(計著起緣覺乘種性)이라 하네. 왜 지혜로운 자는 혹란 현상 중에서도 불승 종성을 끌어낼 수 있을까? 그는 만법 유심을 증득해 일체 현상이 모두 자기 마음의 현량임을 알기 때문이네. 안팎의 제법에 모두 자성이 없어 이 마음에 다시는 어떤 망상도 일어나지 않으니 이 때문에 불승의 종성이 생겨나네. 이것을 일컬어 즉피혹란기불승종성(卽彼惑亂起佛乘種性)이라 한다네.”

종성의 정의

“다시 말해 일체 범부는 모두 자기 마음의 혹란 망상 중 현상계의 각종 차별적 속성을 분별하고, 주관적인 범부의 심리를 형성하여 스스로 그것이 절대적 견해라 여기네. 사실 현상계의 존재는 그저 현상일 뿐 결코 고정된 사실이 없네. 하물며 주관적 견해 또한 분별 망상에서 생겨난 것임에랴! 이것이 바로 종성이 생겨나는 이치라네. 대혜여! 지혜로운 자는 혹란의 현상계를 관찰해 허망한 분별심이 일어나지 않기에 의식의 습기를 전환시킬 수 있네. 이처럼 자성이 변화하여 식(識)을 전환함으로써 지혜를 이루니, ‘이 쓰임에 의거해 이 쓰임을 떠나며, 이 쓰임을 떠나 이 쓰임에 의거하므로〔卽此用, 離此用, 離此用, 卽此用〕’ 이름을 ‘여(如)’ 혹은 ‘진여(眞如)’라 하네. 그러므로 ‘여(如)’는 일체의 분별 망상심을 떠난 것이네. 내가 이렇게 말하는 것은 진여의 본체가 일체 망상을 떠난 것임을 보여 주기 위한 것이네. 말을 바꾸면 일체의 분별 망상심을 떠난 것을 일러 ‘진여’라 한다는 것이지.” 대혜가 다시 물었다. “혹란의 작용에 궁극적으로 상성(常性)이 있는 것입니까, 없는 것입니까?” 부처님께서 말씀하셨다. “현상계 일체는 환상과 같아서 근본적으로 그것을 파악할 수 없네. 만약 혹란이 파악할 수 있는 것이라면 이 파악 가능한 성능(性能)과 작용은 근본적으로 다시 소멸될 수 없네. 이렇게 되면 기타 외도들의 설법과 마찬가지로 또 다른 하나의 주재로부터 이들 연기성의 인연 작용이 일어난다고 여기게 되네." 대혜대사가 다시 물었다. "만약 혹란 자체가 환상과 같다면 환상에서 미련이 생겨 그것이 기타 혹란을 대체해 인(因)이 될 것입니다."(바꾸어 말하면 기타의 미혹이 혹란으로부터 생겨났다는 것임.) 부처님께서 대답하셨다. "결코 '환상'이 혹란의 인(因)이 아니네. 그것 자체가 환상과 같다면 어디에서부터 일체의 잘못이 생겨나겠는가? 대혜여! '환상'은 잘못을 생겨나게 할 수 없으니, 그것이 있다거나 없다거나 하는 것이 모두 자기 마음의 망상 집착에서 생겨나기 때문이네. 내가 말하는 환상은 이미 일체가 환상과 같음이 분명해진 것을 가리킨 것이네. 이 때문에 비로소 그것이 환상 같다고 했으며 결코 망상 습기의 잘못 속에서 또 다른 '환상'의 존재가 있다고 여기는 것은 아니네. 이런 까닭에 이미 환상이라면 환상 어디에서 잘못이 생길 수 있겠는가라고 했다네. 모두 지혜 없는 어리석은 사람들이 혹란에 빠져 집착하게 된 것으로 도를 증득한 성현의 경계가 아니네." 부처님은 이 이치를 종합해 한 수의 게송으로 말씀하셨다.

성인은 혹란을 보지 않으며 그 사이에도 실재가 없도다
그 사이에 만약 진실한 것이 있다면 혹란 역시 진실이로다
聖不見惑亂　中間亦無實　中間若眞實　惑亂卽眞實

이런 뜻이다. 이미 자성을 증득한 성자는 설사 혹란의 경계 속에 있어도 분별심이나 집착을 일으키지 않는다. 그러니 환상이라 말할 것도 없고 환상이 아니라 말할 것도 없다. 환상과 환상이 아닌 것의 중간은 더더욱 없으

며 또 다른 하나의 중도인 진실 자성도 없다. 만약 중도인 진실 자성이 있다면 이 역시 일종의 혹란으로, 혹란을 진실로 여기는 것과 같다.

> 일체 의혹을 떠나서도 서로 생겨나는 것이 있다면
> 그것 역시 혹란으로 깨끗하지 못한 것을 가린 것과도 같도다
>
> 捨離一切惑 若有相生者 是亦爲惑亂 不淨猶如翳

이런 뜻이다. 환상을 떠나 진실에 의거한다고 하지만 진실에도 경계나 현상이라 할 만한 것이 없다. 만약 일체의 혹란을 끊어야 비로소 진정한 본성을 증득할 수 있다고 여긴다면, 이것 역시 일종의 혹란이며 아직 청정을 얻지 못한 것이다. 소위 혹란을 끊고 진실을 증득한다는 것은 여전히 법안(法眼)의 장애로, 마치 물에 빠지지 않으려고 불에 뛰어드는 격이니 영원히 해탈을 얻을 수 없다.

환유의 현상과 정의

부처님께서 다시 말씀하셨다. "대혜여! 환상적이지 않은 경계에 대해서는 묘사할 방법이 없으니 우리가 보는 현상계 일체가 모두 환상과 같기 때문이네." 대혜가 다시 물었다. "사람들이 각종 환상에 집착하기 때문에 부처님께선 일체법이 환상과 같다고 하시는 겁니까? 그렇지 않으면 달리 파악할 수 있는 일종의 '환(幻)'의 작용이 존재하는 겁니까? 만약 사람들이 각종 환상에 집착하기에 부처님께서 현상계의 일체가 환상과 같다고 말씀하셨다고 칩시다. 그런데 현상계의 자성은 확실히 환상과 같지 않은 점이 있습니다. 왜 그런가요? 예를 들어 현상계의 각종 물리적 색상 등은 현상의 또 다른 원인이 될 수 있습니다. 그리고 근본적으로 색상이 없는 인

(因)이란 존재하지 않기 때문에 현상계의 온갖 것이 환상처럼 드러나는 것입니다. 그러므로 사람들이 현상계의 각종 환상에 집착하는 것이 절대적인 잘못이라 여길 수는 없습니다. 그저 그것이 환상과 유사하다고 말할 수 있을 뿐입니다." 부처님께서 말씀하셨다. "현상계의 각종 환상에 집착하는 것을 환상과 유사한 것이라 여겨서는 안 되네. 신심(身心)의 안팎과 우주의 일체 현상은 모두 실재가 아니며 결코 절대적 존재가 아니기 때문이지. 그 생멸의 환상적 변화는 찰나찰나에도 머물지 않아 빠르기가 마치 섬광과 같네. 이 때문에 모두가 환상과 같다고 한 것이네. 섬광을 예로 들어보겠네! 찰나 간에 나타났다가 곧 사라지니 유독 어리석은 자에게만 이런 현상이 나타나는 것은 아니네. 지혜로운 자든 어리석은 자든 이 경계에 맞닥뜨리면 신심 안팎에 동시에 이 빛이 드러나겠지. 단지 이 생멸의 변화 속에서 환상과 같은 망상을 버리고 자신과 타인 안팎의 일체 현상에 모두 자성이 없음을 관찰한다면, 일체가 환상과 같다는 이치가 결코 현상계의 색상에 집착하는 것만을 가리키는 것이 아님을 알 것이네." 부처님은 이 이치를 종합해 한 수의 게송으로 말씀하셨다.

> 환상이 아닌 것은 비유할 수 없어 법성이 환상과 같다고 말하니
> 실재가 아닌 것이 빠르기가 번개와 같아 이 때문에 환상 같다고 하노라
>
> 非幻無有譬 說法性如幻 不實速如電 是故說如幻

이런 뜻이다. 환상이 아닌 정각(正覺)의 경계는 형용하고 비유할 방법이 없다. 현재 우리가 말하는 법성(法性)이라 하더라도 그 자체가 원래 환상과 같으니, 일체에 얻을 수 있는 진실한 존재란 없다. 생멸의 변화가 섬광처럼 나타났다 사라지므로 이 때문에 일체법이 환상과 같다고 했다.

자성이 생겨나지 않는 진제

대혜가 다시 물었다. "부처님께선 일찍이 일체법의 자성이 본래 생겨나지 않는다고 하셨는데, 이제 다시 일체법이 환상과 같다고 하십니다. (이미 생겨나지 않는다고 하시고 왜 다시 환상이 생겨난다고 하시는지요? 환상과 같은 것이 있다면 그것은 생겨남이 없는 것이 아닙니다.) 이것을 보면 부처님께서 앞뒤에서 말씀하신 것이 어찌 모순이 아니겠습니까? 부처님께서 자성이 생겨나지 않는다고 하신 것은 바로 환상과 같다는 것입니까?" 부처님께서 대답하셨다. "내가 말한 것이 결코 서로 모순적인 것이 아니네. 왜 그런가? 일체의 생멸은 단지 현상일 뿐이기 때문이네. 현상은 생멸하지만 자성은 본래 동요하지 않으므로 이 때문에 자성이 생겨나지 않는다고 했네. 범부는 현상계의 생멸과 자성이 생겨나지 않는 것이 모두 자기 마음의 현량의 일임을 모른다네. 이 때문에 마음 바깥에서 법을 구하여 바깥에서 유와 무를 찾고 자성이 있다느니 혹 자성이 아니라느니 하는 것이네. 사실 유무와 유성(有性)이나 무성(無性) 등도 모두 자성이 생겨나지 않는 현상일 뿐이네. 대혜여! 그러므로 전후가 모순되지 않는다고 말하는 것이네. 하지만 온갖 것에 또 다른 창조의 인(因)이 있다고 외도 학자들이 주장하는 그 이론을 바로잡기 위해 일체법의 자성이 본래 생겨나지 않는다고 설명한 것이네. 그들은 어리석고 지혜가 없어 유가 무에서 생겨나거나 혹은 유와 무가 상생한다고 여기네. 그러면서도 이들이 모두 자신의 망상과 집착에서 생겨난다는 것을 알지 못하네. 내가 생겨나지 않는다고 한 것은 결코 유에 집착한 것도 무에 집착한 것도 아니네. 단지 연기 생멸의 자성이 본래 생겨나지 않음을 말한 것으로, 이 때문에 생겨나지 않는다고 했다네."

자성의 정의

"대혜여! 내가 말한 성(性)과 자성(自性)은 생사의 연기를 밝히기 위한 것으로, 사후에는 아무것도 없으며 모든 것이 끝난다는 일반인의 단견을 바로잡기 위한 것이네. 그리고 내 제자들에게 각종 업력이 생사 연기의 생명을 생겨나게 할 수 있음을 확실히 알려 주기 위한 것이네. 이를 위해 내가 성(性) 혹은 자성이라는 이름을 가정해 생사가 생기어 나타나는 능력과 작용을 개괄해 본 것이네."

환상과 같다는 표현의 함의

"대혜여! 내가 왜 다시 일체법의 자성이 환상과 같다고 말하겠는가? 그것은 어리석은 범부들이 망상의 악견(惡見)에 떨어지는 것을 깊이 두려워하기 때문이네. 범부들은 자성을 마음속 깊이 인정〔體認〕하지 못하여 유무가 모두 환상과 같으며, 모두가 자신의 현량 경계임을 알지 못하네. 그리고 시종 생명의 연기에 집착하여 거기에 또 다른 주재자가 있다고 여기네. 이 때문에 일체 만유의 본성이 공(空)이며 모두가 꿈과 같은 환상의 존재임을 내가 밝힌 것이네. 그러니 신심(身心) 안팎의 일체 현상에 절대적 실체가 있다고 집착해서는 안 되네. 대혜여! 소위 '일체법을 여실히 본다〔如實處見〕'는 것은 바로 자기 마음의 현량을 초월한 경계네!" 부처님은 이 이치를 종합해 한 수의 게송으로 말씀하셨다.

> 자성은 생겨나지 않으나 자성이 있어 생사가 굳건히 유지되니
> 환상과 같음을 관찰한다면 어떤 데에서도 망상이 일어나지 않으리
>
> 無生作非性 有性攝生死 觀察如幻等 於相不妄想

이런 뜻이다. 자성은 원래 생겨나지 않으니, 자성이라 말하는 것은 단지 억지로 이름을 붙인 것에 지나지 않는다. 그러므로 본성이 있다고 집착해서는 안 된다. 하나의 자성이 있다고 말하는 것은 업력의 생사 유전의 작용을 개괄하기 위한 것이다. 만약 일체가 모두 환상과 같음을 관찰한다면, 생사와 자성의 열반 등에 대해 원래 상이 없음을 분명히 알게 되어 자연 어떤 망상도 다시 생겨나지 않을 것이다.

復次大慧. 當說名句形身相. 善觀名句形身菩薩摩訶薩, 隨入義句形身, 疾得阿耨多羅三藐三菩提. 如是覺已, 覺一切衆生. 大慧. 名身者. 謂若依事立名, 是名名身. 句身者. 謂句有義身, 自性決定究竟, 是名句身. 形身者. 謂顯示名句, 是名形身. 又形身者, 謂長短高下. 又句身者, 謂徑跡, 如象馬人獸等所行徑跡, 得句身名. 大慧. 名及形者. 謂以名說無色四陰, 故說名. 自相現, 故說形. 是名名句形身. 說名句形身相分齊, 應當修學. 爾時世尊欲重宣此義, 而說偈言.

名身與句身　及形身差別　凡夫愚計著　如象溺深泥

復次大慧. 未來世智者, 以離一異俱不俱見相, 我所通義, 問無智者. 彼卽答言, 此非正問. 謂色等, 常無常, 爲異不異. 如是涅槃諸行, 相所相, 求那所求那, 造所造, 見所見, 塵及微塵, 修與修者. 如是比展轉相. 如是等問, 而言佛說無記止論. 非彼癡人之所能知. 謂聞慧不具故. 如來應供等正覺, 令彼離恐怖句故, 說言無記, 不爲記說. 又止外道見論故, 而不爲說. 大慧. 外道作如是說, 謂命卽是身. 如是等無記論. 大慧. 彼諸外道愚癡, 於因作無記論, 非我所說. 大慧. 我所說者. 離攝所攝, 妄想不生. 云何止彼. 大慧. 若攝所攝計著者, 不知自心現量, 故止彼. 大慧. 如來

應供等正覺, 以四種記論, 爲衆生說法. 大慧. 止記論者. 我時時說. 爲根未熟, 不
爲熟者. 復次大慧. 一切法, 離所作因緣不生. 無作者故, 一切法不生. 大慧. 何故
一切性, 離自性. 以自覺觀時. 自共性相不可得, 故說一切法不生. 何故一切法不
可持來, 不可持去. 以自共相, 欲持來無所來, 欲持去無所去. 是故一切法離持來
去. 大慧. 何故一切諸法不滅. 謂性自性相無故. 一切法不可得, 故一切法不滅. 大
慧. 何故一切法無常. 謂相起無常性. 是故說一切法無常. 大慧. 何故一切法常. 謂
相起無生性, 無常常, 故說一切法常. 爾時世尊欲重宣此義, 而說偈言.

記論有四種　一向反詰問　分別及止論　以制諸外道
有反非有生　僧佉毗舍師　一切悉無記　彼如是顯示
正覺所分別　自性不可得　以離於言說　故說離自性

명사와 장구의 문자 논리

부처님께서 다시 말씀하셨다. "다음으로 내가 그대들에게 명사(名辭) 및
장구(章句)의 논리에 대해 해설해 주겠네. 그대들 대승 보살도를 배우는
사람은 문자적 이치를 쫓아서도 무상정각의 이치를 증득할 수 있으며, 이
것으로 스스로 깨칠 수 있다면 일체 중생도 깨치게 할 수 있네. 대혜여!
소위 명신(名身)이란 명사 자체의 정의가 확립되어 있는 것으로, 현상[事]
으로 인해 이름이 정해지네. 바꾸어 말하면 각각의 명사는 모두 그 본래의
함의가 있다는 것이네. 소위 구신(句身)이란 각 문구 중에서 표현된 뜻으
로 모름지기 긍정이나 부정의 뜻을 지니네. 소위 형신(形身)이란 하나 하
나의 문장에서 글자의 정의나 구(句)의 뜻을 포괄하여 표현해 내는 하나
의 정리된 생각이네. 예를 들어 장단(長短)과 고하(高下)는 글자의 정의와

구의 뜻으로 전체 생각을 표현한 것이네. 다시 말하면 소위 구신(句身)은 마치 길에 남은 발자국과도 같다네. 코끼리나 말, 사람이나 동물이 지나간 자취와 같아서 그것을 보고 어디로 갔는지 알 수 있는 것과 같네. 이것이 바로 구신의 핵심 의미네. 소위 명(名)과 형(形)은 무엇인가? 어떤 명사는 단지 추상적 관념만 갖고 있을 뿐이지만 그럼에도 이 추상적 관념을 통해 사실을 알 수 있기도 하네. 예를 들면 명제나 함의는 그것 자체로는 취할 만한 형색(形色)이 없네. 이른바 색상(色相)이 없는 것에 이르러서는 느낌이나 생각, 행동, 정밀한 식(識)의 작용을 통해 그것이 무색(無色)임을 파악한다네. 무색의 함의를 표현하기 위해서는 문구의 결합이 필요한 것이네. 이것이 바로 명사와 명신, 구신, 형신 등 문자 논리의 작용이네. 이들의 차별적 함의에 대해 그대들은 마땅히 닦고 배워야 하니, 이를 통해 그 뜻을 연구할 수 있을 뿐 아니라 그 뜻을 표현할 수도 있네." 부처님은 이 이치를 종합해 한 수의 게송으로 말씀하셨다.

명신과 구신 및 형신의 차별에 대해
어리석은 범부는 따지고 집착하기를 마치 코끼리가 깊은 늪에 빠지듯 하노라

名身與句身　及形身差別　凡夫愚計著　如象溺深泥

이런 뜻이다. 범부들은 자주 문자와 명상(名相)에 집착해 그것이 구경인 양 생각하니 이 때문에 해탈하지 못한다. 마치 큰 코끼리가 늪에 빠진 것과 같아서 깊이 빠져들수록 더욱 헤어날 방법이 없으니 얼마나 불쌍한가!

부처님은 왜 출세법만 말하는가

부처님께서 다시 말씀하셨다. "대혜여! 미래 세상의 지혜로운 자들은

자성의 궁극적 실제를 버리고 단지 일(一, 예를 들면 일원一元)과 이(異, 일원이 아닌 것, 예를 들면 이원二元, 다원多元 등의 본체론), 구(俱, 동체同體 혹은 공유共有의 형이상론)와 불구(不俱, 동체가 아니거나 혹 공유가 아님), 견상(見相, 지식의 진실성, 예를 들면 인식론 등)과 아소(我所, 다른 사람과 내가 만드는 진실성, 즉 인생의 가치론이나 혹은 인생의 행위론 등)를 물을 것이네. 그들은 이러한 의미를 지혜롭지 못한 사람들에게 물을 것이네. 그러면 지혜가 없는 어리석은 사람들은 이렇게 답하겠지. 이들은 모두 불법 속에 있는 바른 물음[正問]이 아니라고. 그러나 만약 그들이 부처가 말한 색(色, 물리적 실제) 등에 관해 다시 이렇게 묻는다면 어떻게 할까? 그것이 항시 불변하는 것인지 아니면 변화무상한 것인지, 그것이 동체인지 아니면 동체가 아닌지라고 말일세. 심지어 이렇게도 물을 것이네. 열반의 자성 속에서 일체의 활동은 어떻게 나타나며 그 현상은 어떠한가? 물리적 에너지와 물리적 변화의 상태는 어떠한가? 만물을 만들고 주재하는 자는 누구인가? 조화의 근원은 무엇인가? 능견(能見)과 소견(所見)의 작용은 어떠한가? 미진(微塵)과 진질(塵質)의 근본은 무엇이며 누가 수행할 수 있는가? 수행한다는 것은 어떤 일을 말하는가? 이러한 문제는 피차가 서로 끌어내어 논증하고 밝힐 수 있네. 하지만 어리석은 자들은 이렇게 말할 것이네. 우리 부처님은 이러한 문제에 대해 일일이 따지지 않고 그냥 남겨두셨다고. 소위 '답하지 않고 남겨 놓으실[置答]' 뿐 설명하지 않으셨다고. 이러한 대답은 사실 나를 비방하는 것과 같지만 어리석은 자들은 결코 알지 못할 것이네. 내가 이러한 문제에 대해 어떤 경우에는 왜 답하지 않고 남겨두었겠는가? 일반인들에게는 이를 듣고 이해할 만한 지혜가 없기 때문이었네. 이들이 심오하고 어려운 데 대한 공포심을 갖지 않도록 하기 위해 다 말하지 않고 그냥 무기론(無記論, 희론戲論과 같음)으로 남겨 놓은 것이네. 또 외도의 잘못된 이론을 저지하기 위한 것이기도 하네. 대혜여! 이들 외도 학자들은 사람의 몸이 생명의 근원이라 여겨 형체가 사라지면 생명 역시 사라지는 것이라 생각하는데, 이것이 바로 무기론의 범위에 속하는 것이네. 이들은 지혜가 없어 생명 최초의 인(因)을 알지 못하기에 무기론의 범위로 들어가고 만다네. 이는 당연히 내가 말하고자 하는 바가 아니네. 내가 말한 것은 능생(能生)과 소생(所生)의 현상을 떠나야 한다는 것이며 망상인 분별심의 능소(能所)를 멀리 떠나야 한다는 것이네. 내가 어떻게 치답(置答)을 사용해 그들의 이론을 저지하려 했겠는가? 대혜여! 만약 능생(能生)과 소생(所生)의 현상에 집착하여 줄곧 놓지 않으려 한다면 그는 능생이 모두 자기 마음(진여)의 현량임을 모르는 것이니, 내가 그를 저지할 수도 있고 혹 답하지 않고 남겨둘 수도 있네. 부처는 네 종류의 기론(記論, 아래 게송에 보임)으로 중생을 위해 설법한다네. 치답은 무기론을 저지하는 방법의 일종이네. 내가 항시 그대들에게 말하지 않았나? 이는 선근을 지녔으나 아직 성숙하지 못한 사람을 위한 것으로, 시일을 기다렸다가 선근이 성숙한 후 설법하는 것이네. 이런 까닭에 어떤 때는 답을 하지 않고 남겨두었네."

우주 만법에는 주재자가 없으며
자연적 이치가 있는 것도 아니다

"다음으로 대혜여! 우주 만유의 일체법은 인연에 의해 생겨나며 인연을 떠나서는 근본적으로 생겨남이 없네. 그것을 주재할 어떤 조물주의 존재도 없기 때문에 형이상의 본체인 자성을 말해 일체법이 본래 스스로 생겨나지 않는다고 한 것이네. 일체법의 자성에는 본래 얻을 수 있는 본체의 모습이 없기 때문이네. 만약 스스로 지혜로 깨우친다면 제법 자성의 본래 모습이 결국은 공(空)으로 얻을 것이 없으며 일체법이 본래 생겨남이 없음을 알게 될 것이네. 왜 그런가? 일체법은 파악해 올 수도 없고 파악해

갈 수도 없네. 자타의 망념이 그것을 파악해 오려 해도 오는 곳이 없으며, 파악해 가려 해도 가는 곳이 없네. 이 때문에 일체는 파악할 수 없고 오고 감을 떠나 있다고 말하네. 그런데도 왜 내가 다시 제법이 본래 불멸한다고 말하겠는가? 형이상의 자성이 본래 실상(實相)이 없기 때문이네. 그래서 비록 현상적으로는 소멸하지만 형이상으로는 공(空)이며 자성이 없기에 본래 불멸한다고 한 것이네. 그런데 왜 다시 일체법이 무상하다고 하는가? 연기의 현상이 항상 존재할 가능성이 없기 때문에 무상하다고 한 것이네. 그렇다면 왜 다시 일체법이 항시 존재한다고 했을까? 현상은 연(緣)을 따라 생겨나지만 형이상의 본체는 그 본성이 공(空)으로 생겨나지 않기 때문이네. 일체 현상의 연기는 연(緣)이 소멸되면 사라지나 자성이 본래 공(空)이라는 것은 변하지 않으니, 이 때문에 일체법의 본성은 공으로 항시 변하지 않는다고 한 것이네." 부처님은 이 이치를 종합해 한 수의 게송으로 말씀하셨다.

기론에는 네 가지가 있으니 일향, 반힐문, 분별 및 지론으로
이것으로 온갖 외도를 제압하노라
記論有四種　一向反詰問　分別及止論　以制諸外道

이런 뜻이다. 불법의 논리에는 네 가지가 있다. 바로 직답(直答), 반문(反問), 분별(分別), 치답(置答)이다. 부처님은 이 네 가지 방법을 사용하여 일체 외도의 그릇된 언설을 제압했다.

유 및 비유가 생겨난다는 승려 가비사의 설은
일체가 모두 무기인데도 그들은 이렇게 보여 주노라
有及非有生　僧伽毗舍師　一切悉無記　彼如是顯示

이런 뜻이다. 수론(數論)[136] 학파와 승론(勝論)[137] 학파 등은 대략 이렇게 말한다. 유는 무에서 생겨나고 무는 유를 생겨나게 할 수 있다고. 하지만 이러한 이치는 모두 무기론으로 진리가 아니다.

정각을 분별해 보아도 자성은 얻을 수 없으니
언설로 말하기 어려워 자성을 떠나 있다고 했노라

正覺所分別 自性不可得 以難於言說 故說離自性

이런 뜻이다. 부처님은 대지혜를 지닌 정각을 얻은 자로, 분별하지 않는 가운데 우주의 모든 것을 분별한다. 일체법의 자성은 어떤 실체도 없으며, 언어나 생각으로 형용할 수 있는 것이 아니기에 자성이 없다고 말한다.

덧붙임 ⓰ 무릇 설법을 잘하는 자는 반드시 건(建)을 할 수도 있고 파(破)를 할 수도 있다. 이것이 인명(因明)과 논리(logic)의 공통 원칙이다. 파(破)란 나와 다른 오류를 반박하는 것으로 그 그릇된 견해와 집착을 타파하는 것이다. 건(建)은 그로 하여금 진리 앞에 머리를 조아리게 하는 것으로 내가 건립한 종지에 귀의토록 하는 것이다. 건과 파를 할 수 있는 가장 뛰어난 설법자로는 인간계와 천상계에서 부처님만 한 분이 없다. 부처님은 일체의 지혜를 구비한 만법의 근원이다. 우주 만유의 자성(自性)이 없는 공(空)은 언어로 말할 수 없으며 생각과 의론을 떠나 있음을 잘 알고 있다.

---

136 가비라선(伽毗邏仙)이 만든 논(論)이다. 달리 금칠십론(金七十論), 입이십오제(立二十五諦)라고도 부르는데 생사 열반을 논한 것이다. 숫자를 제법을 수량화시키는 근본으로 삼기에 이런 이름이 붙었다. 숫자로부터 논의를 일으키기에 이름을 수론(數論)이라 했다.(원주)
137 구로가선(嘔露迦仙)이 부르기 시작한 것으로, 우주 만유를 공간적인 유물적 다원론으로 분석한 것이다. 각기 다른 여섯 종류가 있어 육구의(六句義)라고 한다. 실(實)이 본체요, 덕(德)이 속성, 업(業)이 작용, 동(同)이 공통성, 이(異)와 합(合)이 사물 간의 고유성이다.(원주)

그럼에도 이 사실을 중생들에게 명백히 일러 주어 말로 설명할 수 없는 가운데서도 갖가지 방법으로 그 속의 이치를 밝혀 사람들로 하여금 생각과 의론을 통해 불가사의한 초탈의 경계에 도달하게 한다. 이런 까닭에 여기서 일체법이 환상과 같음을 말해 일반의 논리와 사변의 집착을 타파한 후, 곧이어 명구(名句)와 형신(形身)의 요의(要義)를 말하면서 우리 부처님의 설법 방법을 드러낸다. 만약 사람들이 여기에 대해 마음속으로 확연히 알게 된다면 부처님이 말씀하시는 장교(藏敎)의 조직 방법을 아는 동시에 후세 여러 선지식이 후진을 끌어가는 묘용도 확연히 이해하게 될 것이다. 설사 불법을 배우지 않는 사람이라도 이 이치를 이해하고 나면 사변(思辯)이나 이치, 문장이나 강설에서도 마땅히 큰 진보가 있을 것이다.

爾時大慧菩薩摩訶薩復白佛言. 世尊. 唯願爲說諸須陀洹, 須陀洹趣, 差別通相. 若菩薩摩訶薩, 善解須陀洹趣差別通相, 及斯陀含, 阿那含, 阿羅漢, 方便相. 分別知已. 如是如是, 爲衆生說法. 謂二無我相, 及二障淨, 度諸地相. 究竟通達, 得諸如來不思議究竟境界. 如衆色摩尼, 善能饒益一切衆生. 以一切法境界無盡身財, 攝養一切. 佛告大慧. 諦聽諦聽. 善思念之. 今爲汝說. 大慧白佛言. 善哉世尊. 唯然聽受. 佛告大慧. 有三種須陀洹, 須陀洹果差別. 云何爲三. 謂下中上. 下者極七有生, 中者三五有生而般涅槃. 上者卽彼生而般涅槃. 此三種有三結, 下中上. 云何三結. 謂身見, 疑, 戒取. 是三結差別. 上上升進, 得阿羅漢. 大慧. 身見有二種. 謂俱生. 及妄想. 如緣起妄想. 自性妄想. 譬如依緣起自性, 種種妄想自性計著生. 以彼非有非無, 非有無, 無實妄想相故. 愚夫妄想, 種種妄想自性相計著. 如熱時燄, 鹿渴水想. 是須陀洹妄想身見. 彼以人無我, 攝受無性, 斷除久遠無知計著. 大慧. 俱生者. 須陀洹身見, 自他身等, 四陰無色相故. 色生造及所造故. 展轉相因相

故. 大種及色不集故. 須陀洹觀有無品不現, 身見則斷. 如是身見斷, 貪則不生. 是名身見相. 大慧. 疑相者, 謂得法善見相故. 及先二種身見妄想斷故. 疑法不生. 不於餘處起大師見. 爲淨不淨. 是名疑相. 須陀洹斷. 大慧. 戒取者, 云何須陀洹不取戒. 謂善見受生處苦相故, 是故不取. 大慧. 取者, 謂愚夫決定受習苦行, 爲衆樂具, 故求受生. 彼則不取. 除回向自覺勝. 離妄想, 無漏法相行方便, 受持戒支. 是名須陀洹, 取戒相斷. 須陀洹斷三結, 貪癡不生. 若須陀洹作是念. 此諸結我不成就者, 應有二過. 墮身見, 及諸結不斷. 大慧白佛言. 世尊. 世尊說衆多貪欲, 彼何者貪斷. 佛告大慧. 愛樂女人, 纏緜貪著種種方便, 身口惡業, 受現在樂, 種未來苦. 彼則不生. 所以者何. 得三昧正受樂故. 是故彼生. 非趣涅槃貪斷. 大慧. 云何斯陀含相. 謂頓照色相妄想. 生相見相不生. 善見禪趣相故. 頓來此世. 盡苦際, 得涅槃. 是故名斯陀含. 大慧. 云何阿那含. 謂過去未來現在色相, 性非性. 生見過患使, 妄想不生故. 及結斷故. 名阿那含. 大慧. 阿羅漢者. 謂諸禪三昧解脫力明. 煩惱苦妄想非性故. 名阿羅漢. 大慧白佛言. 世尊. 世尊說三種阿羅漢, 此說何等阿羅漢. 世尊. 爲得寂靜一乘道. 爲菩薩摩訶薩方便示現阿羅漢. 爲佛化化. 佛告大慧. 得寂靜一乘道聲聞, 非餘. 餘者行菩薩行, 及佛化化. 巧方便本願故, 於大衆中示現受生, 爲莊嚴佛眷屬故. 大慧. 於妄想處種種說法, 謂得果得禪. 禪者入禪, 悉遠離故. 示現得自心現量, 得果相, 說名得果. 復次大慧. 欲超禪無量無色界者, 當離自心現量相. 大慧. 受想正受, 超自心現量者, 不然. 何以故. 有心量故. 爾時世尊欲重宣此義, 而說偈言.

諸禪四無量　無色三摩提　一切受想滅　心量彼無有

須陀槃那果　往來及不還　及與阿羅漢　斯等心惑亂

禪者禪及緣　斷知是眞諦　此則妄想量　若覺得解脫

네 종류 나한의 과위 경계

이때 대혜대사가 다시 물었다. "원컨대 부처님께서 저희를 위해 나한의 네 과위에 대해 해설해 주셨으면 합니다. 만약 저희가 네 종류 나한과(羅漢果)의 방법과 각기 다른 경계를 안다면, 그때서야 비로소 후세 중생을 위해 두 종류의 무아상(無我相) 즉 인무아(人無我)와 법무아(法無我)를 설하여 그들로 하여금 번뇌장(煩惱障)과 소지장(所知障)을 제거하여 곧바로 여래의 불가사의한 경계로 들어서게 할 수 있을 것입니다." 부처님께서 대답하셨다. "세 종류 수다원(須陀洹)의 경계와 그들의 각기 다른 과위가 있네. 초과 수다원에는 어떤 세 경계가 있을까? 바로 하·중·상의 세 종류네. 하품 수다원은 모름지기 일곱 차례 거듭 인간으로 태어나야 한다네. 중품 수다원은 세 차례에서 다섯 차례 인간으로 태어나야 비로소 유여의 열반(有餘依涅槃, 아직 습기를 완전히 제거할 수 없어 공인空忍의 경계에 정주定住하면서 그것을 구경의 적멸과위라 여기는 것으로, 이 때문에 유여의열반이라 함)에 들어설 수 있지. 상품 수다원은 인간으로 다시 태어남이 없이 열반으로 진입할 수 있네. 이 세 종류 과위의 사람에게는 아직 세 결(結)이 남아 있어 해탈할 수 없네. 세 결(結)은 어떤 것인가? 바로 신견(身見), 의견(疑見), 계취견(戒取見)의 세 결이네. 만약 이들이 계속 수행해 나간다면 마침내 아라한과를 얻을 수 있네."

신견

"대혜여! 소위 신견(身見)에는 두 가지 다른 종류가 있네. 첫째는 생명과 함께 와서 생명의 근본과 같이 존재하는 것으로 그것을 구생(俱生)이라 하네. 둘째는 망상에서 생겨나는 것이네. 무엇이 망상에서 생겨나는 것인가? 예를 들어 연기에 의해 생겨나는 현상계에 대해 이들을 연기의 자성과 분별하여 자성이 확실히 존재하는 공성(空性)의 존재라 집착하는 것이네. 하지만 이 자성의 경계는 유도 무도 아니며, 유가 아닌 것도 무가 아닌 것도 아니라 여기네. 사실 이것은 망상에 의해 생겨난 관념이네. 하지만 지혜가 없는 자들은 단지 분별하는 망상이 공(空)이라고만 여겨, 공(空)에 집착하는 것도 망상임을 모르고 도리어 그것이 자성이라 집착한다네. 이는 더위에 갈증난 사슴이 사막에 어른거리는 빛무리를 보고 그것을 맑고 차가운 물이라 오인하는 것과 같다네. 바로 수다원들이 공성(空性)을 신견(身見)이라 여기는 것으로, 그들은 단지 공(空)만을 증득해 무아가 곧 자성이 없는 경계라 생각하네. 그들은 번뇌를 제거해 오랫동안 공(空)의 경계에 머물러 바로 거기에서 안심입명(安心立命)한다네. 그렇다면 무엇이 수다원의 구생(俱生) 신견인가? 그들은 자신과 다른 사람의 사음(四陰) 작용 즉 수(受, 감촉) 상(想, 사상) 행(行, 본능 활동) 식(識, 정신 작용)을 관찰해, 거기에는 아무런 모습이나 형체가 없어 그저 물리적 생리적으로 서로 인과가 되어 순환하며 작용을 일으킨다는 것을 안다네. 또 사대(四大) 즉 지(地, 고체) 수(水, 액체) 화(火, 열에너지) 풍(風, 기체)이나 광색(光色) 등이 모두 고정된 것이 아님을 안다네. 그들은 이러한 관찰로부터 유에도 무에도 집착하지 않고 이 몸이 내 신견(身見)이라 굳게 믿는 미혹을 끊어 없앤다네. 이로 인해 다시는 탐욕의 염(念)이 일어나지 않고 미혹을 끊은 것으로 참됨을 증득한 열매로 삼으니, 이것이 바로 수다원의 신견상(身見相)으로 소위 '망념을 버리고 참됨을 구하는 부류〔去妄求眞之流〕'라 하네."

의견

"대혜여! 소위 의상(疑相)이란 무엇인가? 상술한 두 종류의 신견 망상에서는 벗어났으나 스스로 이렇게 마음으로 얻은 것이 법의 선견상(善見相)을 얻은 것이라 여기는 것이네. 즉 제법이 단멸되면 모두가 생겨나지 않는 것으로 인식하여 이러한 경계를 넘어선 상승법(上乘法)에 대해 회의하는 것이네. 대승의 대사들이 비록 청정법을 말하지만 아마도 그것이 청정하지 않을 것이라 생각하는데, 이것을 일러 수다원의 단견의상(斷見疑相)이라 부르네.”

계취견

“대혜여! 소위 수다원의 계취견(戒取見)이란 수다원들이 계율을 지켜 얻은 선업을 취하지 않고, 그것이 태어나면서부터 얻은 요행의 복보에 불과하다고 경시하는 것이네. 그들은 태어나면 고통이 따르고, 비록 선을 닦아 하늘의 복보를 얻더라도 복보가 다하면 다시 추락해 여전히 고통의 인(因)에서 벗어날 수 없음을 아네. 이 때문에 비단 악을 행하지 않을 뿐 아니라 계율을 행하여 얻은 복을 지키려 하지도 않네. 소위 취(取)란 취하는 것으로, 사람들이 현재 고행을 닦는 것이 살아생전 혹은 다음 생애의 복보를 취하기 위함이라거나, 혹은 죽은 후 천당에 왕생하는 낙보(樂報)를 취하기 위함이라고 생각하는 것은 어리석은 범부들의 희망으로 수다원들이 취하는 바가 아니네. 그들은 마음을 돌려 스스로 깨치는 수승(殊勝)의 경계로 되돌아 가는 것, 그리고 망상을 멀리 벗어나 번뇌를 끊어 내는 무루법(無漏法)의 청정한 금계(禁戒) 이외에는 모두 취하려 하지 않는데, 이를 일러 수다원의 계취견이라 하네. 비록 수다원이 이미 탐·진·치 세 결(結)을 끊어 이러한 마음이 일어나지는 않지만, 만약 그들의 마음속에 내가 탐·진·치 세 결을 끊었다는 자부심이 있다면 성취를 이루지 못한 범부나 다를 바 없네. 이러한 생각이 한번 들면 두 가지 잘못을 범하기 쉽네. 하나는 신견(身見)에 떨어지는 것으로 이는 앞에서 말한 바와 같네. 다른 하나는 그 나머지 결(結)이 끊어지지 않는 것이네. 그러므로 진정으로 수다원 과위를 성취한 사람이라면 이러한 자부심이 없네." 대혜가 다시 물었다. "부처님께서는 일체 중생이 본래 아주 탐욕이 많다고 하셨는데, 수다원은 그런 탐욕을 끊었습니까?" 부처님께서 말씀하셨다. "그들에게는 남녀간의 정(情)·애(愛)·욕(欲)이 끊어지고 정·애·욕으로부터 출발한 각종 신(身)·구(口)·행위(行爲), 예를 들면 남녀가 시시덕거리거나 껴안고 입맞추고 곁눈질하는 등의 행위가 사라지네. 이러한 것들이 잠시 즐거움을 주기는 하지만 미래의 무궁한 고통의 열매를 맺게 하므로 이미 멀리 떠나 다시는 생겨나지 않는다네. 하지만 이 상태가 어떻게 해서 얻어질 수 있는가? 그들은 선정의 경계에서 이미 삼매 정수의 즐거움, 즉 신심(身心)의 내면에서 발하는 오묘한 즐거움을 얻었기에 남녀 간의 욕구를 끊고 열반 경계의 오묘한 즐거움에 빠져들 수 있네. 대혜여! 사다함(斯陀含)의 경계는 어떠한가? 그들은 마주 대하는 경계에 무심해 눈앞에 어떠한 모습이 있어도 마음속에 분별이 없어 온통 선정의 즐거움에 빠져 있네. 이 때문에 그들은 일생의 괴로운 응보를 다하고 나면 곧 유여의열반의 경계로 들어가는데, 이를 일러 사다함이라 하네. 대혜여! 아나함(阿那含)의 경계는 어떠한가? 그들은 이미 과거·미래·현재 삼세의 시간적 속박을 끊어 안팎과 유무의 마음이 없네. 그뿐 아니라 아견(我見)으로 인한 잘못이 없어 아무런 망상을 일으키지 않고 마침내 세 결(結)을 끊으니, 이를 일러 아나함이라 하네. 그들은 열반에 들어 계속 머물 수 있으니 다시는 인간으로 태어나지 않는 불환과(不還果)를 증득한다네. 대혜여! 아라한(阿羅漢)의 경계는 어떠할까? 그들은 이미 세간과 출세간의 각종 선정 삼매의 경계를 갖추고 해탈의 능력과 신비스럽고 밝은 통찰력을 얻어 다시는 번뇌나 고통 등의 망상이나 습성을 일으키지 않으니, 이를 일러 아라한이라 하네."

대혜가 다시 물었다. "부처님께서는 평시에 세 종류의 아라한이 있다고 하시지 않았습니까? 여기서 말씀하시는 것은 그중 어느 것인가요? 적멸 청정의 일승도(一乘道)의 과위를 얻은 분인가요, 아니면 대승 경계의 보살들이 잠시의 방편으로 아라한의 모습으로 출현한 것인가요? 아니면 혹 부처님께서 화신을 드러내신 것인가요?" 부처님께서 대답하셨다. "이는 적멸 청정한 일승도 성문중(聲聞衆)의 아라한이지 결코 나머지 두 종류가 아니네. 나머지 두 종류는 자비의 원력에서 나온 것으로, 시대나 환경적 필요에서 고의로 아라한의 모습으로 나타나 불법중(佛法衆)의 권속을 더욱 빛나게 하고 장엄하게 하는 것이네. 대혜여! 소위 과위를 얻는 것은 모두 중생들을 향해 설한 것이네. 그들은 근본적으로 망상심을 벗어나지 못해 출세법을 배우면서도 기어이 일종의 지위를 얻고자 하니, 이 때문에 과위(果位)를 얻고 선(禪)을 얻는 것을 말했다네. 만약 진정으로 선(禪)을 증득한 사람이라면 삼매 정수를 얻어 근본적으로 과위를 얻었다느니 선을 얻었다느니 하는 생각조차 없을 것이니, 그저 이것으로 이미 자기 마음의 현량과를 증득했음을 표시할 뿐이네. 대혜여! 만약 각종 선정의 무한한 경계를 초월하고 욕계·색계·무색계의 삼계를 벗어나고자 하는 자라면 마땅히 자신의 심량(心量) 경계를 버려야 하네. 아직도 약간의 느낌이나 미세한 망상이 있어 자신이 심량 경계를 넘어섰다고 여긴다면 근본적으로 잘못된 것이네. 왜 그런가? 그것은 여전히 심량의 범위 속에 있는 것이기 때문이네!" 부처님은 이 이치를 종합해 한 수의 게송으로 말씀하셨다.

여러 선의 사무량은 무색의 삼매로
일체의 수상이 소멸되어 심량이 남아 있지 않도다

諸禪四無量　無色三摩提　一切受想滅　心量彼無有

이런 뜻이다. 모든 선정은 사무량(四無量)의 경계(달리 사등四等, 사범행四梵行이라고도 하며 십이문의 선 중 사선四禪이다. 첫째 자무량심慈無量心, 둘째 비무량심悲無量心, 셋째 희무량심喜無量心, 넷째 사무량심捨無量心을 사선정四禪定에 의거해 닦아 나가면 색계의 범천에 태어나므로 이 때문에 범행梵行이라 했음)를 초월하지 못하므로 공무변처정(空無邊處定)이나 색무변처정(色無邊處定) 혹은 식무변처정(識無邊處定)이거나 비상비비상처정(非想非非想處定)이다. 선정의 최고 경계는 아무것도 없는 정(定)이므로 이것을 멸진정(滅盡定)이라고도 한다. 하지만 무색정(無色定)이라 하더라도 여전히 오색계(五色界)의 범위를 벗어나지 못한다. 요컨대 사무량의 선정 경계는 욕계·색계·무색계의 영역 바깥에 있지 않다. 비록 거친 촉각이나 망상은 없지만 여전히 미세한 감수(感受)와 망상은 존재하는 것이다. 이것은 아직 자기 마음의 현량 경계를 벗어나지 못한 것으로, 만약 자기 마음의 현량을 넘어서 아무것도 얻는 것이 없다면 삼계를 해탈한다.

수다원과 일왕래, 불환 및 아라한과에 대해
그런 마음이 있다면 혹란이로다
須陀洹那果　往來及不還　及與阿羅漢　斯等心惑亂

이런 뜻이다. 초과(初果)는 수다원이요, 이과(二果)는 일왕래(一往來), 삼과(三果)는 불환(不還), 사과(四果)는 아라한이다. 만약 얻을 법이 있다거나 증득할 과위가 있다고 생각한다면, 과위에 집착하거나 자기가 얻은 선(禪)의 경계에 집착해 떠날 줄을 모른다면 이는 모두 자기 마음의 혹란이다. 대승 불법에서 볼 때 이는 비교적 고명한 범부일 뿐이다.

선이란 선 및 연에 대한 지견을 끊은 진제라는 생각

이것이 곧 망상이니 이를 깨달으면 해탈을 얻으리라

禪者禪及緣 斷知見眞諦 此則妄想量 若覺得解脫

이런 뜻이다. 진정한 선(禪)이라면 선정의 경계 중 선을 행할 수 있는 마음도 없거니와 얻을 수 있는 선정의 경계도 없다. 이미 앎의 주체와 앎의 대상을 끊어 버릴 수 있다면 진(眞)과 망(妄)의 분별 집착도 없거니와, 이에 의거해 증득하는 정각의 자성도 없으므로 자연 해탈을 얻는다.

復次大慧. 有二種覺. 謂觀察覺, 及妄想相攝受計著建立覺. 大慧. 觀察覺者. 謂若覺性自性相, 選擇離四句不可得. 是名觀察覺. 大慧. 彼四句者. 謂離一異, 俱不俱, 有無非有非無, 常無常. 是名四句. 大慧. 此四句離, 是名一切法. 大慧. 此四句觀察一切法應當修學. 大慧. 云何妄想相攝受計著建立覺. 謂妄想相攝受計著. 堅濕煖動不實妄想相, 四大種. 宗因相譬喻計著, 不實建立而建立. 是名妄想相攝受計建立覺. 是名二種覺相. 若菩薩摩訶薩成就此二覺相, 人法無我相究竟善知方便無所有覺, 觀察行地, 得初地, 入百三昧. 得差別三昧, 見百佛及百菩薩. 知前後際各百劫事. 光照百刹土. 知上上地相, 大願殊勝神力自在. 法雲灌頂. 當得如來自覺地. 善繫心十無盡句, 成熟衆生. 種種變化, 光明莊嚴. 得自覺聖樂三昧正受.

復次大慧. 菩薩摩訶薩, 當善四大造色. 云何菩薩善四大造色. 大慧. 菩薩摩訶薩, 作是覺彼眞諦者, 四大不生. 於彼四大不生, 作如是觀察. 觀察已. 覺名相妄想分齊, 自心現分齊, 外性非性. 是名自心現妄想分齊. 謂三界觀彼四大造色性離. 四句通淨. 離我我所. 如實相自相分段住. 無生自相成. 大慧. 彼四大種, 云何生造色. 謂津潤妄想大種, 生內外水界. 堪能妄想大種, 生內外火界. 飄動妄想大種, 生

內外風界. 斷截色妄想大種, 生內外地界. 色及虛空俱, 計著邪諦. 五陰集聚, 四大
造色生. 大慧. 識者, 因樂種種跡境界故, 餘趣相續. 大慧. 地等四大, 及造色等,
有四大緣. 非彼四大緣. 所以者何. 謂性形相處所作方便無性, 大種不生. 大慧. 性
形相, 處所作方便和合生, 非無形. 是故四大造色相. 外道妄想, 非我. 復次大慧.
當說諸陰自性相. 云何諸陰自性相. 謂五陰. 云何五. 謂色受想行識. 彼四陰非色.
謂受想行識. 大慧. 色者, 四大及造色, 各各異相. 大慧. 非無色. 有四數如虛空.
譬如虛空, 過數相, 離於數, 而妄想言一虛空. 大慧. 如是陰, 過數相, 離於數. 離
性非性, 離四句. 數相者, 愚夫言說. 非聖賢也. 大慧. 聖者如幻, 種種色像, 離異
不異施設. 又如夢影士夫身, 離異不異故. 大慧. 聖智趣, 同陰妄想現. 是名諸陰自
性相, 汝當除滅. 滅已, 說寂靜法. 斷一切佛刹, 諸外道見. 大慧. 說寂靜時, 法無
我見淨, 及入不動地. 入不動地已. 無量三昧自在, 及得意生身. 得如幻三昧. 通達
究竟力明自在. 救攝饒益一切衆生. 猶如大地, 載育衆生. 菩薩摩訶薩, 普濟衆生,
亦復如是.

復次大慧. 諸外道有四種涅槃. 云何爲四. 謂性自性, 非性涅槃. 種種相性, 非性涅
槃. 自相自性, 非性覺涅槃. 諸陰自共相, 相續流注斷涅槃. 是名諸外道四種涅槃.
非我所說法. 大慧. 我所說者, 妄想識滅, 名爲涅槃. 大慧白佛言. 世尊. 不建立八
識耶. 佛言建立. 大慧白佛言. 若建立者, 云何離意識, 非七識. 佛告大慧. 彼因及
彼攀緣故, 七識不生. 意識者, 境界分段計著生. 習氣長養, 藏識意俱. 我我所計
著, 思惟因緣生. 不壞身相, 藏識因攀緣, 自心現境界, 計著心聚生. 展轉相因. 譬
如海浪, 自心現境界風吹, 若生若滅, 亦如是. 是故意識滅七識亦滅. 爾時世尊欲
重宣此義, 而說偈言.

　　我不涅槃性　所作及與相　妄想爾燄識　此滅我涅槃

　　彼因彼攀緣　意趣等成身　與因者是心　爲識之所依

如水大流盡 波浪則不起 如是意識滅 種種識不生

_____

두 종류의 지각 경계

부처님께서 다시 말씀하셨다. "또 두 종류 각상(覺相)이 있으니, 첫째는 관찰각(觀察覺)이요, 둘째는 망상상섭수계착건립각(妄想相攝受計著建立覺) 이네. 소위 관찰각이란 사람들이 자신의 지각과 감각의 자성을 돌이켜 보아 망심의 현상을 마음속 깊이 인정함으로써 마침내 서로 대립하는 '사구(四句)'를 떠나 자성이 없음을 얻을 수 있네. 이를 일러 관찰각이라 하네.(바로 범부의 지혜 경계와 유사한 깨달음으로, 결코 정각의 경계가 아님.) 소위 사구(四句)란 바로 일(一, 일체)과 이(異, 일체가 아님), 구(俱, 공동 존재)와 불구(不俱, 공동의 존재가 아님), 유(有, 실재적인 것)와 무(無, 실재적이지 않은 것), 비유(非有, 없는 듯한 것)와 비무(非無, 없는 것이 아닌 듯한 것) 및 상(常, 영원한 존재)과 무상(無常, 영원하지 않은 존재)으로, 이들이 바로 서로 대립하는 사구라네. 대혜여! 이 사구를 떠나는 것은 바로 일체법의 강요(綱要)를 떠나는 것이기에 소위 '사구를 떠나 백비를 끊는다〔離四句, 絕百非〕'고 했네. 사구를 떠나기 위해서는 일체법을 관찰하여 지혜의 본체를 얻어야 하니, 그대들은 마땅히 닦고 배워야 하네.(이것은 법무아를 관찰하는 것임.) 대혜여! 소위 망상상섭수계착건립각(妄想相攝受計著建立覺)이란 이런 것이네. 사람들은 모두 망상 경계에서 본능적으로 감각을 받아들이기에 견(堅, 지) 습(濕, 수) 난(煖, 화) 동(動, 풍)의 생리적 본능에 집착해 이 허망한 사대(四大)의 가합(假合) 활동이 진실하다고 오인하네. 그뿐 아니라 인명(因明)의 종(宗), 인(因), 유(喩)의 세 논리에 근거하여 허망하고 실재가 없는 것을 억지로 진실한 것으로 인정해야 하네. 지혜로운 자는 이들이 모두 허망하

고 실재하지 않는 망상의 경계임을 아는데, 이것을 일컬어 망상상섭수계
착건립각이라 하네.(이것은 인무아를 관찰한 것임.) 대혜여! 대승 보살은 이
속에서 두 종류 각상(覺相)을 성취하여 인무아와 법무아를 아네. 이로부터
일체의 방편 법문이 가리키는 경계가 모두 허망한 것임을 정확히 이해하
는 궁극의 깨달음을 얻는데, 이를 달리 무상지(無相智)의 빼어난 관찰을
얻는다고 하네."

보살 경계

"이로부터 보살의 초지(환희지) 경계에 들어서는데, '온갖 삼매에 들어
차별 삼매를 얻고, 온갖 부처와 보살을 보고, 전후 백 겁의 일을 절로 알
며, 그 빛이 백 찰토를 비추며, 최상의 지상(地相)을 아는 것이네. 큰 발원
에 따라 일어나는 뛰어난 신력(神力)에 자재롭고, 법운(法雲)으로 관정하
며, 여래의 자각지(自覺地)를 얻게 되네. 마음으로 십무진구(十無盡句)[138]
를 잘 이어 중생을 성숙시키며 여러 변화를 일으키네. 광명이 장엄하여 자
각성락(自覺聖樂)[139]의 삼매 정수를 얻는다네.'"

---

138 초지의 환희지 보살은 광대한 원(願)을 발해 십무진(十無盡)으로 성취한다. 만약 이 십구(十
句)가 다함이 있으면 내 원(願) 역시 다하며 이 십구가 다함이 없다면 내 원 역시 다함이 없
으므로 이를 십무진이라 했다. 십무진은 다음과 같다. ① 중생계무진(衆生界無盡) ② 세간무
진(世間無盡) ③ 허공계무진(虛空界無盡) ④ 법계무진(法界無盡) ⑤ 열반계무진(涅槃界無盡) ⑥
불출현계무진(佛出現界無盡) ⑦ 여래지계무진(如來智界無盡) ⑧ 심소연무진(心所緣無盡) ⑨ 불
지소입경계무진(佛智所入境界無盡) ⑩ 세간전법전지전무진(世間轉法轉智轉無盡) (원주)

139 보고 듣고 지각하는 즐거움으로, 예를 들면 마음속에 각종 영상이 나타나 다양하게 변화하
거나 장엄한 불국토가 나타나거나 찬란한 빛이 나타나는 현상으로, 부처의 상락아정의 즐거
움이 아니다.

형이상의 심물동체관

"대혜여! 대승 보살은 마땅히 사대가 조성한 색진(色塵, 물리)의 작용을 알아야 하네. 그들은 응당 형이상의 진여 자성의 실제가 본래 사대종(四大種)의 생원(生元)이 없어 이로 인해 사대종 역시 본래 스스로 무생(無生)임을 깨달아 알아야 하네. 만약 진정으로 사대 무생의 실제를 관찰할 수 있다면 우주 만유의 일체 현상이 모두 명(名)과 상(相) 그리고 망상(妄想)의 분별적 경계에 불과함을 알아, 비로소 그 존재가 모두 자심 현량의 차별적 경상(境象)에 불과한 것임을 느낀다네. 사실 외계의 물리적 성능에는 근본적으로 자성이 없는데 이를 일러 마음에 나타나는 차별 망상이라 한다네. 바로 삼계를 관찰하는 가운데 조성된 색진 체성(體性)의 자상 역시 본래 사구(四句)를 떠나고 백비(百非)를 끊어 궁극적으로 어느 하나 얻을 것이 없어서 결국은 온통 청정함을 말한 것이네. 그것 역시 각자 물성의 자아를 떠나고 물아(物我)가 속한 작용을 떠나 자성 원래의 여실법 속에 머무니 근본적으로 물리적인 분단(分段) 자상이 없네. 만물이 한 몸체여서 소위 '이 법이 법위에 머문다〔是法住法位〕'고 하니, 모두 생겨남이 없는 자성 본래의 제법 속에 머문다네."

색진의 물리로 형성된 세계의 진제

"대혜여! 그렇다면 어떻게 사대종(四大種)이 삼계 일체의 색진 현상을 조성할 수 있는가? 일체 중생이 무시이래 망상의 작용으로 진액(津液)과 같이 끈적끈적한 대종(大種)을 갖추고 있기 때문에 이로 인해 안팎 세계에 수(水)의 성분을 만들어 낸다네. 망상자성의 작용은 또 뜨거운 대종을 갖추고 있기에 이로 인해 안팎 세계에 화(火)의 성분을 만들어 낸다네. 망상

자성의 작용은 또 폭풍처럼 움직이는 대종을 갖추고 있어 안팎 세계에 풍(風)의 성분을 만들어 낸다네. 망상자성의 작용은 또 견고하고 안정된 대종을 갖추고 있어 이 때문에 안팎 세계의 지(地)의 성분을 만들어 낸다네. 망상자성의 작용은 동시에 색상과 허공 현상을 갖추고 있어 이 때문에 안팎 세계의 각종 진실하지 않는 사려(思慮)를 만들어 낸다네. 이것이 화합하여 오음 즉 색(色)·수(受)·상(想)·행(行)·식(識)의 취집(聚集)이 생겨나며, 다시 사대(四大) 즉 지·수·화·풍과 화합하여 세간 색진의 각종 상황이 만들어진다네. 대혜여! 소위 유식의 식(識)은 안팎 세계의 각종 경계로부터 비롯되어 그것에 의지하여 작용하니, 이로부터 변계소집과 각종 경계에 즐겨 집착하는 현상이 생겨나며, 다시 이로부터 탐내고 집착하는 마음이 또 일종의 작용인 업력이 되어, 그것에 의해 무궁한 미래에 이르도록 끊임없이 흘러가게 된다네. 대혜여! 지(地) 등 사대종 및 색진 등의 조성 상황은 형기(形器) 세계에 의거해, 말하자면 당연히 사대종의 인연 화합에 의해 생겨난다네. 형이상의 본체 자성에 의거해 말하자면 사대종을 만들어 낼 수 있는 것은 사대종 본래의 인연 화합이 아니네. 왜 그런가? 색진의 물질적 작용은 비록 우연하고 임시적인 방편에 불과하지만, 만약 물리적 작용을 헤아려 궁구해 들어가 보면 그 작용을 가능하게 하는 원소에는 본래 그런 자성이 없네. 형이상의 본체인 자성이 비록 사대종의 작용을 만들어 낼 수 있다 하더라도 생겨나고 생겨나면서도 스스로는 생겨남이 없으니, 이 때문에 일체 만법 각각에는 자성이 없다고 하는 것이네. 그것이 만상의 각종 형상을 형성하는 것은 그저 자성의 작용에서 생겨나는 일종의 방편적 현상으로 인연의 화합에 의지해 만들어진다네. 하지만 비록 인연의 화합을 빌려 만들어지지만 결코 형상이 없는 것은 아니네. 그래서 말한다네. 외도의 학자들은 단지 사대종만이 혹 그중 하나만이 온갖 색진의 형상을 만들어 내는 기본 원인이라 생각하지만, 실제로 이러한 생각은 궁극의 진제를 모르는 것이라고. 그들의 생각은 모두 분별 망상에서 생겨난 잘못된 논리로 내 설법과는 다른 것이네."

몸과 마음의 오음 원리

"대혜여! 다음으로 그대를 위해 제음(諸陰)의 자성상(自性相)에 대해 마땅히 설명해야 하겠네. 제음의 자성상이란 무엇인가? 그것은 바로 인간 몸과 마음의 오음(五陰) 즉 색수상행식(色受想行識)의 다섯 종류네. 색음 이외의 나머지 사음(四陰)은 결코 색(色)이 아니네. 이른바 색음이란 사대종으로 조성된 색진 현상으로 각기 다른 경계가 있네. 그 나머지 색진에 속하지 않는 사음은 결코 네 가지에 한정되지 않으니, 비유컨대 허공처럼 숫자를 초월해 있어서 숫자로 그 범위를 정할 수 있는 것이 아니네. 허공의 자성은 유무를 떠나 있고 사구를 떠나 백비와 단절되네. 숫자에 집착해 말하는 것은 지혜롭지 못한 자들의 설법으로 결코 도를 본 성현의 경계가 아니네. 대혜여! 진정으로 도를 본 성인은 색진 세계 속에 있으면서도 자신과 외부의 사물 경계가 모두 꿈과 같은 존재임을 친히 증득할 수 있네. 그것을 공(空)이라 말해도 결코 끊어져 소멸된 공무(空無)가 아니요, 그것을 유(有)라 말해도 역시 결코 진실한 존재가 아니네. 성자는 큰 지혜로 해탈해 오음이 모두 망상에 근거하여 나타난 환상의 경계임을 증득하는데, 이것을 일러 제음의 자성 본체를 보았다고 하네. 그러므로 그대는 마땅히 이름이나 숫자 등의 분별 망상을 제거하여 진정으로 적멸의 자성을 증득할 수 있어야 하네. 그리고 일체 중생들을 위해 궁극의 적정(寂靜)을 말하고 연구함으로써 그 밖의 외도의 견해를 끊어 없애야 하네. 대혜여! 궁극의 적정을 말할 때면 법무아의 청정 경계에 도달해야 하며, 그 속에는 내가 마침내 청정함을 보았다는 생각이 없어야 하네. 이로부터 비로소 보살의 제팔지인 부동지에 들어가네. 여기에 도달한 이후 무량 삼매의 자재력을 얻고 의생신을 얻으며 여환삼매와 궁극에 통달하는 자재의 힘을 얻게 된다네. 이로부터 일체 중생을 널리 제도하여 마치 대지가 만물을 일구고 기르듯 중생을 이롭게 한다네. 대승 보살의 경계는 바로 이와 같네."

외도 학파의 네 가지 열반의 구별

"다음으로 대혜여! 기타 외도 학자들은 대체로 네 가지 열반의 경계를 말한다네. 첫째는 성자성비성열반(性自性非性涅槃, 눈앞 경계에 무심하며 안으로 홀로 청정을 지키는 것을 열반의 경계로 삼음)이요, 둘째는 종종상성비성열반(種種相性非性涅槃, 각종 현상의 자성이 모두 존재하지 않은 것을 열반의 경계로 삼는 것으로, 소위 말하는 단견斷見임)이며, 셋째는 자상자성비성각열반(自相自性非性覺涅槃, 자기 몸과 마음의 각종 색상과 내재적 자성에 대해 모두가 근본적으로 자성이 없으며, 단지 하나의 신령스러움만이 소멸되지 않아 이것이 바로 열반의 경계라 생각함)이며, 넷째는 제음자타공상상속류주부단열반(諸陰自他共相相續流注不斷涅槃, 나와 사람들의 오음이 본래 끊임없이 생겨나는 능력을 지녔으며, 끊임없이 생겨나는 그것이 바로 열반의 경계라 생각함)이네. 이것이 바로 외도들의 네 종류 상이한 열반의 경계로 모두 내가 말하는 열반이 아니네. 대혜여! 내가 말하는 열반은 망상의 식(識)이 소멸되는 것으로 그래야만 비로소 열반이라 할 수 있네."

팔식의 상호관계와 심왕의 능소 인연

대혜가 다시 물었다. "그렇다면 소위 여덟 가지 식(識)의 작용과도 관계가 있지 않습니까?" 부처님께서 대답하셨다. "당연히 여덟 가지 식의 작용과 관계가 있네." 대혜가 물었다. "여덟 가지 식의 작용과 관계가 있다면 왜 부처님께서는 열반이 의식의 망상을 떠나 있다고만 말씀하시고 그 나머지 일곱 가지 식(識)을 떠나 있다고 말씀하시지 않으셨습니까?" 부처님께서 말씀하셨다. "이미 의식의 분별하고 반연(攀緣)하는 망상 작용을 떠나 있다면 그 나머지 일곱 가지 식의 작용을 일으키는 인(因)이 없는 것이니, 일곱 식이 어디서부터 생기겠는가? 소위 의식이란 안·이·비·설·신의 오식(五識)이 경계를 분별하고 그것에 의거해 변계소집(遍計所執)을 일으키기 때문에 생겨나는 작용이네. 의식이 이미 형성되면 다시 여러 경계의 훈습을 받아 여래장식의 종자가 자라나는데, 이를 일러 제팔 아뢰야식이라 하네. 장식(藏識)은 다시 의식의 훈습을 동시에 받아들이는데 의식이 만든 나와, 내가 집착하는 사유(思惟)나 인연 등으로 분별 망상 또한 동시에 이 몸이 나라고 집착하게 되네. 소위 여래장이라 일컫는 아뢰야식은 자신의 마음이 뒤얽혀 드러난 각종 경계로서 망심의 집착이 만들어 낸 모든 것이네. 의식은 기타 일곱 식과 연대해 모두 서로 돌아가면 인과가 된다네. 파도를 예로 들면 모든 파도는 물이며 모든 물이 파도인 것과 같네. 여래장식과 의식의 망상 역시 이와 같네. 자기 마음의 현량이 경계의 바람을 받아들여 마음의 파도가 장식의 바다에 번갈아 생겨났다 소멸하니 바로 서로 인과가 되는 것이네. 이 때문에 의식이 소멸되면 나머지 일곱 식도 동시에 사라진다고 하는 것이네." 부처님은 이 이치를 종합해 한 수의 게송으로 말씀하셨다.

내가 말하는 것은 열반의 본성이 아니니 그런 작위와 모습을 추구하다 보면
망상은 더욱 치열해질 뿐이니 그것을 소멸시키는 것이 나의 열반이로다

我不涅槃性　所作及與相　妄想爾焰識　此滅我涅槃

이런 뜻이다. 불법에서 말하는 열반은 결코 얻을 수 있는 적멸의 경계가 아니다. 이 속에는 주체와 객체가 구별되지 않을 뿐 아니라 얻을 수 있는 열반의 모습도 없다. 단지 그림자와 같은 망상을 제거하기만 하면 바로 앞에 나타나는 것이 열반이다.

> 저 인과 반연, 의취 등이 몸을 이루니
> 인과 더불어 하는 것이 심으로 식이 의지하는 바가 되노라
> 彼因彼攀緣 意趣等成身 與因者是心 爲識之所依

이런 뜻이다. 망상 의식이 일어나는 것은 다른 것에 의지해서이다. 이는 변계소집이 서로 반연함으로써 형성된다. 마음속 생각은 심왕(心王)의 변화작용으로 여러 식은 모두 심왕으로부터 생겨난다. 이 때문에 식(識)을 일컬어 심소(心所)[140]라 한다.

> 만약 물이 크게 흘러 소진된다면 파도 역시 일어나지 않으니
> 이처럼 의식이 소멸되면 여러 식 역시 생겨나지 않는도다
> 如水大流盡 波浪則不起 如是意識滅 種種識不生

이런 뜻이다. 의식의 망상은 영원히 소멸되지 않으니, 마음의 바다가 일렁이면 파도가 솟구쳐 올라 끊임없이 흘러 이어진다. 하지만 의식의 망상이 소멸되기만 하면 나머지 여러 식 역시 따라서 소멸되어 다시 그 작용이 일어나지 않는다.

---

140 식(識)에는 마음의 주체인 심왕(心王)과 그에 종속되는 심소(心所)가 있다. 심소란 심왕이 소유한다는 뜻의 심소유법(心所有法)의 줄인 말이다. 심왕과 독립하여 심소만이 활동할 수 없으므로 심소란 심왕에 소속된 다양한 심리 활동이라 할 수 있다.

復次大慧. 今當說妄想自性分別通相. 若妄想自性分別通相, 善分別. 汝及餘菩薩摩訶薩, 離妄想. 到自覺聖. 外道通趣善見. 覺攝所攝妄想斷. 緣起種種相. 妄想自性行, 不復妄想. 大慧. 云何妄想自性分別通相. 謂言說妄想. 所說事妄想. 相妄想. 利妄想. 自性妄想. 因妄想. 見妄想. 成妄想. 生妄想. 不生妄想. 相續妄想. 縛不縛妄想. 是名妄想自性分別通相. 大慧. 云何言說妄想. 謂種種妙音歌詠之聲, 美樂計著. 是名言說妄想. 大慧. 云何所說事妄想. 謂有所說事自性, 聖智所知. 依彼而生言說妄想. 是名所說事妄想. 大慧. 云何相妄想. 謂卽彼所說事, 如鹿渴想, 種種計著而計著. 謂堅濕煖動相, 一切性妄想. 是名相妄想. 大慧. 云何利妄想. 謂樂種種金銀珍寶, 是名利妄想. 大慧. 云何自性妄想. 謂自性持此如是. 不異惡見妄想. 是名自性妄想. 大慧. 云何因妄想. 謂若因若緣, 有無分別, 因相生. 是名因妄想. 大慧. 云何見妄想. 謂有無一異, 俱不俱惡見, 外道妄想計著妄想. 是名見妄想. 大慧. 云何成妄想. 謂我我所想, 成決定論. 是名成妄想. 大慧. 云何生妄想. 謂緣有無性生計著. 是名生妄想. 大慧. 云何不生妄想. 謂一切性, 本無生無種, 因緣生無因身. 是名不生妄想. 大慧. 云何相續妄想. 謂彼俱相續, 如金縷. 是名相續妄想. 大慧. 云何縛不縛妄想. 謂縛因緣計著. 如士夫方便, 若縛若解. 是名縛不縛妄想. 於此妄想自性分別通相. 一切愚夫, 計著有無. 大慧. 計著緣起. 而計著者, 種種妄想計著自性. 如幻示現種種之身. 凡夫妄想, 見種種異幻. 大慧. 幻與種種, 非異非不異. 若異者, 幻非種種因. 若不異者, 幻與種種無差別, 而見差別. 是故非異非不異. 是故大慧. 汝及餘菩薩摩訶薩, 如幻緣起妄想自性, 異不異有無, 莫計著. 爾時世尊欲重宣此義, 而說偈言.

心縛於境界　覺想智隨轉　無所有及勝　平等智慧生
妄想自性有　於緣起則無　妄想或攝受　緣起非妄想

種種支分生	如幻則不成	彼相有種種	妄想則不成
彼相則是過	皆從心縛生	妄想無所知	於緣起妄想
此諸妄想性	卽是彼緣起	妄想有種種	於緣起妄想
世諦第一義	第三無因生	妄想說世諦	斷則聖境界
譬如修行事	於一種種現	於彼無種種	妄想相如是
譬如種種翳	妄想衆色現	翳無色非色	緣起不覺然
譬如鍊眞金	遠離諸垢穢	虛空無雲翳	妄想淨亦然
無有妄想性	及有彼緣起	建立及誹謗	悉由妄想壞
妄想若無性	而有緣起性	無性而有性	有性無性生
依因於妄想	而得彼緣起	相名常相隨	而生諸妄想
究竟不成就	則度諸妄想	然後智清淨	是名第一義
妄想有十二	緣起有六種	自覺知爾燄	彼無有差別
五法爲眞實	自性有三種	修行分別此	不越於如如
衆相及緣起	彼名起妄想	彼諸妄想相	從彼緣起生
覺慧善觀察	無緣無妄想	成已無有性	云何妄想覺
彼妄想自性	建立二自性	妄想種種現	清淨聖境界
妄想如畫色	緣起計妄想	若異妄想者	則依外道論
妄想說所想	因見和合生	離二妄想者	如是則爲成

일반적 생각과 심리의 원칙에 대한 분류와 그 진정한 의미

부처님께서 다시 말씀하셨다. "이제 분별 망상의 자성과 그리고 그들의 공통 현상에 대해 응당 말해야 하겠네. 만약 대승 보살들이 이 이치를 잘 안다면 곧 망상을 버리고 성스러운 자각의 경계에 도달할 수 있네. 그뿐 아니라 다른 것에 의존하는 각종 망상 현상을 끊어 없앨 수 있으며, 외도 학자들이 갖는 망상의 공통된 심리를 알 수 있는 동시에 이로부터 함장(含藏) 주체와 객체의 망상 작용을 끊어 없애 망상이 다시 일어나지 않게 할 수 있네. 대혜여! 무엇이 망상자성의 분별 현상이며 또 공통 현상인가? 그 것은 다음의 열두 가지를 가리킨다네. (1) 언어망상(言語妄想) (2) 소설사망 상(所說事妄想) (3) 상망상(相妄想) (4) 이망상(利妄想) (5) 자성망상(自性妄 想) (6) 인망상(因妄想) (7) 견망상(見妄想) (8) 성망상(成妄想) (9) 생망상(生 妄想) (10) 불생망상(不生妄想) (11) 상속망상(相續妄想) (12) 박불박망상(縛 不縛妄想) 이들을 일러 망상자성의 분별 현상과 공통 현상이라 한다네. 대 혜여! (1) 무엇이 언어망상(言語妄想)인가? 각종 미묘한 소리, 노래나 아름 다운 음악 등에 빠져들어 거기서 벗어나기 싫은 마음이 생기는 것이 언어 망상이네. (2) 무엇이 소설사망상(所說事妄想)인가? 사물에 대한 언급은 모두 일종의 자성을 지녀 단지 수행하여 도를 얻은 성인만이 그 진정한 의 미를 알 수 있는데, 이는 모두 다른 것에 의지해 생겨나는 언설망상으로 이것이 소설사망상이네. (3) 무엇이 상망상(相妄想)인가? 다른 사람이 말 한 사물에 대해, 그리고 자기 내면의 의식에 대해 상상하고 집착하는 것으 로, 예를 들면 견고함, 습함, 따뜻함, 움직임 등의 성질에 집착하는 것인데 이를 일러 상망상이라 하네. (4) 무엇이 이망상(利妄想)인가? 금은이나 진 귀한 보물을 탐하는 것이 이망상이네. (5) 무엇이 자성망상(自性妄想)인 가? 주관적인 자성의 이해를 절대적이고 바뀔 수 없는 진리라 여기는 것 으로, 망상악견(妄想惡見)과 다르지 않은데 이를 일러 자성망상이라 하네. (6) 무엇이 인망상(因妄想)인가? 사물 이치의 일체 인연에 대해 비록 그 원 인의 유무를 따지기는 해도 그저 현상계의 인(因)에만 집착할 뿐 그 인이 유래한 궁극의 원인에 대해서는 탐구하지 않는 것, 이를 일러 인망상이라 하네. (7) 무엇이 견망상(見妄想)인가? 유(有)와 무(無), 동(同)과 이(異) 등 형이상 혹은 세계 속의 사물에 대해 추리하여 각자 주관적 이론을 형성하는 것으로, 이렇게 하다 보면 외도 학자의 집착 망상에 떨어지고 마는데, 이를 일러 견망상이라 하네. (8) 무엇이 성망상(成妄想)인가? 나와 내가 얻은 사상이 절대적 진리라 생각하는 것, 이를 일러 성망상이라 하네. (9) 무엇이 생망상(生妄想)인가? 외연(外緣)의 유무 등의 작용에 집착하여 일어나는 것이 생망상이네. (10) 무엇이 불생망상(不生妄想)인가? 세상의 온갖 작용에는 근본적으로 생겨남이 없어 일체에는 종자가 없으며 모두 인연에 따라 생긴다고 보는 것, 이것이 불생망상이네. (11) 무엇이 상속망상(相續妄想)인가? 망상의 작용은 끊어지지 않고 이어져 이것으로부터 저것이 생겨나고 저것으로부터 이것이 생겨나 마치 비단이 날줄과 씨줄로 짜이는 듯한데, 이를 일러 상속망상이라 하네. (12) 무엇이 박불박망상(縛不縛妄想)인가? 사람들이 스스로 망상과 번뇌 등 인연에 집착하여 묶여 있다고 생각하거나 또는 스스로 이미 속박으로부터 해탈했다고 느끼는 것이, 마치 스스로 밧줄로 묶고는 스스로 푸는 듯하여 이를 일러 박불박망상이라 하네. 대혜여! 일반인은 다른 것에 의지해 일어나는 망상에 지나치게 집착하며, 이들 망상에 모두 따로 자성이 있다고 생각하네. 그것은 이 몸과 마찬가지로 명백히 자기 환화(幻化)이지만 그럼에도 사람들은 망상 자체는 환화와 다르다고 생각하는 것이네. 사실 세간의 각종 사물은 환화와 같지도 않고 다르지도 않네. 만약 같지 않다고 한다면 환화는 각종 사물의 원인이 되지 못하며, 만약 같다고 한다면 환화와 눈앞의 각종 사물은 아무 차별이 없네. 하지만 모든 현상 가운데 환화와 각종 사물은 그럼에도 형식상의 차이가 있네. 그래서 나는, 환화와 각종 사물은 같지도 다르지도 않다고 말하네. 그러니 그대와 대승도를 배우는 보살들은 환화와 같이 다른 것에 의지해 생겨나는 망상자성에 대해 그것이 있다 없다 하며 집착해서는 안 되네. 요컨대 망상자성의 분별과 공통 관계에 대해 일반의 어리석은 범부는 모두 꿈속처럼 얽혀 들어 그것의 유무와 형성에 집착하네." 부처님은 이 이치를 종합해 한 편의 게송으로 말씀하셨다.

마음이 경계에 묶여 지각 생각 지혜가 돌고 도니
아무것 없이 뛰어난 경계에 이르러야 평등한 지혜가 생겨나리라
心縛於境界 覺想智隨轉 無所有及勝 平等智慧生

이런 뜻이다. 사람의 마음은 안팎의 경계에 묶여 감수와 지각 등 망상을 일으킴으로써 바깥 경계를 따라 전전한다. 만약 망상이 없는 가장 뛰어난 적멸의 경계 속에 머물 수 있다면 일체 평등한 지혜가 생겨날 수 있다.

망상의 자성이 있긴 해도 연기 과정에선 사라지니
망상이나 섭수는 연기에 의해 생겨난 것이지 망상 자체가 아니로다
妄想自性有 於緣起則無 妄想或攝受 緣起非妄想

이런 뜻이다. 망상 그 자체를 말하면 망상이 분별적 사유를 행할 때는 각기 다른 특성이 존재한다. 자세히 관찰한다면 망상의 작용이 모두 연기에 의해 일어남을 알게 된다. 인연이 법을 만들어 내는 것은, 연에 의해 일어나고 연에 의해 소멸되어 근본적으로 포착할 수 있는 실재가 없다. 그러므로 망상 자체 그리고 망상에 뒤덮인 각종 현상과 작용은 모두 다른 것에 의지해 일어나는, 즉 연기에 의해 생겨나는 것으로 망상 자체는 근본적으로 실재하지 않음을 알아야 한다.

여러 갈래로 생겨나지만 환상과 같아 이루는 바가 없으니

그 모습이 다양하나 그저 망상일 뿐 이루어지는 것이 없도다

種種支分生　如幻則不成　彼相有種種　妄想則不成

이런 뜻이다. 망상에 의해 생겨나는 현상은 다양하며 많은 차별이 있다. 그 현상은 비록 천차만별하지만 모두가 꿈과 같아서 그저 우연히 잠시 드러나는 것이며 근본적으로 실재하지 않는다.

저들 망상은 착오로 모두 마음이 묶여 생겨나며

망상에는 앎이 없으니 연을 만나 일어난 헛된 생각이로다

彼相則是過　皆從心縛生　妄想無所知　於緣起妄想

이런 뜻이다. 다른 것에 의지해 일어나며 경계를 대하여 일어나는 각종 망상은 본래가 일종의 착각으로, 마음이 외경에 묶여 일어나는 변태적 현상의 일종이다. 망상은 본래 앎이 없는 것으로, 여러 연(緣)에 대면하여 잠시 일어날 수 있는 것에 불과하다.

이들 망상의 본성은 연기에 의한 것으로

망상에 여러 가지가 있어도 연에서 일어난 헛된 생각이로다

此諸妄想性　卽是彼緣起　妄想有種種　於緣起妄想

이런 뜻이다. 왜 망상 자체에 앎이 없다고 하는가? 이들 망상 자체는 모두 다른 것에 의지해 일어나며 경계를 대하면 생겨나는 것으로, 모두가 연에 의해 일어나며 자성이 없기 때문이다. 비록 다양한 망상이 있지만 모두가 안팎 여러 연에 의해 돌연히 생겨난 것이다. 망상으로부터 시작하여 내외의 여러 연을 알기만 한다면 망상은 스스로 그 망상을 드러낼 수 없다.

세제와 제일의뿐이며 제삼제는 아무 인이 없이 생겨난 것으로
망상은 세제로 이것을 끊으면 성스러운 경계가 드러나노라
世諦第一義　第三無因生　妄想說世諦　斷則聖境界

이런 뜻이다. 부처님께서 말씀하시는 법에는 단지 세제(世諦, 세간 만유의 이치)와 제일의제(第一義諦, 형이상의 본체)만 있을 뿐이다. 이 외에 가령 제삼제(第三諦)가 있다 하더라도 그것은 근본적으로 내용이 없는 명사(名辭)와 이론일 뿐이니 아무 인(因)이 없이 생겨난 것이다. 망상은 세제의 현상으로 결코 제일의제가 아니다. 만약 망상을 끊을 수 있다면 그것이 바로 성인의 경계다.

수행에 비유하자면 생각만 하면 모습이 떠올라도
그런 것이 존재하지 않으니 망상이 이와 같도다
譬如修行事　於一種種現　於彼無種種　妄想相如是

눈병에 비유하자면 망상엔 여러 색이 드러나나
눈병이 나면 색이 없는 듯 아닌 듯해 연에 의해 일어나도 깨닫지 못하도다
譬如種種翳　妄想衆色現　翳無色非色　緣起不覺然

금을 제련하는 과정에 비유하자면 온갖 찌꺼기를 걷어내는 것이니
허공에 가리는 것이 없다면 망상 역시 깨끗해지리라
譬如鍊眞金　遠離諸垢穢　虛空無雲翳　妄想淨亦然

이런 뜻이다. 여기서 말하는 비유는 앞에서 말한 망상 연기 등에 대한 결론이다. 첫 번째 비유는 관상(觀想)을 수지(修持)하는 사람들에 대한 이야기

다. 그들은 단지 일심으로 각종 사물을 상상하기만 해도 각종 사물이 나타 난다. 사실 이 사물들은 근본적으로 진실한 것이 아니며 모두 망상에 의해 생겨난 현상일 뿐이다. 두 번째 비유는 눈에 병이 난 상황을 말한 것이다. 사람이 눈에 병이 생기면 눈속에 각종 모습이 나타난다. 이러한 모습은 있 는 것도 없는 것도 아니며 단지 눈에 병이 있어서 생겨난 것에 불과하다. 사람들이 안팎 경계에 대면하여 생겨나는 감각은 모두 마음의 병에서 나 온 것으로 다른 것에 의지해 생겨난다. 여기에는 근본적으로 진실한 자성 이 없다. 그럼에도 이 환각에 대해 사람들은 스스로 알지도 깨닫지도 못한 다. 세 번째 비유는 금을 제련하는 상황이다. 사람들의 깨끗한 자성은 황 금과 같아 견고하고 빛나지만 먼지 속에 깊이 묻혀 있을 때에는 마치 금이 땅속 광맥 사이에 묻혀 있는 것과도 같아 반드시 제련 과정을 거쳐야만 본 래의 광택과 견실함이 회복된다. 그러므로 망상을 깨끗이 한 후에는 마음 이 마치 텅 빈 허공과도 같으니 다시는 가로막는 장애가 없다.

    망상에는 자성이 있지 않으나 연기에 의해 생겨나니
    자성이 있다 없다는 주장은 모두 망상의 집착에서 나온 것이로다
    無有妄想性 及有彼緣起 建立及誹謗 悉由妄想壞

    이런 뜻이다. 망상 자체의 자성은 있는 것도 아니요 없는 것도 아니어서 다 른 것에 의지해 생겨난다. 그러므로 일반적으로 마음의 자성이 있다 없다 고 하는 설은 각자 자신의 이론을 세워 서로 비방하는 것으로 모두가 자신 의 망상에 집착하는 것일 뿐이다.

    망상에 자성이 없으나 연을 만나 자성이 생겼다면
    자성은 없다가 새로 생긴 것으로 무에서 생겨난 것이 되도다

妄想若無性　而有緣起性　無性而有性　有性無性生

이런 뜻이다. 만약 망상에는 자성이 없으나 단지 다른 것에 의지해 생겨나면서도 비로소 망상의 자성이 생겼다고 생각한다면, 이는 무성(無性)이 유성(有性)의 작용을 일어나게 할 수 있다는 설로, 유(有)가 무(無)로부터 생겨났다는 것이다.

망상 속에서 인에 의지하며 그 연을 만나 생겨나니
모습과 이름은 항시 서로 뒤따라 이로부터 여러 망상이 생겨나도다

依因於妄想　而得彼緣起　相名常相隨　而生諸妄想

이런 뜻이다. 망상 자체는 인(因)이니 망상이 다른 것에 의지해 일어나기 때문이다. 그것이 연에 의해 일어나므로 연기성공(緣起性空)이라 말한다. 그것이 현상으로 나타난 때는 명사가 생겨나는데, 명사와 현상은 서로 관련을 맺으며 생겨난다. 하지만 명사와 현상은 망상으로부터 생겨나며, 망상은 다시 각종 이름과 모습을 생겨나게 한다. 그러므로 이른바 유(有)와 무(無) 역시 연에 의해 일어난 일종의 망상일 뿐이다.

궁극적으로 성취를 이루지 못하니 온갖 망상을 떨쳐 버리고
그런 뒤 지혜가 청정해지니 이를 일러 제일의라 하노라

究竟不成就　則度諸妄想　然後智清淨　是名第一義

이런 뜻이다. 그러므로 망상의 궁극을 유추해 보면 그것이 유(有)라고 하는 것은 당연히 잘못이다. 그것이 무(無)라고 하는 것 역시 옳지 않다. 유와 무에 모두 집착하지 않은 다음에야 비로소 청정한 지혜에 도달할 수 있다.

청정한 지혜는 곧 언어의 길이 끊어지고 마음이 사라진 것으로, 불가사의한 제일의제이다.

> 망상에 열둘, 연기에 여섯 종이 있으나
> 그것이 타오르는 불꽃임을 자각해 안다면 어디에 차별이 있으리오
> 妄想有十二　緣起有六種　自覺知爾燄　彼無有差別

이런 뜻이다. 망상은 대략 열두 종류로 나누며 여기에 대해서는 앞에서 이미 말했다. 다른 연기에 의거해 생기는 망상은 육진(六塵)의 작용으로부터 말미암는다. 만약 그것이 모두 자기 마음에 타오르는 불꽃 그림자요 떠도는 먼지에 불과한 것임을 깨달아 안다면, 어디에서 그것의 유무나 차별을 파악할 수 있겠는가.

> 오법은 진실을 위한 것이며 자성에는 세 종류가 있으니
> 수행해서 이를 분별하면 여여한 상태에 이르러 어긋남이 없도다
> 五法爲眞實　自性有三種　修行分別此　不越於如如

이런 뜻이다. 명(名), 상(相), 분별(分別), 정지(正智), 여여(如如)의 오법으로부터 망상의 진실하고 진실하지 못한 것을 알 수 있다. 망상의 자성에 대해 말하자면 세 종류가 있으니 바로 의타기(依他起), 변계소집(遍計所執), 원성실(圓成實)이다. 이 중 의타기와 변계소집 두 종류는 망상 연기의 인(因)이 된다. 이 두 작용을 떠난 것이 바로 망상이 소멸된 원성실상(圓成實相)이다. 그러므로 수행인은 이 이치를 잘 분별하여 망상을 소멸시키고 진여의 여여(如如) 경계에 머물 수 있어야 한다. 이렇게 되면 "마음 내키는 대로 행해도 법도를 어기지 않는다[隨心所欲而不踰矩]."

온갖 모습과 연기는 그 이름이 망상을 일으키니

저들 여러 망상은 연기로부터 생겨나누나

衆相及緣起 彼名起妄想 彼諸妄想相 從彼緣起生

이런 뜻이다. 일체 안팎의 색상(色相) 및 각종 연기 현상은 사람들의 망상에서 생겨나지 않은 것이 없다. 이른바 망상과 색상 등 각종 현상도 모두 연기에 의해 생겨난다. 이 이치는 피차가 서로 인연이 되고 서로 인과가 된다.

깨우친 지혜로 잘 관찰하면, 연이 없으면 망상도 사라지니

이미 이룬 것도 자성이 없으니 어떻게 망상에서 깨어나리

覺慧善觀察 無緣無妄想 成已無有性 云何妄想覺

이런 뜻이다. 스스로 깨우친 지혜로 세밀히 관찰해 보면 연기라는 것도 없고 망상이라는 것도 없다. 진여 자성의 제일의제 중에는 '자성을 이루어 존재한다(成性存存)'고 하여 마치 그것에 작용이 있는 듯하다. 하지만 연기와 망상에는 모두 자성이 없으니 그 속 어디에 다시 망상이나 감수, 지각이 있겠는가.

저 망상자성은 두 자성을 건립하니

여러 망상이 나타나는 곳 성스러운 청정 경계가 있도다

彼妄想自性 建立二自性 妄想種種現 淸淨聖境界

이런 뜻이다. 망상자성이 있다 없다 하는 이론은 모두 사람들의 망상으로 추측한 것일 뿐이다. 사람들에게 일단 망상이 생겨나면 각종 경계가 나타

난다. 만약 망상이 소멸된 청정 자성의 성스러운 경계 속이라면 어디에 이런 일이 있겠는가.

망상은 마치 그림을 그리듯 연기에 따라 짜이니
만약 다른 망상이 있다고 한다면 외도의 논리와 다르지 않도다

妄想如畵色　緣起計妄想　若異妄想者　則依外道論

이런 뜻이다. 망상이 일어나는 것은 청정한 자성에다 먼지를 묻히는 것과 같고, 마치 흰 종이에 색칠을 하면 그림이 되는 것과도 같다. 사람들은 그속에서 의타기와 변계소집의 연기로 말미암아 더욱 망상에 집착한다. 만약 그 속에 또 다른 하나의 정신적 주재자가 있다고 생각한다면 이는 외도 학자의 견해나 이론과 같다.

망상이라 말하고 생각하는 것은 망상의 인과 견해가 화합해 생겨나니
유무의 두 망상을 벗어난 것이 원성실성이도다

妄想說所想　因見和合生　離二妄想者　如是則爲成

이런 뜻이다. 위에서 말한 많은 망상의 이치 역시 일종의 망상이다. 망상이라 말하는 것은 모두 사람들의 망견을 분석한 후 소견과 망상을 합하여 만든 이론이기 때문이다. 요컨대 유와 무의 두 가지 망상 견해를 멀리 벗어날 수 있는 것이 바로 진실한 원성실성(圓成實性)이다.

大慧菩薩摩訶薩復白佛言. 世尊. 唯願爲說自覺聖智相, 及一乘. 若說自覺聖智相, 及一乘, 我及餘菩薩, 善自覺聖智相, 及一乘. 不由於他, 通達佛法. 佛告大慧. 諦聽諦聽. 善思念之. 當爲汝說. 大慧白佛言. 唯然受教. 佛告大慧. 前聖所知, 轉相傳授. 妄想無性. 菩薩摩訶薩, 獨一靜處. 自覺觀察. 不由於他, 離見妄想. 上上升進, 入如來地, 是名自覺聖智相. 大慧. 云何一乘相. 謂得一乘道覺, 我說一乘. 云何得一乘道覺. 謂攝所攝妄想. 如實處不生妄想. 是名一乘覺. 大慧. 一乘覺者. 非餘外道聲聞緣覺, 梵天王等之所能得. 唯除如來以是故, 說名一乘. 大慧白佛言. 世尊. 何故說三乘, 而不說一乘. 佛告大慧. 不自般涅槃法, 故不說一切聲聞緣覺一乘. 以一切聲聞緣覺, 如來調伏, 授寂靜方便而得解脫, 非自己力. 是故不說一乘. 復次大慧. 煩惱障業習氣不斷. 故不說一切聲聞緣覺一乘. 不覺法無我. 不離分段死, 故說三乘. 大慧. 彼諸一切起煩惱過習氣斷, 及覺法無我. 彼一切起煩惱過習氣斷, 三昧樂味著非性. 無漏界覺. 覺已, 復入出世間. 上上無漏界滿足衆具. 當得如來不思議自在法身. 爾時世尊欲重宣此義, 而說偈言.

諸天及梵乘　聲聞緣覺乘　諸佛如來乘　我說此諸乘

乃至有心轉　諸乘非究竟　若彼心滅盡　無乘及乘者

無有乘建立　我說爲一乘　引導衆生故　分別說諸乘

解脫有三種　及與法無我　煩惱智慧等　解脫則遠離

譬如海浮木　常隨波浪轉　聲聞愚亦然　相風所飄蕩

彼起煩惱滅　除習煩惱愚　味著三昧樂　安住無漏界

無有究竟趣　亦復不退還　得諸三昧身　乃至劫不覺

譬如昏醉人　酒消然後覺　彼覺法亦然　得佛無上身

무엇이 불법의 진정한 뜻이며
일승도의 이치인가

　대혜대사가 다시 물었다. "무엇이 자각성지상(自覺聖智相)의 경계입니까? 무엇이 일승(一乘) 불법의 이치입니까?" 부처님께서 말씀하셨다. "옛 부처님과 앞선 성인들이 증득하여 안 성(性)과 상(相)의 이치는 지금까지도 전해지고 있는데, 망상에 자성이 없다는 진제(眞諦)가 아닌 것이 없네. 고독하고 고요한 곳에 계시면서 스스로 깨우치고 관찰하여 이 일을 증득하신 것으로, 결코 다른 사람에게 얻은 것이 아니네. 일체의 망상을 떠나 이후 다시 승화하여 여래의 과위로 들어서니, 이를 일러 자각성지상이라 하네. 무엇이 일승 불법의 이치인가? 받아들이는 주체와 객체에 대한 일체의 망상을 버리고, 한 생각도 일어나지 않는 진여에 머무는 것, 이것을 일러 일승각(一乘覺)이라 하네. 대혜여! 일승각의 경계는 결코 외도 학자나 성문, 연각, 범천주(梵天主), 천인(天人) 등이 얻을 수 있는 것이 아니네. 단지 여래만이 알 수 있어 이름을 일승이라 했네." 대혜가 다시 물었다. "그렇다면 왜 부처님께서는 다시 크고 작은 삼승(三乘)의 이치를 말씀하시면서도 일승에 대해서는 말씀하시지 않는 것입니까?" 부처님께서 대답하셨다. "성문과 연각 들은 소위 본래의 자재열반(自在涅槃)이라는 것이 결코 출입할 수 있는 또 다른 열반 경계가 아님을 증득할 수 없기에 그들이 일승 속에 있다고 말하지 않았네. 그들의 열반 경계는 여래가 그들의 번뇌 망상을 조정하고 항복시키기 위해 일종의 방편으로 적정(寂靜)을 가르쳐 잠시의 해탈을 얻도록 한 것이네. 결코 자력으로 구경의 열반을 증득하게 한 것이 아니므로 그들이 일승 속에 있다고 말하지 않았네. 그리고 그들의 번뇌장과 업력의 습기를 근본적으로 끊어 낼 수 없어 그들이 일승 속에 있다고 말하지 않았네. 그들은 법무아를 증득할 수 없네. 단지 분단생사(分段生死)만을 떠날 수 있을 뿐 변역생사(變易生死)를 알 수 없네. 이 때문에 그들을 위해 삼승의 이치를 말했네."

진정한 불법은
세속을 떠나는 것만을 중시하지 않는다

"대혜여! 만약 그들이 일체의 번뇌와 잘못된 습기를 끊어 버릴 수 있다면 바로 법무아를 증득할 수 있네. 적정의 삼매 경계를 아는 것은 결코 자성의 구경이 아니네. 자성의 구경은 그로부터 무루(無漏)[141]의 경계에 들어 다시는 선미(禪味)에 빠지지 않고 자성이 본래 무루임을 깨닫는 것이네. 이렇게 된 후 다시 세속에 들어와 세상 속에서 세간을 초월해 최상의 무루의 경계를 두루 갖추는 것이네. 세속에 들어오든 세속을 떠나든 걸림이 없어야 여래의 불가사의한 자재 법신을 얻게 되네." 부처님은 이 이치를 종합해 한 편의 게송으로 말씀하셨다.

　여러 천과 범승, 성문과 연각승
　여러 부처님의 여래승, 내가 이들 여러 승을 말했도다
　諸天及梵乘　聲聞緣覺乘　諸佛如來乘　我說此諸乘

　하지만 유심의 전업에 이르기까지는 여러 승이 구경이 아니니
　만약 이 마음이 다하여 사라지면 아무런 승도 승의 재질도 없도다

---

141 누(漏)란 번뇌의 다른 이름으로 누설(漏泄)된다는 뜻이다. 탐내거나 성내는 등의 번뇌는 밤이나 낮이나 눈이나 귀 등 육근을 통해 끊임없이 누설되어 흐르기에 이것을 누라 한다. 또 누는 누락(漏落)의 뜻으로, 번뇌는 사람으로 하여금 삼악도에 누락케 하므로 그것을 누라고 한다. 이 때문에 번뇌의 법운에 가려 누설되는 것을 유루(有漏)라 하고 번뇌의 법운을 떠난 것을 무루(無漏)라 한다. (원주)

乃至有心轉　諸乘非究竟　若彼心滅盡　無乘及乘才

아무것도 건립할 승이 없는 것, 이것이 내가 말하는 일승이나
중생을 인도하기 위해 여러 승을 나누어 말한 것이로다
無有乘建立　我說爲一乘　引導衆生故　分別說諸乘

이런 뜻이다. 불법은 사람을 근본으로 하여 최초로 발심하여 닦아 나가는
것으로, 인승(人乘)·천승(天乘)·성문승(聲聞乘)·연각승(緣覺乘)·대승(大
乘)을 거쳐 여래에 도달한다. 이것 역시 부처님이 말하는 차례로 점차 덕
을 닦아 나아가는 하나의 큰 단계이다. 그 중 여래지(如來地)를 제외하고
는 여전히 모두가 유심지(有心地)의 전업상(轉業相)이다. 그리고 철저히
말하자면 여러 승(乘)은 구경의 진제가 아니다. 만약 일체의 망상심이 소
멸된다면 무슨 승(乘)이니 어떤 승(乘)의 경계니 말할 것도 없다. 이 때문
에 부처님은 단지 일승만이 구경이라 말한다. 중생을 깨우쳐 주고 끌어 가
기 위해 기타의 승(乘)을 말한 것이다.

해탈엔 세 종류가 있으니 법무아에 이르러서야
번뇌와 지혜의 차등으로부터 멀리 벗어나 해탈하도다
解脫有三種　及與法無我　煩惱智慧等　解脫則遠離

이런 뜻이다. 번뇌를 해탈하는 방법과 경로에는 대략 세 종류가 있으니 소
위 성정해탈(性淨解脫, 자성 본래의 청정함을 증득함), 원정해탈(圓淨解脫, 자성
의 청정하고 원만함을 증득함), 방편정해탈(方便淨解脫, 일체의 방편 법문이 본래
청정함을 아는 것)로, 여기서 더 나아가 법무아를 증득하면 번뇌와 지혜의
차별조차 없어진다. 이 때문에 번뇌가 바로 보리정각이라 말하는 것이다.

이렇게 되어야 비로소 대해탈이며 번뇌와 지혜의 대립 구조를 벗어나 구경의 해탈을 얻은 것이다.

> 바다에 떠 있는 나무토막이 항시 파도를 따라 전전하는 것처럼
> 성문의 어리석음 역시 그러해 바람을 만나면 이리저리 휩쓸리도다
> 譬如海浮木 常隨波浪轉 聲聞愚亦然 相風所飄蕩

이런 뜻이다. 성문승과 연각승 들이 얻은 해탈 경계와 과위는 마치 물에 뜬 뗏목과도 같아 태풍이 몰아치는 끝없는 바닷속에서 비록 자신은 가라앉지 않을 수 있지만, 바깥의 풍랑과 파도가 여전히 그치지 않는 것과 같다. 이것을 구경의 해탈이라 생각한다면 여전히 지혜롭지 못한 어리석은 자일 뿐이다.

> 저들 번뇌가 소멸되어도 남은 습기의 번뇌와 어리석음으로
> 삼매의 즐거움에 빠져드니 어찌 무루의 경계에 머물 수 있으리
> 彼起煩惱滅 餘習煩惱愚 味著三昧樂 安住無漏界

> 구경에 나아가지도 않고 물러서 되돌아가지도 않아
> 여러 삼매의 몸을 얻어 겁에 이르러도 깨닫지 못하노라
> 無有究竟趣 亦復不退還 得諸三昧身 乃至劫不覺

이런 뜻이다. 이승(二乘)의 사람들은 비록 번뇌를 소멸시켰으나 여전히 남아 있는 습기를 끊어 없애지 못하여 그저 이것으로 저것을 바꿔 놓아 잠시 생겨나지 않은 것에 불과하다. 그들은 삼매 경계의 고요한 맛에 탐닉하여 그것을 놓으려 하지 않는다. 그들이 무루의 경계 속에 머물러 있어도 결코

최고 구경의 성취가 아니다. 그들 역시 각종 안락한 경계 속에서 안심입명하며 다시는 물러서지 않을 수 있다. 심지어 정(定)에 머물며 무수한 세상의 겁을 보낼 수 있으며 설사 불길이 골짜기를 다 태워도 전혀 깨닫지 못한다.

비유컨대 취해 정신을 잃은 사람은 술기운이 없어진 뒤에야 깨어나니
깨닫는 법 역시 그러해 부처의 더없이 높은 몸을 얻으리
譬如昏醉人　酒消然後覺　彼覺法亦然　得佛無上身

이런 뜻이다. 이러한 상황은 자신이 삼매의 고요한 즐거움 속에 빠져서 마치 좋은 술에 취해 곯아떨어진 사람처럼 아무것도 알지 못하는 것과 같다. 삼매의 술기운이 다 없어지면 깨어나 여래의 경계가 본래 청정하며 성불의 유래가 이미 오래되었음을 증득하게 된다.

능가경 권3

일체불어심품(一切佛語心品) 3

爾時世尊告大慧菩薩摩訶薩言. 意生身分別通相. 我今當說. 諦聽諦聽. 善思念之.

大慧白佛言. 善哉世尊. 唯然受教. 佛告大慧. 有三種意生身. 云何爲三. 所謂三昧

樂正受意生身. 覺法自性性意生身. 種類俱生無行作意生身. 修行者了知, 初地上

上增進相, 得三種身. 大慧. 云何三昧樂正受意生身. 謂第三第四第五地, 三昧樂

正受故, 種種自心寂靜, 安住心海. 起浪識相不生. 知自心現境界, 性非性. 是名三

昧樂正受意生身. 大慧. 云何覺法自性性意生身. 謂第八地觀察覺了, 如幻等法悉

無所有, 身心轉變. 得如幻三昧, 及餘三昧門. 無量相力自在明, 如妙華莊嚴迅疾

如意. 猶如幻夢水月鏡像, 非造非所造. 如造所造, 一切色種種支分, 具足莊嚴. 隨

入一切佛剎大衆, 通達自性法故. 是名覺法自性性意生身. 大慧. 云何種類俱生無

行作意生身. 所謂覺一切佛法, 緣自得樂相. 是名種類俱生無行作意生身. 大慧.

於彼三種身相, 觀察覺了, 應當修學. 爾時世尊欲重宣此義, 而說偈言.

非我乘大乘　非說亦非字　非諦非解脫　非無有境界

然乘摩訶衍　三摩提自在　種種意生身　自在華莊嚴

의생신의 분류와 원리

이때 부처님께서 대혜대사에게 말씀하셨다. "의생신의 분류와 공동의
원리에 대해 내가 그대에게 해설하겠노라! 대혜여! 의생신은 세 종류가
있으니 첫째는 삼매락정수의생신(三昧樂正受意生身)이요, 둘째는 각법자
성성의생신(覺法自性性意生身), 셋째는 종류구생무행작의생신(種類俱生無
行作意生身)이 그것이네. 무릇 수행자가 이미 초지 보살의 과위를 증득하
면 초지의 경계를 알게 되며, 여기서 다시 더 나아가면 세 종류의 의생신

을 얻을 수 있네. 무엇이 삼매락정수의생신(三昧樂正受意生身)인가? 보살도의 제삼 발광지, 제사 염혜지, 제오 난승지 경계에 도달하면 그 속에서 삼매락정수(三昧樂正受)를 얻네. 이때가 되면 마음이 고요해져 심성의 바닷속에 안주하며 각종 망상의 파도가 일어나지 않네. 일체 안팎의 경계가 모두 자기 마음의 현식(現識) 작용에 불과하며 어떤 개별적 자성도 존재하지 않는다는 것을 철저히 아는 것, 이를 일컬어 삼매락정수의생신이라 하네. 무엇이 각법자성성의생신(覺法自性性意生身)인가? 제팔 부동지의 경계에 이르면 일체 안팎의 제법이 모두 꿈과 같아 마침내 아무것도 존재하지 않는다는 것을 관찰해 깨닫게 되네. 이로부터 신심(身心)이 전환되고 기질도 철저히 변화되어 환상과도 같은 삼매 경계와 그 나머지 각종 삼매도 얻게 되네. 이때가 되면 무한한 색상(色相)의 능력을 스스로 발할 수 있고 자재 신통의 운용에도 밝아져, 마치 절묘한 연꽃과도 같이 장엄하고 미묘하다네. 하지만 이러한 경계는 꿈과 같고 물속의 달이나 거울 속의 꽃과도 같으니 그것이 정말로 존재하는 것이겠는가? 또 그것이 실제 존재하지 않는다고 해서 그것이 없다고 말할 수 있겠는가? 그것은 진정으로 나타날 수 있네. 그뿐 아니라 일체의 색상(色相)과 미묘한 지체(肢體)를 갖추고 모든 세계 어떤 불토에도 마치 그 불국의 사람처럼 들어갈 수 있네. 이것이 가능한 것은 모두 자성의 법이(法爾)[142]에 통달했기 때문이네. 자성 본래에 두루 갖추어진 작용에서 나온 것, 이를 일컬어 각법자성성의생신이라 하네. 무엇이 종류구생무행작의생신(種類俱生無行作意生身)인가? 이미 일체 불법을 증득하고 깨달아 자성 실제의 법락(法樂)을 얻은 것, 이것을 일러 종류구생무행작의생신이라 하네. 대혜여! 그러므로 이 세 종류 의생신에 대해서는 반드시 관찰하고 깨달아 마땅히 닦아 나아가야 하네." 부처

---

142 있는 그대로의 모습이나 이치.

님은 이 이치를 종합해 한 수의 게송으로 말씀하셨다.

내 승이 대승이 아니요 언어 문자로 표현할 수 있는 것도 아니니
진제도 아니요 해탈도 아니며 경계가 있지 않은 것이 아니도다
非我乘大乘　非說亦非字　非諦非解脫　非無有境界

이런 뜻이다. 부처가 말하는 대승도는 결코 사람을 제도할 수 있는 실제로
존재하는 어떤 것이 아니요, 언어나 문자로 표현할 수 있는 것도 아니다.
그것을 진제라 하지만 실체가 있는 것이 아니니 어떤 것을 말해도 아무 내
용이 없는 것과 같다. 그것을 해탈이라 하지만 본래 묶인 것이 없는데 어
찌 해탈이라 하겠는가? 그렇다면 그것을 무상(無相)의 경계가 없는 것이
라고 할까? 사실 그것은 결코 형체와 모습이 없는 것은 아니며 또 경계가
없는 것도 아니다.

그러나 마하연[143]을 타야 삼매 자재를 얻으니
여러 의생신은 자재로우며 꽃처럼 장엄하도다
然乘摩訶衍　三摩提自在　種種意生身　自在華莊嚴

이런 뜻이다. 반드시 대승도의 법문을 닦아야만 삼매 자재의 경계를 얻어
자연스레 여러 의생신의 작용이 나타날 수 있다. 마치 연꽃이 더러운 진흙
속에서 피어나 자재롭고 더러움을 타지 않으며 비할 수 없이 성스럽고 장
엄한 것과 같다.

---

143 대승의 가르침.

爾時大慧菩薩摩訶薩白佛言. 世尊. 如世尊說, 若男子女人, 行五無間業, 不入無擇地獄. 世尊. 云何男子女人行五無間業, 不入無擇地獄. 佛告大慧. 諦聽諦聽. 善思念之. 當爲汝說. 大慧白佛言. 善哉世尊. 唯然受教. 佛告大慧. 云何五無間業. 所謂殺父母, 及害羅漢. 破壞衆僧. 惡心出佛身血. 大慧. 云何衆生母. 謂愛更受生, 貪喜俱. 如緣母立. 無明爲父. 生入處聚落. 斷二根本. 名害父母. 彼諸使不現. 如鼠毒發. 諸法究竟斷彼名害羅漢. 云何破僧. 謂異相諸陰和合積聚. 究竟斷彼. 名爲破僧. 大慧. 不覺外自共相, 自心現量, 七識身. 以三解脫無漏惡想, 究竟斷彼七種識佛. 名爲惡心出佛身血. 若男子女人行此無間事者, 名五無間. 亦名無間等. 復次大慧. 有外無間今當演說. 汝及餘菩薩摩訶薩, 聞是義已, 於未來世, 不墮愚癡. 云何五無間. 謂先所說無間. 若行此者. 於三解脫, 一一不得無間等法. 除此法已. 餘化神力, 現無間等. 謂聲聞化神力. 菩薩化神力. 如來化神力. 爲餘作無間罪者, 除疑悔過. 爲勸發故. 神力變化現無間等. 無有一向作無間事, 不得無間等. 除覺自心現量, 離身財妄想, 離我我所攝受. 或時遇善知識, 解脫餘趣相續妄想. 爾時世尊欲重宣此義, 而說偈言.

貪愛名爲母　無明則爲父　覺境識爲佛　諸使爲羅漢

陰集名爲僧　無間次第斷　謂是五無間　不入無擇獄

다섯 종 무간중죄의 언사를 뒤집은 교묘한 비유

이때 대혜대사가 다시 물었다. "부처님께서는 어떤 사람이 오무간업(五無間業, 도피할 데가 없는 다섯 죄악)을 범하고서도 무택지옥(無擇地獄, 시공의 제한을 받지 않고 영원히 고통 속에 빠져 있음)에 들어가지 않는다고 하셨는데,

그건 무슨 이치인가요?" 부처님께서 대답하셨다. "무엇을 오무간업이라 하는가? 첫째는 아버지를 죽인 것, 둘째는 어머니를 죽인 것, 셋째는 득도한 아라한을 죽인 것, 넷째는 화합하여 수행하는 청정한 승려들을 해치는 것, 다섯째는 악한 마음으로 부처의 몸에 의도적으로 피를 흘리게 하는 것이네. 이것을 오무간업이라 하니, 도피할 데가 없는 죄행으로 시공의 제한 없이 영원히 이리(泥犂, 지옥)에 떨어지네. 그런데 왜 다시 오무간업을 범하고서도 지옥의 고통스러운 업보를 받지 않는다고 했을까? 대혜여! 그대는 알아야 하네. 첫째, 어떻게 해야 중생들에게 가장 친근한 어머니라 할 수 있겠는가? 내면의 사랑하는 마음으로부터 나온 정욕(情欲)과 기뻐하고 사랑하는 감각에 집착하는 것은 생명과 동시에 갖추어진 것으로, 중생을 길러 내는 가장 친근한 모성의 원천이네. 둘째, 그 내면의 한 생각인 무명이 바로 중생의 아버지이네. 그러므로 이 두 가지 근본을 끊는 것을 일러 아버지와 어머니를 해친다고 했네. 셋째, 이러한 일체의 심리 상태에 지배되는 혼미한 망상은 전염병 못지않게 무섭다네. 그러므로 그것을 완전히 끊어 없앨 수 있는 것을 일러 아라한을 죽인 것이라 했네.(아라한의 경계, 아라한의 마음속에는 비록 또다시 망상의 작용이 일어나지는 않아도 외계에 감염될 수 있는 습기의 종자가 잠재해 있어서 아직은 완전히 변화된 것도 완전히 끊어 없앤 것도 아님.) 넷째, 마침내 몸과 마음의 오음(五陰)인 색·수·상·행·식이 서로 인과가 되어 누적된 업력 활동이 완전히 끊어진 것을 일러 화합한 승려들을 해친다고 했네. 다섯째, 범부는 깨닫지 못하지만 그의 심경 속에 있는 안팎의 각종 경계와 현상은 일곱 종의 식(識)에 의해 일어난 것으로, 사실은 모두 자기 마음의 현량 경계가 변해 나타난 것이네. 만약 삼해탈문(三解脫門, 성정해탈性淨解脫·원정해탈圓淨解脫·방편정해탈方便淨解脫)을 사용해 마침내 해탈을 얻을 수 있다면, 이로써 일곱 종 식(識)의 작용을 끊어 없애고 제팔 여래장식(아뢰야)으로 돌아가 마침내 대원경지(大圓鏡智)로 변화될 수 있으니, 이를 일러 악한 마음으로 부처의 몸에 의도적으로 피를 흘리게 한다고 했네. 만약 어떤 사람이 이러한 오무간업에 도달할 수 있다면 비록 명목상으로는 오무간죄를 범했다고 하겠지만 사실은 진여 자성의 평등한 무간 선업(善業)을 증득한 것이네. 대혜여! 이 외에도 바깥에 있는 한 종류의 무간 죄업이 있어 이제 그대를 위해 다시 해설하니, 그대들 대승도를 배우는 사람이 그 속의 묘용(妙用)을 알아 장래 외경의 미혹에 빠지거나 어리석음에 가려 회의를 일으키지 않도록 하게. 그것이 무엇인가? 앞에서 말한 다섯 종의 무간 죄행과 같이 어떤 사람이 정말로 부모와 아라한을 살해하고 청정한 승려를 해치며 부처를 해하여 피가 나게 했다면 그들은 삼해탈문을 닦아 해탈을 얻을 수 없네. 그런 까닭에 죄악 속에 있는 중생을 구제하기 위해 여래와 보살 혹은 이미 성문과 연각을 얻은 아라한들은 자재 신력의 화신으로 그들의 반려자나 동료가 되어 다섯 종의 죄행을 시현하고, 그런 뒤 그 과보를 보여 줌으로써 그들로 하여금 반드시 철저히 참회하도록 가르친다네. 그렇게 해서 그들로 하여금 죄악으로부터 얻은 고통을 해탈하는 방법, 즉 충심에서 우러나온 참회가 없이는 구경의 해탈을 얻을 수 없음을 알게 한다네. 그들은 몸으로 직접 보여 주며 이러한 상황이 모두 자기 마음의 현식 경계에서 일어난다는 것을 증명하는 것이네. 자기 마음의 현량에 대한 깨달음 외에도 오직 내 몸만 생각하는 망상과 집착, 그에 근거한 물욕 등을 없애 그로부터 진정한 무아에 이르러 일체 외연에 집착하지 않을 때에야 비로소 구경의 해탈을 얻게 되네. 만약 그렇지 못하다면 이들 다섯 무간의 죄행을 벗어나기 위해서는 오로지 진정한 선지식을 만날 기회가 있어야 하네. 그래야만 비로소 끊임없이 망상이 이어지는 무간지옥의 괴로운 과보로부터 벗어날 수 있네." 부처님은 이 이치를 종합해 한 수의 게송으로 말씀하셨다.

탐애를 어머니라 하고 무명이 아버지가 되며

경계와 식을 깨닫는 것이 부처요 여러 사자가 나한이로다

음지로 모여드는 것이 승려로, 무간이 차례로 끊어지니

이를 일러 오무간이라 하며 무택옥에 들어가지 않는도다

貪愛名爲母　無明則爲父　覺境識爲佛　諸使爲羅漢

陰集名爲僧　無間次第斷　謂是五無間　不入無擇獄

이런 뜻이다. 탐애의 욕념과 무명의 활동은 중생을 기르는 부모에 비유된다. 안팎 일체 경계가 모두 심식(心識)이 만들어 낸 것임을 분별하고, 식(識)이 없는 순수한 깨침을 증득할 수 있는 것은 부처의 경계에 비유된다. 탐욕 등 심념에서 생겨나는 팔십팔결사(八十八結使)[144]를 타파하는 것은 나한의 경계에 비유된다. 신심(身心) 오음(五陰) 등 고뇌의 집적을 끊어 버린 것은 청정한 승려에 비유된다. 만약 어떤 사람이 차례로 이러한 다섯 종의 무간업(無間業)을 끊어 없앨 수 있다면 당연히 무간지옥에 떨어지지 않을 것이다.

---

144 일체 번뇌 중 탐(貪)·진(瞋)·치(癡)·만(慢)·의(疑)·신견(身見)·변견(邊見)·사견(邪見)·견취견(見取見)·계금취견(戒禁取見)의 십혹(十惑)을 일러 본혹(本惑)이라 하고 그 나머지를 수혹(隨惑)이라 하는데, 이 십혹에 미혹되어 생겨나는 차별이 팔십팔결사다. 결(結)과 사(使)는 모두 번뇌의 다른 이름이다. 신심(身心)을 얽매어 고과(苦果)를 결성(結成)하므로 이 때문에 결(結)이라 하며, 중생을 따라다니며 함부로 몰아쳐 부리[驅使]므로 사(使)라 했다. 고집멸도의 사제(四諦)에 미혹됨이 생겨 그로부터 일어나는 것이 욕계에 서른두 가지, 색계에 스물여덟 가지, 무색계에 스물여덟 가지이니 삼계를 통틀어 여든여덟 가지가 된다. 욕계의 서른두 가지는 고제(苦諦)의 이치에 미혹되어 일어나는 것이 십혹이요 다음으로 집제(集諦)의 이치에 미혹되어 일어나는 것이 칠혹이니, 앞의 십혹 중 신변계(身邊戒)의 삼견(三見)을 제외한 것이다. 집제는 업인(業因)인데 업인이 없이 아체(我體)에 미혹되어 집착하므로 신견(身見)이 없으며, 신견이 없기에 변견(邊見)이 없고 계금취견(戒禁取見)이 없다. 다음으로 멸제의 이치에 미혹되어 칠혹이 일어나는데 이는 집제와 같다. 다음으로 도제의 이치에 미혹되어 일어나는 것으로 팔혹이 있는데, 앞의 칠혹에다 계금취를 더한 것으로 이를 모두 합치면 욕계의 삼십이혹이 된다. 그러나 색계와 무색계에 각기 스물여덟 가지가 있는 것은 사제의 미혹 중 진(瞋)이 제외되기 때문이다. 색계와 무색계는 정(定)의 경지이기에 성냄과 같은 거친 번뇌는 일어나지 않는다.(원주)

爾時大慧菩薩復白佛言. 世尊. 唯願爲說佛之知覺. 世尊. 何等是佛之知覺. 佛告
大慧. 覺人法無我, 了知二障, 離二種死, 斷二煩惱, 是名佛之知覺. 聲聞緣覺得此
法者, 亦名爲佛. 以是因緣故, 我說一乘. 爾時世尊欲重宣此義, 而說偈言.

善知二無我　二障煩惱斷　永離二種死　是名佛知覺

부처의 지각 경계는 어떠한가

이때 대혜대사가 부처님께 다시 물었다. "어떻게 되어야 비로소 부처님
의 지각 경계라 할 수 있습니까?" 부처님께서 대답하셨다. "인무아와 법
무아(이무아二無我)를 증득하고 번뇌장과 소지장(이장二障)을 끊어 없애고,
분단생사와 변역생사(이생사二生死)를 멀리 벗어나야 하네. 탐(貪)·진
(瞋)·치(癡)의 근본 번뇌와 분(忿)·한(恨)·복(覆) 등의 수번뇌(隨煩惱, 이번
뇌二煩惱)를 끊어 낸 것을 일컬어 부처의 지각 경계라 하네. 만약 성문과
연각을 닦는 사람들이 이러한 경계를 얻는다면 그 역시 부처네. 그래서 내
가 불법에는 단지 일승의 도만 있을 뿐이라 말한 것이네." 부처님은 이 이
치를 종합해 한 수의 게송으로 말씀하셨다.

이무아를 잘 알고 이장의 번뇌를 끊으며
두 종류 생사를 영원히 떠난 것, 이를 일러 부처의 지각이라 하도다
善知二無我　二障煩惱斷　永離二種死　是名佛知覺

:: 이 게송의 뜻은 앞에서 설명했으므로 여기서 다시 해석하지 않는다.

爾時大慧菩薩白佛言. 世尊. 何故世尊於大衆中唱如是言. 我是過去一切佛. 及種
種受生. 我爾時作曼陀轉輪聖王. 六牙大象. 及鸚鵡鳥. 釋提桓因. 善眼仙人. 如是
等百千生經說. 佛告大慧. 以四等故, 如來應供等正覺, 於大衆中唱如是言. 我爾
時作拘留孫, 拘那含牟尼, 迦葉佛. 云何四等. 謂字等, 語等, 法等, 身等. 是名四
等. 以四種等故, 如來應供等正覺, 於大衆中唱如是言. 云何字等. 若字稱我爲佛.
彼字亦稱一切諸佛. 彼字自性, 無有差別, 是名字等. 云何語等. 謂我六十四種梵
音, 言語相生. 彼諸如來應供等正覺, 亦如是六十四種梵音, 言語相生, 無增無減,
無有差別. 迦陵頻伽, 梵音聲性. 云何身等. 謂我與諸佛法身, 及色身相好, 無有差
別. 除爲調伏彼彼諸趣差別衆生故, 示現種種差別色身. 是名身等. 云何法等. 謂
我及彼佛, 得三十七菩提分法, 略說佛法無障礙智. 是名四等. 是故如來應供等正
覺, 於大衆中唱如是言. 爾時世尊欲重宣此義, 而說偈言.

迦葉拘留孫　拘那含是我　以此四種等　我爲佛子說

부처님은 왜 생전의
인과와 사적을 말하시는가

　이때 대혜대사가 다시 물었다. "부처님께서는 왜 많은 경전에서 과거
어떤 부처가 내 전생이었다거나 전생에 천제 또는 인간세의 전륜성왕 등
이었다거나, 혹은 선안선인(善眼仙人)이었다거나 또는 여섯 개의 상아를
가진 코끼리나 앵무(鸚鵡) 등의 중생으로 변했다고 하셨는데 그건 무슨 이
치인가요?" 부처님께서 대답하셨다. "네 가지 이유가 있어서 그렇게 말했
네. 네 가지 이유란 무엇인가? 바로 모든 문자(文字)의 뜻은 평등하고 모

든 언어(言語)의 뜻은 평등하며 모든 법문(法門)의 뜻은 평등하며 모든 신
명(身命)의 뜻은 평등하니, 이 때문에 내가 그렇게 말했네. 문자의 뜻이 평
등하다는 것은 무엇인가? 예를 들면 정각을 얻은 나를 불타라 칭하지만
어떤 문자를 사용하여 표현하든 모두 그 뜻은 같네. 비록 문자의 형태는
다를지라도 그것이 표현하고자 하는 의미와 성질은 차별 없이 평등하니,
이를 일러 문자의 뜻이 평등하다고 하네. 언어의 뜻이 평등하다는 것은 무
엇인가? 고인도의 범문(梵文)을 예로 들면 육십사 종의 다른 음운이 있음
에도 그것을 사용해 표현하고자 하는 뜻은 같으니, 이를 일러 언어의 뜻이
평등하다고 하네. 신명의 뜻이 평등하다는 것은 무엇인가? 정각을 증득한
일체의 법신(자성의 본래)과 색신(色身)의 모습이 모두 동등하다는 것이네.
그리고 우주 간 온갖 생물은 형형색색이어서 비록 색신에 차별이 있지만
법신불(자성의 본래)이 아님이 없으니, 중생의 교화를 위해 다양한 형태로
나타난 것이네.(소위 천지와 나는 같은 뿌리요 만물은 나와 한 몸이나, 만물을 자신
에게 모으는 자는 오직 성인뿐이라고 한 것도 바로 이 뜻임.) 이를 일러 신명의 뜻
이 평등하다고 하네. 법문의 뜻이 평등하다는 것은 무엇인가? 나와 일체
불이 광의로 말하는 삼십칠보리도품과 약술하여 말하는 무장애지(無障礙
智)가 모두 같은 것이니, 이를 일러 법문의 뜻이 평등하다고 하네. 이상에
서 말한 네 종류의 평등한 뜻을 귀납해 전생의 인과에 관한 설법을 행한
것이네." 부처님은 이 이치를 종합해 한 수의 게송으로 말씀하셨다.

   가섭과 구류손, 구나함이 나로서
   이 넷이 평등하므로 내가 불자를 위해 설하도다
   迦葉拘留孫　拘那含(주67 참조)是我　以此四種等　我爲佛子說

   :: 이 게송의 뜻은 앞에서 이미 설명했기에 다시 해석하지 않는다.

大慧復白佛言. 如世尊所說, 我從某夜得最正覺. 乃至某夜入般涅槃. 於其中間,
乃至不說一字. 亦不已說當說. 不說是佛說. 世尊. 如來應供等正覺, 何因說言, 不
說是佛說. 佛告大慧. 我因二法故, 作如是說. 云何二法. 謂緣自得法, 及本住法.
是名二法. 因此二法故, 我如是說. 云何緣自得法. 若彼如來所得, 我亦得之. 無增
無減. 緣自得法, 究竟境界. 離言說妄想. 離字二趣. 云何本住法. 謂古先聖道, 如
金銀等性. 法界常住, 若如來出世, 若不出世, 法界常住. 如趣彼城道. 譬如士夫行
曠野中, 見向古城平坦正道. 卽隨入城, 受如意樂. 大慧. 於意云何. 彼作是道, 及
城中種種樂耶. 答言不也. 佛告大慧. 我及過去一切諸佛, 法界常住, 亦復如是. 是
故說言, 我從某夜得最正覺, 乃至某夜入般涅槃, 於其中間不說一字, 亦不已說當
說. 爾時世尊欲重宣此義, 而說偈言.

我某夜成道　至某夜涅槃　於此二中間　我都無所說
緣自得法住　故我作是說　彼佛及與我　悉無有差別

부처님이 증득한 것이 무슨 도이며
말한 것이 무슨 법인가

대혜가 다시 물었다. "부처님께서는 어느 날 밤에 정등정각(正等正覺)을
증득했다거나 어느 날 밤에 열반에 들었다고 하셨고, 그리고 다시 그 중간
에 한 글자도 말한 것이 없다고도 하셨습니다. 그리고 또 과거에 말한 것,
현재 말하고 있는 것, 장래 말할 것은 모두 부처가 말한 것이라 볼 수 없다
고 하셨는데 무슨 근거로 그런 말씀을 하셨는지요?" 부처님께서 말씀하
셨다. "나는 두 법문에 근거해 그렇게 말했네. 두 법문이란 첫째는 마음속

으로 증험하여 스스로 얻은 법이요, 둘째는 항시 머물러 있는 본래의 법이네. 마음속으로 증험하여 스스로 얻은 법이란 어떤 것인가? 과거 여러 부처님들이 증득하여 깨달은 심법(心法)으로, 나도 같은 방식으로 증득했네. 그리고 과거와 현재 그리고 미래의 증득자도 모두 조금의 차이가 없네. 여래의 심법은 늘어나지도 않고 줄어들지도 않기 때문이네. 마음속으로 증득하여 스스로 얻은 이러한 심법의 경계는 언어나 망상을 벗어난 것으로, 이름도 없고 상대적 분별도 없네. 항시 머물러 있는 본래의 법이란 무엇인가? 예로부터 지금에 이르기까지 성스러운 도는 시종 변함이 없으니, 마치 금이나 은과 같아 어떤 모양으로 바뀌더라도 처음부터 끝까지 그 본성을 잃지 않네.(현대 용어로 말하자면 진리란 단지 하나일 뿐이며 그것은 영원히 불변한다고 할 수 있음.) 여래가 증득한 정등정각의 법 역시 항시 법계에 머물러 소멸되지 않네.(사법계事法界, 이법계理法界, 이사무애법계理事無礙法界, 사사무애법계事事無礙法界를 총괄해 법계라 부름.) 부처가 세상에 나타나든 나타나지 않든 이 법은 본래 항시 머물러 소멸되지 않네. 비유하자면 하나의 도시와도 같네. 시종 한 곳에 그대로 존재하고 있다가 가령 어떤 사람이 황량한 광야에서 헤매다 홀연 이 오래된 도시로 통하는 큰 길을 발견한다면, 그는 곧바로 그 길을 따라 도시로 가서 갖가지 안락을 누리려 할 것이네. 대혜여! 그대는 여래가 증득해 깨달은 큰 도 역시 세간의 관념이나 세속적 생활과 마찬가지로 하나의 법성(法城)을 갖고 있으며, 세속의 여러 쾌락을 구비하고 있다고 생각하는가?" 대혜가 말했다. "당연히 그렇지 않습니다." 부처님께서 다시 말씀하셨다. "내가 과거 여러 부처님과 마찬가지로 증득한 항시 머물러 있는 본래의 법신 역시 그러하네.(소위 '손 털고 집에 돌아오니 아는 사람 없고 어머니께 바칠 물건 하나 없는' 상황임.) 그래서 내가 이렇게 말했네. 내가 어느 밤에 최상의 정각을 얻었다거나 어느 밤에 열반에 들었다고. 하지만 이 과정에서 한 글자도 말한 적이 없네. 과거에도 말한

것이 없고 현재에도 말하는 것이 없고 미래에도 말할 것이 없네." 부처님
은 이 이치를 종합해 한 수의 게송을 읊으셨다.

내가 어느 밤 도를 이루고 어느 밤 열반에 이르렀으나

이 사이에 내가 한 말이라곤 아무것도 없다네

연을 따라 스스로 법을 얻어 머물기에 내가 이렇게 말했으니

저 부처님과 내가 실로 차별이 없도다

我某夜成道　至某夜涅槃　於此二中間　我都無所說

緣自得法住　故我作是說　彼佛及與我　悉無有差別

:: 이 게송의 뜻은 앞에서 이미 밝혔으므로 다시 해석하지 않는다.

爾時大慧菩薩復請世尊. 唯願爲說一切法有無有相. 令我及餘菩薩摩訶薩, 離有無
有相, 疾得阿耨多羅三藐三菩提. 佛告大慧. 諦聽諦聽. 善思念之. 當爲汝說. 大慧
白佛言. 善哉世尊. 唯然受教. 佛告大慧. 此世間依有二種. 謂依有及無墮性非性.
欲見不離離相. 大慧. 云何世間依有. 謂有世間因緣生. 非不有從有生. 非無有生.
大慧. 彼如是說者, 是說世間無因. 大慧. 云何世間依無. 謂受貪恚癡性已. 然後妄
想計著貪恚癡, 性非性. 大慧. 若不取有性者, 性相寂靜故謂諸如來聲聞緣覺, 不取
貪恚癡性, 爲有爲無. 大慧. 此中何等爲壞者. 大慧白佛言. 世尊. 若彼取貪恚癡
性, 後不復取. 佛告大慧. 善哉善哉, 汝如是解. 大慧. 非但貪恚癡性非性爲壞者,
於聲聞緣覺及佛, 亦是壞者. 所以者何. 謂內外不可得故. 煩惱性異不異故. 大慧.
貪恚癡, 若內若外不可得. 貪恚癡性, 無身故, 無取故, 非佛聲聞緣覺是壞者. 佛聲
聞緣覺自性解脫故. 縛與縛因非性故. 大慧. 若有縛者. 應有縛是縛因故. 大慧. 如

是說壞者. 是名無所有相. 大慧. 因是故, 我說寧取人見如須彌山. 不起無所有增
上慢空見. 大慧. 無所有增上慢者, 是名爲壞. 墮自共相見希望, 不知自心現量, 見
外性, 無常刹那展轉壞. 陰界入相續, 流注變滅. 離文字相妄想. 是名壞者. 爾時世
尊欲重宣此義, 而說偈言.

有無是二邊	乃至心境界	淨除彼境界	平等心寂滅
無取境界性	滅非無所有	有事悉如如	如賢聖境界
無種而有生	生已而復滅	因緣有非有	不住我教法
非外道非佛	非我亦非餘	因緣所集起	云何而得無
誰集因緣有	而復說言無	邪見論生法	妄想計有無
若知無所生	亦復無所滅	觀此悉空寂	有無二俱離

유와 무의 잘못된 두 견지에 대한 분석

이때 대혜대사가 다시 물었다. "청컨대 부처님께서 저희를 위해 일체법
의 유와 무의 진제(眞諦)를 설명해 주십시오. 그렇게 하시면 저희 뿐 아니
라 미래에 대승 보살도를 닦는 사람들이 유와 무를 떠나 신속히 무상정등
정각을 증득할 수 있을 것입니다." 부처님께서 대답하셨다. "이 세간의 사
람들은 모두 두 종류의 근본적 생각인 유(有)와 무(無)의 관념을 벗어나지
못해, 그것을 근거로 형이상의 본체와 우주 만유의 본체를 추구한다네. 하
지만 그들이 말하는 자성은 근본적으로 진리가 아니네. 그들은 모두 자성
을 보려고 상(相)을 떠나지만 비록 상이 없다 하더라도 여전히 상을 벗어
나지 못하고 있네. 대혜여! 세간의 생각 중에서 유(有)에 의거한다는 것은
무엇인가? 그들은 이 세간의 존재가 확실히 있으며 세간 일체의 사물이

모두 그러하다고 생각하네. 모두가 각종 인연(인소因素)에 의해 생겨난 것으로 결코 없는 것이 아니라는 것이네. 이 일체의 사물은 명확히 유(有)에서 생겨난 것이지 결코 무(無)에서 생겨나지 않았다는 것이네. 그들의 생각은, 세간 일체의 것은 근본적으로 다른 원인이 없으며 단지 인연(인소因素)의 존재와 소멸에 따라 유와 무로 나타난다고 여기네. 또 세간에서 무에 의거한다는 것은 무엇인가? 그들은 사람들에게 확실히 탐·진·치의 심리 작용이 있다는 것은 느끼지만 그것이 단지 심리의 망상으로 인해 생겨난 것이지 근본적으로 탐·진·치라 할 만한 자성의 실제적 근거가 없다고 생각하네. 그러므로 자성의 작용이 진실로 존재한다고 집착하지만 않는다면 결국은 심리상의 자성과 현상이 고요해져 무위로 돌아갈 것이라 여기네. 그러므로 그들은 소위 여래와 성문, 연각 등 득도한 사람들도 단지 이러한 심리 작용들을 깨끗이 지워 버린, 그래서 유를 무로 되돌린 사람에 불과하다고 생각하네. 대혜여! 한번 말해 보게. 이러한 생각 어디에 철저히 파괴적인 단멸의 견해가 있는가? 그들의 착오는 어디에 있는가?" 대혜가 대답했다. "그들은 먼저 탐·진·치 등의 심리 작용이 존재한다는 것을 인정하고는 이어서 다시 그것들을 떨쳐 내려 하고 거기에 집착하지 않으려 하며 다시 그들에게 있는 자성의 근본을 부정하려 합니다." 부처님께서 말씀하셨다. "훌륭하도다, 훌륭해! 그대가 그런 견해를 갖출 수 있다니! 이러한 이론에 근거한다면 탐·진·치 등의 심리 상태에는 근본적 자성이 없으니 당연히 이들을 사라지게 할 수 있네. 그러나 반드시 알아야 할 것은, 비록 이들을 사라지게 한 이후 성문과 연각 심지어 부처에 도달한다 하더라도 이것 역시 또 다른 심리 상태일 뿐이라는 점이네. 이로부터 미루어 확대하면 이러한 부처의 경계 역시 사라지게 할 수 있네! 왜 그런가? 몸과 마음 안팎의 일체법에는 결국 얻을 수 있는 실체가 없기 때문이네. 소위 번뇌나 청정이란 것도, 비록 그들의 작용과 성질이 다르다고 해도 사실은 모두 심리적인 것으로 근본에서는 다르지 않네! 탐·진·치 등 몸과 마음 안팎의 상태가 이미 얻을 수 없는 것이라면 이러한 심리 작용은 근본적으로 본래 근거가 없는 것이네. 그들에겐 파악할 만한 실체가 없기 때문이네! 이렇게 말한다면 여래와 성문, 연각 들이 열심히 수행한 결과 비로소 이러한 심리적 장애를 제거할 수 있었다고 할 수 있네. 하지만 이러한 심리 상태는 사실 자성이 스스로 벗어날 수 있는 것이네. 소위 말하는 심리적 속박이나 그 속박의 원인은 사실 근본적으로 존재하지 않는 것이네. 만약 속박하는 것이 있다면 당연히 해탈하는 바도 있을 것이네. 속박에는 당연히 그 원인이 있기 때문이네. 대혜여! 이러한 생각이 바로 파괴적 단멸론의 관점으로 이를 일러 시종 무에 의거하는 무상론(無相論)이라 하네. 대혜여! 그러므로 나는 말하네. 차라리 수미산만 한 아상을 취할지언정 겨자씨만 한 공(空)에 떨어져서는 안 된다고. 이러한 생각이 바로 소위 아무 것도 얻은 것이 없는데도 스스로 깨쳤다고 여기는 공견(空見)이네. 이러한 견지는 철저한 파괴적 단멸론으로, 자타(自他) 심리 현상의 견상(見相) 속으로 떨어지고도 그것이 여전히 자기 마음의 현식(現識) 경계임을 알지 못한 것이네. 그들은 단지 외계 모든 현상이 찰나 사이에 서로 전환되며 소멸하는 일체가 무상(無常)인 것만을 보았네. 그들은 또 단지 몸과 마음 안팎의 색·수·상·행·식 등 오음이 모두 심리적 생리적으로 지속되는 본능 활동으로, 비록 끊임없이 흐르지만 그럼에도 수시로 변화 소멸되는 것만을 본 것이네. 이 때문에 단지 심리적으로 문자와 분별 망상의 현상을 벗어나기만 하면 된다고 생각하는데, 이를 일컬어 철저한 파괴적 단멸론이라 하네." 부처님은 이 이치를 종합해 한 편의 게송을 지어 말씀하셨다.

유와 무는 양극단이나 더 나아가면 마음의 경계이니
이 경계를 깨끗이 없애면 적멸한 평등심을 얻으리라

有無是二邊　乃至心境界　淨除彼境界　平等心寂滅

이런 뜻이다. 자성이 유이거나 무라고 생각하여 유에 집착하거나 공에 떨어지는 것은 모두 한 측면에 떨어진 경계다. 그리고 유든 무든 모두 마음의 현식 경계에서 나타나는 일종의 현상이나 관념일 뿐이다. 이러한 유 혹은 무의 양쪽 경계에 떨어지는 것을 벗어나야만 비로소 평등 적멸한 마음의 자성을 얻을 수 있다.

경계의 자성을 취하지 않으면 적멸은 어떤 것도 없는 것이 아니니
모든 것이 여여해 마치 성현의 경계와 같도다

無取境界性　滅非無所有　有事悉如如　如賢聖境界

이런 뜻이다. 어떤 경계든 집착하지만 않는다면 마치 맑은 거울이 텅 빈 채 만물을 비추어 만물의 영상이 흔적을 남기지 않듯이 자연 본래 적멸한 자성을 증득할 것이다. 소위 말하는 적멸이란 어떤 것도 없다는 것이 아니다. 만약 어떠한 것도 없다면 그저 일종의 단멸공(斷滅空) 즉 완공(頑空)일 뿐이다. 반드시 알아야 할 것은, 적멸 무위는 자성의 자연스러운 본디 면목으로 본래 사물에 조응하여 묘용을 일으킬 수 있다는 점이다. 그것이 사물을 비출 때는 적멸 무위의 자성이 바로 사물을 비추는 속에 있다. 하지만 사물을 비추지 않을 때는 본래의 적멸 무위일 뿐이다. 이른바 작용을 할 때는 그 본체가 작용 속에 있으며 본체로 있을 때는 작용이 본체로 되돌아가는 것이다. 이것이 바로 여여부동(如如不動)이요 무래무거(無來無去)로서, 이를 일컬어 여래라 하니 바로 대승 보살도의 성현 경계다.

무에서 유가 생기니 생이 다하면 다시 멸한다거나

인연에 의해 있거나 사라진다는 것은 내가 가르친 법이 아니로다

無種而有生　生已而復滅　因緣有非有　不住我敎法

이런 뜻이다. 만약 이렇게 생각한다면, 즉 우주 만상의 유가 무에서 생겨났기에 만상이 생겨난 후에는 소멸하고 만다고 생각하거나, 혹은 만물이 인연(인소因素)의 화합으로 생겨나기에 인연이 흩어지고 나면 만상도 사라진다고 생각한다면, 이러한 이론과 생각은 궁극적으로 내가 가르친 법의 이치가 아니다.

외도도 아니요 부처도 아니며, 진아도 아니고 그 나머지도 아니며
인연에 의해 모여 생겨나니 어찌 무라고 하리오

非外道非佛　非我亦非餘　因緣所集起　云何而得無

이런 뜻이다. 내가 증득해 깨달은 법성 속에는 궁극적으로 소위 외도라 하는 것도 없고 소위 부처라 하는 것도 없으며, 소위 진아라 하는 것도 없고 소위 비아(非我)라 하는 것도 없으며, 소위 또 다른 나머지 작용이라는 것도 없다. 하지만 그것이 작용을 일으킬 때는 확실히 인연의 화합이 쌓여 생겨나니 어떻게 또 그것이 절대 존재하지 않는다고 하겠는가?

누가 인연을 모아 생겨나게 해 놓고 다시 무라 말하겠는가
삿된 견해로 생겨나는 법을 논하고 망상으로 유무를 따지는구나

誰集因緣有　而復說言無　邪見論生法　妄想計有無

이런 뜻이다. 일체의 만상은 모두 인연이 쌓여 생겨난 것이다. 하지만 인연을 화합시킬 수 있는 자는 또 누구인가? 그러니 어찌 다시 그것이 절대 없

다고 말하겠는가? 만약 절대로 없다면 어디로부터 만상이 생겨나겠는가? 그러므로 유와 무를 말하며 공과 유에 집착하는 무리는 모두 자성의 본래 면목을 철저히 보지 못한 것이다. 이러한 잘못된 견해에 입각하여 우주 만유의 본체를 토론한다면 모두가 잘못된 데로 떨어져서 자신의 주관적 사견(邪見)에 집착하고 만다.

생겨나는 바가 없음을 알면 소멸하는 바도 없으니
이들을 관찰해 모두 공적이 되면 유무를 모두 떠나리

若知無所生　亦復無所滅　觀此悉空寂　有無二俱離

이런 뜻이다. 만약 만유의 여래 자성에 대해 철저히 알게 된다면, 비록 만상을 생겨나게 할 수 있어도 본체는 스스로 생겨나지 않고, 만상이 비록 소멸해도 본체는 스스로 소멸하지 않아 이 일체의 유무와 오고 감, 생멸 등은 궁극적으로 실체가 없고 상주가 없음을 보게 된다. 이렇게 되면 자연 유무라는 양극단의 잘못된 집착을 벗어날 수 있다.

爾時大慧菩薩復白佛言. 世尊. 唯願爲我及諸菩薩, 說宗通相. 若善分別宗通相者. 我及諸菩薩通達是相. 通達是相已, 速成阿耨多羅三藐三菩提. 不隨覺想, 及衆魔外道. 佛告大慧. 諦聽諦聽. 善思念之. 當爲汝說. 大慧白佛言. 唯然受教. 佛告大慧. 一切聲聞緣覺菩薩, 有二種通相, 謂宗通, 及說通. 大慧. 宗通者. 謂緣自得勝進相. 遠離言說文字妄想, 趣無漏界自覺地自相. 遠離一切虛妄覺想. 降伏一切外道衆魔. 緣自覺趣光明輝發. 是名宗通相. 云何說通相. 謂說九部種種教法, 離異不異有無等相. 以巧方便隨順衆生, 如應說法, 令得度脫. 是名說通相. 大慧. 汝及

餘菩薩, 應當修學. 爾時世尊欲重宣此義, 而說偈言.

宗及說通相　緣自與教法　善見善分別　不隨諸覺想

非有眞實性　如愚夫妄想　云何起妄想　非性爲解脫

觀察諸有爲　生滅等相續　增長於二見　顚倒無所知

一是爲眞諦　無罪爲涅槃　觀察世妄想　如幻夢芭蕉

雖有貪恚癡　而實無有人　從愛生諸陰　有皆如幻夢

종통과 설통

이때 대혜대사가 다시 물었다. "불법의 이론과 정각의 강종(綱宗)의 상호 관계에 대해 청컨대 부처님께서 다시 저희를 위해 상세히 해석해 주시어 중마(衆魔)와 외도의 지견(知見)에 떨어지지 않게 해 주십시오." 부처님께서 대답하셨다. "일체 성문, 연각, 보살들에게는 두 가지 통하는 상(相)이 있는데 종통(宗通, 정각의 강종綱宗)과 설통(說通, 설법의 이론)이 그것이네. 무엇을 종통이라 하는가? 스스로 얻어 내증한 뛰어난 경계로부터 나오는 것으로, 이러한 경계는 언어나 문자 망상으로 상상할 수 있는 것이 아니네. 여기에서 무루계(無漏界)로 진입하면 자성 정각의 자상(自相)을 증득해 허망한 감각과 지각 등 일체의 망상에서 멀리 벗어나게 되네. 여기에 이르면 일체의 외도와 여러 마구니를 항복시켜 자성 정각의 광명이 아무런 결함 없이 원만해지는데, 이를 일러 종통의 상(相)이라 하네. 그렇다면 설통은 어떤 것인가? 구부(九部)[145]의 여러 교법에 대해 그 동이(同異)와 공유(空有)의 이치를 모두 막힘없이 알 수 있어서 일체 중생을 접해 각종 교묘한 방편적 언어로써 그들을 제도시킬 수 있는데, 이를 일러 설통의 상(相)이라 하네. 대혜여! 그대와 다른 대승 보살들도 마땅히 닦고 배워야 하네." 부처님은 이 이치를 종합해 한 수의 게송으로 말씀하셨다.

종통과 설통의 상은 스스로 얻어 그 법을 가르치는 것이어서
잘 보고 잘 분별하며 깨달았다는 여러 망상들을 따르지 않는도다
宗及說通相 緣自與敎法 善見善分別 不隨諸覺想

이런 뜻이다. 소위 종통이란 스스로 깨달아 마음속으로 증득한 실상(實相)에서 성취된다. 소위 설통이란 여러 부처님의 교법에서 건립된다. 스스로 깨달아 증득하여 법성의 진제를 제대로 보았기에 이에 의거해 일체법을 분별하고, 이 때문에 기미를 보아 가르침을 베풀 수 있으니 설법이 마치 구름과 같고 비와 같다. 『유마경(維摩經)』에서 말하는, "일체법을 제대로 분별할 수 있어 제일의에서 움직임이 없다〔善能分別一切法, 於第一義而不動〕"는 것과도 같다. 그러므로 스스로 증득해 종통을 얻은 보살들만이 비로소 제대로 널리 법을 펴고 가르침을 설하니, 그저 깨우쳤다는 망상을 근거로 추론하는 일반 범부와는 결코 같지 않다.

진실한 자성이 있지 않아 어리석은 자의 망상과 같은데도
어찌 망상을 일으켜 자성이 아닌 것을 해탈이라 하는고
非有眞實性 如愚夫妄想 云何起妄想 非性爲解脫

---

145 구부교법(九部敎法). 불경의 내용 분류로서 모두 아홉 종류가 있다. 첫째 수다라(修多羅), 둘째 기야(祇夜), 셋째 가라나(伽羅那), 넷째 가타(伽陀), 다섯째 우타나(優陀那), 여섯째 이제목다가(伊帝目多伽), 일곱째 도타가(闍陀伽), 여덟째 비불략(毗佛略), 아홉째 아부타달마(阿浮陀達磨)다. 이 외에도 달리 나누는 법이 있다. (원주)

이런 뜻이다. 스스로 깨달아 마음속으로 증득한 종통의 상은 결코 어리석은 범부가 망상으로 상상하듯이 진실로 볼 수 있는 하나의 자성이 있는 것이 아니다. 제법은 허망해 얻을 수 없으니 무릇 얻을 수 있는 것은 모두 자성이 없다. 그런데도 왜 그 속에서 망상이 일어나며 왜 그 속에서 해탈의 경계를 구하려 하는가.

여러 유위를 관찰해 보면 생멸이 서로 이어져
이견을 증대시켜 도리어 아무것도 알지 못하게 되리라
하나는 진제로서 아무런 죄도 없는 열반이니
세상의 망상을 관찰하면 환상이나 꿈속 파초와도 같도다
觀察諸有爲 生滅等相續 增長於二見 顚倒無所知
一是爲眞諦 無罪爲涅槃 觀察世妄想 如幻夢芭蕉

이런 뜻이다. 유위의 일체 제법을 관찰하면 모두가 생멸 작용에 속한다. 생겨나고 소멸하여 부단히 이어지는 것 같지만 사실 그것은 구경의 진제가 아니다. 그러므로 유위의 생멸법 중에서 지견을 구하는 것은 단지 같음과 다름, 공과 유의 번뇌만 늘려 한갓 잘못된 생각만 증가시킬 뿐이다. 그러므로 오직 심의식을 멀리 벗어날 때에만 비로소 진제의 바른 길에 이를 수 있다. 만약 진정으로 심의식을 멀리 벗어날 수 있다면 그 속에는 이미 죄와 복도 없고 손해와 이익도 없으니, 양극단의 전도된 망상이 다시 일어나지 않아 마침내 무위 즉 열반에 이른다. 그런 뒤 세간의 각종 망상을 관찰하면 그들이 모두 홀연 사라지는 몽환과 같고 있지도 않은 파초와도 같아서 모두 허망한 것이다.

비록 탐진치가 있어도 실은 사람이 존재하지는 않으니

애욕으로부터 오음이 생겨나 존재하는 것이라곤 모두 환몽과 같도다

雖有貪恚癡　而實無有人　從愛生諸陰　有皆如幻夢

이런 뜻이다. 스스로 깨달아 마음속으로 증득한 열반 경계 속에서 보면 사람들에겐 비록 탐·진·치 등의 작용이 있지만 사실 이들은 모두 환상적인 것으로 그 속에는 결코 진실한 것이 존재하지 않는다. 몸과 마음, 오음의 일체 유위적 작용은 모두 일념의 애욕에서 생겨난 것이다. 비록 잠시 드러나기는 하지만 모두가 몽환일 따름이다.

爾時大慧菩薩白佛言. 世尊. 唯願爲說不實妄想相. 不實妄想, 云何而生. 說何等法名不實妄想. 於何等法中, 不實妄想. 佛告大慧. 善哉善哉. 能問如來如是之義. 多所饒益. 多所安樂. 哀愍世間一切天人. 諦聽諦聽. 善思念之. 當爲汝說. 大慧白佛言. 善哉世尊. 唯然受敎. 佛告大慧. 種種義. 種種不實妄想計著, 妄想生. 大慧. 攝所攝計著, 不知自心現量, 及墮有無見, 增長外道見. 妄想習氣, 計著外種種義. 心心數妄想計著, 我我所生. 大慧白佛言. 世尊. 若種種義, 種種不實妄想計著, 妄想生. 攝所攝計著, 不知自心現量, 及墮有無見, 增長外道見. 妄想習氣, 計著外種種義, 心心數妄想, 我我所計著生. 世尊. 若如是, 外種種義相, 墮有無相, 離性非性, 離見相. 世尊. 第一義亦如是, 離量根分譬因相. 世尊. 何故一處妄想不實義, 種種性計著, 妄想生. 非計著第一義處相, 妄想生. 將無世尊說邪因論耶. 說一生一不生. 佛告大慧. 非妄想一生一不生. 所以者何. 謂有無妄想不生, 故外現性非性. 覺自心現量妄想不生. 大慧. 我說餘愚夫, 自心種種妄想相故, 事業在前. 種種妄想性相, 計著生. 云何愚夫, 得離我我所計著見. 離作所作因緣過. 覺自妄想心量, 身心轉變, 究竟明解一切地, 如來自覺境界. 離五法自性事見妄想. 以是因緣

故, 我說妄想從種種不實義計著生. 知如實義, 得解脫自心種種妄想. 爾時世尊欲重宣此義, 而說偈言.

諸因及與緣　從此生世間　妄想著四句　不知我所通

世間非有生　亦復非無生　不從有無生　亦非非有無

諸因及與緣　云何愚妄想　非有亦非無　亦復非有無

如是觀世間　心轉得無我　一切性不生　以從緣生故

一切緣所作　所作非自有　事不自生事　有二事過故

無二事過故　非有性可得　觀諸有爲法　離攀緣所緣

無心之心量　我說爲心量　量者自性處　緣性二俱離

性究竟妙淨　我說名心量　施設世諦我　彼則無實事

諸陰陰施設　無事亦復然　有四種平等　相及因性生

第三無我等　第四修修者　妄想習氣轉　有種種心生

境界於外現　是世俗心量　外現而非有　心見彼種種

建立於身財　我說爲心量　離一切諸見　及離想所想

無得亦無生　我說爲心量　非性非非性　性非性悉離

謂彼心解脫　我說爲心量　如如與空際　涅槃及法界

種種意生身　我說爲心量

망상의 심리적 원인과 유심의 판별

이때 대혜대사가 다시 물었다. "무엇이 허망하고 진실되지 못한 망상인가요? 이러한 진실되지 못한 허망한 망상은 어떻게 해서 생겨나는가요? 왜 진실되지 못한 망상이라 부르는가요? 어떤 법 속에 있어야 비로소 진실하지 못한 망상인가요?" 부처님께서 말씀하셨다. "세간의 여러 이치와 여러 진실되지 못한 망상은 모두 망상에 집착함으로써 생겨나네. 뜻밖에도 취하는 주체와 취하는 대상의 작용 모두가 자기 마음과 현식(現識)의 경계라네. 자기 마음과 현식을 모르기 때문에 유 혹은 무라는 두 망견(妄見) 속으로 떨어져, 이로부터 잘못된 심리가 더욱 확대되고 망상의 습기가 증가하여 마음 밖의 법에 집착함으로써 온갖 이론을 만들어 내는 것이네. 머릿속을 떠나지 않는 생각이 시시각각 무수히 많은 망상을 만들어 내어 아집과 법집을 더욱 심화시키네." 대혜가 다시 물었다. "그렇게 말씀하신다면 세간의 각종 이론은 모두 유나 무 양극단의 망견 속으로 떨어진 것입니다. 만약 유나 무의 망상자성을 버린다면 그 밖에 어떤 자성도 얻을 것이 없고 어떤 것도 볼 수 있는 것이 없습니다. 그렇다면 소위 제일의 역시 마땅히 그런 이치일 것입니다. 그것은 심량(心量)과 근진(根塵) 등의 범위를 떠나 있으며, 인명(因明)이나 논리로도 비유, 분석, 종합할 수 없는 것입니다. 왜 한 곳의 망상에 집착이라도 하면 여러 다른 성질의 집착 망상이 일어나는 것일까요? 그렇다면 제일의를 말한다면 사람들이 제일의에 역시 집착할 것이니 그것 역시 망상이 아닌가요? 만약 그렇다면 부처님 역시 외도들의 사설(邪說)과 마찬가지로 어떤 이치는 끊임없이 생겨나나 어떤 이치는 생겨나지 않는다고 말씀하시는 건가요?" 부처님께서 대답하셨다. "어떤 것이 생겨나는 것을 망상이라 하고, 그 밖의 어떤 것도 생겨나지 않는 것을 제일의라 말한 것은 결코 아니네. 왜 그런가? 이렇게 말할 수 있네. 유든 무든 어떤 망상도 생겨나지 않으며, 마음 밖에 법이 없고 마음을 벗어나는 이외에는 유성(有性) 혹은 비성(非性)의 존재도 보이지 않는다네. 스스로 깨쳐 마음속으로 증득하면 안팎의 일체법이 모두 자기 마음의 현량 경계가 아님이 없어서 일체의 망상이 자연 생겨나지 않네. 대혜여! 그래서 내가 일체의 지혜롭지 못한 범부는 모두 망상에 집착하여 여러 망상이 자기 마음의 현상이라 생각한다고 했네. 눈앞에 나타나는 갖가지 사실에 직면하여 망상이 증가할수록 더욱 그 성질과 현상에 집착한다네. 그렇다면 이러한 어리석은 범부들이 어떻게 해야 아집과 법집의 집착을 벗어날 수 있겠는가? 바로 능작(能作)과 소작(所作)의 인과 연 등의 착각으로부터 멀리 벗어나 일체 망상이 모두 자기 마음과 현량의 경계가 아님이 없음을 증득해 알아야 한다네. 이로부터 몸과 마음이 변화되어 일체의 보살지와 자각의 경계를 철저히 알게 되네. 이렇게 되면 오법인 명·상·분별·정지·여여 등 사리(事理) 망상의 자성(自性) 작용을 벗어날 수 있게 되네. 이런 까닭에 망상이 허망하고 진실되지 못한 집착에서 생긴다고 내가 말한 것이네. 만약 자성이 원래 생겨나지 않는다는 이치를 안다면 자기 마음의 여러 망상으로부터 벗어날 수 있네." 부처님은 이 이치를 종합해 한 편의 게송으로 말씀하셨다.

여러 인과 연으로부터 세간이 생겨나니
망상으로 사구에 집착해 내가 보여 준 통함을 알지 못하도다
諸因及與緣　從此生世間　妄想著四句　不知我所通

이런 뜻이다. 세간의 제법은 모두 인과 연으로 생겨나니 범부의 망상은 유에 집착하지 않으면 무에 떨어지거나 비유(非有) 혹은 비무(非無)에 떨어져서 내가 열어 보이는 통함을 알지 못한다.

세간은 유에서 생기지도 않고 무에서 생기지도 않으며
유무에서 생기지도 않고 유무가 아닌 것에서 생기지도 않노라
여러 인과 연으로 생겨나니 어찌 어리석은 이가 망상이라 하리
유도 아니고 무도 아니며 유무 또한 아니로다

世間非有生　亦復非無生　不從有無生　亦非非有無

諸因及與緣　云何愚妄想　非有亦非無　亦復非有無

이런 뜻이다. 세간의 일체법(사물)은 결코 유에서 말미암는 것이 아니요, 근본적으로 생겨남이 없는 것도 아니다. 유와 무의 상호 작용으로 발생하는 것도 아니요, 비유와 비무가 서로 뒤섞여 생겨나는 것도 아니다. 요컨대 세간의 사물은 인과 연이 화합하여 생겨나며 연기의 본성이 공(空)이니, 어찌 일반의 어리석은 범부들이 그 속에서 망상을 만들어 낼 수 있겠는가? 본성이 공(空)인 연기는 진실한 유(有)도 아니요 절대적 단멸의 무(無)도 아니며, 유와 무가 서로 뒤섞여 생겨나는 것은 더더욱 아니다.

이렇게 세간을 관찰하면 마음이 변해 무아를 얻어
일체의 자성이 생겨나지 않으니 연을 따라 생겨나기 때문이로다
如是觀世間　心轉得無我　一切性不生　以從緣生故

이런 뜻이다. 이렇게 세간의 사물을 관찰한 후에야 망심 의식에 변화가 생겨 무아의 경계를 증득한다. 사실 일체 사물의 자성은 모두가 생겨나지만 생겨나지 않는다. 왜냐하면 모든 것이 인연으로 생겨나기 때문이다.

일체는 연에 의해 생겨나니 생겨나는 것은 스스로 존재하지 않도다
사물은 스스로 사물을 생겨나게 하지 않으니
사물이 사물을 생겨나게 하는 것은 논리적 오류이기 때문이로다
사물이 사물을 생겨나게 하는 것이 오류이므로 거기엔 얻을 만한 자성이 없도다
一切緣所作　所作非自有　事不自生事　有二事過故
無二事過故　非有性可得

이런 뜻이다. 세간 일체의 사물은 인연의 화합에 의해 생겨나기에 그것이 스스로 존재하는 것이 아님을 알 수 있다. 일체 사물은 본래 인연의 화합에 따라 생겨나므로 일체 사물은 결코 독자적으로 생겨날 수 없다. 만약 사물 자신이 사물을 생겨나게 할 수 있다면 이는 과(果)가 과(果)를 생겨나게 하는 논리적 오류에 빠지게 된다. 단지 인(因)이 과(果)가 되는 것이지 과가 과를 생겨나게 할 수는 없다. 일체 사물은 인과 연에 의거해 생겨나므로 결코 얻을 수 있는 자성이란 것이 없다.

유위법을 관찰해 보면 반연과 소연을 떠나서는
마음의 심량이 없으니 바로 내가 말하는 심량이로다
觀諸有爲法 離攀緣所緣 無心之心量 我說爲心量

이런 뜻이다. 세간 일체 유위법을 관찰해 보면 능연(能緣)과 소연(所緣)[146] 모두 근본적으로 얻을 수 없다. 인연에서 생겨나는 법은 본래 얻을 수 있는 자성이 없어 일체에 모두 얻을 수 있는 자성이 없다. 모두가 단지 유일한 진심의 현량 경계일 뿐이다. 그러므로 내가 말하는 만법 유심도 그저 이러한 마음을 말한 것일 뿐이다.

양이란 자성이 있는 곳으로 연과 성을 모두 떠나
자성의 구경은 오묘하고 청정하니 나는 이것을 심량이라 부르노라
量者自性處 緣性二俱離 性究竟妙淨 我說名心量

이런 뜻이다. 이 진여의 현량 경계는 바로 모든 자성의 근원으로, 이것은

---

146 외계 사물을 인식하는 마음의 작용과 마음으로 인식하는 대상.

일체의 인연 작용을 떠나 있으며 얻을 수 있는 자성의 양(量)도 없다. 그 자성의 본체는 깨끗하고 오묘하며 모자람 없이 원만하여 이 때문에 내가 이것을 만법의 일심인 진심(眞心)이라 칭한다!

세간의 아가 베풀어 갖추어진다 해도 거기엔 실재가 없으니
오음이 베풀어진 것으로 역시 실재로 존재하는 것이 없도다
施設世諦我　彼則無實事　諸陰陰施設　無事亦復然

이런 뜻이다. 나는 세간의 일반 습관을 따라 이 아(我) 자를 말하지만, 사실 이 아(我) 자는 세간의 생각처럼 하나의 내가 따로 존재한다는 것이 아니다. 그것은 몸과 마음의 오음(五陰)으로 허망하고 진실되지 못한 가명(假名)에 불과하다.

네 종류의 평등이 있으니 상, 인, 성, 생이 그것이로다
세 번째인 자성에는 아가 없으며 네 번째인 생은 닦고 닦아야 하느니라
有四種平等　相及因性生　第三無我等　第四修修者

이런 뜻이다. 네 종류의 자성 평등의 법이 있는데 소위 상(相)·인(因)·성(性)·생(生)이 그것이다. 이 중 세 번째인 일체 사물의 자성에는 본래 아(我)가 없다. 네 번째인 소위 생(生)과 무생(無生)의 경계는 수행자가 진실로 닦아 증득해야 얻을 수 있다. 스스로 깨달아 마음속으로 증득한 후에야 비로소 이 네 종류의 자성이 모두 평등하며 본래 자성이 없다는 것을 알게 된다.

망상과 습기에 휘둘리고 여러 마음이 생겨나
경계가 외부에 나타나니 이는 세속의 심량이로다

妄想習氣轉　有種種心生　境界於外現　是世俗心量

이런 뜻이다. 세간의 무지한 범부는 외부 경계에 휘둘려 여러 의식의 망상과 외부의 경계를 만들게 된다.

외부에 나타나나 존재하지 않는데도 마음이 여러 것에 얽매여
내 몸과 재물을 만들어 내니 내가 말하는 심량이도다

外現而非有　心見彼種種　建立於身財　我說爲心量

이런 뜻이다. 외부 경계에 휘둘려 의식과 망심의 작용이 생겨나면서 비로소 외부 경계의 여러 사물을 보게 된다. 세간의 일체 범부는 바로 거기에 집착하여 내 몸과 그에 의존해 생존하는 일체 물질의 자량(資糧) 등을 세우게 되는데, 이것이 바로 세속의 심량(心量)이다.

일체의 여러 견해를 떠나고 생각과 생각하는 대상을 떠나면
얻을 것도 생겨나는 것도 없으니 내가 말하는 심량이로다

離一切諸見　及離想所想　無得亦無生　我說爲心量

이런 뜻이다. 일체의 망심 의식의 견해 내지는 망상을 일으키는 주체와 망상의 대상을 멀리 떠나면, 이 세속의 망심에 얻을 것이 없음을 스스로 깨닫고 마음속으로 증득하여 생겨나는 것이 없게 된다. 이것이 바로 내가 말하는 유심의 현량(現量)이다.

자성이 아니라 해서 자성 아닌 것이 아니니 자성과 자성 아닌 것을 모두 떠나는 것
이런 마음을 일러 해탈이라 하니 내가 말한 심량이로다

非性非非性　性非性悉離　謂彼心解脫　我說爲心量

이런 뜻이다. 하지만 망상 의식을 떠나 소위 자성의 성이 사라진다고 해서 성이 아닌 것이 아니니, 소위 성이니 성이 아니니 하는 관념으로부터 모두 멀리 떠나야 비로소 자기 마음의 해탈을 얻을 수 있다. 이것이 바로 내가 말하는 유심의 현량이다.

여여와 공, 열반과 법계
그리고 여러 의생신이 내가 말하는 심량이로다
如如與空際　涅槃及法界　種種意生身　我說爲心量

이런 뜻이다. 의식의 망심을 떠난 후의 소위 여여(如如), 공(空), 열반(涅槃), 법계(法界) 내지 의생신(意生身) 등은 모두 원래부터 구비되어 있던 것으로, 본래 스스로 드러난 것이며 스스로 구족된 것이다. 이것이 바로 내가 말하는 유심의 현량이다.

爾時大慧菩薩白佛言. 世尊. 如世尊所說, 菩薩摩訶薩, 當善語義. 云何爲菩薩善語義. 云何爲語. 云何爲義. 佛告大慧. 諦聽諦聽. 善思念之. 當爲汝說. 大慧白佛言. 善哉世尊. 唯然受教. 佛告大慧. 云何爲語. 謂言字妄想和合, 依咽喉脣舌, 齒齗頰輔, 因彼我言說, 妄想習氣計著生. 是名爲語. 大慧. 云何爲義. 謂離一切妄想相, 言說相. 是名爲義. 大慧. 菩薩摩訶薩, 於如是義. 獨一靜處, 聞思修慧. 緣自覺了, 向涅槃城. 習氣身轉變已, 自覺境界. 觀地地中間, 勝進義相. 是名菩薩摩訶薩善義. 復次大慧. 善語義菩薩摩訶薩, 觀語與義, 非異非不異. 觀義與語, 亦復如

是. 若語異義者, 則不因語辯義. 而以語入義, 如燈照色. 復次大慧. 不生不滅, 自性涅槃, 三乘一乘, 心自性等. 如緣言說義計著. 墮建立, 及誹謗見. 異建立. 異妄想. 如幻種種妄想現. 譬如種種幻, 凡愚衆生作異妄想, 非聖賢也. 爾時世尊欲重宣此義, 而說偈言.

彼言說妄想　建立於諸法　以彼建立故　死墮泥犁中
陰中無有我　陰非即是我　不如彼妄想　亦復非無我
一切悉有性　如凡愚妄想　若如彼所見　一切應見諦
一切法無性　淨穢悉無有　不實如彼見　亦非無所有

언어와 어의

이때 대혜대사가 다시 물었다. "부처님께서 말씀하시듯이 대승 보살은 응당 어의(語義)를 잘 알고 설법해야 할 것입니다. 그런데 어의란 무엇인가요? 무엇이 어(語)이고 무엇이 의(義)인가요?" 부처님께서 대답하셨다. "소위 어(語)라고 하는 것은 소리와 낱글자의 조합으로 목구멍, 입술, 혀, 이, 잇몸, 뺨 등을 통해 발성된 것이네. 이러한 언어의 작용은 언어 망상의 습기에 집착함으로써 발생한 것으로, 이를 총괄해 어(語)라고 하네. 소위 의(義)란 망상의 작용과 언설의 어의를 떠나 따로 가리키는 것이 있을 때 그것을 총괄해 말하는 것이네. 대혜여! 대승 보살들은 여래가 가리키는 어의를 듣고는 고요한 곳에서 홀로 심사숙고하여 마음속으로 그 뜻을 증득하여 지혜와 해탈을 얻는다네. 마음속으로 증득해 깨달음을 얻은 이후엔 온마음으로 열반의 영역으로 향한다네. 이로부터 습기를 점차 전환시킨 다음 자각의 경계 속에서 보살의 초지(初地)로부터 여러 지(地)로 상승해 들어가는데, 이를 일컬어 보살선해의상(菩薩善解義相)이라 하네. 다음으로 대혜여! 보살들은 진정으로 어의(語義)에 능해 어(語)와 의(義) 혹은 의(義)와 어(語)를 접하고서, 비록 이들이 둘이지만 그럼에도 그것이 표시하는 것은 하나라는 것을 아네. 만약 언어와 그 뜻이 같지 않다면 설사 언어를 듣더라도 그 뜻을 변별할 수 없지 않겠는가? 사실 사람들은 모두 언어를 듣고는 그 뜻을 이해하네. 마치 등불이 사물을 비출 때 비록 등불이 사물의 모습은 아니지만 그것이 등불로 인해 드러나는 것과 같네! 다음으로 대혜여! 여래는 비록 불생불멸, 자성열반(自性涅槃), 삼승(三乘), 일승(一乘), 심(心), 자성(自性) 등을 말하지만 사람들이 그 언설과 명상(名相) 그리고 그 어의에만 매달려 그 구경의 뜻을 마음속으로 증득하지 않는다면 이는 불법을 비방하는 지견으로 떨어지는 것과 같네. 이는 여래가 세운 언어의 본뜻과 들어맞지 않는 것으로 또 다른 하나의 망상일 따름이네. 이것 역시 범부의 망상 경계로서 불법의 각종 명언(名言) 망상을 별도로 만들어 낸 것에 불과하네. 예를 들어 어리석은 범부들이 어른거리는 그림자를 보고 각종 환상을 불러일으켜 그것이 실제로 존재한다고 생각하는 것과 같으니, 이들은 모두 성현의 경계가 아니네." 부처님은 이 이치를 종합해 한 수의 게송으로 말씀하셨다.

저 언설망상이 제법에서 건립되니
저것이 건립되었기에 죽어서 진흙탕 속으로 뛰어드는구나
彼言說妄想 建立於諸法 以彼建立故 死墮泥犁中

이런 뜻이다. 일반의 범부는 세속의 각종 언어 망상에 집착하여 그것이 바꿀 수 없는 법칙이라 생각하기에, 그들의 집착을 따라 생사를 돌고 돌며 천당과 지옥의 고락을 과보로 받아들인다.

오음 속엔 내가 없고 오음이 아닌 것이 바로 나로다
이런 망상과는 달리 내가 없는 것도 아니로다
陰中無有我 陰非卽是我 不如彼妄想 亦復非無我

이런 뜻이다. 몸과 마음의 오음 가운데 진정한 나란 없으니 오음은 결코 내가 아니다. 하지만 그들이 상상하는 것처럼 내 존재가 근본적으로 없는 것은 아니다.

일체에 모두 자성이 있다는 것은 어리석은 범부의 망상과 같으니
만약 저들이 보는 바와 같다면 일체에서도 응당 진제를 볼 것이로다
一切悉有性 如凡愚妄想 若如彼所見 一切應見諦

이런 뜻이다. 일반의 범부들은 근본적으로 나란 존재가 없다고 생각하는 사람도 있지만, 어떤 사람은 일체 사물에는 모두 그 성능(性能)이 있으니 사람에게도 하나의 자성이 있으리라 여긴다. 만약 정말 그렇다면 일체의 사물과 인간에게도 마땅히 하나의 진제인 자성이 있어야 할 것이다.

일체법에는 자성이 없어 깨끗하고 더러운 것이 있지 않으니
만약 이 견해가 실재가 아니라면 존재하는 바가 없지도 않을 것이로다
一切法無性 淨穢悉無有 不實如彼見 亦非無所有

이런 뜻이다. 일체 사물에는 본래 소위 자성이라고 할 만한 것이 없으니, 깨끗함과 더러움, 생겨나는 것과 소멸되는 것 등에도 결국 모두 자성이 없을 것이다. 제법은 꿈처럼 실재하지 않으며 모두 물속 달처럼 거울속 꽃처럼 나타난다. 하지만 그것이 근본적으로 존재하지 않는 것으로 보는 단견

은 아니다.

復次大慧. 智識相, 今當說, 若善分別智識相者. 汝及諸菩薩, 則能通達智識之相, 疾成阿耨多羅三藐三菩提. 大慧. 彼智有三種. 謂世間. 出世間. 出世間上上智. 云何世間智. 謂一切外道凡夫, 計著有無. 云何出世間智. 謂一切聲聞緣覺, 墮自共相, 希望計著. 云何出世間上上智. 謂諸佛菩薩, 觀無所有法見不生不滅, 離有無品. 如來地, 人法無我. 緣自得生. 大慧. 彼生滅者是識. 不生不滅者是智. 復次墮相無相, 及墮有無種種相因是識. 超有無相是智. 復次長養相是識. 非長養相是智. 復次有三種智. 謂知生滅. 知自共相. 知不生不滅. 復次無礙相是智. 境界種種礙相是識. 復次三事和合生, 方便相是識. 無事方便自性相是智. 復次得相是識. 不得相是智. 自得聖智境界, 不出不入故. 如水中月. 爾時世尊欲重宣此義, 而說偈言.

採集業爲識　不採集爲智　觀察一切法　通達無所有
逮得自在力　是則名爲慧　縛境界爲心　覺想生爲智
無所有及勝　慧則從是生　心意及與識　遠離思惟想
得無思想法　佛子非聲聞　寂靜勝進忍　如來清淨智
生於善勝義　所行悉遠離　我有三種智　聖開發眞實
於彼想思惟　悉攝受諸性　二乘不相應　智離諸所有
計著於自性　從諸聲聞生　超度諸心量　如來智清淨

식과 지의 차이

부처님께서 말씀하셨다. "이제 내가 응당 지(智)와 식(識)의 차이에 대해 말해야 할 것 같네. 그대들이 이것을 알고 난 후에는 쉽게 무상정등정각을 증득할 수 있을 것이네. 대혜여! 지(智)에는 세 종류가 있으니 이른바 세간지(世間智), 출세간지(出世間智), 출세간상상지(出世間上上智)가 그것이네. 무엇이 세간지인가? 일체의 외도와 범부들이 세간의 모든 이치에 대해 유(有) 혹은 무(無)의 지식에 집착하는 것이네. 무엇이 출세간지인가? 일체의 성문과 연각들이 자기 혹은 사람들이 바라는 바를 추구하다가 그 띠끌 같은 세상의 집착을 떠나는 것이네. 무엇이 출세간상상지인가? 제불과 보살들이 세간과 출세간 보기를 잠시 나타난 환상으로 여기며, 만법이 본래 불생불멸함을 알아 유무를 떠나 여래의 과위로 들어서는 것이네. 인무아와 법무아가 모두 본래 자성으로 여기니 달리 닦아 증득할 필요가 없네. 대혜여! 이처럼 생겨나고 소멸하는 것이 바로 식(識)이며, 생겨남도 없고 소멸함도 없는 것이 바로 지(智)라네. 다음으로 얻을 수 있는 유상(有相) 혹은 무상(無相)에 떨어지는 것이나 유무의 각종 상(相)이나 인(因)에 떨어지는 것이 식(識)이며, 유무의 상을 초월하는 것이 지(智)라네. 다음으로 습기를 증진시키는 것이 식(識)이며, 습기를 증진시키지 않는 것이 지(智)라네. 다시 세 종류의 지(智)가 있으니 생성과 소멸을 아는 지(智), 자상(自相)과 공상(共相)을 아는 지(智), 그리고 불생불멸을 아는 지(智)가 그것이네. 다음으로 상(相)에 매달리지 않는 것이 지(智)이며, 다양한 경계에 매달리는 것이 식(識)이네. 다시 근(根)·진(塵)·식(識) 세 현상이 화합해 생겨나는 작용이 식(識)이며, 마음에 아무 현상이 없어 자성이 생겨나지 않는 것이 바로 지(智)라네. 다음으로 상(相)을 얻는 바가 있는 것이 식(識)이며, 상을 얻는 바가 없는 것이 지(智)라네. 지(智)는 스스로 깨달아 마음속으로 증득한 법을 수행함으로써 나온 것으로, 스스로 성스러운 경계를 증득해 들어가네. 나가지도 들어가지도 않고 어디서부터 오는 데도 없으며 가는 바도 없어 물속 밝은 달의 경계에 비유되네." 부처님은 이 이치를 종합해 한 편의 게송으로 말씀하셨다.

업을 모으는 것이 식이요 모으지 않는 것이 지이니
일체법을 관찰해 존재하는 바가 없음을 통달하는 것이로다
採集業爲識　不採集爲智　觀察一切法　通達無所有

이런 뜻이다. 무릇 업력의 습기를 흡수하여 모으는 것이 식(識)이며, 반대로 업력의 습기를 흡수하여 모으지 않는 것이 지(智)이다. 얻는 바 없는 지(智)의 경계에 의지해 일체 만법을 관찰하여 아무것도 없는 것에 철저히 통달하는 것이 바로 해탈의 경계다.

마음속에 있는 힘을 붙들어 얻는 것, 이를 가리켜 지혜라 하며
경계에 붙들린 것이 심이로다
깨달음이 생겨나는 것이 지이며 아무것도 없는 빼어난 곳
지혜는 여기서부터 생겨나도다
逮得內在力　是則名爲慧　縛境界爲心
覺想生爲智　無所有及勝　慧則從是生

이런 뜻이다. 스스로 깨달아 마음속으로 지상(智相)을 증득하며, 아무것도 얻을 것 없는 경계에 머물러 점점 자재롭고 걸림 없는 힘을 얻는 것, 이를 일러 지혜의 힘이라 한다. 무릇 경계에 붙들리는 것은 모두 망상의 심의식으로, 망상심을 자각하여 마음속으로 증득하는 것이 바로 지(智)이다. 그

저 아무것도 없는 빼어난 경계에 항시 머물러야만 이로부터 지혜의 힘이
발생할 수 있다.

심과 의 그리고 식, 사유를 멀리 벗어나
생각이 없는 법을 얻으니 불자는 성문이 아니로다
적정에서 나아가 빼어난 무생법인을 얻으니 여래의 청정한 지혜요
빼어난 힘에서 생겨나 행하는 바가 모두 멀리 벗어나도다
心意及與識　遠離思惟想　得無思想法　佛子非聲聞
寂靜勝進忍　如來淸淨智　生於善勝義　所行悉遠離

이런 뜻이다. 유상(有相)과 무상(無相), 공(空)과 유(有), 출세(出世)와 입세
(入世) 등의 경계는 모두 심의식의 분별 작용이 아닌 것이 없다. 분별하지
않고 일체의 상(相)을 떠나 어디에도 머물지 않아야 비로소 진정한 불법
이다. 이것은 일반의 성문이 공(空)에 빠져 적(寂)에 머무는 것과 같지 않
다. 이로부터 최고의 적정(寂靜)인 무생법인을 얻고, 여래의 청정 지혜를
성취하며, 빼어난 힘이 생겨나 일체 번뇌와 집착을 멀리 벗어나게 된다.

나에게 세 종류의 지가 있어 성스러운 진실을 개발하노니
저 생각과 사유에서 제반 자성을 모두 섭수하도다
我有三種智　聖開發眞實　於彼想思惟　悉攝受諸性

이런 뜻이다. 여래에게는 상술한 세 종류의 지혜가 있어서 이로부터 성스
러운 자재의 참된 과보를 얻으니, 비단 망상의 사유 현상을 보편적으로 알
수 있을 뿐 아니라 세간 및 출세간 안팎의 제법 자성을 완전히 알게 된다.

이승으로는 상응하지 못하니 지는 모든 유를 떠나도다

자성에 집착하니 여러 성문에서 생겨나며

여러 심량을 넘어서 제도하니 여래의 청정한 지로다

二乘不相應　智離諸所有　計著於自性　從諸聲聞生

超度諸心量　如來智清淨

이런 뜻이다. 성문과 연각의 이승의 지혜로는 이 이치를 이해할 수 없다. 그들은 공적(空寂)에 빠져들어 유를 떠나 무로 들어가려 하니 여전히 상(相)에 집착하기 때문이다. 유를 피해 공에 매달리며 공이 자성이라 집착하니, 여전히 성문의 교법으로 진실한 깨달음의 증득에 이르지 못한 것이다. 만약 이승의 심량을 초월하여 만법 유심이 드러난 것임을 증득해 안다면 비로소 여래의 청정한 지혜라 할 수 있다.

復次大慧. 外道有九種轉變論, 外道轉變見生. 所謂形處轉變, 相轉變. 因轉變. 成轉變. 見轉變. 性轉變. 緣分明轉變. 所作分明轉變. 事轉變. 大慧. 是名九種轉變見. 一切外道, 因是起有無, 生轉變論. 云何形處轉變. 謂形處異見. 譬如金, 變作諸器物, 則有種種形處顯現. 非金性變. 一切性變, 亦復如是. 或有外道作如是妄想. 乃至事轉變妄想. 彼非如非異妄想故. 如是一切性轉變, 當知如乳酪酒果等熟. 外道轉變妄想. 彼亦無有轉變. 若有若無, 自心現, 外性非性. 大慧. 如是凡愚衆生, 自妄想修習生. 大慧. 無有法若生若滅, 如見幻夢色生. 爾時世尊欲重宣此義, 而說偈言.

形處時轉變　四大種諸根　中陰漸次生　妄想非明智

最勝於緣起　非如彼妄想　然世間緣起　如揵闥婆城

세간에서 말하는 연기의 공견

부처님께서 말씀하셨다. "다음으로 외도의 학자들은 아홉 종류의 변화이론을 갖고 있는데, 그들은 이 아홉 종류의 변화 이치에 근거하여 생명 변화의 공견(空見)으로 삼는다네. 소위 형처전변(形處轉變, 形體轉變), 상전변(相轉變, 現象轉變), 인전변(因轉變, 起因轉變), 성전변(成轉變, 情況轉變), 견전변(見轉變, 所見轉變), 성전변(性轉變, 性質轉變), 연분명전변(緣分明轉變, 所緣轉變), 소작분명전변(所作分明轉變, 作用轉變), 사전변(事轉變, 事實轉變)이 그것이네. 이것이 바로 외도 학자들이 주장하는 아홉 종류의 변화의 견해네. 일체의 외도는 모두 아홉 종류의 견해로부터 말미암으나 혹자는 유(有)로써 혹자는 무(無)로써 생명 변화의 이론을 설명하네. 형처전변(形處轉變)이란 무엇인가? 말하자면 그것은 형체의 변화에 근거하는데, 예를 들면 황금이 그릇이나 기타의 물건으로 변화하면 겉모습으로 볼 때는 형상이 완전히 달라지네. 하지만 형상이 어떻게 변하든 황금의 자성은 여전히 마찬가지네. 같은 이치로 우주의 일체 물리적 현상은 비록 형태는 변하더라도 자성은 여전히 변하지 않네. 그럼에도 어떤 외도 학자들은 앞에서 말한 여러 망상을 일으키며 또 그러한 망견과 망상으로 일체 사물을 개괄하려 하네. 사실 그들의 견해와 이론은 언뜻 보기엔 그럴듯하지만 통하지 않네. 왜냐하면 이들 모두가 망상으로부터 생겨난 데다 그저 언설에 불과할 뿐 실재가 없기 때문일세. 예를 들면 우유가 변하여 우유죽인 수유(酥油)나 호락(醐酪)이 되거나 쌀이나 보리, 과일 등이 술이나 죽이 되는 것은 그저 시절 인연이 성숙한 것으로 그 변화는 당연한 것이네. 일체 만물의 형태나 성질의 변화 역시 이러하네. 하지만 일반의 외도들은 이러한 상황에서 망상과 망견을 가져 그들 본래의 자성에는 아무 변화가 없다는 것을 모른다네. 이 때문에 그들은 유(有)나 무(無)를 말하며 모두가 자기 마음의 현량인 바깥에서 법을 구하고자 하지만, 그들이 말하는 일체의 자성은 모두 본성이 아니네. 대혜여! 이들은 모두 어리석은 범부들의 견해로 자신의 망상에 훈습되어 나온 것이네. 사실 일체의 모든 법은 본래 그 자성에 생멸이 없는데도 사람들이 마치 꿈속에서처럼 각종 모습과 형체를 만들어 내는 것이네. 하지만 깨어난 후에는 아무것도 얻을 수 있는 것이 없다네." 부처님께서는 이 이치를 종합해 한 수의 게송으로 말씀하셨다.

형상은 공간과 시간에 따라 변화해 사대의 여러 근이 생겨나며
중음의 식과 신이 점차 생겨나나 이들은 망상으로 밝은 지혜가 아니로다

形處時轉變　四大種諸根　中陰漸次生　妄想非明智

이런 뜻이다. 세간의 일체 만물의 형상은 공간과 시간이 결합해 변화하며, 이로 인해 지수화풍의 물리적 사대가 존재하고 안이비설신의 생리적이며 심리적인 육근 등 근진(根塵)이 출현한다. 그런 후에 몸과 마음이 점차 생겨나며 중음신과 중음식 역시 형성된다. 범부의 경계에서는 형상(形相), 시공(時空), 인과(因果), 식신(識身), 습염(習染) 등이 작용하여 어느 때 어느 곳을 막론하고 변화하지 않는 것이 없지만 심의식 자체는 결코 변화하지 않는다. 사람들은 이 이치를 알지 못하기에 온갖 설법을 전개하지만, 이들은 모두 망상에서 나온 것으로 텅 비어 고요한 맑고 밝은 지혜의 말이 아니다.

가장 뛰어난 자는 연기에 대해 이처럼 망상하지 않으니
세간의 연기는 마치 신기루의 성과도 같도다

最勝於緣起　非如彼忘想　然世間緣起　如揵闥婆城

이런 뜻이다. 부처님은 가장 뛰어난 정각자로, 그는 일체의 세간이 모두 인연에 의해 생겨난다고 보아 일반인들처럼 망상에 집착하거나 그런 망상을 진실로 보지 않는다. 이 때문에 인연으로 얽힌 세간을 그저 신기루 같고 몽환과 같은 존재일 뿐이라 여긴다.

爾時大慧菩薩復白佛言. 世尊. 唯願爲說, 一切法相續義. 解脫義. 若善分別一切法, 相續不相續相. 我及諸菩薩善解一切相續巧方便. 不墮如所說義計著相續. 善於一切諸法, 相續不相續相, 及離言說文字妄想覺. 遊行一切諸佛刹土, 無量大衆. 力自在通, 總持之印. 種種變化. 光明照曜覺慧. 善入十無盡句. 無方便行. 猶如日月, 摩尼, 四大. 於一切地, 離自妄想相見. 見一切法如幻夢等. 入佛地身. 於一切衆生界, 隨其所應而爲說法, 而引導之. 悉令安住, 一切諸法如幻夢等, 離有無品. 及生滅妄想, 異言說義. 其身轉勝. 佛告大慧. 善哉善哉. 諦聽諦聽. 善思念之. 當爲汝說. 大慧白佛言. 唯然受教. 佛告大慧. 無量一切諸法, 如所說義, 計著相續. 所謂相計著相續, 緣計著相續. 性非性計著相續. 生不生妄想計著相續. 滅不滅妄想計著相續. 乘非乘妄想計著相續. 有爲無爲妄想計著相續. 地地自相妄想計著相續. 自妄想無間妄想計著相續. 有無品外道依妄想計著相續. 三乘一乘無間妄想計著相續. 復次大慧. 此及餘, 凡愚衆生, 自妄想相續. 以此相續故, 凡愚妄想. 如蠶作繭. 以妄想絲, 自纏纏他. 有無有相續相計著. 復次大慧. 彼中亦無相續, 及不相續相. 見一切法寂靜, 妄想不生故. 菩薩摩訶薩, 見一切法寂靜. 復次大慧. 覺外性非性, 自心現相無所有. 隨順觀察自心現量, 有無一切性無相. 見相續寂靜故, 於一切法, 無相續不相續相. 復次大慧. 彼中無有若縛若解. 餘墮不如實覺知, 有縛有解. 所以者何. 謂於一切法有無有, 無衆生可得故. 復次大慧. 愚夫有三相續. 謂貪恚癡. 及愛未來, 有喜愛俱. 以此相續, 故有趣相續. 彼相續者續五趣. 大慧. 相

續斷者. 無有相續不相續相. 復次大慧. 三和合緣, 作方便計著, 識相續無間生. 方便計著, 則有相續. 三和合緣識斷, 見三解脫, 一切相續不生. 爾時世尊欲重宣此義, 而說偈言.

不眞實妄想　是說相續相　若知彼眞實　相續網則斷

於諸性無知　隨言說攝受　譬如彼蠶蟲　結網而自纏

愚夫妄想縛　相續不觀察

속박과 해탈은 모두 일심에서부터 나온다

이때 대혜대사가 다시 부처님께, "일체법의 속박(집착상속執著相續)과 해탈(불집착상속不執著相續)의 이치"에 대해 설명해 주실 것을 청했다. 부처님께서 말씀하셨다. "무수한 법이 모두 사람으로 하여금 집착을 일으킬 수 있네. 여래가 말한 불법의 깊고 내밀한 뜻으로 말해 본다면, 예를 들어 상집착상속(相執著相續, 명상名相의 집착), 연집착상속(緣執著相續, 연에 대한 집착), 성비성집착상속(性非性執著相續, 자성이 있다거나 아니라거나 하는 집착), 생불생망상집착상속(生不生妄想執著相續, 생겨남이 있다거나 생겨남이 없다고 분별하는 집착), 멸불멸망상집착상속(滅不滅妄想執著相續, 소멸한다거나 소멸하지 않는다거나 분별하는 집착), 승비승망상집착상속(乘非乘妄想執著相續, 대승과 소승을 분별하거나 혹은 대승과 소승이 아닌 것을 분별하는 집착), 유위무위망상집착상속(有爲無爲妄想執著相續, 유위와 무위를 분별하는 집착), 지지자상망상집착상속(地地自相妄想執著相續, 대승 각 지地의 경계를 분별하는 집착), 자망상무간망상집착상속(自妄想無間妄想執著相續, 자신의 망상 현상을 분별하는 집착), 유무품외도의망상집착상속(有無品外道依妄想執著相續, 외도의 유무 이론을 분별하는 집착), 삼승일승무간망상집착상속(三乘一乘無間妄想執著相續, 불법의 구경이 일승이냐 삼승이냐를 분별하는 집착)이 그것이네. 다음으로 이러한 상황은 모두 어리석은 범부들이 스스로 만들어 낸 망상이자 집착으로 마치 쇠사슬처럼 이어져 끊어지지 않네. 끊어지지 않는 망상의 실로 자기 마음을 속박하여 마치 봄누에가 고치를 만들 듯 시작을 알 수 없는 망상 속에서 집착이 이어져 벗어나기 어렵다네. 다음으로 대혜여! 그렇다면 이러한 망상의 집착으로부터 어떻게 하면 벗어날 수 있을까? 사실 해탈의 방법이 달리 있는 것은 아니네. 단지 일체법이 본래 적정(寂靜)하다는 것을 알기만 하면 자연 망상이 생겨나지 않네. 대승 보살들은 일체법이 본래 적정하다는 것을 모두 몸소 증득했네. 또한 일체의 외부 사물에는 자성이 없으며 모두가 자기 마음의 현량 현상으로 본래 어떤 것도 존재하지 않음을 깨달았네. 여기에 의거해 살펴나가면 일체가 자기 마음의 현량경이며, 유와 무의 일체 자성에 볼 수 있는 형상이 아무것도 없음을 알게 되네. 볼 수 있는 형상이 아무것도 없는 속에서 적정이 이어지니, 이 때문에 일체법에 대해 이어진다느니 이어지지 않는다느니 하는 생각조차 사라지네. 그리고 이 속에서는 속박이라 할 것도 해탈이라 할 것도 모두 사라져 버리네. 이런 여실(如實)한 자각의 구경을 증득하는 데 이르지 못한다면 곧바로 속박이니 해탈이니 하는 견해가 생겨나고 마네. 왜 그런가? 일체법의 유와 무에서 자성을 찾으려 해도 본래 얻을 수 없기 때문이네. 그런 까닭에 중생을 보고 말하기를 본래 속박이란 것이 없는데 어디서 해탈을 구하려 하느냐고 했다네. 다시 말하자면 어리석은 범부에게는 탐·진·치의 세 종류 이어짐(相續)이 있으며 동시에 미래의 탐욕을 위해 다시 부단히 이어짐으로써 각양각색의 생명이 이어지고 끊임없이 돌고 돌아 오취(五趣)[147]의 몸을 형성한다네. 대혜여! 소위 이어짐이 끊어진다는 것은 무엇인가? 그것은 이어진다거나 이어지지 않는다거나 하는 생각이나 현상 자체가 사라지는 것을 말하네. 그다음에 다시 삼연(三緣)이 화합함으로써[148] 습관적 집착이 생겨나고, 그 속에서 식(識)의 작용이 생겨나 끊이지 않고 이어진다네. 방편적이고 습관적인 집착이 생겨남으로써 서로 이어져 흐르게 되니, 만약 세 연의 화합과 그 속의 업을 끊어 낼 수 있다면 삼해탈을 얻어 이어지거나 이어지지 않는 모든 집착으로부터 벗어날 것이니, 이를 일러 이어짐을 끊어 낸다고 하네." 부처님은 이 이치를 종합해 한 수의 게송으로 말씀하셨다.

진실하지 못한 망상을 상속상이라 하니
만약 저 진실을 안다면 상속의 망이 끊어지리라

不眞實妄想　是說相續相　若知彼眞實　相續網則斷

이런 뜻이다. 여기서는 망상이 진실하지 못한 것이라 설명한다. 하지만 사람들이 그 허망함을 보지 못하여 빈틈없이 이어지는 업식의 작용이 흘러 끊어지지 않는다. 달리 말하면 세간 일체의 현상이 끊어지지 않고 이어지는 것은 모두 이러한 진실하지 못한 망상 때문에 생기는 것이다. 만약 망상이 진실하지 못한 허망한 것임을 알고서 집착하지 않는다면 빈틈없이 이어지는 그물망은 끊어지고 말 것이다.

---

147 달리 오도(五道)라고도 하는데 첫째가 지옥이요, 둘째가 아귀, 셋째가 축생, 넷째가 인간, 다섯째가 천(天)이다.(원주)

148 삼연이 화합하는 것은 외도의 망계(妄計)로 근(根)과 진(塵) 및 아(我)의 세 연(緣)이 화합하는 것으로, 여러 식(識)이 차례로 이어져 일어난다. 세 가지란 근(根)과 진(塵) 및 아(我)로서, 이 화합에 상응하여 생겨나는 것이 식(識)이다.(원주)

여러 자성에 대해 알지 못해 언설을 따라 받아들이니
비유컨대 저 누에와 같아 고치를 지어 스스로 얽매이누나
어리석은 자가 망상에 얽매이는 것은 상속을 관찰하지 못함이로다

於諸性無知 隨言說攝受 譬如彼蠶蟲 結網而自纏
愚夫妄想縛 相續不觀察

이런 뜻이다. 사람들이 일체법의 자성을 알지 못하기에 그저 언어를 따라 일체의 경계를 받아들일 뿐이니, 비유하자면 봄에 누에가 고치를 지어 스스로 얽혀 벗어나지 못하는 것과 같다. 그러므로 어리석은 범부는 관찰하고 자각하지 못하여 모두 빈틈없이 이어지는 속에서 끊임없이 돌고 도는 것이다.

大慧復白佛言. 如世尊所說, 以彼彼妄想, 妄想彼彼性. 非有彼自性, 但妄想自性耳. 世尊. 若但妄想自性, 非性自性相待者. 非爲世尊如是說煩惱淸淨, 無性過耶. 一切法妄想自性, 非性故. 佛告大慧. 如是如是. 如汝所說. 大慧. 非如愚夫性自性妄想眞實. 此妄想自性, 非有性自性相然. 大慧. 如聖智有性自性. 聖知, 聖見, 聖慧眼, 如是性自性知. 大慧白佛言. 若使如聖, 以聖知, 聖見, 聖慧眼. 非天眼, 非肉眼. 性自性, 如是知, 非如愚夫妄想. 世尊. 云何愚夫離是妄想, 不覺聖性事故. 世尊. 彼亦非顚倒, 非不顚倒. 所以者何. 謂不覺聖事, 性自性故. 不見離有無相故. 世尊. 聖亦不如是見, 如事妄想. 不以自相境界, 爲境界故. 世尊. 彼亦性自性相, 妄想自性如是現. 不說因無因故. 謂墮性相見故. 異境界, 非如彼等, 如是無窮過. 世尊. 不覺性自性相故. 世尊. 亦非妄想自性, 因性自性相. 彼云何妄想非妄想, 如實知妄想. 世尊. 妄想異, 自性相異. 世尊. 不相似因, 妄想自性想. 彼云何

各各不妄想. 而愚夫不如實知. 然爲衆生離妄想故, 說如妄想相不如實有. 世尊. 何故遮衆生有無有見, 事自性計著. 聖智所行境界計著, 墮有見. 說空法非性, 而說聖智自性事. 佛告大慧. 非我說空法非性. 亦不墮有見, 說聖智自性事. 然爲令衆生離恐怖句故. 衆生無始以來計著性自性相. 聖智事自性, 計著相見. 說空法. 大慧. 我不說性自性相. 大慧. 但我住自得如實空法. 離惑亂相見, 離自心現性非性見. 得三解脫, 如實印, 所印於性自性. 得緣自覺觀察住, 離有無事見相.

復次大慧. 一切法不生者. 菩薩摩訶薩, 不應立是宗. 所以者何. 謂宗一切性非性故, 及彼因生相故. 說一切法不生宗, 彼宗則壞. 彼宗一切法不生. 彼宗壞者, 以宗有待而生故. 又彼宗不生. 入一切法故, 不壞相不生故, 立一切不生宗者, 彼說則壞. 大慧. 有無不生宗. 彼宗入一切性, 有無相不可得. 大慧. 若使彼宗不生, 一切性不生而立宗, 如是彼宗壞. 以有無性相不生故, 不應立宗. 五分論多過故, 展轉因異相故, 及爲作故, 不應立宗分. 謂一切法不生. 如是一切法空, 如是一切法無自性, 不應立宗. 大慧. 然菩薩摩訶薩, 說一切法, 如幻夢. 現不現相故. 及見覺過故, 當說一切法, 如幻夢性. 除爲愚夫, 離恐怖句故. 大慧. 愚夫墮有無見. 莫令彼恐怖, 遠離摩訶衍. 爾時世尊欲重宣此義, 而說偈言.

無自性無說	無事無相續	彼愚夫妄想	如死屍惡覺
一切法不生	非彼外道宗	至竟無所生	性緣所成就
一切法不生	慧者不作想	彼宗因生故	覺者悉除滅
譬如翳目視	妄見垂髮相	計著性亦然	愚夫邪妄想
施設於三有	無有事自性	施設事自性	思惟起妄想
相事設言敎	意亂極震掉	佛子能超出	遠離諸妄想
非水水相受	斯從渴愛生	愚夫如是惑	聖見則不然
聖人見淸淨	三脫三昧生	遠離於生滅	遊行無所有

修行無所有　亦無性非性　性非性平等　從是生聖果

云何性非性　云何爲平等　謂彼心不知　內外極漂動

若能壞彼者　心則平等見

자성이 공이냐 유냐 하는 변론

대혜대사가 다시 물었다. "만약 부처님께서 말씀하시는 것처럼 일체법이 모두 각종 망상으로부터 생겨났다면, 일체 만물에는 결코 자성이 없으며 있다고 한다면 그저 망상이 자체를 드러낸 것일 뿐이겠지요. 만약 망상이 자체를 드러낸 것이 자성이라면 자성이 아닌 것과 자성은 서로 대립하는 것일 겁니다. 그런데 부처님께선 번뇌와 청정에도 자성이 없다고 하시니 어찌 모순되는 것이 아니겠습니까? 일체법이 모두 망상에서 생긴다고 하시고서 망상 자체에는 자성이 없다고 하시니까요!" 부처님께서 말씀하셨다. "그렇지, 그렇고말고. 그대가 말한 그대로네. 하지만 내 뜻은 일반 범부들이 생각하듯이 일체 만법에 모두 하나의 진실한 자성이 있다는 것이 결코 아니네. 이 망상의 자성은 결코 진실한 존재가 아니며 실제로 증득할 수도 없고 얻어 볼 수도 없는 것이네! 대혜여! 만약 성스러운 지혜를 스스로 깨우쳐 마음속으로 증득한다면 이 성지(聖知), 성견(聖見), 성혜안(聖慧眼)에 의거해 일체법의 자성 본체를 증득해 알 것이네."

대혜가 다시 물었다. "여기서 말하는 성지, 성견, 성혜안은 당연히 천안이 아니고 육안도 아닙니다. 그것은 제법의 체상(體相)을 절로 아는 자성으로, 일종의 자성의 예지(睿智)입니다. 결코 범부들이 생각하는 망상 같은 것이 아니지만, 그럼에도 어떻게 하면 범부들로 하여금 망상을 벗어나 성스러운 지혜를 마음속으로 증득케 할 수 있을까 해서 말씀하시기를, 이 범부들의 망상은 절대적으로 전도되었다 말할 수 없으며, 그렇다고 전혀 전도되지 않은 것도 아닌데, 왜 그런가라고 하셨습니다. 그저 그들이 망상에는 본래 자성이 없음을 깨우쳐 증득하지 못하고 유무의 상(相)을 벗어나지 못하니, 그 때문에 성스러운 과위를 증득할 수 없다고 말씀하신 겁니다. 하지만 자각한 성자라고 해서 본래부터 자성이 없거나 유무의 상을 멀리 떠난 것은 결코 아니니, 예를 들면 그들이 경계를 대하고 사물을 접할 때는 마찬가지로 망상이 일어날 수 있지만 단지 스스로 일으킨 망상에 집착하지 않고, 그것이 진실한 경계가 아니라고 생각할 뿐입니다. 그들 역시 마찬가지로 스스로 깨달아 마음속으로 증득한 자성에서도 분별 자성의 작용이 생겨날 수 있습니다. 이로 인해 곧 망상이 일어나니 모든 망상의 자성은 이렇게 나타납니다. 여기엔 다른 원인이 없으며 그렇다고 원인 없이 홀로 일어나는 것도 아닙니다. 만약 유무의 견해가 존재한다면 유(有)에 떨어지거나 혹은 집착의 경계로 떨어질 것입니다. 하지만 스스로 깨달아 직접 자성을 증득하지 못한 자는 이렇지 못합니다. 그래서 무한한 잘못을 저지르는데, 이는 모두 자성에 본래 얻을 수 있는 상이 없음을 그들이 자각할 수 없기 때문입니다. 그뿐 아니라 망상의 원인을 분별해서 망상에 자성이 없음을 아는 것이 아니라, 소위 망상 자체에 본래 얻을 수 있는 실체가 없음을 알아야만 망상에 자성이 없음을 여실히 알 수 있습니다. 또 사람들의 망상이 각기 다르기 때문에 자성에도 역시 다른 것이 있음을 깨달으며, 범부들은 각종 상이한 인(因)으로써 자성의 본체를 망상으로 추측합니다. 하지만 그들은 각기 다른 관점을 돌이켜 보지 못해 다양한 망상만 생겨나게 하니 이 때문에 범부가 자신을 알지 못함이 이와 같다고 말씀하신 겁니다. 하지만 부처님께서는 망상의 어지러움으로부터 중생을 멀리 벗어나게 하기 위해, 이들 망상이 모두 실재하지 않는다고 말씀하십니다. 중생들이 유나 무에 집착하지 않도록 하기 위해, 유 혹은 무를 자성으로 생각해 집착하지 않도록 하기 위해서입니다. 심지어 마음속으로 증득한 성스러운 지혜를 또 다른 일종의 경계로 여겨, 이로 인해 본 것이 있고 얻은 것이 있다고 여기는 오류에 집착하지 않도록 하기 위함입니다. 하지만 그러면서도 자성을 공무(空無)라고 하는 것은 바른 법이 아니며, 성스러운 지혜의 자성이 실제로 존재한 후에 사상(事相)을 얻을 수 있다고도 말씀하십니다."

부처님께서 말씀하셨다. "나는 자성이 공무(空無)한 것이 바른 법이 아님을 말하지 않았고, 볼 것이 있고 얻은 것이 있는 가운데 떨어진 것을 성스러운 지혜가 마음속으로 증득한 자성 현상이라고 말하지도 않았네. 단지 중생들이 공에 떨어지는 것을 두려워할까 봐 이렇게 반복해서 논증한 것이네. 중생들이 무시이래 모두 자성의 상(相)이 있다고 집착하여 자성의 상을 증득해야 비로소 성스러운 경계라 생각할까 봐 그랬다네. 사람들이 자성에 집착할까 봐 내가 일체법이 공이라 말했던 것이네. 대혜여! 나는 자성에 자성의 상이 있다 말하지 않았지만 그럼에도 나는 스스로 얻은 여실한 공의 법 속에 편안히 머무르고, 미혹되어 어지러운 전도된 상(相)과 견(見)을 멀리 떠나며, 자기 마음의 현량을 떠나고 바깥의 자성이 자성이 아님을 알아 삼해탈의 여실 법인을 얻었다네. 그리고 이것으로써 일체법을 인증하고 자성의 본래면목에 대해 자재롭게 관찰하고 스스로 깨달아 유무의 두 견해로부터 멀리 벗어났다네."

불법의 으뜸 강령에 대한 설명

"다음으로 대혜여! 대승도의 보살들은 일체법이 생겨나지 않는다는 것을 종지로 삼아서는 안 되네. 왜 그런가? 소위 일체법은 원래 자성이 없는 것으로, 생겨나지 않는다고 말하면 이미 최초의 인(因)에 집착한 것이 되고 말기 때문이네. 그러므로 이 설을 주장하는 자가 종지로 삼고자 해도 성립되지 않는다네. 왜 일체법이 생겨나지 않는다는 것을 종지로 삼아서는 안 될까? 그것이 세우는 종지가 상대적인 것(생겨나지 않는 것은 계속 생겨나는 것과 상대적임)이기 때문이네. 그뿐 아니라 그들이 세운 생겨나지 않음(不生)은 일체법의 모든 범위 내에서 스스로 불생의 관념을 타파할 수 없기 때문이네. 그러므로 불생을 종지로 삼는 것은 공격하지 않아도 스스로 무너지고 마는 것이네. 다시 말하면 생겨나지 않는 것이 하나 있거나 혹은 본래 아무것도 없어 생겨나지 않는 것이라도, 그가 세운 종지는 여전히 일체 자성의 범위 속에 있는 것인데 하물며 유무의 상을 근본까지 추구하더라도 결국은 얻을 수 없는 것임에랴. 만약 그가 불생을 종지로 삼는다면 일체의 것이 모두 불생을 종지로 삼아야 하는데, 그렇게 되면 스스로의 종지 역시 성립될 수가 없네. 유든 무든 그 성상(性相)이 근본적으로 생겨나지 않는 것이라면 그것을 종지로 세워서는 안 되지 않겠는가? 설사 인명(因明)의 오분론(五分論)으로 변증을 하더라도 착오가 많을 수밖에 없을 것이네. 한마디로 말해 이러한 종지의 설이라면 그 종지와 처음의 인(因)이 이리저리 변하면 모두 인(因)이 될 수 있으니 시비가 분분해질 것이네. 하물며 이미 종지로 세운 것이라면 인위적인 조작으로 떨어지고 말 것이므로, 어떤 하나의 법도 종지로 세워서는 안 된다고 말하는 것이네. 일체법이 생겨나지 않는다는 것을 종지로 삼는 이 이치를 추론하여 확대해 보면, 소위 일체법이 공이라거나 일체의 것에 자성이 없다거나 하는 것 역시 종지가 되어서는 안 되네. 그런데도 대승 보살들은 왜 일체법이 모두 꿈과 같고 환상과 같다고 말하는가? 소위 꿈과 같고 환상과 같다는 것은 결코 절대 없다는 것이 아니라 그저 그것이 실재하지 않음을 상징한 것으로, 그것이 영구적으로 존속하지 않음을 설명한 것이네. 일체법이 비록 현실로 드러나지만 영원히 존재하지 않기에 일체법이 모두 꿈과 같고 환상과 같다고 한 것으로, 이것은 어리석은 범부들의 공(空)에 대한 공포심을 없애기 위함이네. 무지한 범부들은 평상시에 모두가 유 혹은 무의 견해에 빠져 있어서 유무로 파악하기 어려운 것에 대해 공포심을 일으키므로, 대승의 도로 멀리 벗어나게 하기 위해 꿈과 같고 환상과 같다고 설명한 것이네."

부처님은 이 이치를 종합해 한 편의 게송으로 말씀하셨다.

자성이 없다는 무의 설은 현상도 없고 이어지지도 않으니
저 어리석은 자들의 망상으로 마치 죽은 시체가 혐오감을 주는 것과 같도다
無自性無說　無事無相續　彼愚夫妄想　如死屍惡覺

이런 뜻이다. 소위 자성이란 원래 얻을 수 있는 것이 없으므로 이름과 언어〔名言〕로도 말할 수 없다. 그 속에는 이미 어떤 현상〔事〕도 모습도 얻을 수 없으며 거기에다 이어지는 의존의 주체나 객체도 없으나, 그저 범부가 어리석어 망상으로 자성을 추측할 뿐이다. 마치 편벽된 기호를 버리지 못해 살아 있는 송장처럼 혐오감을 일으키니 그 어리석음은 더 보아 무엇하리.

일체법이 생겨나지 않는다는 것은 내가 말한 것이 아니라 저 외도의 종지로
마지막에 이르기까지 생겨나는 것이 없는데도 자성과 인연으로 성취되는도다
一切法不生　非彼外道宗　至竟無所生　性緣所成就

이런 뜻이다. 만약 일체법이 생겨나지 않는다는 것이 곧 입론(立論)의 종지라 여긴다면 이는 내가 말한 법이 아니라 외도의 견해다. 만약 일체가 끝내 생겨나지 않는다면 어떻게 일체 생겨나지 않는 자성에 인연으로 생겨나는 법이 필요하겠는가?

일체법이 생겨나지 않는다는 것은 지혜로운 자의 생각이 아니니
그 종지가 인으로 해서 생기므로 깨달은 자가 모두 배제하노라
一切法不生　慧者不作想　彼宗因生故　覺者悉除滅

이런 뜻이다. 만약 큰 지혜를 지닌 자라면 결코 일체법이 생겨나지 않는다는 생각을 하지 않는다. 왜냐하면 일체법이 엄연히 인연을 빌려 일어나기 때문이다. 그러니 이것이 그 종지와 어찌 서로 위배되지 않겠는가? 그러므로 정각(正覺)을 이룬 자는 마땅히 이런 잘못을 버려야 한다.

비유하자면 눈병난 사람이 흘러내린 머리카락을 엉뚱한 것으로 보는 것 같으니
자성에 집착하는 것 역시 그러해 어리석은 자의 삿된 망상이로다
譬如翳目視　妄見垂髮相　計著性亦然　愚夫邪妄想

이런 뜻이다. 비유하자면 눈병에 걸린 사람이 머리카락이 공중에 드리운 것을 보고 환각을 일으킨 것과 같다. 자성에 집착하는 사람도 눈병에 걸린 사람과 같아, 모두 그저 어리석고 지혜가 없어 스스로 잘못된 상상을 생겨나게 할 뿐이다.

삼유에서 베풀어 갖추어지나 어떤 현상도 자성도 없건만
현상이나 자성을 베풀어 갖추어 생각함으로써 망상을 일으키도다
施設於三有　無有事自性　施設事自性　思惟起妄想

이런 뜻이다. 바로 삼유(욕계·색계·무색계)의 상황을 말하는 것과 같아 본래 자성이나 사실적 존재가 있는 것이 결코 아니다. 하지만 사변(思辨)상 언어적 개념을 정립하기 위해 그 작용을 묘사한 것인데도 범부들은 이 속에

서 망상을 일으킨다.

명상과 사실을 가리키기 위한 언어적 가르침은 뜻의 혼란을 더욱 가중하니
불법을 배우는 자라면 능히 넘어서 여러 망상을 멀리 벗어나야 하노라

相事設言教　意亂極震掉　佛子能超出　遠離諸妄想

이런 뜻이다. 모든 명상(名相)과 그것이 가리키는 사실은 모두 사유의 변증을 편리하도록 하기 위해 만들어진 것이다. 만약 명상에 집착하여 그것을 실제 존재하는 법이라 여긴다면 한갓 그 뜻을 어지럽힐 뿐이며, 사람들을 혼란에 빠트리고 망상을 증가시켜 더욱 산란하게 한다. 불법을 배우는 사람이라면 명(名)과 상(相)의 울타리를 벗어날 수 있어야 하니, 그것이 유라느니 무라느니 하는 분별을 하지 말아야 한다.

물이 아닌데도 물이라 생각하니 이는 갈애로부터 생겨나며
어리석은 이도 이처럼 미혹되나 성인은 그렇지 않도다

非水水想受　斯從渴愛生　愚夫如是惑　聖見則不然

이런 뜻이다. 비유하자면 목말라 미칠 듯한 사슴이 황야의 타오르는 불꽃 그림자를 보고 물이라 생각하여 온 힘을 다해 달려가 구하고자 하는 것과 같다. 무지한 범부가 세간 사물을 쫓는 것이나 명(名)과 상(相)에 집착하는 것도 마치 목마른 사슴이 물을 쫓아가는 것과 마찬가지다. 오로지 성자만이 이러한 망견으로부터 해탈할 수 있다.

성인은 청정을 얻어 삼해탈의 삼매가 생기니
생멸에서 멀리 떠나 아무것도 없는 데에서 노니노라

聖人見淸淨　三脫三昧生　遠離於生滅　遊行無所有

　이런 뜻이다. 성인의 경계는 일체법이 본래 청정함을 친히 증득해 이미 삼해탈의 삼매를 얻으니, 일체의 생멸심을 떠나 아무것도 없는 적멸의 경계 속에서 노닌다.

　아무것도 없는 것을 따라 수행하면 어떤 자성도 자성이 아닌 것이 없으니
　자성이든 비자성이든 평등하여 이로부터 성인의 과위가 생기노라
　修行無所有　亦無性非性　性非性平等　從是生聖果

　이런 뜻이다. 만약 아무것도 없는 것을 따라 수행하면 소위 자성이니 비자성이니 하며 분별할 필요가 없어서 자연 본성과 현상이 평등해지니, 이로부터 성인의 과위가 생겨날 수 있다.

　자성과 자성이 아닌 것이 어떠하며 평등이 어떠하며 하는 것은
　이 마음이 알지 못한다는 것을 말하니 내외가 극도로 흔들리도다
　만약 이것을 타파할 수 있다면 마음이 곧 평등임을 보리라
　云何性非性　云何爲平等　謂彼心不知　內外極漂動
　若能壞彼者　心則平等見

　이런 뜻이다. 이른바 자성과 비자성 그리고 어떤 것이 자성 평등의 경계인가 하는 것은 사람들이 몸과 마음 안팎의 제법을 철저히 알지 못하기 때문이다. 이들은 모두 무상(無常)한 것으로 얻을 수 있는 자성이 없다. 그러므로 망상의 분별은 안팎의 현상 경계 속을 떠돌게 된다. 만약 망상과 집착을 타파할 수 있다면 자연 자성의 평등한 경계를 볼 수 있을 것이다.

爾時大慧菩薩白佛言. 世尊. 如世尊說, 如攀緣事, 智慧不得. 是施設量, 建立施設. 所攝受非性, 攝受亦非性. 以無攝故, 智則不生. 唯施設名耳. 云何世尊. 爲不覺性自相共相, 異不異故, 智不得耶. 爲自相共相, 種種性自性相, 隱蔽故, 智不得耶. 爲山巖石壁. 地水火風障故, 智不得耶. 爲極遠極近故, 智不得耶. 爲老小盲冥, 諸根不具故, 智不得耶. 世尊. 若不覺自共相異不異, 智不得者. 不應說智, 應說無智. 以有事不得故. 若復種種自共相性自性相, 隱蔽故智不得者, 彼亦無智, 非是智. 世尊. 有爾焰故智生, 非無性會爾焰, 故名爲智. 若山巖石壁地水火風, 極遠極近, 老小盲冥, 諸根不具, 智不得者. 此亦非智, 應是無智. 以有事不可得故. 佛告大慧. 不如是. 無智, 應是智, 非非智. 我不如是隱覆說攀緣事. 智慧不得, 是施設量建立. 覺自心現量, 有無有, 外性非性. 知而事不得. 不得故, 智於爾焰不生. 順三解脫, 智亦不得. 非妄想者, 無始性非性, 虛僞習智, 作如是知, 是知彼不知. 故於外事處所, 相性無性, 妄想不斷. 自心現量建立, 說我我所相, 攝受計著. 不覺自心現量. 於智爾焰而起妄想. 妄想故, 外性非性, 觀察不得, 依於斷見. 爾時世尊欲重宣此義, 而說偈言.

有諸攀緣事　智慧不觀察　此無智非智　是妄想者說

於不異相性　智慧不觀察　障礙及遠近　是名爲邪智

老小諸根冥　而智慧不生　而實有爾焰　是亦說邪智

지혜의 실상은 어떤 것인가

이때 대혜대사가 다시 물었다. "부처님 말씀에 따르면 분별하고 반연하는 이러한 망상심은, 만약 지혜로 관조하면 모두 근본적으로 얻을 것이 없으며, 그저 세간의 습관으로 가정해서 만들어진 것입니다. 실제로 가정해서 만든 망심은 본래 그것을 취할 주체나 객체의 자성이 존재하지 않습니다. 만약 이들이 모두 내심의 분별 의식에서 생겨난 것임을 안다면 그것을 취할 주체나 객체가 모두 공(空)이 되고 말 것입니다. 그렇다면 이른바 지혜란 그것을 취할 주체나 객체가 없는 것처럼, 그저 표현을 위한 일종의 가설적 명사일 뿐입니다. 그런데 사람들이 자타(自他) 등에 공동한 성상(性相)의 차이를 느끼지 못해 지혜를 증득하지 못하는 것인가요? 아니면 자타 등 갖가지 자성상(自性相)이 자유로이 가려질 수 있어서 지혜를 증득할 수 없는 것인가요? 그렇지 않으면 물질계의 바위나 석벽, 지수화풍에 막혀 지혜를 증득하지 못하는 것인가요? 아니면 공간의 멀고 가까움 때문에 지혜를 증득하지 못하는 것인가요? 아니면 연령의 많고 적음이나 몸과 마음의 여러 기관에 문제가 있어서 지혜를 증득하지 못하는 것인가요? 가령 자타 등에 공동한 성상(性相)의 차이를 느끼지 못해 지혜를 증득하지 못하는 것이라면, 그것은 지혜가 아니라 무지(無智)라 해야 마땅하니 이러한 현상조차 증득하지 못하기 때문입니다! 가령 자타 등 여러 성상(性相)에 가려져 지혜를 증득하지 못했다고 해도 역시 무지라 할 수 있을 뿐 지혜라 말할 수 없습니다. 일체를 밝게 비출 수 있는 것이 지혜이지 비출 수 없는 것을 지혜라 할 수는 없기 때문입니다. 가령 바위나 석벽, 지수화풍 혹은 거리의 원근이나 노소(老小), 농맹(聾盲) 등 심신의 장애 때문에 지혜를 증득하지 못한다고 하면 근본 무지라 해야 합니다. 왜냐하면 지혜를 증득할 수 없는 일들이 허다할 것이기 때문입니다!"

부처님께서 말씀하셨다. "나는 그대처럼 말하지 않았네. 이렇게 하면 무지이고 저렇게 하면 지혜라고 말하지 않았으며 그것들이 지혜의 범위에 속하지 않는다고 말하지도 않았네. 나는 그렇게 모호한 말을 할 줄 모르네. 분별하는 망상과 반연하고 집착하는 망심의 상황에서는 지혜의 진실한 모습을 구할 수 없네. 이들은 모두 망심이 베풀어 놓은 심리 상태라네. 하지만 스스로 깨달아 마음속으로 증득하는 것은 모두 자기 마음의 현량으로, 일체 외물의 자성은 모두 자성이 아니며 그것이 궁극적으로 존재하는 것이든 혹 존재하지 않는 것이든 사실상 모두 얻을 수 없음을 아는 것이네. 그것이 얻을 수 없음을 알기에 안팎의 일체 경계상에서 지혜가 빛나며 환영이 생겨나지 않네. 이로부터 차례대로 삼해탈문을 거쳐 이른바 지혜를 증득하지만 그것 역시 얻을 수 없는 것이네. 이것은 보통 사람이 망상 분별로 무시이래 자성이 있다거나 없다거나 하며 허망한 습기 속에서 지혜의 실경(實境)을 추측하는, 이렇게 하면 지혜를 아는 것이고 저렇게 하면 지혜를 모르는 것이라 여기는 그런 것과는 다르네. 사람들은 바깥의 일체 대상에 대해 자성이나 자성이 아닌 것 등을 찾으려는 망상을 부단히 만들어 낸다네. 그것이 모두 자기 마음의 현량이 만들어 낸 것임을 알지도 못하면서 아(我)니 아소(我所)니 하며 각종 상태를 말하네. 그뿐 아니라 집착이 가세함으로써 자기 마음의 현량임을 자각하지 못하고 지혜라 추측하여 무수한 망상을 만들어 내네. 망상심으로 지혜를 구하려다 보니 외부의 자성이 자성이 아니며 얻을 수 없음을 관찰해 단견 속으로 떨어지니, 근본적으로 자성이 없다고 인정하고 만다네." 부처님은 이 이치를 종합해 한 수의 게송으로 말씀하셨다.

여러 반연하는 현상이 있어 지혜로 관찰하지 않으니
이는 지혜가 없거나 지혜가 아닌 것으로 망상하는 자의 설이로다
有諸攀緣事　智慧不觀察　此無智非智　是妄想者説

이런 뜻이다. 망상으로 분별하고 반연하는 상태에서 지혜의 실상을 관찰하여, 이것은 지혜이고 저것은 지혜가 아니라고 하는 것은 모두 망상 속에

서 말하는 것이다. 이는 결코 지혜의 실상이 아니다.

서로의 자성이 다르지 않음을 지혜가 관찰하지 못하거나
장애가 있거나 원근 때문에 관찰할 수 없다는 것을 삿된 지혜라 하노니
늙고 어리거나 감각 기관에 문제가 있어 지혜가 생겨나지 않는다는 것은
이염이 실제로 존재한다는 것으로 이 역시 삿된 지혜로다

於不異相性　智慧不觀察　障礙及遠近　是名爲邪智
老小諸根冥　而智慧不生　而實有爾燄　是亦說邪智

이런 뜻이다. 만약 자타(自他)나 동이(同異) 등 성상(性相)의 불일치 때문이라고 말하거나, 혹은 물질적 장애 때문에 또는 멀고 가까운 거리에 막혀 지혜를 얻지 못한다는 이러한 생각은 모두 삿된 견해다. 또 나이의 많고 적음이나 심신의 감각 기관이 양호하지 못하여 일체를 비추는 지혜의 경계가 생겨나지 않는다고 여기는 것도 역시 삿된 견해다.

復次大慧. 愚癡凡夫, 無始虛僞, 惡邪妄想之所回轉. 回轉時, 自宗通, 及說通, 不善了知. 著自心現, 外性相故. 著方便說, 於自宗四句, 淸淨通相, 不善分別. 大慧白佛言. 誠如尊敎. 唯願世尊, 爲我分別說通及宗通. 我及餘菩薩摩訶薩, 善於二通. 來世凡夫聲聞緣覺, 不得其短. 佛告大慧. 善哉善哉. 諦聽諦聽. 善思念之. 當爲汝說. 大慧白佛言. 唯然受敎. 佛告大慧. 三世如來, 有二種法通. 謂說通. 及自宗通. 說通者. 謂隨衆生心之所應, 爲說種種衆具契經. 是名說通. 自宗通者. 謂修行者, 離自心現, 種種妄想. 謂不墮一異, 俱不俱品. 超度一切心意意識. 自覺聖境界. 離因成見相. 一切外道聲聞緣覺, 墮二邊者, 所不能知. 我說是名自宗通法. 大

慧. 是名自宗通, 及說通相. 汝及餘菩薩摩訶薩, 應當修學. 爾時世尊欲重宣此義,
而說偈言.

謂我二種通　宗通及言說　說者授童蒙　宗爲修行者

종통과 설통의 의의

　부처님께서 말씀하셨다. "대혜여! 다음으로 어리석은 범부들은 무시이
래의 허위 망상에 미혹되어 종통(宗通)과 설통(說通)의 진정한 의의에 대
해 잘 알지 못하네. 그저 자기 마음이 드러난 안팎 자성의 모습에 미혹되
어 집착하고 방편적 설법에 매달려 자종(自宗) 사구(四句)[149]의 청정한 통
상(通相)을 잘 분별하지 못한다네." 대혜대사가 물었다. "참으로 그러하시
다면 청컨대 저희를 위해 종통과 설통의 모습을 해설해 주시어 저희나 기
타 대승 보살도를 배우는 자가 이를 잘 알아 범부나 성문, 연각 들의 망견
에 떨어지지 않도록 해 주십시오." 부처님께서 대답하셨다. "과거, 현재,
미래의 삼세 여래에게는 두 종류의 법통이 있으니 바로 설통(說通)과 자종
통(自宗通)이네. 이른바 설통이란 중생의 심리적 요구에 부응한 것으로,

---

149 즉 사구에 집착하는 것이다. 첫째는 상구(常句)다. 외도에서는 과거의 내가 지금의 나와 끊어
지지 않고 이어진다고 집착해 상견(常見)에 떨어지는데, 이를 가리켜 상구라 한다. 둘째는 무
상구(無常句)다. 외도에서는 내가 금생에 처음 생겨났으며 과거의 인(因)으로부터 오지 않았
다고 집착해 단견(斷見)에 떨어지니, 이것을 일러 무상이라 한다. 셋째는 역상역무상구(亦常亦
無常句)다. 외도에서는 앞의 두 관점에 모두 잘못이 있다고 보아 나는 끊임없이 이어지지만 내
몸은 계속 이어지지 않는다고 집착한다. 하지만 몸을 떠나면 내가 존재하지 않으니 이 역시 잘
못이 있는데, 이를 일러 역상역무상이라 한다. 넷째는 비상비무상구(非常非無常句)다. 외도에
서는 몸에는 다름이 있어 비상(非常)이지만 나에게는 다름이 없어 비무상(非無常)이라 집착한
다. 하지만 몸을 떠나면 나도 존재하지 않으므로 이 역시 잘못이 있는데 이를 일러 비상비무상
구라 한다.(원주)

그들을 위해 여러 다른 경전을 해설한 것이네. 이를 일컬어 설통이라 하네. 자종통이란 실제로 수행하는 자가 자기 마음의 현현인 여러 망상을 떠나 다시는 같음[一]과 다름[異], 동구(同俱)와 부동구(不同俱)의 지견에 빠져 곤란을 겪지 않으며, 일체의 의식을 벗어나고 인과(因果) 등의 지견으로부터 멀리 떠나 스스로 깨달아 마음속으로 증득하는 성스러운 지혜의 경계를 말하네. 일체의 외도나 성문, 연각 들은 서로 대립하는 양극단의 견해에 떨어져 이러한 이치를 알지 못하네. 이것이 바로 내가 말하는 자종통법(自宗通法)이네. 대혜여! 이러한 종통과 설통은 그대와 다른 일체 대보살들도 모두 마땅히 닦아야 하는 것이네." 부처님은 이 이치를 종합해 한 수의 게송으로 말씀하셨다.

내가 말하는 두 종의 통은 종통과 언설로서
설통은 어린애들한테 가르치는 것이고 종통은 수행자가 배우는 것이니라

我謂二種通　宗通及言說　說者授童蒙　宗爲修行者

∷ 이 게송의 뜻은 이미 상세하므로 다시 해석하지 않는다.

爾時大慧菩薩白佛言. 世尊. 如世尊一時說言, 世間諸論種種辭說, 愼勿習近. 若習近者. 攝受貪欲, 不攝受法. 世尊. 何故作如是說. 佛告大慧. 世間言論, 種種句味, 因緣譬喩, 採集莊嚴. 誘引諂惑愚癡凡夫. 不入眞實自通. 不覺一切法, 妄想顚倒. 墮於二邊. 凡愚癡惑而自破壞. 諸趣相續不得解脫. 不能覺知自心現量. 不離外性自性, 妄想計著. 是故世間言論, 種種辭說, 不脫生老病死, 憂悲苦惱. 諂惑迷亂. 大慧. 釋提桓因廣解衆論, 自造聲論. 彼世論者, 有一弟子. 持龍形像, 詣釋天宮,

建立論宗. 要壞帝釋千輻之輪. 隨我不如斷一一頭, 以謝所屈. 作是要已. 卽以釋法, 摧伏帝釋. 釋墮負處, 卽壞其車. 還來人間. 如是大慧. 世間言論, 因譬莊嚴. 乃至畜生, 亦能以種種句味, 惑彼諸天, 及阿修羅, 著生滅見. 而況於人. 是故大慧. 世間言論, 應當遠離. 以能招致苦生因故. 慎勿習近. 大慧. 世論者. 惟說身覺境界而已. 大慧. 彼世論者, 乃有百千. 但於後時後五百年, 當破壞結集. 惡覺因見盛故, 惡弟子受. 如是大慧. 世論破壞結集. 種種句味. 因譬莊嚴, 說外道事. 著自因緣, 無有自通. 大慧. 彼諸外道, 無自通論. 於餘世論, 廣說無量百千事門, 無有自通. 亦不自知, 愚癡世論. 爾時大慧白佛言. 世尊. 若外道世論, 種種句味因譬莊嚴, 無有自通, 自事計著者. 世尊亦說世論, 爲種種異方諸來會衆, 天人阿修羅, 廣說無量種種句味, 亦非自通耶. 亦入一切外道智慧, 言說數耶. 佛告大慧. 我不說世論, 亦無來去. 唯說不來不去. 大慧. 來者趣聚會生. 去者散壞. 不來不去者, 是不生不滅. 我所說義, 不墮世論妄想數中. 所以者何. 謂不計著外性非性, 自心現處. 二邊妄想, 所不能轉. 相境非性. 覺自心現, 則自心現妄想不生. 妄想不生者, 空, 無相, 無作, 入三脫門, 名爲解脫.

大慧. 我念一時於一處住. 有世論婆羅門, 來詣我所. 不請空閑, 便問我言. 瞿曇. 一切所作耶. 我時答言. 婆羅門. 一切所作, 是初世論. 彼復問言. 一切非所作耶. 我復報言. 一切非所作, 是第二世論. 彼復問言. 一切常耶. 一切無常耶. 一切生耶. 一切不生耶. 我時報言, 是六世論. 大慧. 彼復問我言. 一切一耶. 一切異耶. 一切俱耶. 一切不俱耶. 一切因種種受生現耶. 我時報言. 是十一世論. 大慧. 彼復問言. 一切無記耶. 一切有記耶. 有我耶. 無我耶. 有此世耶. 無此世耶. 有他世耶. 無他世耶. 有解脫耶. 無解脫耶. 一切刹那耶. 一切不刹那耶. 虛空耶. 非數滅耶. 涅槃耶. 瞿曇作耶. 非作耶. 有中陰耶. 無中陰耶. 大慧. 我時報言. 婆羅門, 如是說者, 悉是世論. 非我所說. 是汝世論. 我唯說無始虛僞, 妄想習氣. 種種諸惡. 三有之因. 不能覺知自心現量, 而生妄想攀緣外性. 如外道法, 我諸根義, 三合知生.

我不如是. 婆羅門. 我不說因, 不說無因. 惟說妄想攝所攝性, 施設緣起. 非汝所及餘, 墮受我相續者, 所能覺知. 大慧. 涅槃, 虛空, 滅, 非有三種. 但數有三耳. 復次大慧. 爾時世論婆羅門, 復問我言, 癡愛業因故, 有三有耶. 爲無因耶. 我時報言. 此二者, 亦是世論耳. 彼復問言, 一切性皆入自共相耶. 我復報言. 此亦世論婆羅門. 乃至意流妄計外塵, 皆是世論. 復次大慧. 爾時世論婆羅門, 復問我言, 頗有非世論者不. 我是一切外道之宗. 說種種句味, 因緣譬喩莊嚴. 我復報言, 婆羅門. 有. 非汝有者. 非爲非宗, 非說, 非不說種種句味, 非不因譬莊嚴. 婆羅門言, 何等爲非世論, 非非宗, 非非說. 我時報言, 婆羅門. 有非世論, 汝諸外道所不能知. 以於外性, 不實妄想, 虛僞計著故. 謂妄想不生, 覺了有無自心現量, 妄想不生. 不受外塵, 妄想永息. 是名非世論. 此是我法, 非汝有也. 婆羅門. 略說彼識, 若來若去, 若死若生, 若樂若苦, 若溺若見, 若觸若著, 種種相. 若和合相續. 若愛, 若因計著. 婆羅門. 如是比者. 是汝等世論, 非是我有. 大慧. 世論婆羅門作如是問, 我如是答. 彼卽默然, 不辭而退. 思自通處, 作是念言. 沙門釋子, 出於通外. 說無生, 無相, 無因, 覺自妄想現, 妄想不生.

大慧. 此卽是汝向所問我, 何故說習近世論, 種種辯說, 攝受貪欲, 不攝受法. 大慧白佛言. 世尊. 攝受貪欲及法. 有何句義. 佛告大慧. 善哉善哉. 汝乃能爲未來衆生, 思惟諮問如是句義. 諦聽諦聽. 善思念之. 當爲汝說. 大慧白佛言. 唯然受敎. 佛告大慧. 所謂貪者, 若取若捨, 若觸若味. 繫著外塵, 墮二邊見. 復生苦陰, 生老病死, 憂悲苦惱. 如是諸患, 皆從愛起. 斯由習近世論, 及世論者, 我及諸佛, 說名爲貪. 是名攝受貪欲, 不攝受法. 大慧. 云何攝受法. 謂善覺知自心現量. 見人無我, 及法無我相, 妄想不生. 善知上上地. 離心意意識. 一切諸佛, 智慧灌頂. 具足攝受, 十無盡句. 於一切法, 無開發自在. 是名爲法. 所謂不墮一切見, 一切虛僞, 一切妄想, 一切性, 一切二邊. 大慧. 多有外道癡人, 墮於二邊, 若常若斷. 非黠慧者. 受無因論, 則起常見. 外因壞, 因緣非性, 則起斷見. 大慧. 我不見生住滅故,

說名爲法. 大慧. 是名貪欲及法. 汝及餘菩薩摩訶薩, 應當修學. 爾時世尊欲重宣
此義, 而說偈言.

一切世間論　外道虛妄說　妄見作所作　彼則無自宗

惟我一自宗　離於作所作　爲諸弟子說　遠離諸世論

心量不可見　不觀察二心　攝所攝非性　斷常二俱離

乃至心流轉　是則爲世論　妄想不轉者　是人見自心

來者謂事生　去者事不現　明了知去來　妄想不復生

有常及無常　所作無所作　此世他世等　斯皆世論通

세간의 이론적 변증과 문사의 관점

이때 대혜대사가 다시 물었다. "부처님께선 항시 세간의 여러 언설이나
글 및 갖가지 변론에 대해 습관화되어서는 안 된다고 말씀하셨습니다. 만
약 세간의 언론에 습관화되면 그저 탐욕만 증가시킬 뿐 정법을 받아들일
수 없다고 하셨습니다. 이것은 무슨 이치인가요?" 부처님께서 대답하셨
다. "세간의 여러 언설이나 글은 모두 세간의 인연법을 모아 말한 것으로,
교묘한 비유와 어구로 수식하여 어리석고 미혹된 범부들을 유인한다네.
하지만 이러한 말과 글은 일체법의 구경을 깨달아 스스로 통하는 진실한
경계에 들어서게 할 수 없네. 그저 전도된 망상을 키워 상대적인 양극단의
견해 속으로 떨어지게 할 뿐이네. 어리석은 범부들은 도리어 이것을 즐거
움으로 삼아 스스로 해결해 보려 하지 않으니, 이 때문에 여러 악취(惡趣)
속에서 끊임없이 돌고 돌며 해탈을 얻지 못하고, 일체가 모두 자기 마음의
현량임을 깨달아 알지 못하네. 그들의 견해는 모두 외성(外性)이니 자성

(自性)이니 하는 허망만 분별을 벗어나지 못하여 모두가 망상과 집착 속에 머무네. 세간의 여러 논변(論辯)이나 문사(文詞)가 생로병사나 우수고뇌(憂愁苦惱) 그리고 광혹미란(誑惑迷亂)을 벗어나지 못하기 때문이네. 대혜여! 세간의 언론과 문사는 모두 신체의 감각이나 지각의 경계만을 말할 뿐이네. 더욱이 세상의 논의가 천차만별이라 내가 죽은 뒤 오백 년 동안은 외도의 삿된 견해가 성행하여 부처의 가르침과 그것을 결집한 경전을 파괴할 것이며, 불법을 배우는 좋지 못한 제자들이 이러한 세상의 논의를 받아들일 것이네. 대혜여! 세론(世論)으로 부처의 가르침을 결집한 경전을 파괴하고, 다양한 문사와 구절 및 풍부하고 화려한 비유로 외도의 견해를 선전하지만, 그저 세간의 인연법에만 집착하여 스스로 통하지 못하네. 이들 외도는 스스로 통하는 논의가 없이 그저 세론 속에서 무수히 많은 사상(事相)의 차별 법문을 널리 말하네. 스스로 깨달아 마음속으로 증득하고 스스로 통하지 못하며 세론의 어리석음도 스스로 알지 못하니, 더욱더 어리석고 미혹된 잘못으로 치닫게 된다네." 대혜대사가 다시 물었다. "말씀하신 대로라면 외도와 세론의 갖가지 아름다운 문사(文詞)와 비유가 한갓 어리석음과 집착만 증대시킬 뿐 스스로 깨달아 내증하고 자통할 수 없을 것입니다. 하지만 부처님 역시 항시 세론을 말하시고 각처에서 온 대중들을 위해 널리 무한한 구의(句義)를 설하시니, 그렇다면 부처님 역시 스스로 통하지 못하고 그들처럼 언설에 종사하시는 것은 아니겠지요?" 부처님께서 대답하셨다. "나는 세론을 말하지 않으며 오고 가는 흔적도 없어 오직 오지도 않고 가지도 않는 법만을 말하네. 대혜여! 소위 온다는 것은 모여들어 쌓이는 것을 가리키며, 간다는 것은 흩어져 허물어지는 것을 말하네. 오지 않고 가지 않는다는 것은 바로 생겨나지도 않고 소멸하지도 않는 것을 가리키네. 내가 말한 뜻은 세론의 망상에 떨어지지 않네. 왜 그런가? 내가 안팎의 자성이나 비자성에 집착하지 않으며 일체가 모두 자기

마음의 현량임을 알아 상대적인 양극단의 망상 속에 휘둘리지 않기 때문이네. 일체 만상의 경계는 모두 자성이 아니니, 일체가 모두 자기 마음의 현량임을 스스로 깨달아 마음속으로 증득한다면 자기 마음의 현량 망상은 일체 일어나지 않을 것이네. 망상이 일어나지 않으면 곧 공(空), 무상(無相), 무작(無作)의 법을 얻어 삼해탈문에 들어설 것이니 이를 일러 해탈이라 하네."

내학과 외도의 변별

"대혜여! 나는 과거 어느 때 모처에 있었는데 세론에 통달한 한 바라문이 나에게 다가와서 곧바로 물었다네. '일체는 주재자가 창조했습니까?' 내가 대답했네. '그건 세론의 한 견해이지요.' 그가 다시 물었네. '일체는 주재자가 창조한 것이 아닌가요?' 내가 대답했네. '그건 세론의 또 다른 견해이지요.' 그가 다시 물었네. '일체는 상존하는 것인가요, 그렇지 않은 것인가요?' '일체는 생겨나는 것인가요, 생겨나지 않는 것인가요?' 내가 대답했네. '그건 여섯 종류의 세론이지요.' 그가 다시 물었네. '일체는 하나인가요, 아니면 다수인가요?' '일체는 동시에 갖추어진 것인가요, 아니면 동시에 갖추어지지 않은 것인가요?' '일체는 여러 인연이 있어 현현해 생명을 받은 것인가요?' 나는 그에게 대답했네. '그건 열한 종류의 세론이지요.' 그가 다시 물었네. '일체는 무기(無記)인가요, 아니면 유기(有記)인가요?' '내가 있는가요, 아니면 없는가요?' '이 세계가 있는 건가요, 없는 건가요?' '다른 세계가 있는가요, 아니면 없는가요?' '해탈이 있는 건가요, 없는 건가요?' '일체가 찰나인가요, 아니면 찰나가 아닌가요?' '일체가 허공인가요, 아니면 연이 다하고도 소멸하지 않는가요?' '불생불멸인가요?' '주재가 있는 건가요, 아니면 없는 건가요?' '중음신이 있는 건가요, 아니면 없는 건가요?' 내가 대답했네. '그대가 말하는 것은 모두 세론으로 내가 말한 것이 결코 아니라오. 내가 말한 것은 그저 중생들이 무시이래 허망한 습기에 젖어 있음으로 해서 제반 악인 삼유(三有, 욕·색·무색)의 인(因)을 만들어 낸다는 점이라오. 사람들은 그럼에도 그것이 자기 마음의 현량임을 깨닫지 못하고 그저 망상을 일으켜 분별하며, 바깥의 자성을 반연하고, 외도들의 설법과 같이 나와 근(根, 심신의 기능), 진(塵), 의(意) 등 세 연이 화합하여 비로소 지혜가 생긴다고 말한다오. 나는 이와 다르다오. 나는 원래 인(因)을 말하지 않고 무인(無因)을 말하지도 않으며 그저 망상의 능섭(能攝)과 소섭(所攝) 작용만을 말하니, 설사 연기로부터 제법이 생겨났다고 말하더라도 그대나 그대와 같이 아상(我相)에 빠진 자들이 깨달을 수 있는 바가 아니라오.' 대혜여! 열반과 허공 그리고 적멸은 결코 세 종류의 경계가 아니며 그저 이름이 셋일 뿐이네. 당시 그 바라문이 나에게 다시 물었네. '치(癡)·애(愛)·업(業)이 인(因)이 되어 삼유가 생겨났습니까, 아니면 인이 없이 삼유가 생겨났습니까?' 나는 그때 이렇게 대답했네. '그대가 물은 두 측면 역시 세론이라오.' 그가 다시 물었네. '일체의 자성에는 모두 자타의 공상(共相)이 들어설 수 있습니까?' 내가 다시 대답했네. '그것 역시 세론이니, 마음이 움직여 외부 경계에 집착하는 것은 모두 세론이라오.' 그러자 그가 물었네. '세론이 아닌 것이 또 있습니까? 우리 바라문은 일체 외도의 정통으로 여러 문구나 뜻, 인연과 비유 등을 말할 때는 극히 장엄합니다.' 내가 대답했네. '바라문이여! 있기는 있지만 그대들이 생각하는 유(有)가 아니요, 유위(有爲)도 아니면서 비종(非宗)도 아니요, 유설(有說)도 아니라오. 그렇긴 해도 여러 구의(句義)를 말하지 않은 것도 아니요, 인(因)과 비유로 장엄하게 되지 않은 것도 아니라오.' 그가 다시 물었네. '무엇이 세론이 아닌 것〔非世論〕이며, 비종이 아닌 것〔非非宗〕이며, 비설이 아닌 것〔非非說〕인가요?' 나는 당시 이렇게 대답했네. '세론이 아닌 것이 있지만 그대와 기타 외도들은 모두 알지 못한다오. 그대들이 마음 밖의 자성을 구하고 실재하지 않는 허위 망상에 집착하기 때문이오. 내가 말하는 것은 일체의 망상이 생겨나지 않는 것으로, 유와 무를 깨닫는 것은 모두 자기 마음의 현량이라오. 이미 망상이 생겨나지 않으면 외진(外塵)에 오염되지 않아 이로부터 망상이 영원히 그치는데, 이를 일컬어 세론이 아니라고 한다오. 이것이 내가 말하는 법으로, 그대들이 지니고 있는 것이 아니라오. 바라문이여! 내가 그대를 위해 이 식(識)에 대해 간략히 설명하자면 그것은 오는 듯 가는 듯하고, 죽은 듯 산 듯하다오. 고통스러운 듯 즐거운 듯하고, 보일 듯 보이지 않는 듯하며, 닿는 듯 붙드는 듯하고, 화합하며 이어지는 듯하며, 제 인연에 애착을 가지는 듯하다오. 이러한 상대적 추론의 예는 바로 그대들의 세론이지 내가 말하는 바가 아니라오.' 대혜여! 이것이 바로 당시 그 바라문의 세론으로, 이러한 물음에 내가 이렇게 답했네. 그러자 그는 아무런 말도 없이 물러섰네. 그는 마음속으로 생각했겠지. 석가의 출세법은 외부와 통하는 데서 벗어나 무생(無生)·무상(無相)·무인(無因)의 법을 말하며, 망상의 모습을 이미 자각해 증득하니 이로 인해 망상이 생겨나지 않는구나. "대혜여! 이것이 바로 그대가 조금 전에 나에게 물었던, 왜 세론의 여러 변설에 익숙해지면 탐욕만 늘어날 뿐 정법을 받아들이지 못하는가에 대한 이치네." 대혜대사가 다시 물었다. "소위 탐욕을 받아들이는 것과 정법에는 어떤 다른 이치가 있는가요?" 부처님께서 대답하셨다. "소위 탐한다는 것은 예를 들면 취하거나 버리는 것, 감촉하거나 맛을 즐기는 것으로, 외진(外塵)의 경계에 묶이고 집착해 유나 무의 양극단에 떨어짐으로써 고음(苦陰), 즉 생로병사와 우수고뇌 등을 만들어 내는 것이네. 이러한 잘못은 모두 애(愛)의 일념에서 일어나며, 이것은 세론을 새로 만들어 내거나 거기에 익숙해져서 생겨나는 것이므로, 나와 제불들이 그것을 탐(貪)이라고 했네. 이것이 바로 소위 탐욕을 받아들이고 정법을 받아들이지 않는 것이네. 대혜여! 무엇이 정법을 받아들이는 것인가? 말하자면 이렇네. 일체가 모두 자기 마음의 현량임을 잘 알고, 인무아와 법무아를 증득해 망상이 일어나지 않으며, 보살의 여러 최고의 경지를 잘 알고, 심(心)·의(意)·식(識)을 떠나며, 일체 제불의 지혜 관정을 얻고, 십무진구(十無盡句)를 구족하게 받아들이며, 일체법에 대해 다른 사람의 힘을 빌리지 않고도 자재롭게 스스로 얻는 것, 이를 일러 법이라 하네. 그리고 소위 일체의 견(見), 일체의 허망, 일체의 망상, 일체의 자성, 일체의 양극단에 떨어지지 않는 것이기도 하네. 대혜여! 수많은 외도의 어리석은 자들은 양극단에 떨어지니, 예를 들면 단견(斷見)과 상견(常見)을 주장하는 교활하고 영리한 자들이 그렇다네. 일체에 인(因)이 없다는 주장을 받아들이면 상견이 되고, 연(緣)이 다해 소멸하는 것을 보게 되면 단견이 생겨나네. 내 법은 본래 모습을 보아 생겨나고 머물고 소멸하는 것이 없는 까닭에 불법이라 하네. 이것 역시 탐욕과 불법의 차이를 설명하는 것이기도 하니 그대와 대보살들이 마땅히 닦아야 하는 것이네." 부처님은 이 이치를 종합해 한 편의 게송으로 말씀하셨다.

일체 세간의 논의는 외도의 허망한 설로서
망견으로 능작과 소작으로 삼으니 저들에겐 자종이 없도다
오직 나에게 자종이 있어 능작과 소작을 떠나나니
여러 제자들을 위해 말하니 여러 세론을 멀리 떠나네

一切世間論　外道虛妄說　妄見作所作　彼則無自宗
惟我一自宗　離於作所作　爲諸弟子說　遠離諸世論

이런 뜻이다. 일체 세간의 세론이나 학설은 모두 허위 망상에 근거한 이론일 뿐이다. 그들의 망견에는 능작(能作)과 소작(所作)이 있으나 근본적으

로 자종(自宗)이 없다. 부처님은 말씀하신다. 오직 불법에만 자종이 있어 소작과 능작의 망상을 떠나니 불교 제자들은 반드시 일체의 세론을 멀리 떠나야 한다고.

> 심량을 볼 수 없어 능섭과 소섭 두 마음이 자성이 아니고
> 단견과 상견 둘 모두 떠나지 못함을 보니
> 마음이 망상심 속에서 돌고 도는 이것이 곧 세론이로다
> 心量不可見　不觀察二心　攝所攝非性　斷常二俱離
> 乃至心流轉　是則爲世論

이런 뜻이다. 세론의 학문은 자기 마음의 현량을 궁극적으로 알 수 없으며 망심이 만들어 낸 양극단을 관찰해 내지 못한다. 거기다 능섭(能攝)과 소섭(所攝)이 모두 자성이 아님을 알지 못하여 단견과 상견을 벗어나지 못한다. 요컨대 일체가 망상심 속에서 돌고 도니 이를 일컬어 세론이라 한다.

> 망상 속에서 돌지 않으면 이 사람은 자기 마음을 보니
> 오는 것은 현상이 나타나는 것이며 가는 것은 현상이 드러나지 않는 것이로다
> 오고 감을 밝게 알면 망상이 다시 생기지 않으니
> 유상과 무상, 소작과 무소작
> 이 세상과 저 세상 등은 모두가 세론의 통함이로다
> 妄想不轉者　是人見自心　來者謂事生　去者事不現
> 明了知去來　妄想不復生　有常及無常　所作無所作
> 此世他世等　斯皆世論通

이런 뜻이다. 만약 망심이 일어나지 않고 망상에 따라 돌고 돌지 않으면 자

기 마음이 현량을 보았다고 할 수 있다. 소위 오는 것이란 자기 마음의 현량경에서 사상(事相)이 생겨나는 것을 말하며, 가는 것이란 자기 마음의 현량경에서 사상이 흩어져 사라지는 것을 말한다. 만약 자기 마음을 밝게 알아 갈 곳도 없고 올 곳도 없음을 안다면 망상과 분별심은 다시 일어나지 않는다. 사물(事物)이 유상하다거나 무상하다는 것, 주재가 있다거나 없다는 것, 혹은 이 세상이나 저 세상 등을 추구하는 것은 모두 세론의 학문으로, 스스로 깨달아 마음속으로 증득하는 종통과는 아무런 관계가 없다.

爾時大慧菩薩復白佛言. 世尊. 所言涅槃者. 說何等法, 名爲涅槃. 而諸外道各起妄想. 佛告大慧. 諦聽諦聽. 善思念之. 當爲汝說. 如諸外道妄想涅槃. 非彼妄想隨順涅槃. 大慧白佛言. 唯然受敎. 佛告大慧. 或有外道, 陰界入滅. 境界離欲, 見法無常, 心心法品不生. 不念去來現在境界, 諸受陰盡. 如燈火滅, 如種子壞, 妄想不生. 斯等於此, 作涅槃想. 大慧. 非以見壞, 名爲涅槃. 大慧. 或以從方至方, 名爲解脫. 境界想滅, 猶如風止. 或復以覺所覺見壞, 名爲解脫. 或見常無常, 作解脫想. 或見種種相想, 招致苦生因. 思惟是已, 不善覺知自心現量, 怖畏於相. 而見無相, 深生愛樂, 作涅槃想. 或有覺知內外諸法, 自相共相, 去來現在, 有性不壞, 作涅槃想. 或謂我人, 衆生, 壽命, 一切法壞, 作涅槃想. 或以外道, 惡燒智慧見自性及士夫, 彼二有間. 士夫所出, 名爲自性, 如冥初比. 求那轉變, 求那是作者, 作涅槃想. 或謂福非福盡. 或謂諸煩惱盡. 或謂智慧. 或見自在, 是眞實作生死者, 作涅槃想. 或謂展轉相生, 生死更無餘因. 如是卽是計著因. 而彼愚癡, 不能覺知. 以不知故, 作涅槃想. 或有外道言, 得眞諦道, 作涅槃想. 或見功德, 功德所起, 和合一異, 俱不俱, 作涅槃想. 或見自性所起, 孔雀文彩, 種種雜寶, 及利刺等性. 見已作涅槃想. 大慧. 或有覺二十五眞實. 或王守護國, 受六德論, 作涅槃想. 或見時是作

者, 時節世間. 如是覺者, 作涅槃想. 或謂性. 或謂非性. 或謂知性非性. 或見有覺, 與涅槃差別, 作涅槃想. 有如是比, 種種妄想, 外道所說不成所成, 智者所棄. 大慧. 如是一切, 悉墮二邊, 作涅槃想. 如是等, 外道涅槃妄想, 彼中都無, 若生若滅. 大慧. 彼一一外道涅槃, 彼等自論, 智慧觀察, 都無所立. 如彼妄想, 心意來去, 漂馳流動, 一切無有得涅槃者.

大慧. 如我所說涅槃者. 謂善覺知自心現量, 不著外性. 離於四句, 見如實處. 不隨自心現, 妄想二邊, 攝所攝不可得. 一切度量, 不見所成. 愚於眞實, 不應攝受. 棄捨彼已. 得自覺聖法. 知二無我. 離二煩惱. 淨除二障. 永離二死. 上上地, 如來地. 如影幻等, 諸深三昧. 離心意意識. 說名涅槃. 大慧. 汝等及餘菩薩摩訶薩, 應當修學. 當疾遠離一切外道, 諸涅槃見. 爾時世尊欲重宣此義, 而說偈言.

外道涅槃見	各各起妄想	斯從心想生	無解脫方便
愚於縛縛者	遠離善方便	外道解脫想	解脫終不生
衆智各異趣	外道所見通	彼悉無解脫	愚癡妄想故
一切癡外道	妄見作所作	有無有品論	彼悉無解脫
凡愚樂妄想	不聞眞實慧	言語三苦本	眞實滅苦因
譬如鏡中像	雖現而非有	於妄想心鏡	愚夫見有二
不識心及緣	則起二妄想	了心及境界	妄想則不生
心者卽種種	遠離相所相	事現而無現	如彼愚妄想
三有惟妄想	外義悉無有	妄想種種現	凡愚不能了
經經說妄想	終不出於名	若離於言語	亦無有所說

무엇이 구경의 열반이며
각종 외도와 다른 점은 무엇인가

이때 대혜대사가 다시 물었다. "소위 열반이란 궁극적으로 어떤 경계인가요? 일반의 외도들도 모두 그들의 열반 망상을 갖고 있지 않습니까?" 부처님께서 말씀하셨다. "일반 외도들이 말하는 열반은 모두 망상으로, 그들은 결코 망상이 생겨나지 않아 열반을 증득한 것이 아니네. 대혜여! 어떤 외도들은 색·수·상·행·식의 오음, 십팔계, 십이입 등의 심신 작용이 완전히 소멸되고, 일체의 외부 경계상에서 욕구를 완전히 떠나며, 일체 법이 무상함을 보아 각종의 심경(心境)이나 선법(善法)이 생겨나지 않고, 과거·미래·현재 등의 경계도 생각하지 않는 것이 열반이라 말하네. 일체 감각의 그림자가 이미 다하여 마치 불이 극에 달해 촛불이 꺼진 듯하고, 또 종자가 손상되어 망가진 듯하여 일체 망상이 일어나지 않는데, 그들은 이러한 상황을 열반의 경계라 생각하네. 그들은 결코 일체법이 본래 적멸함을 본 것이 아니지만 그럼에도 그것을 일러 열반이라 했네. 대혜여! 어떤 이는 어떤 한 곳으로부터 다른 한 곳에 도달한다고 생각해 그것을 해탈이라 부르는데, 이때가 되면 일체 경계와 망상이 모두 없어져 마치 바람이 잦아들어 파도가 고요해지는 것 같다고 하네. 어떤 이는 능각(能覺)과 소각(所覺)의 생멸 작용이 사라진다고 여겨, 이것을 해탈이라 부르기도 하네. 어떤 이는 상(常)과 무상(無常)의 분별이 일어나지 않는다고 여겨, 이것을 해탈이라 부른다네. 어떤 이는 세간의 온갖 현상이 모두 망상이 만들어 낸 생명의 고인(苦因)이라 여기긴 하지만 모두가 사유나 의식일 뿐이네. 자기 마음의 현량을 제대로 깨닫지 못하고 일체의 현상을 두려워해 무상(無相)의 경계를 구하고자 하며, 여기에 깊은 애착을 느껴 버리지 않으려 하면서 그것이 열반의 경계라 생각하네. 어떤 이는 안팎 제법의 자타 공상(共相)만을 깨달아 알고자 하여 과거·현재·미래 삼세 속에 확실히 소멸되지 않는 자성이 있다고 여겨, 바로 그것이 열반의 경계라 생각하네. 어떤 이는 아(我), 인(人), 중생(衆生), 수명(壽命) 등의 일체법을 버리는 것이 열반의 경계라 생각하네. 또 어떤 이는 삿된 견해에 물들어 하나의 자성과 사람 및 만물이 확연히 병존하며, 사람과 만물은 서로 변화하지만 단지 시공간상의 거리에 불과할 뿐 모두 자성의 작용에서부터 나온다고 생각하네. 하지만 그는 최초에는 자성이 그저 수많은 물질 원소이며 이들 원소야말로 만물을 창조하는 주체로서, 그것이 바로 열반의 경계라 생각하네. 어떤 이는 죄악이나 복보가 모두 소진된 것을, 혹은 일체의 번뇌가 모두 사라진 것을, 혹은 오로지 지혜만이, 혹은 중생을 창조하는 진실한 주재인 천주(天主)만이 열반의 경계라 여기네. 어떤 이는 말하기를 만물이 상생하며 돌고 돌지만 생사에 다른 원인이 없다고 하네. 하지만 그렇게 말하는 것이 바로 원인이 있다는 데에 집착한 것임을 모른다네. 그들은 어리석고 지혜가 없어 스스로 깨달아 알지 못하는데, 스스로 깨달아 알지 못하기에 그것을 열반의 경계라 여기는 것이네. 어떤 외도는 자신이 진제(眞諦)의 도를 얻었다고 하며 그것이 열반의 경계라 여기네. 어떤 이는 능작과 소작 및 그로부터 생겨나는 화합의 동이(同異), 온전히 갖추어진 것과 그렇지 못한 것을 구별해 내는 것이 바로 열반의 경계라 생각하네. 어떤 이는 자연계의 자연적 힘이 공작 등의 아름다운 무늬와 색채를 만들어 내는 것을 보거나 또는 세간의 갖가지 잡다한 보물이나 날카롭게 찔러 대는 나무 가시 등의 물성을 보고 자연이 바로 열반의 경계라 여기네. 어떤 이는 이십오진실(二十五眞實)[150]을 깨닫거나 혹은 국왕이 중생을 수호하는 육덕론(六德論)[151]을 받아들이는 것이 바로 열반의 경계라 말하네. 어떤 이는 시간이 세간을 창조하는 주원인임을 보고서 그것이 열반의 경계라 생각하네. 어떤 이는 자성을 말하고 어떤 이는 자성이 아닌 것을 말하며, 어떤 이는 유위를 열반이라 하고, 어떤 이는 무위를 열반이라 하며, 심지어 어떤 이는 각 사물마다 혹 열반이 있으면서 지각이 있기도 하며, 혹 열반은 보이지만 지각이 없는 경우가 있는데 이것이 바로 열반의 경계라 생각하네. 대혜여! 열거된 예를 들어 말하면 이러한 다양한 외도의 망상은 이유 같지 않은 이유를 이론의 근거로 삼으니, 실로 지혜로운 자는 거들떠보지 않네. 이들 일체는 모두 상대적인 양극단의 견해에 떨어진 것인데도 스스로 이것을 열반의 경계라 여긴다네. 이러한 외도들의 열반 망상은 끝내 여실한 정법과는 상응할 수 없네. 대혜여! 이들 외도의 열반은 그저 그들이 원만하다고 말하는 것일 뿐 진정한 지혜의 관점에서 보면 모두 돌아볼 가치가 없는 이야기들이네. 그들 자신의 망심과 마찬가지로 오고 가며 치닫고 표류해 붙들 수 없으니, 그들이 말한 열반 역시 이와 같네."

"대혜여! 내가 말한 열반은 자기 마음의 현량을 잘 깨달아, 마음 바깥의 자성에 집착하지 않고 사구(四句, 332쪽 주149 참조)를 떠나 본래의 여실한 것을 보는 것이네. 자기 마음이 드러난 상대적 양극단에 떨어지지 않고 능섭과 소섭 및 일체 망심의 헤아림을 버리며 어리석음과 진실을 모두 버리니, 이렇게 버릴 수 있어야 자각의 성스러운 법을 얻는다네. 동시에 이무

---

150 이십오제(諦)의 진실을 말한다. 이십오제는 수론(數論)의 외도에 의해 정립된 것으로, 우주 만유의 전개 상황과 순서의 근본 원리를 설명한다. 즉 자성(물질의 본체)이 신아(神我, 정신의 본체)의 작용을 받아들여 대(大)가 생겨나고, 대로부터 아만(我慢)이 생겨나며, 아만으로부터 오유(五唯, 色·聲·香·味·觸), 오지근(五知根, 眼·耳·鼻·舌·身), 오작업근(五作業根, 口·手·足·男女·大遺), 심근(心根)이 생겨나며, 다시 오유로부터 오대(五大, 空·風·火·水·地)가 생겨난다. 그리고 신아(神我)와 자성(自性)의 관계는 마치 절름발이와 장님과도 흡사하다. 신아가 비록 지혜의 작용이 있지만 움직일 수 없으며, 자성이 비록 활동의 작용이 있지만 그 활동의 근원적 동기를 생겨나게 할 수 없으니, 신아가 자성으로 하여금 활동하게 하고 자성이 활동의 동기를 실현하게 하는데, 이 둘로부터 중간의 이십삼제가 생겨난다.(원주)

151 육덕(六德)은 산스크리트어 박가범(薄伽梵)의 여섯 가지 뜻으로, 어떤 때는 왕자(王者)의 육덕으로도 통용된다. 첫째는 자재(自在), 둘째는 치성(熾盛), 셋째는 단엄(端嚴), 넷째는 명칭(名稱), 다섯째는 길상(吉祥), 여섯째는 존귀(尊貴)이다.(원주)

아(二無我, 인무아와 법무아)를 알아야 하고, 이번뇌(二煩惱, 탐·진·치 등의 근본 번뇌와 분·한·복 등의 수번뇌隨煩惱)를 떠나며, 이장(二障, 번뇌장과 소지장)을 깨끗이 제거하고, 이사(二死, 분단생사와 변역생사)를 영원히 떠나 깨달음에 이르는 차례[菩提次第]의 상상지(上上地) 내지는 여래지에 들어서고, 일체의 몽환과도 같은 각종 깊고 깊은 삼매를 증득해 심(心)·의(意)·식(識)을 떠나는 것, 이것이 바로 열반의 경계라네. 대혜여! 그대와 나머지 대승 보살들은 마땅히 일체 외도의 각종 열반에 관한 견해로부터 빨리 벗어나야 하네." 부처님은 이 이치를 종합해 한 편의 게송으로 말씀하셨다.

외도의 열반에 대한 견해는 제각각 일으킨 망상으로
이는 마음으로부터 생겨나니 해탈의 방편이 없도다
어리석게 여기에 묶인 자는 선한 방편을 멀리 떠나
외도의 해탈을 생각하나 해탈은 끝내 생기지 않는도다
外道涅槃見　各各起妄想　斯從心想生　無解脫方便
愚於縛縛者　遠離善方便　外道解脫想　解脫終不生

이런 뜻이다. 각종 외도의 열반에 대한 견해는 모두 망심과 망상에서 나온 것으로 진정한 해탈의 방편 법문이 없다. 어리석고 무지한 자는 여기에 더욱더 깊이 얽매여 들어 해탈 법문을 제대로 운용할 수 없으니, 비록 해탈을 구하려 해도 끝내 해탈을 얻을 수 없다.

여러 지혜가 각기 달리 나아가니 외도의 통달은
실로 해탈이 아닌 어리석은 망상일 뿐이로다
일체의 어리석은 외도는 망견의 능작과 소작으로
품론을 갖추든 갖추지 않든 여기에는 모두 해탈이 없도다

衆智各異趣　外道所見通　彼悉無解脱　愚癡妄想故

一切癡外道　妄見作所作　有無有品論　彼悉無解脱

이런 뜻이다. 각종 외도의 취지는 비록 각자 다르지만 모두 마음 바깥에서 도를 구하는 것으로, 이런 점에서는 서로 다를 바가 없다. 모든 외도는 구경의 해탈을 얻을 수 없으며 어리석은 망상의 작용으로부터 나온 것이 아님이 없다. 그들은 미혹에 집착하여 깨닫지 못하며, 망령되이 조작의 주체인 주재와 조작의 대상인 물체가 있다고 여기며, 거기에다 유와 무 사이에서 상대적 편견에 떨어짐으로써 구경의 해탈을 얻을 수 없다.

무릇 어리석은 자는 망상에 빠져 진실한 지혜를 듣지 않으나

언어는 삼고의 근본이요, 진실은 고를 없애는 인이로다

예를 들면 거울 속 모습과 같아 드러나지만 있는 것이 아니니

망상심의 거울에서 어리석은 자는 양극단을 보누나

凡愚樂妄想　不聞眞實慧　言語三苦本　眞實滅苦因

譬如鏡中像　顯現而非有　於妄想心鏡　愚夫見有二

이런 뜻이다. 어리석고 무지한 범부들은 그저 망심과 망상에 집착해 진실한 지혜를 듣지 않는다. 언어 이론에 집착해 삼계의 고통에 떨어진다. 만약 마음속으로 진실을 증득해 스스로 깨닫는다면 일체 고(苦)의 인(因)을 제거할 수 있다. 비유하자면 거울 속 모습과도 같아서 비록 사람과 사물이 오면 그 모습을 비추지만, 물러가고 나면 자취를 남기지 않는 것과 같다. 모든 망심과 망상은 경계를 대하여 다른 것에 의지해 일어나는 자기 마음의 현량이며, 거울과 같이 본래 오고 감이나 생멸의 흔적이 없는 것이다. 그런데도 어리석은 자들의 망견으로 인해 유무 등 양극단의 망상이 생겨

난 것뿐이다.

마음과 연을 알지 못해 두 망상을 일으키니
마음과 경계를 알면 망상이 생겨나지 않는도다
마음은 다양하게 나타나지만 능상과 소상을 멀리 떠나 있고
현상이 드러나지만 드러남이 없으니 마치 어리석은 자의 망상과 같도다
不識心及緣　則起二妄想　了心及境界　妄想則不生
心者卽種種　遠離相所相　事現而無現　如彼愚妄想

이런 뜻이다. 범부는 자기 마음의 현량과 연기에서 법이 생겨남을 알지 못해, 이 때문에 유무 양극단의 망상을 만들어 낸다. 만약 자기 마음과 외경을 분명히 본다면 망상의 분별심은 생겨나지 않을 것이다. 마음은 비록 여러 종류의 근본이지만 거기에는 얻을 수 있는 자체의 모습과 비추어진 모습이 없다. 설사 마음속에 각종 현상과 모습이 나타난다 하더라도 그것은 한 번 나타나고는 사라져 실로 드러나는 바가 없다. 마치 어리석은 범부의 망상과도 같아 아무것도 붙들 것이 없다.

삼유가 오로지 망상이니 바깥의 뜻이 모두 있지 않고
망상이 이리저리 나타나나 어리석은 범부는 제어하지 못하도다
경전마다 망상을 말하지만 시종 이름을 벗어나지 않으니
만약 언설을 떠난다면 말한 바가 있지 않으리라
三有惟妄想　外義悉無有　妄想種種現　凡愚不能了
經經說妄想　終不出於名　若離於言說　亦無有所說

이런 뜻이다. 삼계의 모든 욕(欲), 무명, 업(業) 등은 모두 마음의 망상이 만

들어 내지 않은 것이 없다. 이것 이외는 실로 또 다른 어떤 것이 존재하지 않는다. 망상과 분별이 여러 현상과 모습을 만들어 내지만 범부는 어리석어서 스스로 알지 못한다. 부처님이 말씀하신 여러 경전에는 곳곳에서 저 망상을 깨뜨릴 것을 지적한다. 모든 불경의 각종 상이한 설법은 단지 명사(名辭)의 논변이 같지 않을 뿐이다. 만약 명사에 집착하지 않고 열반을 실증한다면 본래 말할 수 있는 어떤 것도 없다.

능가경 권4

일체불어심품(一切佛語心品) 4

爾時大慧菩薩白佛言. 世尊. 唯願爲說三藐三佛陀. 我及餘菩薩摩訶薩, 善於如來
自性. 自覺覺他. 佛告大慧. 恣所欲問, 我當爲汝隨所問說. 大慧白佛言. 世尊. 如
來應供等正覺. 爲作耶. 爲不作耶. 爲事耶. 爲因耶. 爲相耶. 爲所相耶. 爲說耶.
爲所說耶. 爲覺耶. 爲所覺耶. 如是等辭句. 爲異爲不異. 佛告大慧. 如來應供等正
覺, 於如是等辭句, 非事非因. 所以者何. 俱有過故. 大慧. 若如來是事者. 或作,
或無常. 無常故, 一切事應是如來. 我及諸佛, 皆所不欲. 若非所作者. 無所得故,
方便則空. 同於兔角, 槃大之子. 以無所有故. 大慧. 若無事無因者, 則非有非無.
若非有非無, 則出於四句. 四句者. 是世間言說. 若出四句者, 則不墮四句. 不墮四
句故, 智者所取. 一切如來句義亦如是. 慧者當知. 如我所說, 一切法無我. 當知此
義, 無我性, 是無我. 一切法有自性, 無他性. 如牛馬. 大慧. 譬如非牛馬性. 非馬
牛性. 其實非有無. 彼非無自性. 如是大慧. 一切諸法, 非無自相, 有自相. 但非
無我愚夫之所能知. 以妄想故. 如是一切法空, 無生, 無自性, 當如是知. 如是如來
與陰, 非異非不異. 若不異陰者, 應是無常. 若異者, 方便則空. 若二者, 應有異.
如牛角, 相似故不異. 長短差別故有異. 一切法亦如是. 大慧. 如牛右角異左角. 左
角異右角. 如是長短種種色, 各各異. 大慧. 如來於陰界入, 非異非不異.

如是如來解脫, 非異非不異. 如是如來, 以解脫名說. 若如來異解脫者, 應色相成.
色相成故, 應無常. 若不異者, 修行者得相, 應無分別. 而修行者見分別. 是故非異
非不異.

如是智及爾燄, 非異非不異. 大慧. 智及爾燄, 非異非不異者, 非常非無常. 非作非
所作. 非有爲非無爲. 非覺非所覺. 非相非所相. 非陰非異陰. 非說非所說. 非一非
異. 非俱非不俱. 非一非異, 非俱非不俱故, 悉離一切量. 離一切量, 則無言說. 無
言說, 則無生. 無生, 則無滅. 無滅, 則寂滅. 寂滅, 則自性涅槃. 自性涅槃, 則無事

無因. 無事無因, 則無攀緣. 無攀緣, 則出過一切虛僞. 出過一切虛僞, 則是如來.
如來則是三藐三佛陀. 大慧. 是名三藐三佛陀佛陀. 大慧. 三藐三佛陀佛陀者, 離一
切根量. 爾時世尊欲重宣此義, 而說偈言.

悉離諸根量	無事亦無因	已離覺所覺	亦離相所相
陰緣等正覺	一異莫能見	若無有見者	云何而分別
非作非不作	非事亦非因	非陰非在陰	亦非有餘雜
亦非有諸性	如彼妄想見	當知亦非無	此法法亦爾
以有故無有	以無故有有	若無不應受	若有不應想
或於我非我	言說量留連	沈溺於二邊	自壞壞世間
解脫一切過	正觀察我通	是名爲正觀	不毀大導師

여래의 증득과 심신 내외의 관계

이때 대혜대사가 다시 부처님께 청하여 그를 위해 정등정각의 법을 해
설해 주시어, 그와 나머지 대승 보살들로 하여금 여래 자성을 잘 알아 스
스로 깨우치고 다른 사람을 깨우칠 수 있게 했다. 그가 물었다. "여래께서
정각을 증득하시는 것은 행하는 바가 있는 것입니까, 아니면 행하는 바가
없는 것입니까? 그것이 과(果)입니까, 아니면 인(因)입니까? 자상(自相)이
있는 것입니까, 아니면 소견(所見)의 상입니까? 설(說)입니까, 아니면 소
설(所說)입니까? 각(覺)입니까, 아니면 소각(所覺)입니까? 그리고 이러한
문제는 다른 것입니까, 아니면 같은 것입니까?" 부처님께서 대답하셨다.
"여래의 등정각(等正覺)은 그대가 말한 문제와 전혀 관련이 없으니, 사상
(事相)의 과(果)가 아니기도 하고 인(因)이 아니기도 하네. 왜 그런가? 이

들 문제에는 모두 언어적 병폐가 있기 때문이네. 가령 여래가 사상(事相)의 과(果)라 한다면, 이 과(果)가 설사 창조된 것이라 하더라도 만들어진 것은 허물어지므로 이 역시 무상(無常)한 것이네. 설령 무상이 여래의 사상(事相)의 과(果)라 하더라도 일체의 현상은 마땅히 여래가 되어야 하네. 만약 이와 같다면 나와 제불 여래는 이것을 추구할 필요가 없을 것이네. 만일 창조된 것이 아니라면 본래 얻을 것이 없는 그저 하나의 방편적 가설이요 그저 하나의 절대적 공(空)일 뿐이니, 마치 토끼의 뿔이나 석녀가 아이를 낳는 것과 마찬가지로 아예 있을 수 없는 일이네. 가령 사상(事相)의 과(果)가 없고 거기에다 인(因)도 없는 것이라면 비유(非有)이거나 비무(非無)이겠지. 혹 이와 같다면 상대적 사구(四句)에서 나온 것인데, 이른바 사구란 세간의 논의라네. 만약 사구를 초월한 것이라면 사구 속에 떨어지지 않으며, 사구 중에 떨어지지 않아야 지혜로운 자가 추구할 바이니, 그대는 먼저 일체 여래의 함의가 이와 같음을 알아야 하네. 지혜에 통달한 사람이라면 마땅히 알아야 하네. 대혜여! 내가 말한 것처럼 일체법은 무아(無我)이네. 무아의 함의는 곧 아집을 타파하는 것이네. 일체법에는 모두 각각 자기의 성질이 있어서 예를 들면 소는 소이고 말은 말로서, 소에는 말의 성질이 없고 말에는 소의 성질이 없네. 하지만 그들에게 자기의 성질이 없다고 말하는 것은 결코 아니네. 소와 말은 단지 이 두 동물에 이름을 붙인 것으로 결코 소와 말 자체의 물성(物性)은 아니네. 명사가 표시하는 것이나 사실(事實)은 절대적으로 유(有)도 아니요 절대적으로 무(無)도 아니며, 그렇다고 결코 긍정할 수 있는 자상(自相)이 없는 것도 아니네. 대혜여! 이로부터 알 수 있듯이 제법에 자상이 없는 것이 아니요 자상이 있는 것도 아니지만, 무아의 경계에 도달하지 못한 어리석은 범부가 이것을 알 수 있는 것이 아니니 이 때문에 그들이 망상을 품는 것이네. 마찬가지로 소위 일체법이 본래 공(空)이요 생겨나지도 않으며 자성도 없는 이치 역시 이 관점으로 알 수 있네. 그렇다면 여래는? 역시 이와 같으니 여래와 몸과 마음의 오음 세계는 서로 다르기도 하고 같기도 하네. 만약 여래와 오음이 서로 같다면 그것이 바로 무상이네. 몸과 마음이 오음이기에 이 한 생각 한 생각이 무상한 것이네. 만약 여래와 오음이 서로 다르다면 이는 단지 방편적 가설로 공허한 설일 뿐이네. 그렇다면 여래와 오음은 궁극적으로 같은가 다른가? 다르기도 하고 다르지 않기도 하다고 해야 할 것이니 마치 소의 두 뿔과도 같다네. 이들은 같은 소의 머리에 난 뿔이라 유사하니 다르지 않다고 해야 하네. 하지만 같은 소라고 해도 두 뿔의 장단에 차이가 있으니 다르다고 해야 하네. 일체법 역시 소뿔과 같아서 길이와 모양이 각기 다르네. 대혜여! 여래가 증득한 정각은 그것과 몸과 마음의 오음, 십팔계, 십이입의 관계 역시 이와 같아 다르지 않으면서 같지도 않은 것이네."

"마찬가지로 여래와 해탈은 다르지 않으면서 같지도 않으니 이 때문에 여래를 달리 해탈한 자라 부르기도 하네. 만약 여래가 해탈한 자가 아니라면 색상(色相)으로 형성되어 있을 텐데 색상으로 형성된 것은 무상(無常)한 것이네. 만약 여래가 해탈한 자라면 그것은 수행을 하여 얻는 상(相)으로, 그러면 마땅히 능증(能證)과 소증(所證)의 분별이 사라져 버리네. 하지만 수행자의 견지는 확실히 그 사이에서 차별의 상(相)을 보게 되니, 이 때문에 여래와 해탈은 다르지도 않고 같지도 않다고 하는 것이네."

"같은 이치로 지혜와 망상 역시 다르지도 같지도 않음을 알 수 있네. 왜 그런가? 지혜와 망상은 모두 상(常)도 아니요 무상(無常)도 아니기 때문이네. 능작(能作)도 아니요 소작(所作)도 아니며, 유위(有爲)도 아니요 무위(無爲)도 아니네. 능각(能覺)도 아니요 소각(所覺)도 아니며, 상(相)도 아니요 소상(所相)도 아니요, 음(陰)도 아니요 이음(異陰)도 아니며, 설(說)도 아니요 소설(所說)도 아니며, 같음[一]도 아니요 다름[異]도 아니며, 구(俱)도 아니요 불구(不俱)도 아니네. 같음도 아니고 다름도 아니며 구도 아니고 불구도 아니기에 일체의 헤아림을 떠나지만, 일체의 헤아림을 떠나니 언설이 사라지네. 언설이 사라지니 생겨남이 없고, 생겨남이 없으니 소멸됨이 없으며, 소멸됨이 없으니 적멸이고, 적멸이니 곧 자성 열반이네. 자성 열반이니 사(事)도 없고 인(因)도 없으며, 사도 없고 인도 없으니 반연도 사라지네. 반연이 사라지니 일체의 허망을 넘어서며, 일체의 허망을 넘어서니 바로 여래라네. 여래는 곧 정등정각으로 이 때문에 이름을 부처라 했네. 대혜여! 무상정등정각을 증득한 부처는 영원히 일체의 근(根)과 양(量)의 경계를 떠나네." 부처님은 이 이치를 종합해 한 편의 게송으로 말씀하셨다.

여러 근과 양을 모두 떠나 사도 없고 인도 없으니
이미 각과 소각을 떠나고 상과 소상도 떠났도다
음연과 등정각은 하나이면서 다른 것으로 능히 볼 수가 없도다
悉離諸根量　無事亦無因　已離覺所覺　亦離相所相
陰緣等正覺　一異莫能見

이런 뜻이다. 여래의 정각은 일체의 감각 기관과 그 대상의 경계를 멀리 벗어나니, 이 속에는 현상[事]도 없고 인(因)도 없어서 능각(能覺)과 소각(所覺)을 멀리 벗어나고 능견(能見)과 소견(所見)을 멀리 벗어나는 것이다. 일체의 연기와 오음 등의 작용은 여래의 정각 속에서 일(一)도 아니요 다(多)도 아니다.

만약 보는 바가 있지 않다면 어떻게 분별하리

만드는 것도 아니요 만들지 않는 것도 아니며, 사도 아니요 인도 아니며

음도 아니요 음이 아닌 것도 아니며 여분의 잡다함이 있는 것도 아니요

여러 성이 있는 것도 아니며 저 망상의 견과 같으니

응당 무 역시 아님을 알아야 하니 이 법 역시 그러하도다

若無有見者　云何而分別　非作非不作　非事亦非因

非陰非在陰　亦非有餘雜　亦非有諸性　如彼妄想見

當知亦非無　此法法亦爾

이런 뜻이다. 하지만 여래의 정각이 보는 주체(能見)가 있는 것도 보는 대상(所見)이 있는 것도 아님을 알지 못한다. 만약 보는 주체와 대상이 없다면 어떻게 일체법을 잘 분별할 수 있겠는가? 요컨대 일체가 공(空)이요 무상(無相)이요 무작(無作)이며, 결코 범부가 망상으로 추측하는 것과 같지 않아 볼 수 있는 하나의 진성(眞性)이 있다. 그러나 어떤 것도 없는 무(無)가 아니며 그저 본래의 법이(法爾)가 이와 같아서 원래 증가하지도 감소하지도 않는다.

유가 있으므로 무가 있으며 무가 있으므로 유가 있으니

절대적 무라면 받아들이지 않고 절대적 유라면 망상에 응하지 않노라

以有故有無　以無故有有　若無不應受　若有不應想

이런 뜻이다. 법이(法爾)란 본래 이와 같아서 만물의 모습과 작용을 일으킨다. 하지만 유가 있어서 유가 다시 무로 돌아가며, 또 무가 있어서 무로부터 만물의 모습과 작용이 생겨난다. 만약 이것이 절대적 무라면 이 무는 일체의 모양과 작용을 받아들일 수 없고, 이것이 진실한 유라면 이 유는

본래 유로서 존재하니, 망상에 의존해서야 비로소 모양과 작용을 알 수 있지는 않을 것이다.

아나 혹 비아에 대해 언설로 판단해 머무니
양극단에 탐닉해 스스로 세간을 허물도다
或於我非我　言說量留連　沈溺於二邊　自壞壞世間

이런 뜻이다. 범부들은 아(我)와 무아(無我)의 이치를 직접 증득할 수 없어서 그저 언설로만 듣고 바로 망령되이 추측할 뿐이다. 무아에 집착하는 것 역시 한 측면에 떨어지는 것임을 반드시 알아야 한다. 범부들은 아에 집착하지 않으면 무아에 집착하여 상대적인 양극단에 떨어지니, 비단 스스로 깊은 미혹에 빠질 뿐 아니라 세간과 출세간의 바른 가르침〔正法〕 또한 파괴한다.

일체의 허물을 벗어나 내 법을 바로 관찰해 통하는 것
이것을 일러 정관이라 하니 큰스승을 훼방하지 않는 길이로다
解脫一切過　正觀察我通　是名爲正觀　不毀大導師

이런 뜻이다. 이러한 지견(知見)의 착오를 멀리 벗어나 내 법을 관찰해 스스로 통달할 수 있다면 비로소 정관(正觀)이라 할 수 있으니, 만약 그렇지 못하다면 세간 대스승의 불법을 훼방하는 것이다.

爾時大慧菩薩復白佛言. 世尊. 如世尊說. 修多羅攝受不生不滅. 又世尊說, 不生
不滅是如來異名. 云何世尊爲無性故, 說不生不滅. 爲是如來異名. 佛告大慧. 我
說一切法不生不滅, 有無品不現. 大慧白佛言. 世尊. 若一切法不生者, 則攝受法
不可得. 一切法不生故. 若名字中有法者, 惟願爲說. 佛告大慧. 善哉善哉. 諦聽諦
聽. 善思念之. 吾當爲汝分別解說. 大慧白佛言. 唯然受敎. 佛告大慧. 我說如來非
無性. 亦非不生不滅攝一切法. 亦不待緣故不生不滅. 亦非無義. 大慧. 我說意生,
法身, 如來名號. 彼不生者. 一切外道, 聲聞, 緣覺, 七住菩薩, 非其境界. 大慧. 彼
不生, 卽如來異名. 大慧. 譬如因陀羅, 釋迦, 不蘭陀羅. 如是等諸物, 一一各有多
名. 亦非多名而有多性. 亦非無自性. 如是大慧. 我於此娑呵世界, 有三阿僧祇, 百
千名號. 愚夫悉聞, 各說我名, 而不解我如來異名. 大慧. 或有衆生, 知我如來者.
有知一切智者. 有知佛者. 有知救世者. 有知自覺者. 有知導師者. 有知廣導者. 有
知一切導者. 有知仙人者. 有知梵者. 有知毗紐者. 有知自在者. 有知勝者. 有知迦
毗羅者. 有知眞實邊者. 有知月者. 有知日者. 有知主者. 有知無生者. 有知無滅
者. 有知空者. 有知如如者. 有知諦者. 有知實際者. 有知法性者. 有知涅槃者. 有
知常者. 有知平等者. 有知不二者. 有知無相者. 有知解脫者. 有知道者. 有知意生
者. 大慧. 如是等三阿僧祇百千名號, 不增不減. 此及餘世界, 皆悉知我. 如水中
月, 不出不入. 彼諸愚夫, 不能知我. 墮二邊故. 然悉恭敬供養於我, 而不善解知辭
句義趣. 不分別名, 不解自通. 計著種種言說章句. 於不生不滅, 作無性想, 不知如
來名號差別. 如因陀羅, 釋迦, 不蘭陀羅, 不解自通, 會歸終極. 於一切法, 隨說計
著.

大慧. 彼諸癡人, 作如是言. 義如言說, 義說無異. 所以者何. 謂義無身故. 言說之
外, 更無餘義. 惟止言說. 大慧. 彼惡燒智, 不知言說自性. 不知言說生滅, 義不生
滅. 大慧. 一切言說, 墮於文字, 義則不墮. 離性非性故, 無受生, 亦無身. 大慧. 如

來不說墮文字法. 文字有無, 不可得故. 除不墮文字. 大慧. 若有說言, 如來說墮文字法者. 此則妄說. 法離文字故. 是故大慧. 我等諸佛及諸菩薩, 不說一字, 不答一字. 所以者何. 法離文字故. 非不饒益義說. 言說者, 衆生妄想故. 大慧. 若不說一切法者, 敎法則壞. 敎法壞者, 則無諸佛菩薩緣覺聲聞. 若無者, 誰說爲誰. 是故大慧. 菩薩摩訶薩, 莫著言說. 隨宜方便, 廣說經法. 以衆生希望煩惱不一故, 我及諸佛, 爲彼種種異解衆生, 而說諸法. 令離心意意識故. 不爲得自覺聖智處.

大慧. 於一切法, 無所有, 覺自心現量, 離二妄想. 諸菩薩摩訶薩依於義, 不依文字. 若善男子善女人, 依文字者, 自壞第一義. 亦不能覺他. 墮惡見相續, 而爲衆說. 不善了知, 一切法, 一切地, 一切相, 亦不知章句. 若善一切法, 一切地, 一切相, 通達章句, 具足性義. 彼則能以正無相樂, 而自娛樂. 平等大乘, 建立衆生. 大慧. 攝受大乘者, 則攝受諸佛菩薩緣覺聲聞. 攝受諸佛菩薩緣覺聲聞者, 則攝受一切衆生. 攝受一切衆生者, 則攝受正法. 攝受正法者, 則佛種不斷. 佛種不斷者, 則能了知得殊勝入處. 知得殊勝入處, 菩薩摩訶薩常得化生, 建立大乘十自在力. 現衆色像. 通達衆生形類希望, 煩惱諸相, 如實說法. 如實者, 不異. 如實者, 不來不去相, 一切虛僞息. 是名如實. 大慧. 善男子善女人, 不應攝受, 隨說計著. 眞實者, 離文字故. 大慧. 如爲愚夫, 以指指物, 愚夫觀指, 不得實義. 如是愚夫隨言說指, 攝受計著, 至竟不捨. 終不能得, 離言說指第一實義. 大慧. 譬如嬰兒, 應食熟食, 不應食生. 若食生者, 則令發狂. 不知次第方便熟故. 大慧. 如是不生不滅, 不方便修, 則爲不善. 是故應當, 善修方便. 莫隨言說, 如視指端. 是故大慧. 於眞實義, 當方便修. 眞實義者, 微妙寂靜, 是涅槃因. 言說者, 妄想合. 妄想者, 集生死. 大慧. 眞實義者, 從多聞者得. 大慧. 多聞者, 謂善於義, 非善言說. 善義者, 不隨一切外道經論. 身自不隨, 亦不令他隨. 是則名曰大德多聞. 是故欲求義者, 當親近多聞. 所謂善義. 與此相違計著言說, 應當遠離.

爾時大慧菩薩, 復承佛威神而白佛言. 世尊. 世尊顯示不生不滅, 無有奇特. 所以者何. 一切外道因, 亦不生不滅. 世尊亦說虛空, 非數緣滅, 及涅槃界不生不滅. 世尊. 外道說因, 生諸世間. 世尊亦說無明愛業妄想爲緣, 生諸世間. 彼因此緣, 名差別耳. 外物因緣, 亦如是. 世尊與外道論, 無有差別. 微塵, 勝妙, 自在, 衆生主等, 如是九物, 不生不滅. 世尊亦說一切性不生不滅, 有無不可得. 外道亦說四大不壞自性, 不生不滅, 四大常. 是四大, 乃至周流諸趣, 不捨自性. 世尊所說, 亦復如是. 是故我言無有奇特. 惟願世尊, 爲說差別所以奇特, 勝諸外道. 若無差別者, 一切外道皆亦是佛. 以不生不滅故. 而世尊說, 一世界中多佛出世者, 無有是處. 如向所說, 一世界中應有多佛, 無差別故.

佛告大慧. 我說不生不滅, 不同外道不生不滅. 所以者何. 彼諸外道有性自性, 得不生不變相. 我不如是墮有無品. 大慧. 我者離有無品, 離生滅. 非性, 非無性. 如種種幻夢現故, 非無性. 云何無性. 謂色無自性相攝受, 現不現故. 攝不攝故. 以是故, 一切性, 無性非無性. 但覺自心現量, 妄想不生. 安隱快樂. 世事永息. 愚癡凡夫妄想作事. 非諸賢聖不實妄想. 如揵闥婆城, 及幻化人. 大慧. 如揵闥婆城及幻化人, 種種衆生, 商賈出入. 愚夫妄想. 謂眞出入. 而實無有出者入者, 但彼妄想故. 如是大慧. 愚癡凡夫, 起不生不滅惑. 彼亦無有有爲無爲. 如幻人生. 其實無有若生若滅. 性無性, 無所有故. 一切法亦如是, 離於生滅. 愚癡凡夫墮不如實, 起生滅妄想. 非諸聖賢. 不如實者, 不爾. 如性自性妄想, 亦不異. 若異妄想者, 計著一切性自性, 不見寂靜. 不見寂靜者, 終不離妄想. 是故大慧. 無相見勝, 非相見. 相見者, 受生因, 故不勝. 大慧. 無相者. 妄想不生, 不起不滅. 我說涅槃. 大慧. 涅槃者. 如眞實義見, 離先妄想心心數法. 逮得如來自覺聖智, 我說是涅槃. 爾時世尊欲重宣此義, 而說偈言.

滅除彼生論 建立不生義 我說如是法 愚夫不能知

一切法不生　無性無所有　揵闥婆幻夢　有性者無因
不生無自性　何因空當說　以離於和合　覺知性不現
是故空不生　我說無自性　謂一一和合　性現而非有
分析無和合　非如外道見　夢幻及垂髮　野馬揵闥婆
世間種種事　無因而相現　折伏有因論　申暢無生義
申暢無生者　法流永不斷　熾然無因論　恐怖諸外道

爾時大慧以偈問曰.

　云何何所因　彼以何故生　於何處和合　而作無因論

爾時世尊復以偈答.

　觀察有爲法　非無因有因　彼生滅論者　所見從是滅

爾時大慧說偈問曰.

　云何爲無生　爲是無性耶　爲顧視諸緣　有法名無生
　名不應無義　惟爲分別說

爾時世尊復以偈答.

　非無性無生　亦非顧諸緣　非有性而名　名亦非無義
　一切諸外道　聲聞及緣覺　七住非境界　是名無生相
　遠離諸因緣　亦離一切事　惟有微心住　想所想俱離

其身隨轉變　我說是無生　無外性無性　亦無心攝受
斷除一切見　我說是無生　如是無自性　空等應分別
非空故說空　無生故說空　因緣數和合　則有生有滅
離諸因緣數　無別有生滅　捨離因緣數　更無有異性
若言一異者　是外道妄想　有無性不生　非有亦非無
除其數轉變　是悉不可得　但有諸俗數　展轉爲鉤鎖
離彼因緣鎖　生義不可得　生無性不起　離諸外道過
但說緣鉤鎖　凡愚不能了　若離緣鉤鎖　別有生性者
是則無因論　破壞鉤鎖義　如燈顯眾像　鉤鎖現若然
是則離鉤鎖　別更有諸性　無性無有生　如虛空自性
若離於鉤鎖　慧無所分別　復有餘無生　賢聖所得法
彼生無生者　是則無生忍　若使諸世間　觀察鉤鎖者
一切離鉤鎖　從是得三昧　癡愛諸業等　是則內鉤鎖
鑽燧泥團輪　種子等名外　若使有他性　而從因緣生
彼非鉤鎖義　是則不成就　若生無自性　彼爲誰鉤鎖
展轉相生故　當知因緣義　堅濕煖動法　凡愚生妄想
離數無異法　是則說無性　如醫療衆病　無有若幹論
以病差別故　爲設種種治　我爲彼衆生　破壞諸煩惱
知其根優劣　爲彼說度門　非煩惱根異　而有種種法
唯說一乘法　是則爲大乘

진리의 구경은 어디에 귀속되는가

이때 대혜대사가 다시 물었다. "부처님께서 평상시 말씀하신 경전에서 불생불멸이 여래의 다른 이름이라 하셨습니다. 이게 무슨 뜻인가요? 본래 법성(法性)[152]이 없는 것을 불생불멸이라 부르니 이것이 바로 여래의 또 다른 이름이라는 것입니까?" 부처님께서 대답하셨다. "내가 일체법이 불생불멸한다고 말한 것은 유와 무라고 하는 상황이 모두 존재하지 않는다는 것이었네. 만약 그런 것이 없다고 하면 이미 무의 오해 속으로 떨어져 버리네." 대혜대사가 다시 물었다. "만약 일체법이 불생(不生)이라면 근본적으로 일체를 포괄할 수 없을 것입니다. 만약 이 불생이라는 글자의 뜻 속에 어떤 법이 존재한다면 저희를 위해 설명해 주시기 바랍니다." 부처님께서 대답하셨다. "내가 말하는 여래의 경계는 자성이 없는 것이 아니며, 불생불멸로 일체법을 포괄하는 것도 아니요, 인연의 작용을 기다려서 불생불멸하는 것도 아니네. 그렇다고 아무 이치도 없으면서 마음대로 이름을 붙인 것은 더욱 아니네. 대혜여! 나는 이 의생법신(意生法身)이라는 여래의 명호를 사용하고 있네. 내가 말하는 불생(不生)은 일체의 외도나 성문, 연각 및 칠지 보살 들이 알 수 있는 것이 아니네. 불생이란 바로 여래의 다른 이름이네. 예를 들어 제석천왕이나 세간의 각종 사물이나 현상은 모두 다른 이름을 매우 많이 가지고 있네. 하지만 이름이 많다고 다른 자성이 많이 존재한다는 것은 아니네. 그렇기는 해도 각각의 다른 이름 속에 특수한 의미가 없다고는 말할 수 없네. 대혜여! 이와 마찬가지로 우리 이 세상에는 삼아승기(三阿僧祇, 다 알 수 없는 무한의 수)의 이름이 있으니,

---

152 다른 말로 진여실상(眞如實相)이라고도 한다. 성(性)이란 본체로서 바뀌지 않는 것을 말한다. 진여는 만법의 본체로서 깨끗한 곳에 있든 더러운 곳에 있든 그 본성은 변하지 않는다. 법성(法性)이란 말은 소승에서는 거의 언급하지 않지만 대승의 여러 파에서는 즐겨 논의된다.

어리석은 일반 사람들은 자기 마음대로 상상해 각자 내 이름을 말하면서도 그것이 나의 다른 이름임을 알지 못하네. 예를 들어보세. 어떤 사람은 내 이름을 여래라 알고 있고 어떤 사람은 일체지(一切智), 불(佛), 구세자(救世者), 자각자(自覺者), 도사자(導師者), 광도자(廣導者), 일체도자(一切導者), 선인자(仙人者), 범자(梵者), 비뉴자(毗紐者)[153], 자재자(自在者), 승자(勝者), 가비라자(迦毗羅者)[154], 진실변자(眞實邊者), 월자(月者), 일자(日者), 주자(主者), 무생자(無生者), 무멸자(無滅者), 공자(空者), 여여자(如如者), 제자(諦者), 실제자(實際者), 법성자(法性者), 열반자(涅槃者), 상자(常者), 평등자(平等者), 의생자(意生者)라 알고 있네. 대혜여! 여래에겐 이처럼 수많은 이름이 있고, 모두가 부증불감(不增不減)하며 끝없는 공간과 세계에 두루 흩어져 있지만 사람들이 모두 나를 안다네. 이는 마치 물속의 밝은 달이 나가지도 들어오지도 않고 가지도 오지도 않는 것과 같네. 하지만 이들 범부는 모두 상대적인 양극단의 견해에 빠져 있어서 실제로 나를 알지 못하네. 그러면서도 모두 나를 공경하고 공양하니, 글귀의 뜻이 가리키는 진정한 의미를 잘 알지 못하고 이 허다한 이름을 분별하지 못해 그렇다네. 이들은 모두 상통하는 지극한 이치에 근거한 것이지만 도리어 여러 언설이나 장구(章句)의 이론에 집착해 불생불멸 속에서 무성(無性)의 망상을 일으킨다네. 그러면서도 여래의 다양한 이름이 마치 벼리와 그물의 관계와 같음을 알지 못해 스스로 통하지 못하니, 최후의 진제(眞際)를 모두 무상(無上)의 종극에 돌리고 만다네. 그들이 일체의 이름과 소리에만 한사코 집착하려 해 언설과 문자에 미혹되고 마니, 그들을 어찌하겠는가?"

---

153 비뉴(毗紐). 자재천(自在天)을 말한다. 달리 나라연천(那羅延天)이라고도 한다.(원주)

154 가비라(迦毗羅). 수론파(數論派)의 원조로 이십오제(諦)의 뜻을 정립했다.(원주)

언어 문자와 진리

"대혜여! 이러한 어리석은 자들은 그럼에도 말하기를, 진의(眞義)는 언어 속에 있으니 진의와 언어적 논변은 둘이 아니라고 하네. 왜 그런가? 그들이 생각하기로는 진의 자체가 공이요 존재하지 않으니 언어적 논변 외에 다시 다른 진의가 존재하지 않는다는 것이네. 그래서 말하기를 진리가 언어적 논변 속에 있다고 하네. 하지만 이들은 모두 나쁜 지혜에 물든 견해로 도무지 언어의 자성을 알지 못하며, 언어가 생멸하는 데 반해 진의가 불생불멸한다는 것을 알지 못하네. 요컨대 일체의 언어는 모두 문자에 사로잡히나 진의는 그렇지 않으니, 진의는 유무를 떠나 있고 감수(感受)할 수 없는 곳에 처하며 얻을 수 있는 본체가 없기 때문이네. 그러므로 여래의 설법은 문자적 범위에 사로잡히지 않으니, 문자적 유나 무는 본래 얻을 수 없는 것이기 때문이네. 그러니 문자나 언어에 사로잡히지 않아야만 여래의 본래면목을 알 수 있네. 만약 어떤 사람이 여래 역시 문자 속에 머물러 있다고 한다면 그건 망령된 말이라네. 진정한 불법은 문자를 떠난 것이네. 대혜여! 그러므로 나와 제불 보살 들은 한 글자도 말하지 않고 한 글자도 답하지 않았네. 이는 무슨 이치인가? 진정한 불법은 문자를 떠나기 때문이네. 결코 중생에게 진의를 설법해 이익을 주겠다는 바람이 없어서 그랬던 것이 아니라 언설이 도리어 중생의 망상을 증가시킬까 두려워서 그랬던 것이네. 하지만 만약 일체법을 설하지 않는다면 어떨까? 그렇게 한다면 교법(敎法)도 파괴되고 말 것이네. 교법이 일단 파괴되면 제불, 보살, 연각, 성문 등도 사라질 것이네. 만약 이들마저 사라지면 누가 있어 설법을 하며 또 누구를 위해 설법하겠는가? 그러므로 대승 보살들은 절대로 언어에 집착하지 않으며 그저 적절히 일체 경전의 법을 방편적으로 널리 설할 뿐이네. 중생의 번뇌와 희망이 똑같지 않아서 나와 여러 부처가 갖가지 견해의 서로 다른 중생을 위해 일체법을 설하지만 어느 것이든 그들이 망심을 멀리 떠나게 함이 아닌 것이 없네. 그들로 하여금 성스러운 지혜를 증득하여 제법을 세우게 하고자 하는 것이 아니라네."

"대혜여! 만약 일체법이 본래 존재하지 않음을 알고 오로지 자기 마음의 현량만이 있음을 증득하며, 공(空)과 유(有)의 양극단의 망상을 벗어난다면 이것이야말로 대승 보살이 문자적 이치에 의거하는 것이 아니라 진의에 의거하는 것이라네. 만약 일반인이 단지 문자에만 의존해 문자와 언어에 집착한다면, 이것은 스스로 제일의(第一義)를 파괴하는 것이니 그것을 깨우칠 수 없네. 이렇게 된다면 악견(惡見)이 이어지는 상태에 떨어질 것이니, 이것으로 중생을 위해 설법한다면 당연히 일체법(一切法), 일체지(一切地), 일체상(一切相)을 제대로 알지 못해 문자와 장구가 가리키는 진의를 깨닫지 못할 것이네. 만약 일체법, 일체지, 일체상을 잘 알고 거기다 문자나 장구의 철저한 이치나 진의에 통달한다면, 그는 진정한 무상(無相)의 즐거움을 누릴 것이며 평등한 자성의 대승 속에서 일체 중생을 성취시킬 수 있을 것이네. 대혜여! 대승의 도를 받아들일 수 있다면 그는 곧 제불 보살과 성문, 연각을 받아들일 수 있을 것이네. 이렇게 되면 일체 중생을 받아들이고 정법을 섭수(攝受)할 수 있을 것이네. 오직 정법의 섭수만이 보살의 수행이 끊어지지 않게 하며 그런 뒤에야 수승한 입처(入處)를 알 수 있네. 이로 인해 대승 보살이 항시 쉼 없이 화생하여 계속 대승의 열가지 자재력(自在力)을 세우며, 중생의 모습으로 나타나 중생의 각종 희망과 번뇌에 통달해 여실(如實)한 설법을 행할 것이네. 소위 여실하다는 것은 다르지 않은 것으로, 과거와 미래의 오락가락하는 동정(動靜)이 없어일체의 허망이 이로부터 영원히 종식되는 것을 말한다. 그러므로 사람들은 언어나 문자에 집착하지 말고 언어나 문자의 집착 속으로 뚫고 들어가야 하네. 여래의 진실한 경계는 문자를 떠나기 때문이네. 대혜여! 어리석은 자들처럼 다른 사람이 손가락으로 사물을 가리킬 때 사물을 보지 않고 손가락 끝을 바라본다면 영원히 진의를 얻을 수 없네. 마찬가지로 일반인들도 언어나 문자에 집착하여 마치 손가락을 대상이라 여기듯 거기에 집착해 한사코 버리려 하지 않으니, 이 때문에 끝내 언설을 떠나 그것이 가리키는 제일의 실의(實義)를 얻지 못하네. 또 비유하자면 어린아이와도 같아 영양가 있는 것을 잘 익혀 먹어야 하며 날것이나 차가운 것을 함부로 먹어서는 안 되니, 그렇지 않으면 소화가 잘 되지 않아 병에 걸릴 수 있네. 모름지기 알아야 할 것은 익혀서 먹는 데에도 차례와 방법이 있듯이 불생불멸의 법도 방편적 법문을 닦아 증득하지 않으면 불생불멸이라는 문자에 집착할 수 있다는 점이네. 그러므로 마땅히 방편 법문을 잘 닦아야 하며, 문자나 언설에 휘둘려 어리석은 사람처럼 손가락 끝만 바라볼 뿐 그것이 가리키는 사물을 몰라서는 안 되네. 대혜여! 그러므로 그대들은 여래의 진실의(眞實義)에 대해 마땅히 방편 법문을 닦아 증득해야 하네. 진실의는 미묘하고 적정(寂靜)한 것으로 열반의 인(因)이라네. 언어와 문자는 그저 망상의 조합일 뿐이고, 망상이란 단지 생사를 누적시키는 근본일 뿐이네. 진실의는 많이 듣고 널리 알게 된 후에야 비로소 얻을 수 있는 것이네. 소위 많이 듣고 널리 안다는 것은 진의(眞義)에 잘 통달하나 언어와 문자에는 서툰 것이라 말할 수 있네. 소위 진의에 잘 통달한다는 것은 일체 외도의 경론(經論)에 휘둘리지 않는 것으로, 비단 자신이 휘둘리지 않을 뿐 아니라 다른 사람도 휘둘리지 않게 하는 것이네. 이렇게 해야만 비로소 들은 것이 많은 대덕이라 할 수 있네. 그러므로 진의를 구하고자 하는 자는 마땅히 많이 들은 대덕을 가까이 해야 하네. 그렇지 않다면 그저 언어와 문자에 집착하는 것이니 응당 멀리해야 하네."

불법과 외도의 기본적 차이

이때 대혜대사가 다시 물었다. "부처님께서 보여 주신 불생불멸은 결코 특이한 것이 없는데, 왜 그런가요? 일체의 외도가 말하는 인(因)도 불생불멸합니다. 부처님께서도 허공이 결코 수(數)[155]나 양(量)이나 인연 등에 따라 소멸되는 것이 아니라 하셨습니다. 부처님께서는 열반 경계가 불생불멸한다고까지 말씀하셨습니다. 외도에서는 수많은 인연에 기대어 세간이 생겨난다고 말하는데, 부처님 역시 무명(無明)·애(愛)·업(業)·망상 등의 인연으로 인해 세간이 생겨난다고 하십니다. 외도에서는 바깥의 사물과 인연에 의지해 제법이 생겨난다고 말하는데 부처님 역시 그렇게 말합니다. 그러니 부처님과 외도의 이론은 그렇게 차이가 없습니다. 외도에서는 미진이나 극히 오묘한 자재천주 그리고 대범천주(大梵天主) 등이 중생의 주재라 말합니다. 아홉 종류의 사물(즉 ① 時 ② 方 ③ 虛空 ④ 微塵 ⑤ 四大種 ⑥ 大梵天 ⑦ 勝妙天 ⑧ 大自在天 ⑨ 중생의 주인인 神我)이 모두 불생불멸합니다. 부처님께서도 일체 제법이 불생불멸하며 유무 모두 얻을 수 없다고 하십니다. 외도에서는 지수화풍 사대(四大)가 허물어지지 않으며 그들의 자성 역시 불생불멸한다고 말합니다. 사대는 영원히 변치 않으며 심지어 육도(六道)를 두루 떠돌면서도 자성을 떠날 수 없다고 말합니다. 부처님이 말씀하신 바 역시 이와 같습니다. 이 때문에 제가 부처님 말씀에 결코 특별한 것이 없다고 한 것입니다. 원컨대 저희를 위해 불법과 외도의 차이, 불법이 외도보다 나은 것이 궁극적으로 무엇인지를 설명해 주시기 바랍니다. 전혀 차이가 없다면 일체의 외도 역시 모두 부처님일 것입니다. 그들 역시 불생불멸을 말하고 있지 않습니까! 하지만 부처님께서는 이렇게도 말씀하셨

---

155 수는 '지혜'의 다른 말이다. 혜소(慧沼)가 지은 『성유식론료의등(成唯識論了義燈)』에서는 "수란 지혜를 말한다(數是智慧)"고 풀이하고 있다.

습니다. 한 세계 속에 동시에 많은 부처가 존재하는 것은 잘못된 것이며, 일체 외도 역시 부처와 같은 말을 한다면 이 세계 속에 많은 부처가 병존하는 것이니, 내도와 외도 역시 근본적으로 차이가 없어진다고요."

부처님께서 말씀하셨다. "대혜여! 내가 말한 불생불멸은 외도의 불생불멸과는 다르네. 왜 그런가? 그들은 따로 하나의 성능(性能)이 있어서 그것이 사람의 자성이며, 이것이 있어야만 비로소 생겨나지도 않고 변화하지도 않는다고 말하네. 그렇지만 나는 이들처럼 유나 무의 범위에 결코 떨어지지 않네. 내가 말하는 것은 유무를 초월하고 생멸을 떠나며 자성이 있는 것도 아니면서도 없는 것도 아니네. 비유하자면 여러 몽환적인 경계와도 같으니 자성이 없는 것이 아니라네. 소위 자성이 없다는 것은 이렇게 말할수 있네. 일체의 색상(色相)처럼 진정한 자성의 형상을 결코 얻을 수 없으며, 그저 볼 수 있기도 하고 없기도 하며, 파악할 수 있기도 하고 없기도할 뿐이네. 이 때문에 나는 말하네. 일체법은 자성이 없는 것이나 절대적으로 없는 것은 아니며, 그저 자기 마음의 현량으로부터 생겨난 것이라고. 이렇게 되면 망상이나 분별이 생기지 않아 편안하고 즐거우며 세계가 영원히 평온하다네. 하지만 일반의 어리석은 범부들은 그저 망상으로 일을행하니 결코 성현(聖賢)의 경계가 아니네."

일체법은 자성이 없으며
단지 자심의 현량임을 깨닫다

"대혜여! 미혹된 마음으로 사물을 뒤쫓아 실재하지도 않는 망상 속으로 빠져드는 것은, 마치 신기루나 환상 속에서 사람이나 사물을 보는 것과 같네. 언뜻 보기엔 다양한 중생들이 있고 상인들도 출입하나 이들 역시 미혹에 빠진 사람일 뿐이네. 그런데도 그 속에 확실히 진실한 세계가 존재한다고 여기네. 어리석은 범부는 스스로의 망상과 분별이 진실이라 여기는 것이네. 하지만 근본적으로 진실이 아니며 자기 마음의 망상에서 일어난 것일 뿐이네. 이런 까닭에 그들은 자성에 미혹되어 그것이 불생 불멸한다고 오해할 수도 있으나 실제로는 본래 무위나 유위의 존재가 없으니, 이는 마치 환상 속의 사람이나 사물에 근본적으로 생도 없고 멸도 없는 것과 같네. 자성(自性)은 성(性)이 아니기에 본래 어디에도 존재하는 바가 없네. 일체법도 이와 같아 생멸을 떠나지만 어리석은 범부가 망상에 집착해 진여 실제를 알지 못함으로써 생멸의 망상을 일으키니, 이는 결코 성현의 경계가 아니네. 소위 진여 실제를 모른다는 것은 그들이 하나의 자성이 있음을 인정하는 것인데, 이 자성이란 망상 분별로 추측해서 얻어진 것이네. 그러므로 그들이 말하는 자성은 망상과 다를 바가 없네. 만약 이 자성이 망상과 다르다고 여긴다면 그것은 일체 만법에 확실히 또 다른 하나의 자성이 있다고 집착한 것으로, 자기 마음의 궁극의 적정(寂靜)을 보지 못한 것이네. 그리고 만약 자기 마음의 궁극의 적정을 증득할 수 없다면 시종 망상 분별을 벗어나지 못하네. 대혜여! 그러므로 무상(無相)의 적정을 보아야만 비로소 진정으로 빼어난 경계를 보았다고 할수 있네. 빼어난 경계는 모습으로 볼 수 있는 것이 아니네. 만약 모습을 갖추고 있다면 생멸의 인(因)이 있는 것이니 빼어나다고 할 수 없네. 소위 무상(無相)이란 망상이 불생(不生)하고 불기(不起)하며 불멸(不滅)하는 것으로, 바로 내가 말하는 열반이네. 소위 열반이란 진실로 빼어난 견지로서 망상심을 떠나고 마음에서 생겨나는 무수한 현상을 떠나니, 이로부터 다시 나아가 여래의 자각성지(自覺聖智)에 이른다네. 이렇게 되어야 비로소 내가 말하는 열반이라 할 수 있네." 부처님은 이 이치를 종합해 한 편의 게송으로 말씀하셨다.

저 생론을 없애기 위해 불생의 뜻을 건립했으니

내가 말하는 이런 법은 어리석은 자가 알 수 없노라

일체의 법은 생겨나지 않으며 자성이 없고 존재한 바도 없어

꿈속의 신기루처럼 자성이 있는 것은 인이 없고

생겨나지 않는 것은 자성이 없으니 어째 공을 인이라 하랴

滅除彼生論　建立不生義　我說如是法　愚夫不能知

一切法不生　無性無所有　揵闥婆幻夢　有性者無因

不生無自性　何因空當說

　이런 뜻이다. 외도들의 생멸 이론을 없애기 위해 불법의 불생불멸의 진의
(眞義)가 건립되었으나 일반의 어리석은 범부들이 이해할 수 있는 것은 아
니다. 만유의 일체 제법은 본래 스스로 생겨나지 않고 자성 또한 없으며
모두가 존재한 바가 없다. 마치 신기루나 꿈속 같아 환상 속에서 온갖 것
이 갖추어진다. 만약 거기에 또 다른 하나의 자성이 있다고 한다면 이 자
성은 어떤 인(因)으로부터 오는 것이겠는가? 만약 본래 인(因)이 없다면
이 자성에도 인(因)이 없을 것이니 어찌 무인론(無因論)이 되지 않겠는가?
일체 제법은 본래 스스로 생겨나지 않기에 이 때문에 내가 자성이 없다고
했다. 이것 역시 자성이 본래 공(空)이기 때문이다.

화합을 떠나면 자성이 나타나지 않음을 깨달아 아니

이 때문에 공은 생겨나지 않아 내가 자성이 없다고 말하노라

하나하나 화합하는 것을 말하면 자성은 드러나나 존재하지 않으니

화합이 사라지는 것을 분석하면 외도의 견해와 같지 않도다

以離於和合　覺知性不現　是故空不生　我說無自性

謂一一和合　性現而非有　分析無和合　非如外道見

이런 뜻이다. 일체 제법은 모두 인연이 화합해 생겨나니, 인연이 흩어지는 경우 자성의 지각으로는 아무것도 얻어 볼 수 있는 방법이 없다. 이 때문에 자성이 본래 공이며 생겨나지 않는다고 말하며, 그래서 내가 자성이 없다고 했다. 일체 제법이 하나하나 모두 인연의 화합을 기다려 생겨나니, 그것이 화합하여 생겨날 때는 마치 자성이 있는 듯하지만 실제로는 얻을 수 없으니 결국은 존재하지 않는다. 그러므로 화합하는 제연(諸緣)을 다시 분석해 보면 근본적으로 자성이 없다. 이것이 부처님이 말하는 법으로, 일반 외도들의 견해와는 다르다.

> 몽환이나 드리워진 머리털, 아지랑이나 신기루
> 세간의 여러 현상들은 인이 없이 서로 나타나도다
> 유인론을 굴복시키기 위해 무생의 뜻을 펼치니
> 무생의 뜻이 펼쳐지면 법의 흐름이 영원히 끊어지지 않는도다
> 무인론이 성해지면 여러 외도가 두려워할 것이니라
> 夢幻及垂髮　野馬揵闥婆　世間種種事　無因而相現
> 折伏有因論　申暢無生義　申暢無生者　法流永不斷
> 燃然無因論　恐怖諸外道

이런 뜻이다. 일체 제법은 모두 환상과 같은 존재다. 세간의 여러 현상에는 어느 하나에도 최초의 인을 얻을 수 없다. 그러므로 만약 유인론(有因論)의 관점을 절복(折伏)시키고자 한다면 반드시 스스로 생겨나지 않는 진실한 뜻을 자세히 설명해야 한다. 만약 생겨나지 않는 이치를 자세히 설명할 수 있다면 법의 흐름을 영원히 끊어지지 않게 할 수 있을 것이다. 일체 제법에 결코 최초의 인(因)이 없다는 이론을 말한다면 이는 외도들에게 놀라움과 두려움을 일으킬 수 있을 것이다. 우리가 특별히 주의해야 하는 것

은, 이렇게 말하는 무인(無因)이 오로지 최초의 인이 없다는 설법만을 가리킨다는 점이다. 결코 무인에서 제법이 생겨난다고 이해해서는 안 된다. 여기에 대해서는 용수보살이 『중론(中論)』에서 아주 명백히 말했다. "제법은 스스로 생겨나지 않으며 다른 것으로부터 생겨나지도 않는다. 함께 하는 것도 아니고 인이 없는 것도 아니니 이 때문에 생겨나지 않음을 안다〔諸法不自生, 亦不從他生, 不共不無因, 是故知無生〕."

이때 대혜대사가 다시 게송으로 부처님께 물었다.

인이 무엇이고 그것이 왜 생겨나며
어디에서 화합하길래 무인론이 만들어지나요
云何何所因　彼以何故生　於何處和合　而作無因論

이런 뜻이다. 무엇이 인(因)인가요? 그것이 어떻게 해서 생겨나는가요? 어디에서 화합하는가요?

부처님께서 대답하셨다.

유위법을 관찰하면 인이 없는 것도 아니고 인이 있는 것도 아니니
저 생멸론자의 소견은 이로부터 사라질 것이로다
觀察有爲法　非無因有因　彼生滅論者　所見從是滅

이런 뜻이다. 그대는 그저 유위의 일체 제법을 관찰하기만 해도 된다. 그것이 무인(無因)으로부터 오지도 않고, 최초에 하나의 인이 있어서 생겨나는 것도 아니며, 유를 말하고 무를 말하지만 모두가 생멸법에서 나온 논의가

아닌 것이 없다. 만약 생멸이 본래 공임을 진정으로 보아 낸다면 유무의
견해는 생겨나지 않을 것이다.

대혜대사가 다시 물었다.

무생이 무엇인가요, 자성이 없다는 것인가요
여러 연을 돌이켜보아 법이 있으면 무생인가요
이름이 있다는 것과 아무 뜻이 없다는 것은 어울리지 않으니
분별해서 말씀해 주십시오
云何爲無生　爲是無性邪　爲顧視諸緣　有法名無生
名不應無義　惟爲分別說

이런 뜻이다. 무엇을 무생이라 하는가요? 근본적으로 자성이 없는 것을 말
하는가요? 혹은 일체 제법이 인연으로부터 생겨나는 것을 보고는 그것을
무생이라 임시로 이름을 붙였는가요? 이미 이 명사(名辭)가 있다면 그 뜻
이 없다고 말해서는 안 될 것이니 저희를 위해 상세히 설명해 주십시오.

부처님께서 대답하셨다.

자성이 없는 것도 생겨나지 않는 것도 아니며 제 연을 돌아보지 않는 것도 아니니
자성이 있어 이름을 붙인 것도 아니요 이름 역시 뜻이 없는 것이 아니로다
일체의 외도, 성문과 연각, 칠지보살의 경계가 아니니
이를 가리켜 무생이라 하노라
非無性無生　亦非顧諸緣　非有性而名　名亦非無義
一切諸外道　聲聞及緣覺　七住非境界　是名無生相

이런 뜻이다. 본래 자성이 없어서 일체 제법이 생겨날 수 있다는 것이 아니다. 그렇다고 인연으로부터 법이 생겨나기에 무생이라는 명사를 임시로 내세운 것도 아니다. 그리고 이 명사는 아무 뜻이 없는 것도 아니다. 이 이치는 일체의 외도, 성문, 연각 혹은 칠지 보살 들이 알 수 있는 것이 아니니 이것이 그들의 경계가 아니기 때문이다. 그래서 이를 일러 무생(無生), 무상(無相)이라 했다.

여러 인연을 멀리 떠나고 일체의 사물도 떠나
오직 미세한 마음에만 머물러 생각하는 주체와 대상을 모두 떠나
그 몸도 따라 변하니 이것이 내가 말하는 무생이니라
遠離諸因緣　亦離一切事　唯有微心住　想所想俱離
其身隨轉變　我說是無生

이런 뜻이다. 일체의 인연에서 생겨난 법을 멀리 떠나고 일체의 사물 역시 멀리 떠나서 오직 마음에만 머물고자 한다. 이때 능상(能想)과 소상(所想)을 모두 멀리 떠나려 하면 점차 그 몸 역시 따라 변화하는데, 이것을 일러 무생의 경계를 얻었다고 말하는 것이다.

외물에 자성이 있든 없든 무심히 받아들여
일체의 견해 끊으니 내가 말하건대 이것이 무생이로다
이처럼 자성이 없어 공 등을 마땅히 분별해야 하니
공이 아니므로 공이라 말하고 무생이므로 공이라 말하도다
無外性無性　亦無心攝受　斷除一切見　我說是無生
如是無自性　空等應分別　非空故說空　無生故說空

이런 뜻이다. 일체의 바깥 사물에 자성이 있든 없든 모두 무심히 받아들여 단지 안팎 일체의 망견을 끊어 내려 하니, 이것이 바로 무생을 얻는 것이다. 그런 까닭에 무자성(無自性)이나 공(空) 등의 제법에 대해 모두 분별하여 알아야 한다. 왜 그런가? 공의 경계가 따로 있어서 혹은 누가 그것을 없애 버린다고 해서 공이라 부르는 것은 아니다. 스스로 생겨나지 않아 자성이 본래 공이기에 이 때문에 내가 공이라 말했다.

> 인연과 수가 화합해 생겨나고 소멸되니
> 여러 인연과 수를 벗어나면 달리 생멸이 없도다
> 인연과 수를 버리면 달리 다른 자성이 없으니
> 만약 같음과 다름을 말한다면 이는 외도의 망상이로다
> 유와 무의 자성은 생겨나지 않아 유도 아니고 무도 아니니
> 그 수의 변화 외에는 모두 다 얻을 수 없도다
> 因緣數和合　則有生有滅　離諸因緣數　無別有生滅
> 捨離因緣數　更無有異性　若言一異者　是外道妄想
> 有無性不生　非有亦非無　除其數轉變　是悉不可得

이런 뜻이다. 인연과 수가 화합하여 일체 제법이 일어나니, 생겨나는 것이 있으면 소멸하는 것이 있어 이 때문에 일체 제법은 모두 생멸 속에 존재한다. 만약 인연과 수를 벗어날 수 있다면 달리 생멸의 상이 없을 것이다. 그리고 인연과 수의 화합을 벗어나면 다시 자성의 같고 다름이 없을 것이다. 이런 가운데서도 여전히 같음과 다름의 이론을 추구한다면 이들은 모두 외도의 망상일 뿐이다. 하물며 유와 무가 근본적으로 서로 대립하고 모순되는 개념임에랴? 유는 무에서 생기고 무는 유에서 생긴다는 것은 모두 언어의 사변적 망상이다. 본래 유나 무는 실제로 얻을 수 있는 것이 없으

므로 이 때문에 유도 아니고 무도 아니라 말했다. 일체 제법은 인연과 수가 화합해 변화하는 것 외에는 본래 얻을 수 있는 것이 없다.

> 단지 속세의 제반 수가 있어 돌고 돌아 쇠사슬이 되니
> 저 인연의 쇠사슬을 떠나서는 어떤 것도 얻을 수 없도다
> 생겨나는 것은 자성이 없으면 일어나지 못하나 여러 외도의 허물을 벗어나
> 인연의 쇠사슬만 말하니 어리석은 범부가 알 수 있는 것이 아니로다
> 만약 인연의 쇠사슬을 벗어나 따로 자성이 생겨난다면
> 이는 무인론으로 쇠사슬의 뜻을 파괴하는 것이로다
> 마치 등불에 여러 모습이 드러나듯 쇠사슬이 그렇게 드러나니
> 이는 쇠사슬을 떠나는 것으로 다시 여러 자성이 있지는 않도다
>
> 但有諸俗數　展轉爲鉤鏁　離彼因緣鏁　生義不可得
> 生無性不起　離諸外道過　但說緣鉤鏁　凡愚不能了
> 若離緣鉤鏁　別有生性者　是則無因論　破壞鉤鏁義
> 如燈現衆像　鉤鏁現若然　是則離鉤鏁　別更有諸性

이런 뜻이다. 세속에서 보아서 아는 바 형이하적 일체 제법은 모두 인연과 수의 화합에서 형성된 것으로, 서로 돌며 변화하여 마치 쇠사슬이 이어지는 듯하니, 이것 외에 소위 제법을 생겨나게 하는 주재 혹은 자성이란 근본적으로 얻을 수 없는 것이다. 그러므로 연기는 무생이며 이 중에 따로 자성의 존재가 있는 것이 아니다. 이것이 외도와 다른 점으로 어리석고 무지한 범부가 알 수 있는 것이 아니다. 만약 인연의 변화 이외에 따로 생겨나게 하는 자성을 말한다면, 이는 무인론(無因論)으로서 인연에서 법이 생겨나는 이치를 무너뜨리는 것이다. 비유컨대 등불로 인해 색상이 나타나는 것처럼 등불을 비춰 색상이 드러나게 하는 것은 서로 인과가 되니, 마

치 쇠사슬처럼 하나가 빠져도 작용하지 않는다. 그러므로 인연이 서로 변화하는 것 이외에 달리 또 다른 자성이 존재하지 않는다.

자성이 없으면 생겨나지 않으나 자성은 마치 허공과 같으니
만약 쇠사슬을 벗어난다면 지혜로도 분별할 수 없으리
다시 남은 무생이 있어 성현이 법을 얻으니
이렇게 생겨난 무생이 바로 무생인이로다
無性無有生　如虛空自性　若離於鉤鏁　慧無所分別
復有餘無生　賢聖所得法　彼生無生者　是則無生忍

이런 뜻이다. 일체 제법은 모두 자성이 없고 본래 스스로 생겨나지 않으며 본체는 허공과 같아 얻을 수 없다. 만약 인연의 상호 변화를 벗어난다면 마치 쇠사슬처럼 이어져 끊임없이 생겨나는 외에는 지혜를 다해 관찰해도 그 극치를 분별할 수 없다. 이 외에 소위 무생의 경계는 득도한 성현이 증득한 법인데, 이것은 그의 마음에서 생겨난 무생의 경계로 이른바 무생인(無生忍)이라 한다.

만약 세간에 대해 그것이 쇠사슬임을 관찰하면
일체의 쇠사슬을 벗어나 이로부터 삼매를 얻으리라
어리석음이나 사랑 등 제업은 내적 쇠사슬로서
구멍을 뚫어 불을 불이거나 흙덩어리를 물레에 돌리는 것
그리고 식물의 종자 등을 가리켜 외부의 쇠사슬이라 하노라
若使諸世間　觀察鉤鏁者　一切離鉤鏁　從是得三昧
癡愛諸業等　是則內鉤鏁　鑽燧泥團輪　種子等名外

이런 뜻이다. 세간의 일체 사물 법칙을 관찰하면 모두 인연과 연기로 생겨 나니, 마치 쇠사슬이 원으로 끊임없이 이어지는 것과 같다. 만약 인연의 생멸 중 인(因)을 만들지 않고 연(緣)에 집착하지 않으며 쇠사슬처럼 이어 지는 작용을 떠난다면, 그 속에서 안심입명할 수 있어 절로 적멸한 삼매의 즐거움으로 들어간다. 탐·진·치·애 등 제법 역시 쇠사슬처럼 서로 돌아가 며 생겨나니 내재된 인연이 이어지는 현상이다. 나무에 구멍을 내어 불을 취하며, 볼록렌즈로 햇볕을 모아 불을 붙이고, 또 흙덩이와 물레 등이 서로 번갈아 작용하여 도자기가 된다. 벼나 보리의 종자 등도 인연을 따라 끊임 없이 생겨나니, 이들을 총괄해 외부 인연의 쇠사슬 현상이라 부른다.

만약 다른 자성이 있다 해도 인연을 따라 생겨나니
이것은 쇠사슬의 의미가 아니어서 성립되지 않는도다
만약 자성이 없이 생긴다면 누구에 의해 쇠사슬처럼 이어지리
돌아가면 서로 생겨나니 마땅히 인연의 뜻을 알아야 하리라
若使有他性　而從因緣生　彼非鉤鎖義　是則不成就
若生無自性　彼爲誰鉤鎖　展轉相生故　當知因緣義

이런 뜻이다. 가령 또 다른 하나의 자성이 있다 해도 그것은 확실히 인연 에 의지해 생겨나니, 이 자성과 인연은 어떻게 연결되는 관계인가? 그러 니 이 이치가 성립되지 않는 것이 분명하다. 만약 능히 제법을 생겨나게 할 수 있으면서도 자성이 없다면 누가 있어 인연과 연쇄 작용을 일으키게 할 수 있으랴? 그러므로 일체 제법은 그저 인연이 돌아가며 서로 인과가 되어 생겨난 것으로, 이것이 바로 인연으로 법이 생겨난 이치다.

견 습 난 동의 물리적 법칙에서 어리석은 범부는 망상을 일으키나

수를 떠나서는 다른 법이 없으니 이것은 자성이 없음을 말하도다

堅濕煖動法　凡愚生妄想　離數無異法　是則說無性

이런 뜻이다. 물리 세계의 견(堅, 지) 습(濕, 수) 난(煖, 화) 동(動, 풍) 등의 물질 법칙 역시 모두 인연의 변화에 따라 생겨난다. 어리석은 범부는 그럼에도 그 속에서 망상을 일으킨다. 하나의 조물주가 주재하는 것이 아니라 자연계 스스로 그렇게 한다고 여기는 것이다. 사실 인연이 돌고 돌며 변화하는 것을 떠나 달리 다른 원인이 없으니, 이것이 바로 제법에 자성이 없는 이치다.

의사가 중생의 병을 치료하는 것과 같아 약간의 논란도 있지 않으나
병에 따라 차별이 있으므로 여러 다른 치료를 하도다
나는 저 중생을 위해 갖가지 번뇌를 없애니
그 근본의 우열을 알아 그를 위해 제도하도다
번뇌의 근본이 다르지 않아 여러 법이 있지만
오직 일승의 법만을 말하니 이것이 대승이로다

如醫療衆病　無有若干論　以病差別故　爲設種種治
我爲彼衆生　破壞諸煩惱　知其根優劣　爲彼說度門
非煩惱根異　而有種種法　唯說一乘法　是則爲大乘

이런 뜻이다. 부처님은 의사 중의 의사로 중생의 마음 병을 치료할 수 있다. 이 때문에 부처님은 일체법을 설하니 일체의 마음을 제도하기 위함이다. 갖가지 서로 다른 설법은 모두 병에 따라 약을 달리 쓰는 것이며, 중생의 망심과 번뇌의 마음 병을 제거하기 위한 것이다. 하지만 번뇌의 근본에 진정으로 다른 차이가 있는 것이 아니며 천차만별의 번뇌는 모두 일심(一

心)에서 근원한다. 만법 유심과 일체 유심을 증득하고 일심의 법을 아는 것, 이것이 유일한 대승의 불법이다.

爾時大慧菩薩摩訶薩復白佛言. 世尊. 一切外道, 皆起無常妄想. 世尊亦說一切行無常, 是生滅法. 此義云何. 爲邪爲正. 爲有幾種無常. 佛告大慧. 一切外道, 有七種無常, 非我法也. 何等爲七. 彼有說言, 作已而捨, 是名無常. 有說形處壞, 是名無常. 有說卽色是無常. 有說色轉變中間, 是名無常. 無間自之散壞, 如乳酪等轉變, 中間不可見. 無常毀壞, 一切性轉. 有說性無常. 有說性無性無常. 有說一切法不生無常, 入一切法. 大慧. 性無性無常者, 謂四大, 及所造, 自相壞. 四大自性, 不可得, 不生. 彼不生無常者, 非常無常, 一切法有無不生. 分析乃至微塵, 不可見, 是不生義非生. 是名不生無常相. 若不覺此者, 墮一切外道, 生無常義. 大慧. 性無常者, 是自心妄想, 非常無常性. 所以者何. 謂無常自性不壞. 大慧. 此是一切性無性, 無常事. 除無常, 無有能令一切法, 性無性者. 如杖瓦石, 破壞諸物現見各各不異, 是性無常事, 非作所作有差別. 此是無常, 此是事. 作所作無異者, 一切性常. 無因性. 大慧. 一切性, 無性有因, 非凡愚所知. 非因不相似事生. 若生者, 一切性, 悉皆無常. 是不相似事, 作所作, 無有別異, 而悉見有異. 若性無常者, 墮作因性相. 若墮者, 一切性不究竟. 一切性, 作因相墮者, 自無常應無常無常無常故, 一切性不無常, 應是常.

若無常入一切性者, 應墮三世. 彼過去色與壞俱. 未來不生. 色不生故. 現在色與壞相俱. 色者, 四大積集差別. 四大及造色, 自性不壞, 離異不異故. 一切外道, 一切四大不壞一切三有, 四大及造色, 在所知, 有生滅. 離四大造色, 一切外道, 於何所思惟性無常, 四大不生, 自性相不壞故. 離始造無常者, 非四大, 復有異四大. 各各異相自相故, 非差別可得. 彼無差別. 斯等不更造, 二方便不作. 當知是無常.

彼形處壞無常者, 謂四大及造色不壞, 至竟不壞. 大慧. 竟者, 分析乃至微塵. 觀察壞四大及造色, 形處異見, 長短不可得非四大. 四大不壞, 形處壞現. 墮在數論. 色即無常者, 謂色即是無常. 彼則形處無常. 非四大. 若四大無常者, 非俗數言說. 世俗言說非性者, 則墮世論. 見一切性但有言說, 不見自相生. 轉變無常者, 謂色異性現, 非四大. 如金作莊嚴具, 轉變現, 非金性壞. 但莊嚴具處所壞. 如是餘性轉變等, 亦如是. 如是等, 種種外道, 無常見妄想. 火燒四大時, 自相不燒. 各各自相相壞者, 四大造色應斷.

大慧. 我法起非常非無常. 所以者何. 謂外性不決定故. 唯說三有微心, 不說種種相, 有生有滅. 四大合會差別, 四大及造色故. 妄想二種事攝所攝. 知二種妄想, 離外性無性, 二種見. 覺自心現量妄想者, 思想作行生, 非不作行. 離心性無性妄想. 世間, 出世間, 出世間上上一切法, 非常非無常. 不覺自心現量, 墮二邊惡見相續. 一切外道, 不覺自妄想. 此凡夫無有根本. 謂世間, 出世間, 出世間上上法, 從說妄想生. 非凡愚所覺. 爾時世尊欲重宣此義, 而說偈言.

遠離於始造	及與形處異	性與色無常	外道愚妄想
諸性無有壞	大大自性住	外道無常想	沒在種種見
彼諸外道等	無若生若減	大大性自常	何謂無常想
一切唯心量	二種心流轉	攝受及所攝	無有我我所
梵天爲樹根	枝條普周遍	如是我所說	惟是彼心量

제법 무상의 분석 변론에 관하여

이때 대혜대사가 다시 물었다. "일체 외도가 모두 무상(無常)의 망상을 일으키는데, 부처님 역시 말씀하시기를 일체의 유위법이 모두 무상하며 모두 생멸을 반복한다고 하셨으니 이건 무슨 이치인가요? 부처님과 그들이 말한 것 중 어떤 것이 잘못된 것이고 어떤 것이 바른 것인가요? 아니면 망상에도 여러 종류가 있는가요?" 부처님께서 대답하셨다. "일체의 외도에는 일곱 종의 무상이 있지만 모두 내가 말한 법이 아니네. 일곱 종이란 어떤 것인가? 첫째, 그들은 만들어지고 나서 곧 버려지는 것을 무상이라 여기네. 둘째, 어떤 사람은 형상 있는 것이 부서져 소멸되는 것을 무상이라 하네. 셋째, 어떤 이는 색상(色相) 등의 법이 바로 무상이라 말하네. 넷째, 어떤 사람은 색법(色法) 등이 변화하면 그 변화하는 과정을 무상이라 부르네. 일체가 이어지며 부단히 파괴되고 소멸해 가니, 예를 들어 우유가 요구르트로 변해 가는 과정에서 근본적으로 변하지 않는 본체를 볼 수 없으므로 이 때문에 무상이라 하네. 다섯째, 어떤 사람은 자성이 무상하다고 말하네. 여섯째, 어떤 사람은 소위 자성이란 본래 무성(無性)이어서 이 때문에 무상이라 말하네. 일곱째, 어떤 사람은 일체법의 자성이 생겨나지 않아 이 때문에 무상이라 하네. 이러한 무상에 대한 견해는 일체법 속에 두루 펼쳐져 있네. 대혜여! 소위 여섯째의 자성의 무성(無性)이 무상이라는 것은, 사대(四大)의 물리적 성능과 그것이 조성한 물질 현상은 반드시 파괴되지만 사대 자신의 물리적 성능은 얻을 수 없을 뿐 아니라 본래 불생불멸한다는 것이네. 소위 일곱째의 생겨나지 않아 무상이라는 것은, 일체법이 본래 항상 지속되지 않는다는 것으로 그래야만 무상이라는 것이네. 일체법의 유와 무는 근본적으로 생겨나지 않기 때문이네. 이것으로 눈에 보이지 않는 미진을 분석해 보면 생겨나면서도 생겨나지 않는 이치를 볼 수 있으니, 이것이 생겨나지 않는 무상이네. 그들이 이 이치를 모른다면 일체 외도의 견해 속에 떨어져 비록 제법이 생겨나더라도 무상이라 여길 것이네. 소위 다섯째의 자성이 무상이라는 것은, 일체가 모두 자기 마음의 망상이 추측한 것으로, 일체 제법이 상존하는 것이 아니라 모두 또 다른 무상의 자성과 관계가 있다고 여기는 것이네. 왜 그런가? 역시 무상의 자성이 하나 있어 그것이 파괴되지 않기 때문이네. 말을 바꾸면 일체 제법의 자성은 무상의 자성을 제외하고는 모두가 항존하는 존재가 아니라는 것이네. 근본적으로 하나의 법도 없으니 일체법의 자성을 무성(無性)에 이르게 할 수 있네. 만약 무상의 자성이 하나만 있어도 제법에 자성이 없게 할 수 있으니, 그저 몽둥이로 기와를 때려 부수듯 사람들로 하여금 그 작용을 보게 할 수 있네! 사람들의 눈앞에 나타난 각종 사물은 모두 같은 곳이 있으니, 소위 말하는 무상의 자성에는 능작(能作)과 소작(所作)의 차별이 없네. 그럼에도 이것을 무상의 인(因)이라 할 수 없으니 그것은 사실의 결과로 작용한 것이네. 만약 능작과 소작이 서로 같은 것이라면 일체 제법의 자성은 본래 변함이 없는 것으로, 인(因) 없이 생겨나는 또 다른 무상의 자성은 없을 것이네. 대혜여! 일체 제법의 자성에는 왜 자성이 없는가? 여기에는 그 원인이 있지만 어리석은 범부가 알 수 있는 것은 아니네. 만약 동일한 인이 아니면서도 동류의 사실을 결과로 생겨나게 할 수 있다면 일체 제법의 자성은 모두가 무상일 것이지만, 이러한 인과는 성립하지 않으며 능작과 소작의 차이 역시 사라지고 마네. 사실 일체 제법은 모두 그 다른 곳을 보아 낼 수 있네. 만약 하나의 무상의 자성이 있다면 그건 능작의 인(因)이 있다는 성상(性相)에 떨어지고 마네. 그뿐 아니라 일체 제법의 자성은 근본적으로 구경이 아니니 그 무상의 자성은 그 자체가 무상한 것이네. 이미 무상한 자성이라면 그 자체가 무상하니 그렇게 되면 마땅히 또 다른 변하지 않는 본체가 있어 무상의 자성을 생겨나게 할 수 있어야 하네."

"만약 무상 역시 일체법의 자성 속에 들어간다면 시간의 삼세(三世) 법칙 속에 떨어지고 마네. 이렇게 되면 과거의 색상은 이미 파괴되고 미래의 색상은 아직 생겨나지 않으며 현재의 색상은 시간에 따라 파괴되어 갈 것이네. 그리고 색상은 사대(지수화풍)가 누적된 차이로 인해 형성되므로, 사대와 그것으로 조성된 색상과 현상은 비록 차이가 있지만 색상을 만들어 낼 수 있는 자성은 그럼에도 변화되지 않아 색상의 차이를 초월하네. 일체 외도들은 사대가 불멸한다고 여기니, 삼계(욕계·색계·무색계) 사이에서 사대에 의지해 일체 색상이 만들어지며, 이로 인해 비로소 색상에 생겨나고 머물며 소멸하는 작용이 있음을 안다고 여기네. 그렇다면 사대가 만들어 내는 색상을 벗어난, 외도들이 말하는 무상의 자성은 궁극적으로 어떻게 생각해야 할까? 만약 사대가 본래 불생불멸한다면 사대를 생성할 수 있는 자성은 근본적으로 무너져 없어지지 않아야 하네! 만약 처음부터 무상하게 만들어졌다면 그건 사대가 아니라 사대와는 별개의 작용이니, 거기에는 각기 다른 상황이 있을 것이네. 가령 각자 다른 자신의 모습이 있더라도 그건 차별법 속에서 구할 수 있는 것이 아니네. 만약 차별이 없다면 사대는 색상을 만들어 낼 수 없을 것이네. 차별이 있든 차별이 없든 모두 만들어 낼 수 없다면 이로부터 사대가 원래 무상함을 마땅히 알 수 있네."

"소위 둘째에서 형상이 변화해 소멸하는 것을 무상이라 한다고 했는데, 이는 사대와 만들어 낸 색상이 소멸될 수 없을 뿐 아니라 결국은 파괴되지 않음을 말하네. 대혜여! 그대가 물질 형상의 구경(究竟)을 관찰한다면 분석이 미진에 이르러서 결국은 소멸되고 말 것이네. 사대와 만들어 낸 색상의 형상이 변화하여 장단과 대소가 달라지니, 이 때문에 그들이 사대는 파괴되지 않으나 단지 형상이 변화할 뿐이라 말하지만 이는 수론(數論)의 견해에 떨어진 것이네. 소위 셋째에서 색상이 곧 무상이라 했는데, 이는 단지 색상에 형상과 위치의 변화가 있어서 무상이라 한 것이지 결코 사대의 자성이 무상이라는 것은 아니네. 만약 사대의 자성이 무상이라면 일반적인 세속의 이론에서도 통하지 않네. 세속의 이론에서 말하는 자성과 비자성은 단지 일종의 공언(空言)이기 때문이네. 그들이 말하는 자성은 단지 언어적 이론이지 결코 직접 그 경계를 보아 낸 것이 아니네. 넷째의 변화하는 것이 곧 무상이라는 말은, 변화가 단지 색상의 모양에 나타나는 것으로 그 속에 자성이 드러나 있다는 것을 모르는 것이니, 사대의 자성 역시 그것을 따라 변화한다는 것은 결코 아니네. 예를 들어 금으로 각종 물건을 만들지만 이는 단지 형상과 색상의 변화요 장식하는 기구와 위치에 변화가 나타난 것이지, 금의 성질이 파괴된 것이 아니네. 마찬가지로 나머지 사대 자성의 변화 역시 이 이치네. 대혜여! 이런 유의 여러 외도들은 무상의 견해에 대해 각자 나름의 분별 망상에 근거한 이론이 있네. 그들은 겁화(劫火)가 일어나 우주를 태울 때에도 사대의 자상(自相)은 타지 않을 것이라 망령되이 생각하네. 그들은 사대의 각종 자상이 허물어지면 사대가 창조하는 색상의 작용도 단절되어 없어질 것이라 여기네."

삼계가 유심이니 마음 밖에 법이 없다

"대혜여! 내가 말하는 법은 외부의 사물이 절대적 상(常)도 아니요 절대적 무상(無常)도 아니라 여기는 것이네. 왜 그런가? 외부 사물의 성능(性能)은 절대적인 것이 없기 때문이네. 나는 단지 삼계유심을 말할 뿐이네. 유심이 정치하여 삼유를 만들 수 있지만 일체의 모습에 생멸이 있다고 말하는 것은 아니네. 사대의 연(緣)이 화합하면 색상의 차이를 조성할 수 있지만, 사대가 조성한 색상은 그 조성하는 주체와 대상이 모두 유심 망상이 취하는 주체와 대상이네. 만약 주체와 대상이 망상이라는 것을 안다면 사물의 자성이 있다거나 없다는 두 망견을 벗어날 수 있네. 그저 자기 마음의 현량임을 깨닫기만 하면 모든 망상이 자기 마음이 만들어 낸 행위로부터 생겨남을 아니, 유심의 자성을 떠나면 본래 망상의 자성이 없네. 세간과 출세간의 일체 제법도 마찬가지로 상도 아니요 무상도 아니네. 만약 일체 제법이 모두 자기 마음의 현량임을 깨닫지 못한다면 유무 양극단의 악견(惡見)으로 떨어져 끝없이 이어질 것이네. 일체의 외도는 자기 마음의 망상을 깨닫지 못하기에 그들을 범부라 부르니 근본적인 뜻을 알지 못하네. 그래서 말하는 것이지만 세간과 출세간 및 출세간의 상상법(上上法)이 모두 망상에서 생겨났다고 하면, 그들은 망연해서 어떤 것을 따라야 할지 모르니 근본적으로 진제를 깨달을 방법이 없네." 부처님은 이 이치를 종합해 한 편의 게송으로 말씀하셨다.

시초의 조작과 형태와 장소의 다름을 멀리 떠나
자성과 색이 무상하다는 것은 외도의 어리석은 망상이로다
여러 자성은 파괴되지 않아 크게 자성에 머무니
외도는 무상에 대해 다른 견해가 없다고 여기도다
遠離於始造　及與形處異　性與色無常　外道愚妄想
諸性無有壞　大大自性住　外道無常想　沒在種種見

이런 뜻이다. 외도들은 어리석은 망상과 분별로 사대의 성능(性能)을 알지 못하여 형이하의 만물에서 생겨난 색상을 보고는 형상과 위치의 변화가 모두 또 다른 무상의 자성에 의해 지배된다고 여긴다. 이러한 견해는 모두 범부의 망상이다. 물리적 사대의 성능은 결코 사라지지 않으며 단지 색상과 형상의 변화일 뿐임을 어찌 모르는가? 외도들은 여기에 대해 무상을

생각하며 그저 외부 사물의 여러 상황만을 보니 자기 마음도 외부 사물의 현상에 침몰되고 만다.

> 저 외도 등은 생멸이 없다고 하면서
> 사대의 자성이 본래 상이라 하니 무상은 또 무엇인고
> 彼諸外道等　無若生若滅　大大性自常　何謂無常想

이런 뜻이다. 또 어떤 외도들은 일체 제법이 모두 불생불멸한다고 말하는데, 사대의 성능이 본래 상(常)이라면 소위 무상이란 또 무엇인가!

> 일체는 오직 마음의 드러남으로 두 종류 마음의 돌고 돎이니
> 섭수의 주체와 객체, 나와 나의 대상도 없도다
> 범천이 나무의 뿌리요 줄기가 두루 펼쳐지니
> 내가 말한 바도 이와 같아 오직 저 마음의 드러남이라
> 一切唯心量　二種心流轉　攝受及所攝　無有我我所
> 梵天爲樹根　枝條普周遍　如是我所說　唯是彼心量

이런 뜻이다. 일체 제법이 단지 자기 마음의 현량에서 생겨남을 알아야 하니, 대상을 인식하는 주관과 객관의 두 경계가 모두 이 마음이 돌고 도는 현상이 아님이 없다. 이 속에는 이미 나도 없으며 내가 의존하는 바도 없다. 삼계(三界) 가운데 위로는 범천에서부터 일체 제법에 이르기까지, 내가 말한 것처럼 모두 마음 바깥에 따로 법이 있지 아니하며 모두 자기 마음이 드러난 것이다.

爾時大慧菩薩復白佛言. 世尊. 惟願爲說, 一切菩薩聲聞緣覺, 滅正受次第相續. 若善於滅正受次第相續相者. 我及餘菩薩, 終不妄捨滅正受樂門. 不墮一切聲聞緣覺外道愚癡. 佛告大慧. 諦聽諦聽. 善思念之. 當爲汝說. 大慧白佛言. 世尊. 惟願爲說. 佛告大慧. 六地菩薩摩訶薩, 及聲聞緣覺入滅正受. 第七地菩薩摩訶薩, 念念正受, 離一切性自性相正受, 非聲聞緣覺. 諸聲聞緣覺, 墮有行覺, 攝所攝相, 滅正受. 是故七地, 非念正受. 得一切法, 無差別相. 非分得種種相性. 覺一切法, 善不善性相正受. 是故七地, 無善念正受. 大慧. 八地菩薩, 及聲聞緣覺, 心意意識, 妄想相滅. 初地乃至七地菩薩摩訶薩, 觀三界心意意識量. 離我我所, 自妄想修. 墮外性種種相. 愚夫二種自心, 攝所攝, 向無知. 不覺無始過惡, 虛僞習氣所熏. 大慧. 八地菩薩摩訶薩, 聲聞緣覺涅槃. 菩薩者, 三昧覺所持, 是故三昧門樂, 不般涅槃. 若不持者. 如來地不滿足. 棄捨一切有爲衆生事故, 佛種則應斷. 諸佛世尊, 爲示如來不可思議無量功德. 聲聞緣覺, 三昧門, 得樂所牽故, 作涅槃想. 大慧. 我分部七地, 善修心意意識相. 善修我我所, 攝受人法無我, 生滅自共相. 善四無礙, 決定力三昧門地. 次第相續, 入道品法. 不令菩薩摩訶薩, 不覺自共相, 不善七地, 墮外道邪徑. 故立地次第. 大慧. 彼實無有若生若滅. 除自心現量. 所謂地次第相續, 及三界種種行, 愚夫所不覺. 愚夫所不覺者, 謂我及諸佛, 說地次第相續, 及說三界種種行.

復次大慧. 聲聞緣覺, 第八菩薩地, 滅三昧門樂醉所醉. 不善自心現量, 自共相. 習氣所障, 墮人法無我. 法攝受見, 妄想涅槃想, 非寂滅智慧覺. 大慧. 菩薩者, 見滅三昧門樂. 本願哀愍大慧成就, 知分別十無盡句, 不妄想涅槃想. 彼已涅槃妄想不生故, 離攝所攝妄想. 覺了自心現量, 一切諸法, 妄想不生. 不墮心意意識. 外性自性相計著妄想. 非佛法因不生. 隨智慧生, 得如來自覺地. 如人夢中, 方便度水. 未度而覺. 覺已思惟, 爲正爲邪, 非正非邪. 餘無始見聞覺識, 因想, 種種習氣, 種種形處, 墮有無想. 心意意識夢現. 大慧. 如是菩薩摩訶薩, 於第八菩薩地, 見妄想生. 從初地, 轉進至第七地, 見一切法, 如幻等方便, 度攝所攝心, 妄想行已. 作佛法方便, 未得者令得. 大慧. 此是菩薩, 涅槃方便不壞. 離心意意識, 得無生法忍. 大慧. 於第一義, 無次第相續, 說無所有妄想寂滅法. 爾時世尊欲重宣此義, 而說偈言.

心量無所有	此住及佛地	去來及現在	三世諸佛說
心量地第七	無所有第八	二地名爲住	佛地名最勝
自覺智及淨	此則是我地	自在最勝處	淸淨妙莊嚴
照曜如盛火	光明悉遍至	熾燄不壞目	周輪化三有
化現在三有	或有先時化	於彼演說乘	皆是如來地
十地則爲初	初則爲八地	第九則爲七	七亦復爲八
第二爲第三	第四爲第五	第三爲第六	無所有何次

대승과 소승의 각기 다른 멸진정의 경계

이때 대혜대사가 다시 물었다. "바라옵건대 부처님께서 보살과 성문, 연각 들의 멸진정(滅盡定)에 대해 다시 한 번 설명해 주셨으면 합니다." 부처님께서 대답하셨다. "대승의 육지 보살(현전지現前地)과 성문 및 연각(벽지불辟支佛) 들이 멸진정에 들어간다네. 칠지 보살(원행지遠行地)은 한 생각 한 생각 사이에도 삼매 정수를 떠나지 않으니, 그들은 일체의 유성(有性)과 무성(無性)을 떠난 삼매 정수에 머물러 성문이나 연각의 경계와 같지 않네. 성문과 연각 들의 경계는 멸진이 있음을 깨달아 멸진의 삼매 정수에 집착해 버리기 때문이네. 칠지 보살의 삼매 정수는 일체 제법에 아무 차별이 없음을 증득하는 것이네. 분별이 없는 속에 머물면서 제법의 성상(性相)에 대해 잘 알고, 일체법의 선(善)과 불선(不善) 및 성상이 여여한 삼매 정수를 깨달아 아는 것이네. 그래서 말하기를 칠지 보살은 결코 하나의 선념(善念)을 삼매 정수의 경계라 여기지 않는다고 하네. 팔지 보살(부동지不動地)의 경계에 이르면 더욱 성문과 연각 들의 심(心), 의(意), 식(識) 등 망상으로 알 수 있는 것이 아니네. 그들은 이미 심·의·식의 작용을 변화시켜 망상을 없애 버렸네. 대승의 초지 보살(환희지歡喜地)에서 칠지 보살에 이르기까지 그들은 이미 삼계유심을 관찰했네. 삼계의 일체 제법은 심·의·식의 현량이 아님이 없어 본래부터 나라는 주체와 대상을 떠나 있네. 만약 자기 마음을 분명히 알지 못하여 망상심에 의지해 닦아 나가면 마음 바깥의 여러 모습에 집착하게 되네. 어리석은 자는 무지해 대부분 유(有)가 아니면 공(空)이라는 두 망견에 집착하면서도 종래 이 오류를 모르니, 모두가 무시이래의 잘못과 허망한 습기에 훈습되고 가려져 그렇다네. 대혜여! 팔지 보살은 성문과 연각 들의 열반(적멸무위寂滅無爲) 경계와 같으나 대승 보살도의 삼매 경계를 마음으로 지니며 바르게 깨치니, 이 때문에 비록 삼매의 즐거움을 얻었을지라도 열반에 들지 않네. 만약 보살들이 마음으로 정각을 지니지 않으면 여래지의 공덕에 만족할 수 없어 일체 중생을 돌보지 않으며 타인을 깨닫게 하고 이롭게 하는 사업에 노력하려 하지 않으니, 이렇게 된다면 보살의 수행은 끊어지고 마네. 이 때문에 제불을 아는 세존이 여래의 불가사의한 무한 공덕을 드러내기 위해 열반에 머물지 않았네. 성문과 연각 들은 삼매의 즐거움에 취하고 선정의 즐거움에 빠져들어 그것으로 열반의 경계를 삼네. 대혜여! 대승 보살의 칠지 경계는 모두 심·의·식을 잘 닦고 지켜서 나와 내가 취하는 법집(法執)을 멀리 떠나며, 인무아와 법무아를 확연히 알아 자타 생멸의 정황을 깨달아 알고, 또 사무애(의무애義無礙, 법무애法無礙, 사무애辭無礙, 낙설무애樂說無礙)에 통달하며, 삼매 정수에서 자재로움을 얻고, 견지에서 견지로 이어지는 차례 법문을 증득해 보리도품을 구족한다네. 대승 보살도를 닦는 사람이 자타의 경계를 깨닫지 못하고 칠지의 변화하는 순서를 몰라 쉽게 외도의 잘못된 길로 들어설까 두려워 보살지의 과정을 건립했다네. 대혜여! 사실 각 지(地)의 경계는 이로부터 하나의 새로운 경계가 달리 생기는 것이 아니라 한 단계 나아가 앞의 경계를 없애 버리는 것이네. 소위 견지 견지마다 서로 이어지는 차례 및 삼계의 각종 법행(法行)은 모두 자기 마음의 현량일 뿐이네. 다만 어리석은 이들이 알 수 없어서 나와 제불이 비로소 보살의 이어지는 순서[相續次第] 및 삼계 안팎의 각종 법행을 말한 것이었네."

대승 보살도의 십지 경계의 진의

"다음으로 성문과 연각 들이 팔지 보살의 경계로 진입하지만 삼매 정수의 법락(法樂)에 취해 자기 마음의 현량을 잘 알지 못하므로 자타의 습기에 막혀 인무아와 법무아의 견취(見取)에 떨어지네. 그들은 미세한 망상의 경계에 머물면서도 스스로 열반의 경계라 여기니 진정한 적멸 지혜의 정각이 아니네. 대혜여! 대승을 닦는 보살들은 비록 자신이 이미 적멸의 삼매 법락을 얻었을지라도 중생을 불쌍히 여기는 초심의 원력을 위해 무한한 대비심과 이타심을 일으켜 스스로 십무진구(十無盡句)를 알아 분별하니, 이로 인해 비로소 망상 열반의 경계에 들지 않네. 말을 바꾸면 그는 열반이라는 망상이 생겨나지 않으므로, 이미 능취(能取)와 소취(所取)의 망상을 멀리 벗어나 자기 마음의 현량 경계를 깨달아 아네. 그러므로 일체의 법에 대해 다시 망상을 일으키지 않고 심·의·식에 떨어지지 않으며 외부의 자성 등 망상에 집착하지 않는다네. 하지만 불법의 정인(正因) 역시 생겨나지 않는 것은 아니며, 여래의 자각지를 증득하기 위해 단지 지혜에 의지해 수행할 뿐이네. 예를 들어 어떤 사람이 꿈속에서 강을 건너는 방도를 강구하는데, 그가 막 건널락 말락 했을 때 깨어났다면 깨어난 후에야 그는 비로소 꿈속에서 행했던 일과 경계가 과연 옳은 것이었는지 잘못된 것이 었는지 판단할 수 있네. 이렇게 해서 비로소 이러한 지난 정황이 모두 무 시이래로 보고 듣고 지각한 망상에서 생겨났으며, 다양한 습기(習氣)와 형 상 및 위치에 훈습되어 큰 꿈속에 갇혀 유무의 망상 경계에 떨어짐으로써 비로소 심·의·식 등의 마치 환상과도 같은 현상이 존재함을 깨달아 아네. 대혜여! 마찬가지로 대승 보살들은 제팔지의 경계 속에서 망상이 일어나 는 현상을 보고서 초지로부터 제칠지에 이르기까지의 일체법이 모두 환 상임을 알아, 스스로 능취와 소취의 망심을 제도해 법에 따라 행한 이후 원(願)에 따라 방편 교화를 일으켜 아직 이르지 못한 자를 널리 제도하네. 바로 이것으로 보살은 열반 속에서 방편적 이타심을 파괴하지 않으면서 도 스스로 심·의·식이나 무생법인의 증득을 멀리 떠날 수 있네. 대혜여! 마땅히 제일의제(第一義諦)를 알아야 하네. 본래 순서가 이어진다고 할 만 한 것이 없고 어느 하나 얻을 수 있는 법이 없으니, 이것이 망상 적멸이며 법이성공(法爾性空)이네." 부처님은 이 이치를 종합해 한 편의 게송으로 말씀하셨다.

심량이 있는 바가 없어 불지에 머무니
과거, 미래, 현재의 삼세제불의 설법이로다
心量無所有 此住及佛地 去來及現在 三世諸佛說

이런 뜻이다. 일체 제법은 자기 마음의 현량에서 생기지 않은 것이 없으니, 소위 열반의 경계와 여래의 과지(果地)에 머무르는 것 역시 유심일 뿐이 다. 이것이 바로 과거·현재·미래의 삼세제불의 설법이다.

제칠지 심량지, 제팔지 무소유

두 지를 가리켜 머문다고 하고 불지를 가리켜 가장 뛰어나다고 하도다

心量地第七　無所有第八　二地名爲住　佛地名最勝

이런 뜻이다. 자기 마음의 현량은 보살 칠지(원행지遠行地)의 경계를 포함한다. 아무것도 얻는 바가 없는 것이 보살 팔지인 부동지이다. 이 두 지(地)는 수행자가 머무는 곳이다. 불지(佛地)는 수행자의 최고이자 가장 빼어난 성취이다.

지혜와 깨끗함을 자각하는 것, 이것이 곧 나의 지이니

자재롭고 가장 뛰어나며 청정하고 오묘하며 장엄하도다

커다란 불처럼 비춰 광명이 온 누리에 가득 차니

타오르는 불길이 눈을 망가뜨리지 않고 두루 돌아 삼유를 제도하도다

몸을 드러내어 삼유에 있으면서 혹 앞서 교화하기도 하니

그들이 풀어 말하는 소승 대승은 모두가 여래지로다

自覺智及淨　此則是我地　自在最勝處　淸淨妙莊嚴

照曜如盛火　光明悉遍至　熾焰不壞目　周輪化三有

化現在三有　或有先時化　於彼演說乘　皆是如來地

이런 뜻이다. 원만하고 깨끗한 지혜를 내증하고 스스로 깨달은 것이 여래의 과지(果地)이니, 자재롭고 장엄하며 최고로 빼어난 불지(佛地)이다. 여기에서 반야지의 빛이 큰 불처럼 빛나고 광명이 두루 퍼지며 지혜의 불꽃이 솟아오르니, 삼계의 일체 중생을 제도하여 천인의 안목이 파괴되지 않게 한다. 중생을 제도하는 방법에 이르러서는 어떤 때는 먼저 하고 어떤 때는 뒤로 하니 방편의 법문이 많고 대승과 소승의 설법이 자세하지만, 이

들은 여래지(如來地)의 변화가 아닌 것이 없다.

십지는 초지요 초지는 팔지이며

구지는 칠지요 칠지는 다시 팔지로다

이지는 삼지요 사지는 오지이며

삼지는 육지니 거기에 무슨 차례가 있으리

十地則爲初　初則爲八地　第九則爲七　七亦復爲八

第二爲第三　第四爲第五　第三爲第六　無所有何次

이런 뜻이다. 대승 보살도 십지(十地)의 차례 경계는 모두 유심 현량이 건
립한 것이다. 십지(법운지 法雲地)는 초지(환희지 歡喜地)와 같고, 초지는 팔
지(부동지 不動地)와 같으며, 구지(선혜지 善慧地)는 칠지(원행지 遠行地)와 같
고, 칠지는 팔지와 같으며, 이지(이구지 離垢地)는 삼지(발광지 發光地)와 같
고, 사지(염혜지 焰慧地)는 오지(난승지 難勝地)와 같으며, 삼지는 육지(현전지
現前地)와 같다. 이 때문에 무생법인을 증득해도 아무것도 얻을 것이 없다.
제일의제(第一義諦) 가운데 결국 아무것도 있지 아니하니, 마치 꿈에서 깨
어나 꿈 이야기를 하는 듯하여 어떻게 차례대로 이어지는 것을 말할 수 있
겠는가?

爾時大慧菩薩復白佛言. 世尊. 如來應供等正覺, 爲常爲無常. 佛告大慧. 如來應
供等正覺, 非常非無常. 謂二俱有過. 若常者, 有作主過. 常者一切外道說. 作者無
所作. 是故如來常, 非常. 非作常, 有過故. 若如來無常者, 有作無常過, 陰所相.
相無性陰壞, 則應斷. 而如來不斷. 大慧. 一切所作皆無常, 如甁衣等, 一切皆無常

過. 一切智, 衆具方便, 應無義, 以所作故. 一切所作, 皆應是如來, 無差別因性故.
是故大慧, 如來非常非無常. 復次大慧. 如來非如虛空常. 如虛空常者, 自覺聖智
衆具, 無義過. 大慧. 譬如虛空, 非常非無常. 離常, 無常, 一異俱不俱, 常無常過,
故不可說. 是故如來非常. 復次大慧. 若如來無生常者, 如兎馬等角, 以無生常故,
方便無義. 以無生常過故, 如來非常. 復次大慧. 更有餘事, 知如來常. 所以者何.
謂無間所得智常故如來常. 大慧. 若如來出世. 若不出世, 法畢定住. 聲聞緣覺, 諸
佛如來, 無間住. 不住虛空. 亦非愚夫之所覺知. 大慧. 如來所得智, 是般若所熏.
非心意意識, 彼諸陰界入處所熏. 大慧. 一切三有, 皆是不實妄想所生. 如來不從
不實虛妄想生. 大慧. 以二法故, 有常無常, 非不二. 不二者寂靜, 一切法無二生相
故. 是故如來應供等正覺, 非常非無常. 大慧. 乃至言說分別生, 則有常無常過. 分
別覺滅者, 則離愚夫常無常見. 不寂靜慧者, 永離常無常, 非常無常熏. 爾時世尊
欲重宣此義, 而說偈言.

衆具無義者　生常無常過　若無分別覺　永離常無常

從其所立宗　則有衆雜義　等觀自心量　言說不可得

여래는 상주하는가, 그렇지 않은가

이때 대혜대사가 다시 물었다. "여래가 세상에 나와 정각을 증득한 후
의 법신은 오랫동안 상주(常住)하는 것입니까, 아니면 무상(無常)한 것입
니까?" 부처님께서 대답하셨다. "여래가 정각을 증득한 법신은 상주하지
도 무상하지도 않네. 만약 상(常)이나 무상(無常)이라 말한다면 바로 양극
단의 잘못에 떨어지네. 법신이 만약 상주한다고 하면 주재하는 바가 있
게 되네. 이는 모든 외도들의 설법이네. 그들은 만물의 주인이 따로 있지

만 그 주인은 만들어지지 않는다고 하네. 하지만 여래의 법신은 결코 행함도 만들어짐도 없으므로 상주하면서도 상주하지 않는다네. 만약 여래의 법신이 무상(無常)한 것이라면 만들어지는 사물과 같으니, 예를 들면 심신(心身) 오음(五陰)의 주객 작용처럼 모두 자성이 없어서 음(陰)의 경계가 허물어지면 그 작용과 현상 또한 끊어지고 마네. 하지만 여래의 법신은 그럼에도 끊어져 사라지지 않네. 대혜여! 일체의 만들어진 것은 모두 무상하니, 예를 들면 병이나 의복 등의 물건은 일단 만들어지고 나면 다시 허물어져 사라지고 마니 그래서 무상한 것이네. 만약 일체가 모두 무상하다면 일체의 지혜나 일체의 공덕 그리고 방편 등의 법 역시 무상해야 할 것이네. 이들 역시 모두 만들어지는 것이기 때문이네. 하지만 만들어지는 일체의 것 역시 모두 여래의 상(相)과 용(用)이니, 유와 무에 본래 자성이 없으며 얻을 수 있는 차별의 인(因)이 없기 때문이지. 그래서 나는 여래의 법신이 상(常)도 아니요 무상(無常)도 아니라 말한다네. 다음으로 여래의 법신은 결코 허공과 같이 상주(常住)하는 것이 아니지만, 만약 허공처럼 상주한다면 소위 성지(聖智)와 공덕(功德)의 구족은 모두 아무런 의미가 없는 일이 되고 마네. 허공을 예로 들면 상(常)도 아니요 무상(無常)도 아니니, 그것이 상과 무상을 떠나고, 같지도 않고 다르지도 않으며, 구(俱)와 불구(不俱)를 떠나기에 언어로 말할 수 없으며, 말하게 되면 곧 변견으로 떨어져 잘못이 되고 만다네. 만약 여래의 법신이 생겨나지 않아 상주한다면, 예를 들어 토끼와 말의 뿔 역시 생겨나지 않아 상주하니 이는 방편을 구족하여 만법을 만들어 내지 못할 것이네. 그리고 그것이 생겨나지 않아 상주하는 것이 아니기에 여래의 법신은 상(常)이 아니네. 하지만 여전히 남은 것이 있으니, 여래의 법신이 상주함을 증험할 수 있다면 그건 무엇일까? 제불 여래가 마음속으로 증득하고 자각해 지혜를 얻었으니, 이는 중단이 없이 항시 지속되며 청정하고 불변해 이 때문에 상주한다고 하네. 대혜여! 여래가 출세(出世)를 하든 출세를 하지 않든 법성은 필경 상주하네. 성문과 연각 들이 제불 여래가 모두 끊어짐 없이 상주하는 것을 모르니 일반의 어리석은 범부들이야 더더욱 이 이치를 깨달아 알지 못하네."

불법은 상존하는가

"대혜여! 여래가 얻은 지혜는 반야의 성취로 심(心)·의(意)·식(識)과 심신의 오음(五陰)·근진(根塵)·계처(界處) 등 망상으로 훈습되어 생겨난 것이 아니네. 삼계의 일체 제법은 모두 실재가 아닌 망상에서 생겨난 것이나 여래는 망상으로부터 생겨나지 않네. 소위 상과 무상은 상대적인 양극단의 법으로, 이미 상대적인 것에 떨어졌기에 하나가 아니네. 오직 둘이 아닌 적정(寂靜)을 분명히 깨달아야 비로소 일체 제법이 둘이 아니며 생겨나지도 않는다는 의미를 알게 된다네. 그러므로 여래가 세상에 태어나 정각을 증득한 것은 상도 아니요 무상도 아니네. 언어로 말할 수 있고 망상으로 분별한다면 상이나 혹 무상의 오류로 떨어지고 마네. 만약 분별 망상을 없애 버린다면 어리석은 범부의 상과 무상의 망견을 멀리 떠나 마음이 절로 적정해진다네. 반드시 알아야 할 것은 적정의 지혜가 상과 무상, 비상과 비무상 등의 망상에 훈습되어 생겨나지 않았다는 점이네." 부처님은 이 이치를 종합해 한 수의 게송으로 말씀하셨다.

진의가 없는 일반인은 상과 무상의 과오를 범하지만
만약 분별이 없이 깨우친다면 영원히 상과 무상을 벗어나리
이미 확립된 종지를 좇으면 여러 논의가 생겨나지만
모두가 자심의 현량임을 관찰한다면 언설로서 얻을 수 없으리

衆具無義者　生常無常過　若無分別覺　永離常無常

從其所立宗　則有衆雜義　等觀自心量　言説不可得

이런 뜻이다. 진의(眞義)를 모르는 일반인이라면 상과 무상을 대립시키는 망견을 가질 수 있으나, 만약 망심으로부터 분별이나 각지(覺知)[156]가 생겨나지 않는다면 이러한 변견(邊見)이나 집착으로부터 영원히 벗어날 수 있다. 어떤 경계나 이론에 빠져 있든 이미 정립된 것이 있다면 상대적 이론이 분연히 생길 것이니, 이들은 모두 망심의 분별에서 생겨나지 않은 것이 없다. 만약 일체 제법을 관찰하면 모두가 자기 마음의 현량 경계가 아님이 없으니, 본래 아무것도 얻을 것이 없으며 어떤 말로도 할 수 없다.

爾時大慧菩薩復白佛言. 世尊. 惟願世尊, 更爲我說陰界入生滅. 彼無有我, 誰生誰滅. 愚夫者依於生滅, 不覺苦盡, 不識涅槃. 佛言. 善哉諦聽. 當爲汝說. 大慧白佛言. 唯然受敎. 佛告大慧. 如來之藏, 是善不善因. 能遍興造一切趣生. 譬如伎兒. 變現諸趣, 離我我所. 不覺彼故, 三緣和合, 方便而生. 外道不覺, 計著作者. 爲無始虛僞惡習所熏, 名爲識藏. 生無明住地, 與七識俱. 如海浪身, 常生不斷. 離無常過, 離於我論. 自性無垢, 畢竟淸淨. 其餘諸識, 有生有滅. 意意識等, 念念有七. 因不實妄想, 取諸境界, 種種形處, 計著名相. 不覺自心, 所現色相. 不覺苦樂. 不至解脫. 名相諸纏, 貪生生貪, 若因若攀緣. 彼諸受根滅, 次第不生. 餘自心妄想, 不知苦樂, 入滅受想正受. 第四禪. 善眞諦解脫, 修行者作解脫想. 不離不轉,

---

156 각지는 주의력이 집중되는 특이한 상황으로, 의식은 있지만 평가하지 않는 상태로 신체 내부 또는 외부의 자극을 관찰하는 심리적 체험이다.

名如來藏識藏. 七識流轉不滅. 所以者何. 彼因攀緣諸識生故. 非聲聞緣覺修行境界. 不覺無我, 自共相攝受, 生陰界入. 見如來藏, 五法自性, 人法無我則滅. 地次第相續轉進, 餘外道見, 不能傾動, 是名住菩薩不動地. 得十三昧道門樂. 三昧覺所持. 觀察不思議佛法自願. 不受三昧門樂, 及實際. 向自覺聖趣. 不共一切聲聞緣覺, 及諸外道, 所修行道. 得十賢聖種性道及身智意生, 離三昧行. 是故大慧, 菩薩摩訶薩欲求勝進者, 當淨如來藏, 及藏識名. 大慧. 若無識藏名, 如來藏者, 則無生滅. 大慧. 然諸凡聖, 悉有生滅. 修行者自覺聖趣, 現法樂住, 不捨方便. 大慧. 此如來藏識藏, 一切聲聞緣覺, 心想所見. 雖自性清淨, 客塵所覆故, 猶見不淨. 非諸如來. 大慧. 如來者, 現前境界, 猶如掌中視阿摩勒果. 大慧. 我於此義, 以神力建立. 今勝鬘夫人, 及利智滿足諸菩薩等, 宣揚演說如來藏, 及識藏名, 七識俱生. 聲聞計著, 見人法無我. 故勝鬘夫人承佛威神, 說如來境界. 非聲聞緣覺, 及外道境界. 如來藏識藏, 唯佛及餘利智依義菩薩, 智慧境界. 是故汝及餘菩薩摩訶薩, 於如來藏識藏, 當勤修學. 莫但聞覺, 作知足想. 爾時世尊欲重宣此義, 而說偈言.

甚深如來藏　而與七識俱　二種攝受生　智者則遠離
如鏡像現心　無始習所熏　如實觀察者　諸事悉無事
如愚見指月　觀指不觀月　計著名字者　不見我眞實
心爲工伎兒　意如和伎者　五識爲伴侶　妄想觀伎衆

유식의 상세한 뜻

이때 대혜대사가 다시 물었다. "부처님께서 저희를 위해 설명해 주시길 바랍니다. 심신의 오음(五陰, 색·수·상·행·식), 십이입(十二入, 안·이·비·설·신·의·색·성·향·미·촉·법), 십팔계(十八界)의 생멸 작용에 모두 아(我)가 없다면 다시 누가 있어 생멸 작용이 일어날까요? 일체의 어리석은 자들은 생멸의 순환 작용에만 의지할 뿐 고통의 인(因)을 소멸시킬 줄 모르니, 이 때문에 열반을 알지 못해 생사의 파도를 타고 흘러다닙니다."

부처님께서 말씀하셨다. "여래장(아뢰야식)은 선(善)과 불선(不善)의 인(因)으로서 육도 중생의 생사 인연을 창조할 수 있네. 비유하자면 뛰어난 마술사처럼 각종 사람과 사물을 변화시키지만 그가 변화시킨 각종 사물에는 나도 없고 내가 만든 사물도 없는 것과 같네. 일체의 어리석은 자들은 이 이치를 스스로 깨달아 내증하지 못하므로 근(根)·진(塵)·식(識)의 세 연(緣)이 화합하면 곧바로 업력을 따라 각종 생취(生趣)[157]로 들어선다네. 외도들은 이 이치를 몰라 또 다른 조물주의 존재에 집착하게 되니 이들은 모두 허망한 악습에 훈습되어 생겨난 망견이라네. 여래장 혹은 장식이라 부른 것은 그것이 무명(無明) 및 칠식(말나末那라고도 하는데, 아집의 의근意根과 이숙異熟 등의 작용을 일으키는 것으로 안·이·비·설·신·의 육식과 함께 일곱 개의 식이 됨)과 동시에 생겨나기 때문이네. 마치 대해의 파도처럼 계속 생겨나 끝없이 이어지니, 만약 생멸의 무상함을 멀리 떠난다면 무아를 깨달아 속으로 티 없이 맑고 청정한 자성을 증득할 것이네. 그 나머지 식은 생멸이 있어서 의식으로 나타났다 소멸되었다 하며 일곱 개 식을 형성하는데, 이들은 모두 실재하지 않는 망상에서 생겨난 것으로 각종 경계나 형상 및 명상(名相)에 집착함으로써 제법과 색상이 바로 자기 마음이 드러난 것임을 깨닫지 못하네. 어리석은 자들은 이 속에 있는 고락(苦樂)의 인(因)을 알지 못해 해탈에 이르지 못하고, 그저 각종 명상(名相)에 얽매이며 덧없는 삶에 애착을 느껴 거기에 탐닉하고 만다네. 만약 망상의 인(因)을 일으키지 않는다면 이러한 근진(根塵)이 모두 소멸되어 식상(識相)이 이어서

---

157 사생육취(四生六趣)의 준말. 사생(四生)은 태생(胎生)·난생(卵生)·습생(濕生)·화생(化生)을 말하며, 육취(六趣)는 중생이 윤회하는 육도 세계를 말한다.

생겨나지 않네. 이처럼 자기 마음의 망상이 일어나지 않으니 고락 등의 감수(感受)가 사라져 수(受)와 상(想)이 모두 사라진 멸진정(滅盡定)에 이르고, 이윽고 사선(四禪)을 얻게 된다네."

사선의 멸진정

"만약 진제를 잘 닦아 해탈한 자라면 해탈이라는 망상을 일으키지 않아 떠나지도 않고 전전하지도 않으니, 이렇게 되어야 여래장이라 할 수 있다네. 식이 갈무리된 것을 장식이라 하네. 장식은 칠식을 갈무리하여 이리저리 떠돌며 소멸하지 않으니, 그 윤회를 일으키는 것은 모두 망상의 작용으로 이로 인해 여러 식이 생겨났다 소멸되곤 하네. 이것은 성문과 연각 들이 수행할 경계가 아니네. 인무아와 법무아를 알지 못하고 자타의 공상(共相)을 받아들이지 못하여 심신의 오음과 십이근진, 십팔계의 생멸이 생겨나기 때문이네. 만약 여래장을 증득해 보게 된다면 소위 오법, 삼자성, 인무아, 법무아(이들 개념에 대해서는 앞의 권3을 참고 바람)가 사라져 적멸 청정해질 것이네. 이로부터 보살지가 차례로 이어지면 기타의 외도의 오류에 동요되지 않아 보살의 제팔 부동지에 들어갈 수 있네. 이렇게 되면 열 가지 삼매의 즐거움을 얻으며 순수한 삼매 정각의 경계가 이어져 불가사의한 불법을 관찰한다네. 하지만 삼매의 즐거움을 누리지 않겠다는 원력에 따라 적멸의 진제에 머물지 않으니 이 때문에 자각성취의 여래지로 향하지 않네. 이러한 경계는 일체의 성문과 연각 및 외도들이 수행하는 경로와 같지 않네. 이것은 보살 경계의 십지 성현의 종성도(種性道)와 여래의 의생신(意生身)의 지혜를 얻은 것으로, 무위의 즐거움인 삼매행을 떠나 아무 작용이 없는 도를 얻은 것이네. 그러므로 말하기를 대승 보살도를 닦는 사람이라면 최고의 경계로 나아가기를 요구해 마땅히 청정한 여래장을 스스로 깨달아 내증하며, 식(識)과 장(藏)의 작용을 전환시켜 명상(名相)에 얽매이지 않아야 한다고 하네. 대혜여! 장식(藏識)의 현상과 작용이 사라지더라도 소위 여래장의 체성(體性)에는 본래 생멸이 없네. 하지만 일체의 범부와 성인에게는 모두 생멸의 작용이 있으니 대승을 닦는 일반의 수행자들은 식(識)과 장(藏)의 관계에 대해 잘 알고 있어서, 비록 성스러운 지혜를 스스로 깨닫고 마음속으로 증험하여 눈앞의 법락 경계에 머물 수 있더라도 여전히 방편의 공덕을 버리지 않고 쉼 없이 용맹 정진한다네. 일체의 성문과 연각 들은 설사 여래장과 장식의 이치를 알고 있더라도 그저 일심으로 열반에 들기만을 바라네. 하지만 본래 청정한 여래장이라 하더라도 무시이래의 객진(客塵) 번뇌에 오염되어, 비록 다시 증득하려 해도 보이는 것은 여전히 청정하지 못한 장식일 뿐이니 이는 여래가 증득한 경계가 아니네. 대혜여! 소위 여래는 친히 증득한 눈앞의 경계를 마치 손바닥 위의 아마륵 열매를 보듯이 분명히 본다네. 나는 이 이치에 대해 일찍이 신력으로 승만부인(勝鬘夫人)[158]에게 널리 알렸고, 날카로운 지혜와 마음에 모자람이 없는 보살들에게도 여래장을 널리 알려 연설했네. 장식 등의 명상(名相)이 전칠식과 동시에 생겨난다고 분명히 알린 것은 성문 등의 집착을 벗어나 그들로 하여금 인무아와 법무아를 절실히 증득시키기 위함이었네. 이 때문에 승만부인이 부처의 위신(威神)을 이어받아 여래의 경계를 연설한 것이니 이는 성문이나 연각 그리고 외도 들의 경계가

---

158 사위국 파사닉 왕의 딸로서 아유사국으로 시집가 왕비가 되었다. 부처님께서 급고독원에 계실 때 파사닉 왕의 부인이 그의 딸인 아유사국 왕비에게 편지를 써서 부처님의 공덕을 찬양했다. 승만부인은 편지를 받고 기뻐하며 게송으로 멀리 계신 부처님을 뵙고 싶다고 청하자 부처님께서 직접 몸을 드러내셨다. 승만부인이 게송으로 그 덕을 찬탄하자 부처님은 수기를 해 주셨다. 승만부인이 다시 십홍서원(十弘誓願)을 발하니 천화(天花)와 천음(天音)이 감응하며 대승의 요의를 말하고 이승의 불료의(不了義)를 널리 밝히기에 이른다. 부처님께서 찬탄하며 인가하고 빛을 뿜으며 공중으로 솟아올라 급고독원으로 돌아오시어 아난과 제석천에게 일러 결명부촉(結名付屬)하셨다.(원주)

아니네. 여래장과 장식의 미묘한 차이에 대해서는 오직 부처와 기타 총명하고 지혜로우며 올바른 도리에 의지한 보살들의 지혜 경계가 있어야만 비로소 분명히 알 수 있네. 그러므로 그대나 기타 대승을 닦는 보살들은 마땅히 더욱 열심히 닦아야 하며, 단지 널리 견문으로 알아도 충분하다고 생각해서는 절대 안 되네." 부처님은 이 이치를 종합해 한 수의 게송으로 말씀하셨다.

> 깊고 깊은 여래장은 칠식과 함께 하니
> 두 종류의 섭수가 생겨나도 지혜로운 자는 멀리하도다
> 甚深如來藏 而與七識俱 二種攝受生 智者則遠離

이런 뜻이다. 소위 여래장의 의의와 경계는 아주 깊고도 미묘하며 이것은 말나(아집과 함께 생김)·안·이·비·설·신·의 등과 동시에 생겨난다. 이것은 능취와 소취의 두 기능을 갖추고 있으며 공무(空無)와 환유(幻有)의 작용을 드러낸다. 오직 큰 지혜를 갖춘 자만이 현상을 멀리 떠나 여래장을 증득할 수 있다.

> 마치 거울 속 모습처럼 마음이 드러남은 무시이래의 훈습이니
> 만약 있는 그대로를 관찰한다면 모든 일에는 아무것도 갖추어진 것이 없도다
> 如鏡像現心 無始智所熏 如實觀察者 諸事悉無事

이런 뜻이다. 여래장은 마치 커다란 둥근 거울과 같아 여기에 의지하여 사물의 모습이 나타나니 우리는 이것을 마음이라 한다. 사실 이 마음의 작용은 모두가 무시이래의 습기에 오염되고 훈습되어 나타난 것으로, 만약 그 실상을 관찰한다면 이 모두가 본래 아무것도 없다.

어리석은 자는 손가락으로 달을 가리켜도 손가락만 보며 달을 보지 않는 것처럼

이름을 따지고 집착하는 자는 나의 진정한 모습을 보지 못하도다

如愚見指月　觀指不觀月　計著名字者　不見我眞實

이런 뜻이다. 부처가 말하는 법은 모두 본래 아무것도 없는 법문이 아님이 없다. 마치 손가락으로 달을 가리키면서 단지 사람들이 손가락이 가리키는 달을 보았으면 하고 바라는 것과 같다. 하지만 일반의 어리석은 자들은 손가락이 달이라 착각하고 명상(名相)에만 집착할 줄 알아 그 명상이 가리키는 진여의 실제를 보아 내지 못한다.

심은 연출자요 의는 연기자와 같으며

오식은 함께 하는 자이니, 망상이 연기자와 관중을 바라보도다

心爲工伎兒　意如和伎者　五識爲伴侶　妄想觀伎衆

이런 뜻이다. 만법은 유심이요 일체는 유식으로, 여덟 개 식은 망심의 분층(分層) 작용을 하니 팔식(八識)을 통틀어 말한 것이 바로 망심이다. 그러므로 심(心)에 의지해 식(識)을 논한다면, 망심은 마치 연극의 연출자와 같고 의식은 마치 극중의 배우와 같으며 전오식의 작용은 마치 잘 연기하는 한 무리의 연극 단원과 같아서 이들 인물의 조합으로 심신의 각종 현상이 조합되어 나온다. 자기의 망상으로 다시 자기를 감상하거나 스스로 비탄에 빠지니, 이 때문에 망상이 배우이자 관중이라 말한 것이다. 사실 배우와 관중, 막전과 막후, 무대 위와 무대 아래, 연극을 하는 연기자들은 극이 끝나면 모두 흩어져 이전처럼 아무것도 없이 사라진다.

爾時大慧菩薩白佛言. 世尊. 惟願爲說, 五法自性識, 二種無我, 究竟分別相. 我及餘菩薩摩訶薩, 於一切地次第相續, 分別此法, 入一切佛法. 入一切佛法者, 乃至如來自覺地. 佛告大慧. 諦聽諦聽. 善思念之. 大慧白佛言. 唯然受教. 佛告大慧. 五法自性識, 二種無我, 分別趣相者. 謂名, 相, 妄想, 正智, 如如. 若修行者修行, 入如來自覺聖趣. 離於斷常有無等見. 現法樂正受住, 現在前. 大慧. 不覺彼五法自性識, 二無我, 自心現外性. 凡夫妄想, 非諸賢聖. 大慧白佛言. 世尊. 云何愚夫妄想生, 非諸聖賢. 佛告大慧. 愚夫計著俗數名相, 隨心流散. 流散已, 種種相像貌, 墮我所見, 希望計著妙色計著已, 無知覆障, 故生染著. 染著已貪恚所生業積集. 積集已, 妄想自纏, 如蠶作繭. 墮生死海, 諸趣曠野, 如汲井輪. 以愚癡故, 不能知. 如幻, 野馬, 水月, 自性離我我所. 起於一切不實妄想. 離相所相, 及生住滅. 從自心妄想生. 非自在, 時節, 微塵, 勝妙生, 愚癡凡夫, 隨名相流. 大慧. 彼相者. 眼識所照, 名爲色. 耳鼻舌身意識所照, 名爲聲香味觸法. 是名爲相. 大慧. 彼妄想者. 施設衆名, 顯示諸相. 如此不異, 象馬車步男女等名. 是名妄想. 大慧. 正智者. 彼名相不可得. 猶如過客. 諸識不生, 不斷不常, 不墮一切外道聲聞緣覺之地. 復次大慧. 菩薩摩訶薩, 以此正智, 不立名相. 非不立名相. 捨離二見, 建立及誹謗, 知名相不生. 是名如如. 大慧. 菩薩摩訶薩, 住如如者, 得無所有境界故, 得菩薩歡喜地. 得菩薩歡喜地已, 永離一切外道惡趣. 正住出世間趣. 法相成熟, 分別幻等一切法. 自覺法趣相. 離諸妄想. 見性異相. 次第乃至法雲地. 於其中間, 三昧力自在, 神通開敷. 得如來地已. 種種變化, 圓照示現, 成熟衆生, 如水中月. 善究竟滿足十無盡句. 爲種種意解衆生, 分別說法. 法身離意所作. 是名菩薩入如如所得.

爾時大慧菩薩白佛言. 世尊. 云何世尊. 爲三種自性入於五法, 爲各有自相宗. 佛告大慧. 三種自性, 及八識, 二種無我, 悉入五法. 大慧. 彼名及相, 是妄想自性. 大慧. 若依彼妄想. 生心心法, 名俱時生. 如日光俱. 種種相各別, 分別持. 是名緣起自性. 大慧. 正智如如者, 不可壞故, 名成自性. 復次大慧. 自心現妄想, 八種分別. 謂識藏, 意, 意識及五識身相者. 不實相妄想故. 我我所, 二攝受滅, 二無我生. 是故大慧. 此五法者. 聲聞緣覺, 菩薩如來, 自覺聖智, 諸地相續次第, 一切佛法, 悉入其中. 復次大慧, 五法者, 相, 名, 妄想, 如如, 正智. 大慧. 相者, 若處所, 形相, 色像等現. 是名爲相. 若彼有如是相, 名爲瓶等, 卽此非餘, 是說爲名. 施設衆名, 顯示諸相, 瓶等, 心心法. 是名妄想. 彼名彼相, 畢竟不可得. 始終無覺. 於諸法無展轉. 離不實妄想. 是名如如. 眞實決定, 究竟自性不可得, 彼是如相. 我及諸佛, 隨順入處, 普爲衆生, 如實演說, 施設顯示於彼, 隨入正覺, 不斷不常, 妄想不起隨順自覺聖趣. 一切外道聲聞緣覺, 所不得相. 是名正智. 大慧. 是名五法, 三種自性, 八識, 二種無我. 一切佛法, 悉入其中. 是故大慧, 當自方便學, 亦敎他人, 勿隨於他. 爾時世尊欲重宣此義, 而說偈言.

五法三自性　及與八種識　二種無有我　悉攝摩訶衍

名相虛妄想　自性二種相　正智及如如　是則爲成相

명과 상 등 법의 속뜻을 상세히 설명하다

이때 대혜대사가 다시 물었다. "오법, 삼자성, 팔식, 이무아의 이치는 궁극적으로 어떻게 분별합니까?" 부처님께서 대답하셨다. "오법이란 명(名)·상(相)·분별(分別, 망상)·정지(正智)·여여(如如)를 말하네. 만약 수행인이 여래의 자각성취를 증득하고 유와 무 등의 상견과 단견을 멀리 떠나 눈앞에서 삼매 정수의 법락을 증득할 때면, 이들 법상(法相)이 시종 일심 바깥에 있지 않음을 보게 된다네. 만약 오법, 삼자성, 이무아 등의 법을 자각하지 못하고 단지 일심이 드러난 외부의 법성을 구하고자 한다면 이는 범부의 망상으로 성현의 경계가 아니네." 대혜가 다시 물었다. "무엇이 어리석은 자의 망상에서 생긴 것이며, 무엇이 성현의 경계가 아닌 것인가요?" 부처님께서 대답하셨다. "어리석은 범부들은 세속의 여러 숫자와 명사(名辭) 및 현상에 집착하여 제멋대로 망심을 따라 유랑해 돌아갈 바를 모르네. 이렇게 쉼 없이 떠돌다 보면 여러 현상이 '나'와 '내 것'이라는 욕구 속으로 떨어지고 말며, 미묘한 색상에 대해 집착하게 되네. 이렇게 쉬지 않고 집착하다 보면 무지와 무명으로 뒤덮여 물들기 시작하고, 이렇게 쉬지 않고 물들면 탐진치 등으로 생기는 업력이 계속 누적되어 쌓이네. 이렇게 쉬지 않고 쌓이면 망상이 절로 얽혀 마치 누에가 고치를 짜듯 생사의 바닷속으로 떨어져 끝없는 광야 속으로 유랑하게 된다네. 마치 물을 긷는 도르레처럼 끊임없이 윤회하는 것이네. 어리석은 자들은 지혜가 없어서 이러한 현상을 스스로 알지 못하니 마치 흐릿한 그림자처럼 물속의 밝은 달처럼 아무런 자성이 없네. 사실 이런 현상은 본래 아(我)와 아소(我所)를 떠난 것이지만, 범부들은 망상에 집착해 아무것도 없는 속에서 무언가 있다고 여긴다네. 이들은 현상과 현상의 변화를 떠나 있음을 전혀 알지 못하니, 소위 태어나고 머물고 소멸되는 현상 등이 모두 자기 마음의 망상에서 생겨나지 않음이 없고, 자재로운 천주나 시간 혹은 물질이나 비할 바 없이 큰 신으로부터 생겨나지 않은 것이 없네. 어리석은 범부는 그저 이름을 쫓고 모습에 집착해 쉼 없이 돌고 도니 어찌하겠는가? 대혜여! 식(識)의 대상이란 안식(眼識)이 비추는 것을 일컬어 색(色)이라 하고, 이(耳)·비(鼻)·설(舌)·신(身)·의(意)가 비추는 것을 일컬어 성(聲)·향(香)·미(味)·촉(觸)·법(法)이라 하는데, 이를 통칭하여 상(相)이라 하네. 자기 마음의 망상이 외부 경계를 대하면서 각종 명사가 만들어지는데, 이것으로써 이들 현상을 표시하네. 코끼리나 말, 배, 수레, 남녀 등의 명칭이 모두 망상의 분별에서 생겨난다네. 그렇다면 정지(正智)란 무엇인가? 그것은 명(名)이나 상(相)의 경계가 아니라 그것의 본체를 아는 것으로, 근본적으로 얻을 수 없는 것이네. 명상(名相)이나 망상의 분별 등은 마치 왕래하는 나그네와 같이 쉼 없이 생멸하니 결코 얻을 수 있는 것이 아니네. 만약 일체의 식(識)과 망상이 일어나지 않아 본래 끊어지지도 항시 이어지지도 않는다면, 일체의 외도와 성문과 연각의 견해에 떨어지지 않네. 이런 까닭에 대승 보살들은 단지 정지(正智)에만 의거할 뿐 명상(名相)에 집착하지 않네. 하지만 결코 명상을 세우지 않는 것은 아니니 그저 유와 무 양극단의 견해를 떠나 주관적으로 집착하지 않고 칼로 끊은 듯 부정하지도 않으려 할 뿐이니, 그들은 명상(名相)이 본래 생겨남이 없다는 것을 잘 알기 때문이네. 이것을 일러 여여(如如)라 하네. 대혜여! 여여의 경계에 머무는 대승 보살들은 이미 아무것도 없는 경계에 도달했기에 보살 초지인 환희지를 얻는다네. 이로부터 일체 외도의 악취(惡趣)를 영원히 벗어나 출세간의 선취(善趣)에 편안히 머무른다면, 여러 법상이 점차 성숙해 일체법을 잘 분별할 수 있으며 법락의 경계를 스스로 깨달아 증득할 수 있네. 이렇게 해서 일체 망상을 멀리 떠나 제법의 성상(性相)의 차이를 볼 수 있게 되면 차례로 나아가 마침내 보살 십지인 법운지에 이르게 되네. 이 중간에서 삼매의 힘을 얻어 자재로운 신통을 개발하고 최후로 여래지로 들어가네. 이러한 여러 변화로부터 원만하고 밝게 세간에 나타나 일체 중생을 성숙시키고 꿈속의 마군을 항복시키며 불사를 크게 일으킨다네. 십무진구에 궁극적으로 만족하며, 또한 뜻의 이해에 탐닉하는 중생을 위해 분별적 설법을 행한다네. 하지만 여여(如如)의 법신은 심·의·식이 일으키는 작용을 멀리 떠나니, 이것을 일러 보살이 여여의 경계로 들어간다고 하네."

대혜가 다시 물었다. "세 종류 자성이 오법 속에 들어가나요, 아니면 각자 자신의 법상의 종취(宗趣)가 있나요?" 부처님께서 말씀하셨다. "세 종류 자성이나 여덟 개의 식 그리고 두 종류 무아가 모두 오법 속으로 들어가네. 저 명(名)과 상(相)이 모두 망상의 자성이기 때문이네. 다른 것에 의지해 일어나는 망상의 제법은 심법(心法)과 동시에 일어나니 마치 태양이 동시에 일체 만물을 비추는 것과도 같네. 여러 현상이 비록 각각 존재하지만 마음으로는 동시에 그들의 차이를 분별하니 이를 일컬어 연기자성(緣起自性)이라 하네. 대혜여! 단지 정지(正智)만이 여여부동하며 무너져 사라지지 않으므로, 이 때문에 그 이름을 원성자성(圓成自性)이라 하네. 다음으로 자기 마음이 드러난 각종 망상에는 여덟 가지 분별 작용이 있으니 이것이 바로 장식(아뢰야), 말나식(구생아집俱生我執)[159], 의식, 그리고 전오식(前五識)이네. 소위 신상(身相)이란 실제로 존재하지 않는 현상으로 역시 견고한 망상으로 형성되는데, 단지 아(我)와 아소(我所)의 두 종류 집착과 감수(感受)가 사라지기만 하면 이무아(二無我)의 경계가 자연 드러난다네. 대혜여! 여기서 말하는 오법이란 바로 성문과 연각 및 보살과 여래가 스스로 깨달아 마음속으로 증득한 성지(聖智)의 실제 이지(理地)가 이어지는 차례로, 일체의 불법 역시 모두 이 속에 포함된다네. 다음으로 다시 소위 오법이라고 하는 명(名), 상(相), 망상(妄想, 분별), 정지(正智), 여여(如如)에 대해 설명해 보세. 소위 상(相)이란 처소나 형상 등을 말하는 것으로, 예를 들면 색상(色相) 등의 현상을 모두 상(相)이라고 하네. 만약 이 상이 있으면 사람들은 상에 의거해 이름을 만드네. 예를 들어 병(甁)의 형상과 색상이 있으면 병이라는 이름이 생기는데, 이 병이라는 이름은 병을 가리키는 것으로, 결코 다른 사물과 통용될 수 있는 것이 아니네. 이로부터 유추한다면 여러 이름을 만드는 것은 바로 여러 현상을 표시하기 위함이네. 병 등의 예에서 보듯 일체의 상을 표시할 수 있는 작용이 바로 심수(心

---

159 선천적으로 타고난 자아에 대한 집착. 이에 반해 후천적으로 습득한 그릇된 지식에 의해 일어나는 자아에 대한 집착은 분별아집(分別我執)이라 한다.

數)[160]의 심법인데, 이것 역시 망상이네. 명(名)과 상(相)의 근본을 추구해 보면 결국은 얻을 수 없는 것이네. 만약 명상(名相)의 생멸 세계 속에서 시종 망각을 멀리 떠난다면 일체 제법의 번거로운 구속을 받지 않을 것이네. 이미 실재하지 않는 망상을 떠났다면 그것을 일컬어 여여(如如)라 하네. 여여 속에서는 진실하며 공허하지 않고, 절대적이며 기대는 곳이 없으며, 제법의 자성을 얻을 수 없으니 이것이 바로 여여의 경계네. 이것이 나와 제불이 순조롭고 바른 이치에 따라 들어서는 길로서, 내가 일체 중생을 위해 있는 그대로 풀어서 설명하며 보여 주는 법문이네. 여여의 경계에서 정각으로 들어서면 끊어지지도 이어지지도 않고 망상이 일어나지도 않으니, 바로 자각성취에 따르는 것으로 일체의 외도와 성문 및 연각이 얻을 수 없는 경계네. 그러므로 이것을 일러 정지(正智)라 하네. 이런 까닭에 내가 오법, 삼자성, 팔식, 이무아 및 일체의 불법이 모두 오법 속에 들어간다고 말했네. 이것이 바로 내가 그대들에게 권하는 것이니, 그대들은 마땅히 방편을 찾아 학습해야 하며 이것으로 다른 사람을 가르쳐 그들이 외도의 가르침에 빠져들지 않게 해야 하네." 부처님은 이 이치를 종합해 한 수의 게송으로 말씀하셨다.

오법과 삼자성 그리고 팔식
두 종류 무아 속에 일체 불법이 모두 갖추어져 있도다
명상은 헛된 망상으로, 자성과 두 종류 상을 알면
정지와 여여가 바로 원성실상이로다

五法三自性　及與八種識　二種無有我　悉攝摩訶衍
名相虛妄想　知性二種相　正智及如如　是則爲成相

---

160 심소(心所)의 옛 번역.

이런 뜻이다. 소위 오법, 삼자성, 팔식, 이무아의 이치는 대승의 법문을 포괄한다. 명과 상은 모두 허망하고 실재하지 않으니 망상 분별로부터 생겨난 것은 모두가 자성이 없다. 오직 정지(正智)와 여여(如如)만이 원성실상이다.

爾時大慧菩薩復白佛言. 世尊. 如世尊所說句. 過去諸佛, 如恒河沙. 未來現在, 亦復如是. 云何世尊. 爲如說而受, 爲更有餘義. 惟願如來, 哀愍解說. 佛告大慧. 莫如說受. 三世諸佛量, 非如恒河沙. 所以者何. 過世間望, 非譬所譬. 以凡愚計常, 外道妄想, 長養惡見, 生死無窮. 欲令厭離生死趣輪, 精勤勝進故. 爲彼說言, 諸佛易見. 非如優曇鉢華, 難得見故, 息方便求. 有時復觀諸受化者, 作是說言, 佛難値遇, 如優曇鉢華. 優曇鉢華, 無已見今見當見. 如來者, 世間悉見. 不以建立自通故, 說言如來出世, 如優曇鉢華. 大慧. 自建立自通者, 過世間望. 彼諸凡愚, 所不能信. 自覺聖智境界, 無以爲譬. 眞實如來, 過心意意識所見之相, 不可爲譬. 大慧. 然我說譬, 佛如恒沙無有過咎. 大慧. 譬如恒沙一切魚龜, 輪收摩羅, 師子象馬, 人獸踐踏. 沙不念言, 彼惱亂我, 而生妄想. 自性淸淨, 無諸垢汚. 如來應供等正覺, 自覺聖智恒河, 大力神通自在等沙. 一切外道, 諸人獸等, 一切惱亂. 如來不念, 而生妄想. 如來寂然, 無有念想. 如來本願, 以三昧樂, 安衆生故, 無有惱亂. 猶如恒沙, 等無有異. 又斷貪恚故. 譬如恒沙, 是地自性. 劫盡燒時, 燒一切地. 而彼地大, 不捨自性, 與火大俱生故. 其餘愚夫, 作地燒想, 而地不燒, 以火因故. 如是大慧. 如來法身, 如恒沙不壞. 大慧. 譬如恒沙, 無有限量. 如來光明. 亦復如是無有限量. 爲成熟衆生故, 普照一切諸佛大衆. 大慧, 譬如恒沙, 別求異沙, 永不可得. 如是大慧. 如來應供等正覺, 無生死生滅. 有因緣斷故. 大慧. 譬如恒沙, 增減不可得知. 如是大慧. 如來智慧, 成熟衆生, 不增不減, 非身法故. 身法者, 有壞.

如來法身, 非是身法. 如壓恒沙, 油不可得. 如是一切極苦衆生, 逼迫如來. 乃至衆生, 未得涅槃, 不捨法界, 自三昧願樂. 以大悲故. 大慧. 譬如恒沙, 隨水而流, 非無水也. 如是大慧. 如來所說一切諸法, 隨涅槃流. 是故說言如恒河沙. 如來不隨諸去流轉. 去是壞義故. 大慧. 生死本際, 不可知. 不知故, 云何說去. 大慧. 去者斷義, 而愚夫不知.

大慧白佛言. 世尊. 若衆生生死本際, 不可知者, 云何解脫可知. 佛告大慧. 無始虛僞過惡妄想習氣因滅. 自心現, 知外義, 妄想身轉解脫不滅. 是故無邊, 非都無所有. 爲彼妄想, 作無邊等異名. 觀察內外, 離於妄想. 無異衆生, 智及爾燄. 一切諸法, 悉皆寂靜. 不識自心現妄想, 故妄想生. 若識則滅. 爾時世尊欲重宣此義, 而說偈言.

觀察諸導師　猶如恒河沙　不壞亦不去　亦復不究竟
是則爲平等　觀察諸如來　猶如恒沙等　悉離一切過
隨流而性常　是則佛正覺

삼세제불의 유무

이때 대혜대사가 다시 물었다. "부처님께서는 과거·현재·미래의 제불이 마치 갠지스강의 모래알처럼 무수히 많다고 하셨는데, 이 이치는 믿을 수 있는 것인가요, 아니면 다른 함의가 있는 것인가요?" 부처님께서 대답하셨다. "이 문제에 대해서는 그대는 단지 내가 말하는 것만 들으려 하지 말고 말뜻의 진제를 구하지도 말게나. 소위 삼세제불의 수량은 결코 갠지스강의 모래알 숫자만큼 많은 데 그치지 않네. 왜 그런가? 무릇 어떤 일이든 세간의 견문을 넘어선 것이라면 비유로 설명할 수 있는 것이 아니기 때문이네. 범부들은 생명이 오래 지속되기를 희망하기에 외도들이 삿된 견해로 그들의 망상을 증가시켰네. 그래서 생사의 떠돌아다님이 끝없이 돌고 돈다고 했네. 지금은 그들로 하여금 생사를 벗어나 해탈을 얻고 노력하고 정진해서 진제를 증득하도록 하기 위해 그들을 향해 말하기를, 제불은 아주 쉽게 볼 수 있어 결코 우담바라[161]처럼 그렇게 보기가 어렵지 않다고 한 것이네. 어떤 때는 그들이 너무 과도하게 제멋대로 생각하기에 그것을 그치게 하기 위해 부처가 마치 우담바라처럼 아주 보기 어렵다고 말하기도 하네. 사실 세간에는 우연히 우담바라가 나타나기도 하지만 이것을 직접 본 사람은 거의 없으며, 혹 눈앞에 있어도 기회를 놓쳐 보지를 못하네. 그래서 어떤 자들은 이 꽃이 과거 현재 미래 삼세 어디에서도 볼 수 없는 꽃이라 생각하기도 하네. 하지만 여래가 세상에 나올 때는 세간에서 모두 볼 수 있다네. 단지 사람들이 스스로 깨달아 마음속으로 증득하지 못하니 이 때문에 여래의 스스로 통하는 경계를 건립할 수가 없네. 이런 까닭에 여래가 세상에 나오는 것이 마치 우담바라처럼 천 년에 한 번 보기도 어렵다고 말하는 것이네."

부처와 갠지스강 모래알의 비유

"대혜여! 소위 스스로 통하는 경계를 건립한다는 것은 세간의 상상을 넘어서는 것으로 일반의 범부들이 믿을 수 있을 만한 것이 아니네. 반드시 알아야 할 것은 스스로 깨달아 증득하는 성지(聖智)의 경계는 실로 비유가 불가능하다는 사실이네. 진여 실제의 여래 경계는 심(心)·의(意)·식(識)으

---

161 서응(瑞應)이라 번역한다. 저자가 볼 때 이 꽃은 무화과류에 속한다. 세상에서는 삼천 년에 한 번 핀다고 하며 부처님이 세상에 나올 정도가 되어야 피기 시작한다고 한다. 따라서 불세출의 인물을 칭송하여 우담바라가 나타났다고 한다.(원주)

로 볼 수 있는 것이 아니어서 비유할 방법도 없다네. 하지만 내가 삼세제불이 갠지스강의 모래알 수와 같다고 한 것은 결코 언어적으로 문제가 있는 것은 아닐세! 갠지스강의 모래를 예로 들어보세! 온갖 물고기와 거북, 용과 뱀, 코끼리, 말, 사람, 짐승이 모두 밟아 대어도 모래는 원망하지 않고 이렇게 말할 것이네. 저들이 나를 괴롭고 어지럽게 하여 망상이 일어나도록 하려는구나. 반드시 알아야 할 것은, 자성(自性)의 청정에는 본래 어떠한 더러움도 없다는 사실이네. 여래가 세상에 나올 때는 이미 자성의 자각성지(自覺聖智)를 증득해 그 헤아림〔量〕이 갠지스강처럼 대력자재의 신통을 구비했으며, 또 갠지스강의 모래알처럼 일체의 외도인과 짐승이 밟아 대어도 이로 인해 어지러운 망상이 일어나지 않는다네. 여래는 이미 자성의 여여함을 증득하여 본래 스스로 청정하고 적연해 아무런 생각이나 망상이 없네. 하지만 여래의 본원(本願)이 삼매의 법락으로 일체 중생을 편안하고 즐겁게 하는 데 있기에 어리석은 중생이 밟아 대어도 아무 괴로움과 어지러움이 없다네. 만물을 싣는 그의 두터운 덕은 갠지스강의 모래알이나 마찬가지네. 이것 역시 여래가 이미 탐진치의 인(因)을 끊어 냈음을 말해 준다네. 또 갠지스강의 모래알에 비유한 것은 그것들이 바로 지대(地大)의 자성이기 때문이네. 겁화가 대지를 모조리 태워 버릴 때에도 지대는 결코 자성을 떠나지 않으니 지대는 화대(火大)와 서로 같이 존재하기 때문이네. 어리석은 일반의 범부들은 지대가 타 버릴 것이라 생각하지만 지대는 결코 타 버리지 않으니, 불로 인해 타오르는 작용이 이미 끝나 버렸기 때문이네. 대혜여! 여래의 법신은 갠지스강의 모래알처럼 영원히 소멸되지 않네! 또 갠지스강이 넓고 끝이 없듯 여래의 광명도 다함이 없어, 일체 중생의 선근(善根)을 성숙시키기 위해 널리 일체 제불과 대중을 비춘다네. 또 갠지스강의 모래알이 그렇듯이 달리 다른 모래가 있지 않네. 여래가 세상에 나와서 정각을 증득하면 이미 생사를 초월했기에 달리 다른 허물이 없네. 그가 이미 생멸의 인연을 끊어 내었기 때문이네. 또 갠지스 강의 모래알처럼 혹 증가하거나 감소하더라도 사람들이 그것을 알아채지 못한다네. 여래의 지혜로 중생을 성숙시키는 것이 증가하지도 감소하지도 않으니, 세속의 유위적인 색신의 법으로는 그 구경을 유추해 알 수 없네. 세속의 유위적 색신의 법은 이루어졌다 무너졌다 하지만 여래의 법신은 결코 유위적 색신의 법이 아니네. 법신은 상(相)이 없어서 처음과 끝이 없으니 파괴되고 소멸되지 않네. 또 갠지스강의 모래알처럼 아무리 누르고 쥐어짜도 시종 기름 한 방울도 나오지 않네. 일체 중생이 온갖 고통스러운 일로 여래를 핍박해도 여래는 조금도 오염되거나 괴로워하지 않으며 변함없는 자비로 중생을 제도하네. 만약 중생 하나라도 열반을 증득하지 못한다면 그는 법계를 떠날 수 없을 것이네. 그는 이미 대비의 마음을 성취하여 삼매 속의 원력을 법락으로 삼기 때문이네. 또 갠지스강의 모래알처럼 강물을 따라 흐르니 결코 물이 없는 것이 아니네. 여래가 말하는 일체법은 모두 자성 열반의 법성(法性) 속에서 자연스레 흘러나온 것이어서 갠지스강의 모래알 같다고 비유한 것이네. 하지만 여래가 중생을 따라가는 것이 결코 더불어 흐르면서 그 더러움까지 함께하는 것은 아니며, 중생의 법성의 흐름을 따라가면서 그가 자유롭게 열어서 보여 준다는 것이네. 게다가 법은 오고 감이 없으니 만약 흐름을 따라간다면 파괴되고 소멸되는 바가 있을 것이네. 생사의 오고 감의 근본은 본래 예측할 수 없으니 시작과 마무리의 두 끝을 결국은 얻을 수 없네. 그러므로 이 속에서 오고 감을 말할 수 없으니 만약 간다고 한다면 그건 단견이네. 어리석은 범부는 이 속의 진제(眞諦)를 알지 못한 것이네."

생사의 변제는 어디에 있는가

대혜대사가 다시 물었다. "만약 중생의 생사 근본이 본래 알 수 없는 것이라면 어째서 다시 해탈이 있다 말씀하시는 겁니까?" 부처님께서 대답하셨다. "만약 무시이래의 허위 망상의 습기를 걷어 낼 수 있고 자기 마음이 드러난 것임을 알 수 있다면, 그 자리에서 일체의 근진(根塵)과 외물의 연기 진제를 알 수 있네. 만약 식(識)을 지혜로 전환시킬 수 있다면 망심이 진심이 되며 번뇌가 보리로 변해 해탈의 경계를 알 수 있네. 해탈의 경계는 결코 소멸될 수 있는 것이 아니네. 이로부터 마땅히 알 수 있듯이 소위 변제(邊際)가 없다는 것은 결코 절대적으로 아무것도 없다는 것이 아니네. 여기서 변제가 없다는 것은 범부들의 망상 분별에서 말하는 무변(無邊)과는 다른 것이네! 만약 안팎을 잘 관찰할 수 있다면 망상 분별의 작용을 벗어나 바로 안팎의 망상 분별을 알게 될 것이니, 이것이 바로 중생의 감성이 이루어지는 인(因)이네. 비록 외형적 모습은 일체 중생과 다를 바 없지만 마음속으로 지혜를 증득하고 망상의 그림자를 증득해 일체 제법이 본래 적정 무위로서 얻을 수 없는 것임을 알게 된다네. 만약 자기 마음을 알지 못해 망상이 드러난다면 망상은 끊임없이 생멸할 것이네. 만약 자기 마음을 알게 된다면 망상은 곧 소멸될 것이네." 부처님은 이 이치를 종합해 한 수의 게송으로 말씀하셨다.

여러 부처와 보살을 관찰하면 갠지스강의 모래와도 같아
파괴되지도 떠나지도 않으며 구경으로 돌아가지도 않도다
그것은 평등하여 제 여래를 관찰하니
마치 갠지스강의 모래알처럼 일체의 허물을 벗어나도다
더불어 흘러가도 자성은 변하지 않으니 이것이 부처의 정각이로다

觀察諸導師　猶如恒河沙　不壞亦不去　亦復不究竟

是則爲平等　觀察諸如來　猶如恒沙等　悉離一切過

隨流而性常　是則佛正覺

이런 뜻이다. 일체 제불 여래를 관찰하면 갠지스강의 모래알처럼 과거와 현재에 괴멸하지도 떠나지도 않고 미래에도 다함이 없으니, 이렇게 되어야 진정한 평등법이다. 여래는 곧 자성의 법신으로 일체의 허물을 멀리 떠나 있어서 비록 중생의 법성을 따라 흘러가고 연을 드러내 보여 주며 기미에 응해 설법을 하지만, 그럼에도 자성은 항시 불변하니 이것이 바로 부처의 정각 법문이다.

───────────

爾時大慧菩薩復白佛言. 世尊. 惟願爲說一切諸法. 刹那壞相. 世尊. 云何一切法刹那. 佛告大慧. 諦聽諦聽. 善思念之. 當爲汝說. 佛告大慧. 一切法者. 謂善, 不善, 無記. 有爲, 無爲. 世間, 出世間. 有罪, 無罪. 有漏, 無漏. 受, 不受. 大慧. 略說心意意識, 及習氣, 是五受陰因. 是心意意識習氣, 長養凡愚, 善不善妄想. 大慧. 修三昧樂. 三昧正受, 現法樂住. 名爲賢聖, 善無漏. 大慧. 善不善者, 謂八識. 何等爲八. 謂如來藏, 名識藏, 心意, 意識, 及五識身, 非外道所說. 大慧. 五識身者, 心意, 意識俱, 善不善相. 展轉變壞, 相續流注. 不壞身生, 亦生亦滅. 不覺自心現, 次第滅, 餘識生. 形相差別, 攝受意識, 五識俱, 相應生刹那時不住, 名爲刹那. 大慧. 刹那者, 名識藏. 如來藏意俱生. 識習氣刹那, 無漏習氣非刹那, 非凡愚所覺. 計著刹那論. 故不覺一切法刹那, 非刹那. 以斷見, 壞無爲法. 大慧. 七識不流轉, 不受苦樂. 非涅槃因. 大慧. 如來藏者, 受苦樂, 與因俱, 若生若滅. 四住地, 無明住地, 所醉. 凡愚不覺, 刹那見, 妄想熏心. 復次大慧. 如金金剛, 佛舍利, 得奇特性, 終不損壞. 大慧. 若得無間, 有刹那者, 聖應非聖. 而聖未曾不聖. 如金金剛, 雖經劫數, 稱量不減. 云何凡愚, 不善於我隱覆之說, 於內外一切法, 作刹那想.

大慧菩薩復白佛言. 世尊. 如世尊說, 六波羅蜜滿足, 得成正覺. 何等爲六. 佛告大慧. 波羅蜜有三種分別. 謂世間, 出世間, 出世間上上. 大慧. 世間波羅蜜者. 我我所攝受計著. 攝受二邊. 爲種種受生處. 樂色聲香味觸故, 滿足檀波羅蜜. 戒忍精進, 禪定智慧, 亦如是. 凡夫神通, 及生梵天. 大慧. 出世間波羅蜜者, 聲聞緣覺, 墮攝受涅槃故, 行六波羅蜜, 樂自己涅槃樂. 出世間上上波羅蜜者, 覺自心現妄想量攝受, 及自心二故, 不生妄想. 於諸趣攝受非分. 自心色相不計著. 爲安樂一切衆生故, 生檀波羅蜜, 起上上方便. 卽於彼緣, 妄想不生戒, 是屍波羅蜜. 卽彼妄想不生忍, 知攝所攝, 是羼提波羅蜜. 初中後夜, 精勤方便, 隨順修行方便, 妄想不生, 是毗梨耶波羅蜜. 妄想悉滅, 不墮聲聞涅槃攝受, 是禪波羅蜜. 自心妄想非性智慧觀察, 不墮二邊, 先身轉勝而不可壞, 得自覺聖趣, 是般若波羅蜜. 爾時世尊欲重宣此義, 而說偈言.

空無常刹那　愚夫妄想作　如河燈種子　而作刹那想
刹那息煩亂　寂靜離所作　一切法不生　我說刹那義
物生則有滅　不爲愚者說　無間相續性　妄想之所熏
無明爲其因　心則從彼生　乃至色未生　中間有何分
相續次第滅　餘心隨彼生　不住於色時　何所緣而生
以從彼生故　不如實因生　云何無所成　而知刹那壞
修行者正受　金剛佛舍利　光音天宮殿　世間不壞事
住於正法得　如來智具足　比丘得平等　云何見刹那
揵闥婆幻等　色無有刹那　於不實色等　視之若眞實

찰나공과 팔식의 현상

이때 대혜대사가 다시 물었다. "일체 제법의 찰나공(刹那空)이 어떤 것인가요? 무엇이 일체 제법의 찰나인가요?" 부처님께서 대답하셨다. "소위 일체 제법이란 선(善)과 불선(不善, 악), 무기(無記), 유위와 무위, 세간과 출세간, 유죄(有罪)와 무죄(無罪), 유루(有漏)와 무루(無漏), 수(受)와 불수(不受) 등을 포괄한 것이네. 대혜여! 간략하게 말하자면 심(心)·의(意)·식(識)의 습기(習氣)가 바로 오음(색수상행식)을 형성해 느낌으로 받아들이는 원인이네. 이런 심·의·식의 습기는 어리석은 범부를 물들여 그들로 하여금 선과 불선을 분별하는 망상을 일으키게 하네. 만약 삼매의 법락을 수행하여 삼매 정수(正受)를 얻어 눈앞의 법락에 머물 수 있다면, 이것이 바로 성현의 경계인 무루의 선업(善業)이네. 소위 선과 불선이란 모두가 팔식의 작용에 근거한 것이네. 여덟 개의 식(識)이란 어떤 것인가? 바로 제팔 여래장식(아뢰야), 제칠 말나식(구생아집俱生我執), 제육식, 그리고 전오식인 안이비설신이 그것으로, 이들은 모두 외도들이 알 수 없는 것이네. 소위 전오식의 오식신(五識身)은 의식(意識)과 동시에 생겨나는 것으로, 거기에는 선과 불선의 현상이 있는데, 한편으론 돌고 돌아 소멸하면서도 한편으론 끊지 않고 이어지며, 오식(五識) 자신의 끊임없는 생성을 파괴하지도 않는다네. 생겨나기도 하고 소멸되기도 하지만 범부들은 이들이 모두 자기 마음이 드러난 것이며, 차례대로 생성 소멸되면서 이 식(識)이 멸하면 다른 식이 이어서 생겨나는 것임을 알지 못하네. 그가 각종 차별적 형상에 매달리는 동안, 의식 또한 전오식과 동시에 외부 경계에 의지해 생겨나서 상응하는 작용을 일으키네. 그렇지만 한 생각 한 생각 사이에도 찰나는 정지하지 않네. 그래서 이름하여 찰나공이라 하네. 대혜여! 소위 찰나란 장식(아뢰야)과 의식과 함께 생겨나는 전오식 등을 가리키는데, 이들은 습기와 연기(緣起)로 인해 함께 생겨났다가 찰나에 파괴되어 소멸하네. 무루(無漏) 선과(善果)의 습기는 찰나공의 경계에 속하지 않으나 어리석은 범부가 깨달아 알 수 있는 것은 아니네. 만약 일체법이 모두 찰나공이라는 이론에만 집착한다면, 일체법이 찰나에 괴멸된다는 사실이나 무루의 법이 결코 찰나공이 아니라는 사실을 근본적으로 알 수 없네. 만약 한결같이 한 생각 한 생각이 무상(無常)이라면 찰나의 괴멸로 일체법을 개괄하는 것이니, 이렇게 되면 단견(斷見)의 공(空)으로 떨어지고 말며 무위법 역시 괴멸될 수 있다고 여기게 되네. 대혜여! 제칠 말나식(아집)과 전오식신(前五識身)이 만약 돌아가며 흐르지 않는다면 고통과 즐거움도 생겨나지 않을 것이네. 하지만 이것 역시 열반의 인(因)이 될 수는 없네. 제팔 장식(아뢰야)은 고통과 즐거움을 받아들일 수 있으며 고통과 즐거움의 인(因)이기도 하네. 거기엔 생멸이 있고 사주지무명주지(四住地無明住地)[162]에 미혹되네. 어리석은 범부는 깨달아 알지 못하고 망상에 마음이 훈습되어 우연히 나타난 찰나공의 모습에 집착한다네. 다음으로 대혜여! 여래장은 마치 다이아몬드로 돌을 뚫는 것과 같으니, 부처의 사리와 마찬가지로 특이한 성능을 갖추고 있어 시종 파손되거나 괴멸되지 않네. 만약 이것이 단속적이거나 간격을 두고 찰나 간에 생멸한다면, 이미 성지(聖智)를 증득한 사람이라도 어떤 때는 성인이 아닌 경계로 진입할 수 있지만, 그럼에도 그것 때문에 그가 성인임을 방해받지는 않을 것이네! 예를 들어 다이아몬드로 돌을 뚫을 때는 비록 오랜 세월이 걸리더라도 그 원래의 성분은 감소되지 않네. 왜 어리석은 범부들은 나의 은밀한 뜻을 잘 이해하지 못하면서도 안

---

162 삼계 견사(見思)의 번뇌이다. 첫째는 견일체주지(見一切住地)로 삼계의 일체 견혹(見感)이다. 둘째는 욕애주지(欲愛住地)로 욕계의 일체 사혹(思感)이다. 셋째는 색애주지(色愛住地)로 색계 일체의 사혹이다. 넷째는 유애주지(有愛住地)로 무색계의 일체 사혹이다. 여기에 무명주지를 추가해 넣어 오주지(五住地)라 한다. 모두 주지(住地)라 말한 것은 이 오법에서 일체의 허물이 생겨나며, 갠지스강의 모래알만치 많은 번뇌의 근본 의거처이기 때문이다.(원주)

밖의 유루와 무루의 일체법이 찰나 간 괴멸된다고 오인할까?"

육도를 차별하는 목적

대혜대사가 다시 물었다. "부처님께서 말씀하시기를, 만약 육바라밀(피안에 도달함)의 증득이 원만하고 구족하면 정각을 이룰 수 있다고 하셨습니다. 그런데 그 여섯 가지는 어떤 것인가요?" 부처님께서 대답하셨다. "바라밀에는 세 가지가 있으니 세간과 출세간 그리고 출세간상상(出世間上上)이 그것이네. 소위 세간바라밀은 아(我)와 아소(我所)의 작용에 집착하여 여전히 유무의 양극단에 떨어져 있으며, 생전(生前)과 신후(身後)의 여러 생(生)을 받는 곳에 생각이 머물러 색성향미촉의 욕구를 추구하네. 그래서 보시 공덕을 닦는 데 만족하네. 마찬가지로 지계·인욕·정진·선정·지혜를 닦는 것도 역시 동일한 목적을 위한 것이네. 혹자는 이것으로 범부의 오종 신통을 구하기도 하고, 혹자는 범천에 왕생하기를 바라기도 하네. 소위 출세간바라밀은 성문과 연각 들이 열반의 적멸 경계에 집착하는 것으로, 자신이 열반 적멸의 즐거움을 증득하기 위해 육바라밀을 수행하는 것을 말하네. 소위 출세간상상바라밀은 일체법이 모두 자기 마음의 현량 망상에서 나온다는 것을 스스로 깨달아 증득하는 것을 말하네. 스스로 이 마음의 불이법문을 증득하고, 다시는 분별 망상을 일으키지 않으며, 도리에 어긋난 각종 법에 집착하지 않고, 자기 마음과 안팎 색상의 차별에 집착하지 않으며, 일체 중생이 안락을 얻을 수 있게 하기 위해 보시바라밀을 일으키네. 상상(上上)의 방편으로 일체 외연(外緣)에 망상 분별을 일으키지 않는 것, 이것이 바로 지계바라밀이네. 여기서 나아가 망상 분별을 일으키지 않고, 능인(能忍)과 소인(所忍) 모두가 자성이 없음을 알아서 자연스레 따라가며 참아 낼 수 있는 것, 이것이 인욕바라밀이네. 주야 스물네 시간 나태하지 않고 순서대로 방편도를 수행해 망상 분별이 오래 가지 않도록 하는 것, 이것이 정진바라밀이네. 분별 망상이 모두 사라져 성문과 연각의 열반 적정 경계에 떨어지지 않는 것, 이것이 선정바라밀이네. 일체의 자기 마음의 망상에 모두 자성이 없음을 잘 알아 지혜로 관찰해 공(空)과 유(有) 양극단에 떨어지지 않고, 심신을 정화해 돌고 돌며 소멸되지 않고 나아지며, 마음속으로 자각성취를 증득하는 것, 이것이 반야바라밀이네." 부처님은 이 이치를 종합해 한 편의 게송으로 말씀하셨다.

공과 무상의 찰나에 어리석은 자들이 망상을 일으키고
강물이나 등불과 같은 종자에서 찰나의 생각이 만들어지도다
찰나에 번뇌를 종식시키고 소작을 떠나 적정하며
일체법이 생겨나지 않는 것이, 내가 말하는 찰나의 뜻이로다
空無常刹那　愚夫妄想作　如河燈種子　而作刹那想.
刹那息煩亂　寂靜離所作　一切法不生　我說刹那義.

이런 뜻이다. 한 생각 한 생각이 모두 공(空)이요 일체가 무상(無常)이라는 것은 바로 찰나에 머물지 않는 이치인데, 어리석은 범부는 여기에서 공이라는 망상을 만들어 낸다. 예를 들면 강물의 흐름이나 전등의 빛처럼 모두 앞 모습에 뒷 모습이 이어지고 앞 생각에 뒷 생각이 이어져 찰나 찰나 사이에 끊어지지 않고 서로 이어진다. 언뜻 보면 전체 강물의 흐름이나 등불의 존재가 있어 어리석은 자들은 지금 여기에 있다는 유(有)의 망상을 만들어 낸다. 만약 찰나 사이에 번뇌를 그치고 적정의 경계를 얻을 수 있다면 일체의 능작과 소작, 일체의 내외 제법을 멀리 떠나 적연히 아무것도 생겨나지 않게 하니, 이것이 내가 말하는 찰나의 이치다.

사물은 생겨나면 소멸하지만 어리석은 자들을 위해 말하지 않고
간격 없이 서로 이어지는 듯하나 망상의 훈습이로다
무명이 그 인이며 마음은 그것을 따라 생기니
사물이 아직 생겨나지 않는 데에 이르면 중간을 어떻게 나누리

物生則有滅　不爲愚者說　無間相續性　妄想之所熏

無明爲其因　心則從彼生　乃至色未生　中間有何分

이런 뜻이다. 만물은 생겨나면 소멸하나 이것은 어리석은 자들이 알 수 있는 것이 아니다. 사람이 바라보는 만물은 끊임없이 생겨나서 마치 쉬지 않고 이어져 끊어지지 않는 듯하지만, 사실은 모두 망상에 훈습된 것으로 사람들은 습관적으로 만물이 항상 존재한다고 생각한다. 사람들이 이렇게 생각하는 것은 자기 마음의 무명이 그 최초의 인(因)이다. 이로부터 분별 망상이 이어져 나온다. 세간의 만물 색상이 아직도 생겨나기 전이라면 망상이 어디에 머물겠는가? 누가 나이겠는가? 나는 또 어디에 있겠는가?

서로 이어져 차례대로 소멸되면 나머지가 그것을 따라 생겨나지만
색에 머물러 있지 않을 때라면 무슨 연을 따라 생겨나리
저것을 따라 생겨나기에 실제의 인으로 생겨나는 것보다 못하며
아무것도 이룬 것이 없으니 찰나에 소멸될 것을 아노라

相續次第滅　餘心隨彼生　不住於色時　何所緣而生

以從彼生故　不如實因生　云何無所成　而知刹那壞

이런 뜻이다. 망상 분별은 한 생각 한 생각 서로 이어져 차례로 생겨나니, 앞 생각이 사라지면 뒷 생각이 따라서 생겨난다. 색상이 존재하지 않을 때라면 무슨 연이 있어 망상이 생겨나겠는가? 망상 분별은 다른 것에 의

지해 일어나기에 허망하고 실재하지 않으며, 결코 다른 인(因)이 있어 생겨나는 것이 아니다. 본래 진실한 것이 아니니 찰나 간에 필연적으로 소멸될 것임을 안다.

수행자가 정수를 얻은 것은 다이아몬드나 부처의 사리와 같고
광음천의 궁전과 같아 세간의 눈으론 소멸되지 않는 일이로다
정법을 얻어 거기에 머물고 여래의 지혜가 구족하며
비구가 평등성지를 얻으니 구름 사이에도 찰나를 보도다
신기루나 환상 등은 찰나 간에도 색상이 있지 않지만
실재하지 않는 색상임에도 마치 진실한 것처럼 보노라

修行者正受　金剛佛舍利　光音天宮殿　世間不壞事
住於正法得　如來智具足　比丘得平等　雲間見刹那
揵闥婆幻等　色無有刹那　於不實色等　視之若眞實

이런 뜻이다. 수행인이 삼매 정수의 경계를 증득하는 것은 다이아몬드나 부처의 사리 및 광음천(光音天)의 궁전 등과 같아, 세인의 눈으로 볼 때 영원히 소멸되지 않는 듯 보인다. 하지만 여래의 정법에 머물고 여래의 지혜를 두루 갖추어 이미 평등성지(平等性智)를 얻은 부처의 눈으로 볼 때는 다르다. 단지 시간과 함께 나아가는 정도의 차이가 있을 뿐 실제로는 여전히 찰나 간에 소멸될 수 있다. 만물의 존재가 오래 지속되느냐 금방 소멸되느냐 하는 문제는 그저 시간상의 상대적인 관념일 뿐이다. 천추와 한순간도 모두가 찰나 간의 일이다. 예를 들어 신기루는 찰나 간에 우연히 색상이 형성되었지만 본래 얻을 수 있는 실제의 색상이 없다. 그저 인간의 눈으로 볼 때 진실한 존재인 것처럼 보일 뿐이다.

爾時大慧菩薩復白佛言. 世尊. 世尊記阿羅漢, 得成阿耨多羅三藐三菩提, 與諸菩薩等無差別. 一切衆生法不涅槃, 誰至佛道. 從初得佛至般涅槃, 於其中間不說一字, 亦無所答. 如來常定故, 亦無慮, 亦無察. 化佛, 化作佛事, 何故說識, 刹那展轉壞相. 金剛力士, 常隨侍衛. 何不施設本際. 現魔魔業. 惡業果報. 旃遮摩納. 孫陀利女. 空鉢而出. 惡業障現. 云何如來得一切種智, 而不離諸過. 佛告大慧. 諦聽諦聽. 善思念之. 當爲汝說. 大慧白佛. 善哉世尊. 唯然受教. 佛告大慧. 爲無餘涅槃故說, 誘進行菩薩行者故. 此及餘世界, 修菩薩行者, 樂聲聞乘涅槃. 爲令離聲聞乘, 進向大乘. 化佛授聲聞記, 非是法佛. 大慧. 因是故, 記諸聲聞, 與菩薩不異. 大慧. 不異者. 聲聞緣覺, 諸佛如來, 煩惱障斷, 解脫一味. 非智障斷. 大慧. 智障者. 見法無我, 殊勝清淨. 煩惱障者. 先習見人無我斷, 七識滅. 法障解脫, 識藏習滅, 究竟清淨. 因本住法故, 前後非性無盡本願故, 如來無慮無察, 而演說法. 正智所化故, 念不忘故, 無慮無察. 四住地, 無明住地, 習氣斷故, 二煩惱斷, 離二種死, 覺人法無我, 及二障斷. 大慧. 心意意識, 眼識等七. 刹那習氣因. 善無漏品離, 不復輪轉. 大慧. 如來藏者, 輪轉涅槃苦樂因. 空亂意慧, 愚癡凡夫所不能覺. 大慧. 金剛力士所隨護者, 是化佛耳. 非眞如來. 大慧. 眞如來者, 離一切根量. 一切凡夫, 聲聞緣覺, 及外道根量悉滅. 得現法樂住, 無間法智忍故, 非金剛力士所護. 一切化佛, 不從業生. 化佛者, 非佛, 不離佛. 因陶家輪等, 衆生所作相而說法. 非自通處, 說自覺境界. 復次大慧. 愚夫依七識身滅, 起斷見. 不覺識藏故, 起常見. 自妄想故, 不知本際. 自妄想慧滅故, 解脫. 四住地, 無明住地, 習氣斷故, 一切過斷. 爾時世尊欲重宣此義, 而說偈言.

三乘亦非乘　如來不磨減　一切佛所說　說離諸過惡

爲諸無間智　及無餘涅槃　誘進諸下劣　是故隱覆說

諸佛所起智　卽分別說道　諸乘非爲乘　彼則非涅槃

欲色有及見　說是四住地　意識之所起　識宅意所住

意及眼識等　斷減說無常　或作涅槃見　而爲說常住

부처의 존재와 불법 및
유식의 몇 가지 의문에 관하여

이때 대혜대사가 다시 물었다. "부처님께서 말씀하시기를 아라한[163]들도 장래 무상정등정각을 얻어 일체 대보살들과 평등해질 것이니, 결코 차별이 없다고 하셨습니다. 그뿐 아니라 일체의 중생과 제불도 본래 있는 그대로의 열반으로 나아가니, 결코 달리 출입할 수 있는 열반의 경계가 있는 것이 아니라고 하셨습니다. 그렇다면 누가 있어 성불을 할 수 있을까요? 부처님께선 또 이렇게 말씀하셨습니다. 시작에서부터 성불에 이르고 최후로 열반에 진입하기까지 이 사이에 결코 한 글자도 말한 적이 없고 한 구절도 대답한 적이 없다고 하셨습니다. 제불 여래가 본래 항시 정(定)에 있어 아무런 사려도 없다고요. 그런데 부처님께서는 왜 화신불의 묘용을 갖추고 있어서 변화하여 여러 불사(佛事)를 행한다고 하셨는지요? 또 왜 식(識)의 작용이 찰나 간에 돌고 돌아 괴멸된다고 하셨는지요? 부처님께서는 또 여래의 법신은 그 근본을 알기 어렵다고 하셨습니다. 그뿐 아니라 또 밀적금강역사(密跡金剛力士)가 있어 항시 여래를 지킨다고 하셨습니다. 부처님께서는 왜 근본의 묘용을 드러내어 고뇌를 없애지 않고 도리어 마군의 어려움을 겪으시고 악업의 과보를 받아들여 곤경에 빠지시는지요?

---

163 무생(無生)이라 한다. 제반 욕구가 청정해 번뇌가 일어나지 않는 것을 말하는데 소승 최고의 과보다.(원주)

예를 들면 전차바라문녀(旃遮婆羅門女)[164]와 손타리외도녀(孫陀利外道女)[165]가 억울한 누명을 씌워 부처님을 훼방하지 않았습니까? 또 부처님께서 바라문촌에 이르렀을 때 끝내 걸식을 하지 못하여 빈 바리때를 들고 나오지 않으셨습니까? 그때 왜 금강밀적이 와서 지켜주지 않았는지요? 여래께서 이미 일체의 지혜를 얻으셨는데도 왜 업장(業障)을 벗어나지 못한 그런 어려움을 겪으시는지요?" 부처님께서 대답하셨다. "세간 사람들이 작은 법에 전념해 성문과 연각 이승의 유여의열반(有餘依涅槃)을 얻어 스스로 만족하기 때문이네. 제불 여래께서는 이들이 대승 보살도에 들어오도록 여러 방법으로 유도해, 그들로 하여금 불도(佛道)에 들어서도록 한다네. 성문과 연각 등에게 수기를 내리는 것은 그저 화신불의 일이지 법신불 구경의 근본적 일은 아니네. 이런 까닭에 그들에게 성문과 보살이 같다고 했네. 소위 같다는 것은 성문과 연각 그리고 제불 여래가 모두 번뇌장을 끊고 번뇌 속에서 해탈을 얻었지만 아직 소지장(所知障)을 끊어 내지 못했음을 말한 것이네. 소위 소지장이란 원래 무아인 일체 제법의 본체를 보아 내는 것으로, 제육식을 돌이켜 빼어난 청정의 과보를 얻는 것이네. 소위 번뇌장(아집을 포괄함)을 끊는다는 것은, 무시이래의 습기가 이미 끊어져 인무아의 경계를 증득한 것을 가리키네. 제칠 말나식(구생아집俱生我執)을 전환시켜 번뇌를 없애고, 다시 나아가 인법이장(人法二障)을 모두 해탈해 장식(아뢰야)의 습기를 근본적으로 소멸시키면 곧바로 구경의 청정을 얻네. 그뿐 아니라 일체 중생과 제불 여래께서는 모두 본래 청정한 자성 속

---

164 부처님 재세 시 부처님의 자식을 임신했다고 속여 부처님을 비방한 여인.

165 승단에 불만을 품고 미모를 이용하여 승단에 접근했으나 여의치 않자 자신이 모 승려에게 강간당해 아이를 배었다는 소문을 퍼뜨린다. 시간이 흘러가면서 거짓이 탄로 날 위험이 있자 외도인들이 손타리를 죽여 승단 부근에 버리고 승단 사람이 죽였다는 소문을 퍼뜨린다. 결국 왕이 나서서 철저한 진상 규명을 하기에 이른다.

에 머물러 있어서 증감도 없고 생멸도 없으며 더러움과 깨끗함도 없이 있는 그대로의 법에 상주하네. 그러므로 전후에 한 말은 모두가 교화의 방편이 아님이 없으며 결코 자성에 차별이 있다는 말이 아니네. 제불 여래께서는 모두 자발적인 무궁한 원력으로 아무런 사려가 없는 상태에서 일체법을 연설하시네. 비록 각종 차별 법문을 연설해도 여전히 정지(正智)를 보여 주시는 것으로, 결코 망념에서 나온 것이 아니며 여전히 아무런 사려가 없는 상태에 머물러 계시네. 제불 여래께서는 이미 사주지(四住地)와 미세하고 완고한 무명주지(無明住地)의 습기를 끊으셨기에 근본 번뇌와 수번뇌 역시 끊어졌고, 그뿐 아니라 이미 분단생사와 변역생사를 멀리 떠났으며, 인무아와 법무아를 증득해 이 두 업장을 완전히 끊으셨다네. 대혜여! 말나(구생아집俱生我執)·의(意)·안이비설신 등 일곱 식(識)은 모두 습기에서 생겨나서 한 생각 한 생각 찰나 간에도 머물지 않네. 오직 무루(無漏)의 선과(善果)를 증득해야만 비로소 허망한 습기를 멀리 떠나 다시는 윤회의 고통을 받지 않을 것이네. 여래장의 장식은 곧 생사열반(적멸)과 고락 등이 의거하는 인(因)으로, 일체 범부들이 깨달아 알지 못하네. 그뿐 아니라 그것이 공(空)이라 집착까지 하니, 공에 집착하는 것이 전도된 허망함에 떨어지는 것임을 아무도 모르네. 대혜여! 밀적금강역사가 따라서 호위하는 것은 화신불의 일로, 결코 진여 경계 속의 법신 여래의 일을 가리키는 것이 아니네. 진여의 경계 속에 있는 법신 여래는 일체의 근(根)·진(塵)·양(量)을 떠나 있어서 일체의 범부·성문·연각 및 외도 들이 헤아릴 수 있는 바가 아니네. 근진(根塵)의 식량(識量)이 모두 소멸되었기에 진실 여래가 비로소 법락을 얻어 무간 법지(法智)와 법인(法忍) 사이에 머무니, 귀신도 그 경계를 들여다보기 어려워 밀적금강역사가 지킬 수 있는 바가 아니네. 그뿐 아니라 일체의 화신불은 결코 업력에 따라 생기는 것이 아니니 화신불은 진정한 부처가 아니네. 그렇긴 해도 법신과 보신을 떠난 것은 아니네. 비유하자면 도공이 질그릇을 만들면서 단지 모형만을 이용해 만드는 것과 같네. 같은 이치로 화신불은 중생의 모습으로 환생(幻生)해 설법을 펼치네. 대혜여! 어리석은 범부들은 일곱 식신(識身)의 작용을 보고는 일곱 식이 소멸되는 것이라 생각하네. 이렇게 해서 아무것도 없는 공(空)일 뿐이라는 단견을 일으키는 것이네. 혹자는 장식(藏識)의 작용을 알지 못하여 영원히 존재한다는 상견(常見)을 일으키기도 하네. 이들은 모두 망상에서 일어난 것으로 심식(心識)의 근본을 알지 못하는 것이네. 만약 자신의 지혜로 망상을 소멸시키면 곧바로 해탈을 얻으니, 이렇게 해서 사주지(四住地)에 이르면 완고하고 미세한 무명주지(無明住地) 등의 습기 또한 근본적으로 소멸되네. 이렇게 되어야 비로소 일체의 허물이 제거되네."
부처님은 이 이치를 종합해 한 편의 게송으로 말씀하셨다.

　삼승도 승이 아니며 여래는 마멸되지 않으니
　일체제불은 수기로써 여러 허물과 악으로부터 벗어나기를 설하시도다
　여러 무간지와 무여열반으로
　열등한 자들을 유인해 들이려 하니 이 때문에 방편의 법으로 설하시도다
　三乘亦非乘　如來不磨滅　一切佛所記　說離諸過惡
　爲諸無間智　及無餘涅槃　誘進諸下劣　是故隱覆說

　이런 뜻이다. 불법에서 말하는 대소 삼승, 즉 성문과 연각과 보살 등은 결코 참된 승이 있는 것이 아니며, 법계 자성의 차별로서 부처님의 방편 설법이다. 자성 여래는 본래 불생불멸하니 어떤 것도 마멸되지 않는다. 일체 제불이 말하는 삼승이나 성불의 수기는 모두 방편적 설법으로, 중생이 재앙을 벗어나 무간 법지(法智)를 증득하며 무여의열반에 머물도록 하기 위함이다. 대자대비한 마음으로 각종 방편 법문을 사용하여 일체 열등한 중

생들을 이끌어 불도에 들도록 한다. 그러므로 많은 설법은 감추기도 하고 뒤집기도 하는 불료의(不了義)의 설법이다.

제불께서 일으킨 지혜는 분별해서 도를 설하는 것이니
여러 승은 승이 아니오 피안도 열반이 아니로다
諸佛所起智 卽分別說道 諸乘非爲乘 彼則非涅槃

이런 뜻이다. 일체 제불은 모두 연기에서 생겨난 분별지로써 각종 불법을 설한다. 소위 말하는 삼승 등에도 근본적으로 승이라 할 만한 것이 없다. 소위 열반이라 하는 것도 본래가 청정해 따로 열반의 경계가 있는 것이 아니다. 만약 경계가 있다면 이는 곧 심식의 현상으로 진정한 열반이라 할 수 없다.

욕색 유 견, 이것이 사주지니
의식이 일어나는 곳이요 식이 머무는 곳이로다
의나 안식 등이 단멸한다고 무상을 말하거나
혹 열반이 있다고 보아 상주를 말하기도 하노라
欲色有及見 說是四住地 意識之所起 識宅意所住
意及眼識等 斷滅說無常 或作涅槃見 而爲說常住

이런 뜻이다. 욕(欲)·색(色)·유(有)·견(見)의 이 네 가지 작용이 바로 사주지(四住地)로서, 소위 주지(住地)란 존재의 뜻이다. 이 네 가지 주지는 모두가 의식에서 생겨난 것으로, 식(識)의 소굴이며 의(意)가 머무는 곳이다. 하지만 일체 범부들 중 어떤 자는 의(意)나 안식(眼識) 등에 단멸이 있다고 여겨 이 속에서 무상(無常)의 감각을 일으켜 여기에 집착하니 단견이 된다. 혹자는 의식의 청정함을 느껴 이것이 열반의 경계라 여기고 그것이 항시 머문다고 생각해, 이로부터 항시 머물러 있다는 상견을 일으킨다.

덧붙임 ⑰ 이 경전은 여기에 이르러 대혜대사가 다시 세간 범부들의 생각을 끄집어내어 제시한다. 불법에 대해 제기한 몇 가지 의문은 앞부분의 문답 속에서 이미 그 대요(大要)를 볼 수 있다. 오직 석가모니부처께서 친히 겪은 구난(九難)의 고뇌에 대해서는 원래 경전의 해설 외에도 좀 더 풀어서 설명할 필요가 있다. 소위 구난(九難)에 대해 『대지도론(大智度論)』에서는 이렇게 말한다. 첫째는 바라문 여자 손타리가 부처님과 오백 나한을 동시에 헐뜯은 일이다. 둘째는 전차바라문녀 계목우작복(繫木盂作腹)이 부처님을 모독한 일이다. 셋째는 제바달다(提婆達多)가 산을 밀어 부처님을 압살하고자 하여 부처님 엄지발가락에 상처를 입힌 일이다. 넷째는 나무가 쓰러지며 다리를 찌른 일이다. 다섯째는 비류리왕(毗琉璃王)이 군대를 일으켜 석가 종족을 살해한 일이다. 여섯째는 아기달다(阿耆達多) 바라문의 요구를 받아들여 마맥(馬麥)을 먹은 일이다. 일곱째는 찬바람으로 인해 등에 병이 난 일이다. 여덟째는 설산에서 육 년간 고행한 일이다. 아홉째는 바라문촌에 들어가 걸식할 때 음식을 얻지 못하여 빈 바리때를 들고 돌아온 일이다. 이 외에도 동지 전후 한밤에 차가운 바람이 맹렬히 불어 와 삼의(三衣)[166]를 찾아 추위를 막았던 일도 있다. 찬바람에 고열이 나서 아난이 부처님 뒤에서 부채질도 했다. 왜 성불한 사람이 세속의 고뇌를 만나 스스로 신통을 사용하지 못하고, 또 호법금강역사를 불러 지키게 하지 못하는가? 왜 범부나 속인처럼 이러한 고통을 당해야 하는가? 부처님께서

---

166 승려의 소지품인 대의(大衣) 오조(五條) 칠조(七條)의 세 가지 가사(袈裟).

대혜대사에게 말씀하신다. 소위 신력이나 호법은 화신의 신통에 속하는 일이다. 부처가 세간에 내보이는 보신, 그리고 마음속으로 스스로 진제를 깨달아 증득한 법신 자성에는 법을 지키는 것이 필요하지 않을 뿐 아니라 근본적으로 지킬 만한 법이 없다. 이미 여래의 경계에 진입했다면 소위 역행이든 순행이든 결코 범인이나 천인 들의 심안이나 지력으로 추측할 수 있는 것이 아니다. 이 세속의 몸으로 출세의 법을 완성시키기 위해서는 지극히 평범함 속에 특이한 대덕을 갖추고, 특이함 속에서도 평범한 본색을 말살시키지 않아야 한다. 이런 까닭에 털끝만치도 특이함을 내세우지 않는다. 하물며 마음속으로 자각 증득하여 마음에 비할 바 없는 법지(法智)와 법인(法忍)의 비원(悲願)을 갖춘 여래임에랴? 설사 거슬리는 일을 만나더라도 큰 법지와 법인의 공덕으로 그것을 이롭게 한다. 이 속의 뜻은 이미 앞의 갠지스강 모래알 비유에서 완전히 드러났으니, 여기에 이르러 무슨 천신의 보호니 하는 수상쩍은 것들이 다시 필요하리? 그것이 불가함을 알면서도 행하고 제도될 수 없다는 것을 알면서도 제도하는 것, 이것이 부처의 마음이요 부처의 행위다. 외부의 연(緣)인 번뇌마는 참으로 견디기 어렵지만 그럼에도 반드시 견뎌 내야 하니, 예를 들면 부처님의 제자 중 정법에 밝지 못하여 성을 내며 자리를 박차고 나가는 자가 있더라도 그저 묵묵히 내버려 두어야 한다. 모름지기 알아야 할 것은, 이 인간의 몸을 받았을 때에는 이전의 과보를 모두 소진시켜야 하므로, 보신(報身)이 이로 인해 고통스러운 업력의 지배를 받아들이니 필연코 유감스러울 수밖에 없다는 점이다. 단지 원만한 법신인 진여 자성의 진제만이 만법의 전능을 갖추어 끝내 청정하다. 백만의 용천(龍天)이나 금강밀적의 호위 같은 것은 모두가 화신불의 일이다. 만약 직접 무상의 보리를 얻고 스스로 깨달아 마음속으로 증득하여 제일의를 몸소 체험한 자라면, 아무렇게나 마음 내키는 대로 사용하지 않을 것이다. 지극히 고명한 자는 중용을 말하니, 불법은 원래 인생과 심성의 지극히 평범한 일로서 결코 신비한 곳을 천착하지 않는다. 남천선사(南泉禪師)가 말했다. 왕선생의 수행이 무력해 귀신에게 들켰다고[167]. 바로 이것으로 각주로 삼고자 한다.

爾時大慧菩薩, 以偈問曰.

彼諸菩薩等　志求佛道者　酒肉及與蔥　飮食爲云何
惟願無上尊　哀愍爲演說　愚夫所貪著　臭穢無名稱
虎狼所甘嗜　云何而可食　食者生諸過　不食爲福善
惟願爲我說　食不食罪福

大慧菩薩說偈問已, 復白佛言. 惟願世尊, 爲我等說食不食肉, 功德過惡. 我及諸菩薩, 於現在未來, 當爲種種希望食肉衆生, 分別說法. 令彼衆生, 慈心相向. 得慈心已, 各於住地, 淸淨明了. 疾得究竟無上菩提. 聲聞緣覺, 自地止息已, 亦得速成無上菩提. 惡邪論法, 諸外道輩, 邪見斷常, 顚倒計著, 尙有遮法, 不聽食肉. 況復如來, 世間救護, 正法成就, 而食肉耶. 佛告大慧. 善哉善哉. 諦聽諦聽. 善思念之. 當爲汝說. 大慧白佛. 唯然受敎. 佛告大慧. 有無量因緣. 不應食肉. 然我今當爲汝

---

167 남천선사 또는 남천보원선사(南泉普願禪師, 748~834)는 마조도일(馬祖道一)의 제자로서, 백장회해(百丈懷海) 서당지장(西堂智藏)과 함께 마조 문하의 삼대사(三大士)라 불린다. 선사는 지금의 하남성 신정(新鄭) 사람으로, 속세의 성이 왕씨다. 남천선사가 볼 일이 있어 어떤 곳을 찾았더니 그곳 주인이 성대히 맞아주었다. 그러자 남천선사가 말했다. "노승은 항시 출입하면서도 다른 사람 모르게 했는데, 어찌 이처럼 환대를 하시나요?" 주인이 말했다. "어젯밤에 토지신(土地神)이 일러 주길, 오늘 스님이 오실 거라 했습니다." 남천선사가 말했다. "왕선생의 수행이 무력해 귀신한테 들켰네요." 시종하던 자가 다시 물었다. "스님께서는 이미 선지식이신데 어떻게 귀신한테 들키나요?" 남천선사가 말했다. "토지신 앞에 다시 밥 한 그릇 갖다놓게."

略說. 謂一切衆生, 從本已來, 展轉因緣, 嘗爲六親. 以親想故, 不應食肉. 驢騾駱駝, 狐狗牛馬, 人獸等肉, 屠者雜賣故, 不應食肉. 不淨氣分所生長故, 不應食肉. 衆生聞氣, 悉生恐怖. 如旃陀羅, 及譚婆等, 狗見憎惡, 驚怖群吠故, 不應食肉. 又令修行者, 慈心不生故, 不應食肉. 凡愚所嗜, 臭穢不淨. 無善名稱故, 不應食肉. 令諸咒術不成就故, 不應食肉. 以殺生者, 見形起識, 深味著故, 不應食肉. 彼食肉者, 諸天所棄故, 不應食肉. 令口氣臭故, 不應食肉. 多惡夢故, 不應食肉. 空閑林中, 虎狼聞香故, 不應食肉. 令飲食無節量故, 不應食肉. 令修行者, 不生厭離故, 不應食肉. 我嘗說言, 凡所飲食, 作食子肉想, 作服藥想故, 不應食肉. 聽食肉者, 無有是處. 復次大慧. 過去有王, 名師子蘇陀娑, 食種種肉, 遂至食人. 臣民不堪, 卽便謀反, 斷其奉祿. 以食肉者, 有如是過故, 不應食肉. 復次大慧. 凡諸殺者, 爲財利故, 殺生屠販. 彼諸愚癡食肉衆生, 以錢爲網, 而捕諸肉. 彼殺生者, 若以財物, 若以鉤網, 取彼空行水陸衆生, 種種殺害, 屠販求利. 大慧. 亦無不敎, 不求不想, 而有魚肉. 以是義故, 不應食肉. 大慧. 我有時說, 遮五種肉, 或制十種. 今於此經, 一切種, 一切時, 開除方便, 一切悉斷. 大慧. 如來應供等正覺, 尚無所食, 況食魚肉. 亦不敎人, 以大悲前行故, 視一切衆生, 猶如一子. 是故不聽令食子肉. 爾時世尊欲重宣此義, 而說偈言.

曾悉爲親屬	鄙穢不淨雜	不淨所生長	聞氣悉恐怖
一切肉與蔥	及諸韮蒜等	種種放逸酒	修行常遠離
亦常離麻油	及諸穿孔牀	以彼諸細蟲	於中極恐怖
飲食生放逸	放逸生諸覺	從覺生貪欲	是故不應食
由食生貪欲	貪令心迷醉	迷醉長愛欲	生死不解脫
爲利殺衆生	以財網諸肉	二俱是惡業	死墮叫呼獄
若無敎想求	則無三淨肉	彼非無因有	是故不應食
彼諸修行者	由是悉遠離	十方佛世尊	一切鹹呵責

展轉更相食　死墮虎狼類　臭穢可厭惡　所生常愚癡

多生旃陀羅　獵師譚婆種　或生陀夷尼　及諸食肉性

羅剎貓狸等　遍於是中生　縛象與大雲　央掘利魔羅

及此楞伽經　我悉制斷肉　諸佛及菩薩　聲聞所呵責

食已無慚愧　生生常癡冥　先說見聞疑　已斷一切肉

妄想不覺知　故生食肉處　如彼貪欲過　障礙聖解脫

酒肉蔥韭蒜　悉爲聖道障　未來世衆生　於肉愚癡說

言此淨無罪　佛聽我等食　食如服藥想　亦如食子肉

知足生厭離　修行行乞食　安住慈心者　我說常厭離

虎狼諸惡獸　恒可同遊止　若食諸血肉　衆生悉恐怖

是故修行者　慈心不食肉　食肉無慈慧　永背正解脫

及違聖表相　是故不應食　得生梵志種　及諸修行處

智慧富貴家　斯由不食肉

소식의 이유

이때 대혜대사가 다시 물었다. "왜 대승 보살도를 배우는 사람은 술과 고기, 파, 부추, 마늘 등을 먹지 않는가요? 부처님께서 다시 한 번 이 문제에 대해 말씀해 주십시오. 그리고 이 속의 죄와 복의 작용에 대해서도 말씀해 주십시오." 부처님께서 대답하셨다. "아주 많은 인연이 있어서 고기를 먹지 않아야 하니, 이제 그대를 위해 간략히 말해 보리라.

(1) 일체 중생은 본래 자성이 동체인 데다 윤회하면서 서로 인과가 되어 피차 육친[168]이나 권속이었네. 그러므로 친한 사이였거나 한 몸이라는

생각에서 고기를 먹으면 안 되네.

(2) 당나귀, 노새, 여우, 개, 소, 말, 사람, 짐승 등의 고기는 백정이 서로 뒤섞어 파니 이 때문에 고기를 먹어서는 안 되네.

(3) 육류는 모두 맛이 정갈하지 못한 것을 먹고 생장하니, 이 때문에 고기를 먹어서는 안 되네.

(4) 중생들은 육식자의 냄새만 맡아도 공포심이 생기니, 예를 들면 백정이나 사냥꾼은 개가 보기만 해도 증오심과 공포심이 생겨 떼를 지어 일어나 짖으니, 이 때문에 고기를 먹어서는 안 되네.

(5) 육식은 수행인으로 하여금 자비심이 일어나지 못하게 하니, 이 때문에 고기를 먹어서는 안 되네.

(6) 어리석은 범부들의 기호는 더럽고 냄새나고 깨끗하지 못한 것을 달고 향기로운 것으로 여기니, 이 때문에 고기를 먹어서는 안 되네.

(7) 그대에게 일체의 주술을 배우게 해도 성공할 수 없으니, 이 때문에 고기를 먹어서는 안 되네.

(8) 살생을 좋아하면 동물 모습만 보아도 탐내고 성내는 마음이 생겨 탐욕을 버릴 수 없으니, 이 때문에 고기를 먹어서는 안 되네.

(9) 고기를 먹는 사람은 여러 천인(天人)에게 버려지니, 이 때문에 고기를 먹어서는 안 되네.

(10) 고기를 먹는 사람은 입냄새가 아주 심하니, 이 때문에 고기를 먹어서는 안 되네.

(11) 고기를 먹는 사람은 악몽을 많이 꾸게 되니, 이 때문에 고기를 먹어서는 안 되네.

(12) 고기를 먹는 사람은 만약 산속에 있다면 호랑이가 고기향을 맡게

---

168 부모 처자 형제를 말한다.(원주)

되니, 이 때문에 고기를 먹어서는 안 되네.

(13) 육식은 그대가 음식을 절제할 수 없게 하니, 이 때문에 고기를 먹어서는 안 되네.

(14) 수행하는 사람으로 하여금 떠나고자 하는 마음이 사라지게 하니, 이 때문에 고기를 먹어서는 안 되네.

(15) 내가 일찍이 말한 바 있지만 우리는 모든 음식에 대해 자녀의 고기를 먹듯 생각해야 하며, 기아를 면하기 위해서는 약을 먹는다는 생각을 해야 하니, 이 때문에 고기를 먹어서는 안 되네. 요컨대 고기를 먹어도 된다는 말을 듣더라도 절대로 믿지 말게.

대혜여! 과거 한 국왕이 있었는데 이름이 사자노(師子奴)였네. 온갖 고기를 먹기 좋아하다가 마침내 인육을 먹기에 이르렀네. 그러자 무리가 반란을 일으키고 친지들이 떠나갔네. 신하와 백성들이 모반을 일으켜 마침내 나라를 잃고 말았네. 고기를 먹는 자는 많은 허물이 있으니 이 때문에 고기를 먹어서는 안 되네. 무릇 살생을 하는 사람이라면 그 목적이 돈을 위한 것이네. 돈을 위해 살생하고 짐승을 죽여 파는 일을 하네. 어리석은 식육자들은 자신이 살생을 하지는 않아도 돈으로 그물을 짜서 아쉬운 사람들이 쫓아 나가 동물을 잡도록 하네. 살생하는 사람들은 재물을 사용하거나 다른 수단을 사용하는데, 갈고리나 그물 같은 것으로 공중이나 수중 혹은 육지에서 중생을 잡아 온갖 방법으로 도살하여 이익을 챙기네. 그대는 알아야 하네. 세상에 육식을 가르치지 않는 곳이 없어서 육식을 애써 구하지 않고 원하지 않아도 살다 보면 생선도 먹고 고기도 먹게 된다네. 이러한 이치로 인해 고기를 먹어서는 안 되네. 나도 어떤 때는 지리적 환경이나 기타 원인 때문에 차계(遮戒)[169]를 세워 비구들에게 오정육(五淨肉)[170]을 먹도록 허락하기도 했네. 혹은 말하기를 코끼리, 말, 용, 뱀, 사람, 귀신, 원숭이, 돼지, 개, 소 등 열 종 이외의 고기는 먹어도 된다고도 했네. 하지만 이것은 시간이나 지역 등의 원인으로 인한 부득이한 설법이었네. 지금 이 경전 속에는 식육을 절대 금하니 어떤 고기든 어떤 시간이든 막론하고 모두 고기를 먹어서는 안 되네. 단지 병을 치료하는 등 부득이한 상황 외에는 일체 먹지 않아야 하네. 불법 수행의 구경처에서는 심지어 일체 음식마저 끊어야 하거늘 하물며 물고기나 고기를 먹는 것이랴? 이 때문에 부처는 사람이 절대 고기를 먹지 못하게 한다네. 부처는 대자비심을 전제하기에 마땅히 일체 중생 보기를 자식 보듯 하니, 이 때문에 사람들이 자식의 고기를 먹지 못하게 한 것이네." 부처님은 이 이치를 종합해 한 편의 게송으로 말씀하셨다.

일찍이 친족이거나 권속이었고 더럽고 정결하지 못하며
생장하는 곳이 깨끗하지 못해 냄새만 맡아도 공포를 느끼도다
曾悉爲親屬　鄙穢不淨雜　不淨所生長　聞氣悉恐怖

일체의 고기와 파, 부추와 마늘 등과
거리낌 없이 마셔대는 여러 술은 수행에서 항시 멀어지게 하도다
一切肉與蔥　及諸韮蒜等　種種放逸酒　修行常遠離

참기름과 구멍 뚫린 침상 역시 항시 멀리해야 하니
저 작은 벌레들이 그 속에서 극도로 두려워하도다

---

169 부처님께서 저지하시는 일이다.(원주)

170 첫째, 내 눈으로 죽이는 것을 보지 않은 것. 둘째, 나를 위해 죽였다는 말을 듣지 않은 것. 셋째, 나를 위해 죽이지 않았을 법한 것. 넷째, 새나 짐승이 명이 다해 스스로 죽은 것. 다섯째, 독수리나 매 등 다른 짐승들이 먹다 남은 고기.(원주)

亦常離麻油　及諸穿孔床　以彼諸細蟲　於中極恐怖

음식은 방일을 낳고 방일은 여러 감각을 낳으며
감각으로부터 탐욕이 생기니 이런 까닭에 먹지 말아야 하노라
飮食生放逸　放逸生諸覺　從覺生貪欲　是故不應食

음식으로부터 탐욕이 생기고 탐욕은 마음을 취하게 하며
취함이 길어지면 애욕이 생겨 생사를 해탈하지 못하노라
由食生貪欲　貪令心迷醉　迷醉長愛欲　生死不解脫

이익을 위해 중생을 죽이고 재물로 뭇 고기를 사로잡으니
이 들은 모두 악업으로 죽어서 아비규환의 지옥에 떨어지리라
爲利殺衆生　以財網諸肉　二俱是惡業　死墮叫呼獄

가르치지 않고 생각하지 않고 구하지 않았더라도 세 가지 깨끗한 고기는 없으니
거기엔 인이 없지 않아 이 때문에 응당 먹지 말아야 하노라
若無敎想求　則無三淨肉　彼非無因有　是故不應食

저 수행자들이 이로부터 멀리 떠나니
시방불과 세존이 일체의 위엄으로 꾸짖노라
彼諸修行者　由是悉遠離　十方佛世尊　一切威呵責

돌아가며 서로 먹으니 죽어서 호랑이 이리 유로 떨어지며
더러운 냄새가 혐오스럽고 항시 어리석게 태어나며
백정이나 사냥꾼, 개고기를 먹는 자로 자주 태어나리라

展轉更相食　死墮虎狼類　臭穢可厭惡　所生常愚癡

多生旃陀羅(以屠殺爲業者)　獵師譚婆種(食狗肉者)

혹 다이니나 식육성 동물, 나찰 고양이 너구리 등
이런 생을 두루 받아 태어나리라

或生陀夷尼　及諸食肉性　羅利貓狸等　遍於是個生

박상경과 대운경, 앙굴리마라경[171]
그리고 이 능가경에서 나는 고기를 끊도록 제정하노라

縛象與大雲　央掘利魔羅　及此楞伽經　我悉制斷肉

제불과 보살, 성문이 꾸짖는 바이니
먹으면서도 부끄러워하지 않는다면 세세생생 어리석고 몽매하리라

諸佛及菩薩　聲聞所呵責　食已無慚愧　生生常癡冥

먼저 불견, 불문, 불의의 삼정육을 설하고 이미 일체 고기를 끊으라 했는데도
망상 때문에 깨닫지 못하니 이 때문에 고기 먹는 곳에 태어났도다

先說見聞疑　已斷一切肉　妄想不覺知　故生食肉處

저 탐욕이 과도한 자가 성인의 해탈에 장애가 되듯
술 고기 파 부추 마늘은 성인의 도에 장애가 되도다

---

171 부처님 재세 시 사위성(舍衛城)에 살던 자이다. 살인을 하면 열반을 얻는다는 것을 신봉해 자기 어머니까지 살해하려 했다. 부처님께서 불쌍히 여기시고 정법을 설하자 잘못을 고치고 불문에 입문했으며 후에 아라한과를 얻었다. 『앙굴리마라경』이 있는데, 부처님이 앙굴리마라를 제도하던 일을 전하고 있다.(원주)

如彼貪欲過　障礙聖解脫　酒肉蔥韭蒜　悉爲聖道障

미래의 중생은 고기에 대해 어리석게 말하길
이 청정한 고기는 죄가 없어 부처님께서도 먹으라 하셨다 하리라
未來世衆生　於肉愚癡說　言此淨無罪　佛聽我等食

먹기를 약 먹듯 하고 자식의 고기를 먹듯 하면
만족함을 알아 싫어하게 되리니 수행하며 걸식을 행하리라
食如服藥想　亦如食子肉　知足生厭離　修行行乞食

자비로운 마음에 편안히 머무는 자에게 나는 항시 육식을 하지 말라 말하니
호랑이 이리 등 악한 짐승과 항시 같이 놀 수 있기 때문이니라
安住慈心者　我說常厭離　虎狼諸惡獸　恒可同遊止

만약 피 흘리는 고기를 먹으면 중생이 모두 두려워하리니
이 때문에 수행자는 자비로운 마음으로 고기를 먹지 않노라
若食諸血肉　衆生悉恐怖　是故修行者　慈心不食肉

육식에는 자비와 지혜가 없어 영원히 바른 해탈에 배치되고
성인의 모습에 어긋나니 이 때문에 먹어서는 안 되노라
食肉無慈慧　永背正解脫　及違聖表相　是故不應食

바라문으로 태어나고 수행하는 곳을 얻으며
지혜롭고 부유한 것은 육식을 하지 않는 데서 연유하도다
得生梵志種　及諸修行處　智慧富貴家　斯由不食肉

:: 이 게송의 이치와 의의는 평이한 문사(文辭)와 자구 속에 명백히 드러나 있고, 또 그 대요는 이미 앞에서 말한 바 있기에 여기서 다시 풀어 설명하지 않는다.

팔식규구송(八識規矩頌)

당(唐) 삼장사문(三藏沙門) 현장(玄奘)이 조문을 받들어 지음

性境現量通三性　眼耳身三二地居　遍行別境善十一　中二大八貪瞋癡
五識同依淨色根　九緣八七好相鄰　合三離二觀塵世　愚者難分識與根
變相觀空唯後得　果中猶自不詮眞　圓明初發成無漏　三類分身息苦輪
三性三量通三境　三界輪時易可知　相應心所五十一　善惡臨時別配之
性界受三恒轉易　根隨信等總相連　動身發語獨爲最　引滿能招業力牽
發起初心歡喜地　俱生猶自現纏眠　遠行地後純無漏　觀察圓明照大千
帶質有覆通情本　隨緣執我量爲非　八大遍行別境慧　貪癡我見慢相隨
恒審思量我相隨　有情日夜鎭昏迷　四惑八大相應起　六轉呼爲染淨依
極喜初心平等性　無功用行我恒摧　如來現起他受用　十地菩薩所被機
性惟無覆五遍行　界地隨他業力生　二乘不了因迷執　由此能興論主諍
浩浩三藏不可窮　淵深七浪境爲風　受熏持種根身器　去後來先作主公
不動地前纔捨藏　金剛道後異熟空　大圓無垢同時發　普照十方塵刹中

팔식규구송관주해(八識規矩頌貫珠解)

범고농(範古農)[1] 해설

이 송(頌)은 당나라 현장법사가 지었다. 심왕(心王)인 팔식(八識)을 네 부류로 나누어 각기 세 송(頌)으로 지었는데 앞의 두 송은 범부의 경계를, 뒤의 한 송은 성인의 경계를 논했다. 주해는 관주법(貫珠法)을 사용하여 송의 구절을 분석하고 그 뜻을 새겨 넣었다.

전오식송(前五識頌) 1

性境現量通三性 眼耳身三二地居 遍行別境善十一 中二大八貪瞋癡

성경[2] 현량이 삼성에 통하니〔性境現量通三性〕

해설 안식(眼識)·이식(耳識)·비식(鼻識)·설식(舌識)·신식(身識)을 오식이라 한다. 그 해당되는 경(境)은 삼경(三境) 중 오직 성경(性境)이요, 그 능

---

1 범고농(範古農. 1881~1951). 청말(清末)의 수재(秀才). 1898년 상해남양공학(上海南洋公學)을 졸업한 후 26년 동안 항주(杭州) 구시서원(求是書院)에서 수학했다. 1907년 동경물리전과학교(東京物理專科學校)로 유학을 떠났다가 1910년 귀국해 상업학교 교장 등으로 재직했다. 이 당시 장태염(章太炎), 노신(魯迅) 등과 교유하면서 주로 혁명 사업에 몰두했다. 그러다 신해혁명 후에는 불교 연구로 돌아섰다. 1943년 상해로 가서 법상학사(法相學社)를 세워 법상(法相)을 강의했으며 항일 전쟁 후에는 법상학 연구에 온 힘을 기울였다. 저서로는 『대승공의집요(大乘空義集要)』 『환암문집(幻庵文集)』 『팔식규구송관해(八識規矩頌貫解)』 『관소연연론석(觀所緣緣論釋)』 『불교문답(佛敎問答)』 등이 있다.

2 우리의 인식 경계는 성경(性境)·독영경(獨影經)·대질경(帶質經)으로 삼분되는데, 이 중 성경은 마치 거울에 사물이 비치는 것처럼 아무런 분별이 없는 경계다.

연(能緣)의 양(量)은 삼량(三量) 중 오직 현량(現量)이다. 그 업성(業性)은 선(善)·악(惡)·무기(無記)의 삼성(三性)을 통한다.

안식 이식 신식의 삼식은 이지에 머물도다³[眼耳身三二地居]

해설 유정(有情)의 계(界)인 구지(九地) 중 비식과 설식은 오직 제일지인 오취잡거지(五趣雜居地)⁴만 행해지고 제이지 이상은 행해지지 않는다. 안식과 이식, 신식은 제이지인 이생희락지(離生喜樂地)⁵에서 머물며, 제삼지 이상에서는 역시 행해지지 않는다.

변행과 별경과 선이 열하나요[遍行別境善十一]

해설 그 상응하는 마음의 작용은 모두 서른네 개로⁶, 변행(遍行)⁷이 다섯, 별경(別境)⁸이 다섯, 선(善)⁹이 열하나요

---

3 제일지 오취잡거지에서는 전오식이 모두 행해지나 제이지인 색계 초선에서는 안식·이식·신식만 적용되며, 제삼지 이상에서는 선정 상태로 접어들기 때문에 안식·이식·신식도 필요없다. 이 때문에 안식·이식·신식이 제일지와 제이지에 머문다고 했다.

4 우리가 현재 살고 있는 곳은 욕계로, 욕계는 오취(五趣) 즉 지옥·아귀·축생·인간·천(天)의 중생이 살고 있다. 이 욕계 안에 살고 있는 오취를 합한 것이 제일지 오취잡거지이다.

5 색계에는 초선(初禪)인 이생희락지(離生喜樂地), 이선(二禪)인 정생묘락지(定生妙樂地), 삼선(三禪)인 이희묘락지(離喜妙樂地), 사선(四禪)인 사념청정지(捨念淸淨地)가 있는데, 초선인 이생희락지에서는 무엇을 먹을 때 선열(禪悅)로 음식을 삼기 때문에 안식과 이식과 신식만이 작용할 뿐 설식과 비식은 필요하지 않다.

6 유식의 심리 작용은 모두 쉰한 가지인데, 여기서 말하는 서른네 가지란 전오식과 상응하는 마음 작용만을 말한 것이다.

7 모든 심식에서 발생하는 마음 작용으로, 여기에는 촉(觸)·작의(作意)·수(受)·상(想)·사(思)의 다섯 가지가 있다.

8 변행처럼 모든 경우가 아니라 어떤 특정 대상을 대할 때만 발생하는 마음의 작용을 뜻하며, 여기에도 욕(欲)·승해(勝解)·염(念)·정(定)·혜(慧)의 다섯 가지가 있다.

9 과거와 현재 또는 현재와 미래의 두 세상에 걸쳐서 자기와 타인을 이익이 되게 하는 마음 작용으로, 여기에는 신(信)·정진(精進)·참(慚)·괴(愧)·무탐(無貪)·무진(無瞋)·무치(無癡)·경안(輕安)·불방일(不放逸)·행사(行捨)·불해(不害)의 열한 가지가 있다.

중수번뇌 둘, 대수번뇌 여덟, 그리고 탐진치로다[中二大八貪瞋癡]

해설 중수번뇌(中隨煩惱)[10]가 둘, 대수번뇌(大隨煩惱)[11]가 여덟, 그리고 근본번뇌(根本煩惱)가 탐진치 셋이다.

전오식송 2

五識同依淨色根 九緣八七好相鄰 合三離二觀塵世 愚者難分識與根

오식은 동일하게 정색근에 의지하니[五識同依淨色根]

해설 이는 오식이 의지해 생겨나는 뿌리로, 그 형상이 각기 다른 것이 부진근(浮塵根)[12]이다. 만약 승의근(勝義根)으로 말하자면 모두 육안이 아닌 천안으로 볼 수 있는 청정색법(淸淨色法)으로 조성된 뿌리로서 서로 차이가 없다.

아홉 연과 여덟 일곱 연이 서로 잘 이웃하도다[九緣八七好相鄰]

해설 식(識)이 비록 근(根)에 의지하여 일어나지만 그 연(緣)이 결여되어도 역시 드러나지 못한다. 그러므로 그 의지하는 연을 통틀어 말하면 안

---

10 탐진치의 근본번뇌를 따라 생겨나는 스무 가지 수번뇌(隨煩惱) 중 단지 불선(不善)의 마음과 상응하여 일어나는 번뇌인 무참(無慚)·무괴(無愧)의 두 가지를 말한다.

11 수번뇌 중 일체의 오염심에 널리 상응하여 발생하는 방일(放逸)·실염(失念)·부정지(不正知)·도거(掉擧)·혼침(混沈)·불신(不信)·해태(懈怠)·산란(散亂)의 여덟 가지를 말한다.

12 오근(五根)을 부진근(浮塵根)과 정색근(淨色根)으로 구별하는데 안구나 귓구멍, 콧날 등 외형을 눈으로 볼 수 있는 것을 부진근이라 하며, 부진근에 의지해 외부 경계로부터 식을 일으키는 것으로 말하자면 오관의 신경에 해당하는 것이 정색근 또는 승의근이다.

식(眼識)은 모름지기 명(明), 공(空) 등 아홉 연을 빌려야 하며, 이식(耳識)은 명(明) 외에 여덟 연을 빌려야 하고[13], 비설신(鼻舌身) 세 식은 명(明)과 공(空) 외의 일곱 연을 빌려야 하니 대동소이하여 마치 이웃처럼 가깝다.

셋이 합하고[14] 둘은 떨어져[15] 세상을 관찰하니〔合三離二觀塵世〕

해설 대경(對境)에 이르러서는 다섯 티끌 세간을 보니, 모름지기 근(根)과 경(境)이 서로 합하는 것은 비설신(鼻舌身) 세 식이요, 근과 경이 서로 분리되는 것은 안이(眼耳) 두 식이다. 티끌 세간을 관찰하는 것이 이처럼 다르다.

어리석은 자는 식과 근을 분별하기 어렵도다[16]〔愚者難分識與根〕

해설 대경(對境)에서 정(情)이 생겨나니 누가 그 주인인가? 저 법상(法相)에 어리석은 소성(小聖)들이 항시 분별하기 어려워하는 것이 식(識)과 근(根)이니, 하물며 범부들이겠는가? 그러니 이 오식(五識)의 상황은 날마다 쓰면서도 아는 이가 적다.

전오식송 3

變相觀空唯後得 果中猶自不詮眞 圓明初發成無漏 三類分身息苦輪

---

13 청각이 작용하는 데는 시각과는 달리 밝고 어두운 명연(明緣)이 필요 없기 때문이다.

14 비식·설식·신식이 활동하기 위해서는 대상과 직접 접촉해야 비로소 가능하다.

15 안식과 이식은 대상과 떨어져 있어도 활동이 가능하다.

16 식(識)이란 분별하는 인식 주체를 말하고 근(根)이란 인식이 발생하는 감각 기관을 말하는데, 이들의 차이가 매우 미묘해 파악하기가 어렵다.

상이 변해 공을 관찰하나 오로지 후득지로 얻으니[17]〔變相觀空唯後得〕

해설 범인과 성인의 다름은 미혹됨과 깨달음에 있으니, 미혹된 자는 망상에 집착하고 깨달은 자는 공(空)을 이해한다. 망상에 집착하는 것을 식(識)이라 하고, 공(空)을 이해하는 것을 지혜라 한다. 만약 소연(所緣)의 경계에 대해 여러 식(識)이 어리석은 집착을 일으키지 않고 아공(我空)과 법공(法空)의 이치를 관찰한다면, 이것이 식을 지혜로 전환하는 공(功)으로 초범입성(超凡入聖)의 바탕이다. 이 관찰의 대상인 공의 이치가 바로 진여인데, 체(體)와 상(相)이 있어 능히 묘지(妙智)를 관찰할 수 있으며, 두 종류의 차이에 통달하여 진여의 체(體)를 직관할 수 있는데, 이것이 근본지(根本智)다. 모름지기 진여의 상(相)으로 변화시켜 보는 것은 후득지(後得智)다. 지금 오식이 공(空)을 드러내는 지혜는 단지 능연(能緣)으로 변화되어 나타난 상(相)이므로 후득지에 속한다.

불과 중에서도 오히려 스스로 진여를 갖추지 않도다〔果中猶自不詮眞〕

해설 이 오식은 인지(因地)에서 지혜로 전환되지 않고 과지(果地)에서 전환된다. 또 자신이 진여를 증득하지 못하기에 오식이 전환된 지혜가 후득지에 속하며 근본지에 속하지 않는다는 것이 명백하다.

원명이 먼저 발해 무루를 이루고[18]〔圓明初發成無漏〕

해설 어떻게 지혜로 전환되는가? 보살지가 다하여 여래지로 들어서는

---

17 심식이 생겨날 때 세속의 상분(相分)이 변하면 그 관찰한 바가 공(空)이 되지만 그 상(相)이 공이 되어도 아직은 공상(空相)을 벗어나지 못한다. 이는 오직 후득지(後得智)로 얻어지는 것일 뿐 근본지(根本智)의 작용이 아니다.

18 여기서 원명(圓明)은 대원경지(大圓鏡智)를 말한다. 대원경지는 제팔식인 아뢰야식이 청정하게 전환하여 불과(佛果)의 지혜가 열리는 경지다. 이때에는 전오식도 따라서 전환하여 무루(無漏)의 성소작지(成所作智)가 된다.

것, 이것을 일러 장식(藏識)이 대원경지(大圓鏡智)로 전환된다고 한다. 광명이 처음으로 오근(五根)에서 발하여 무루색법(無漏色法)으로 전환되면, 여기에 의지해 발하는 오식 역시 무루오지(無漏五智)가 되는데, 소위 말하는 성소작지(成所作智)다.

세 종류로 몸을 나투어[19] 괴로운 윤회를 그치게 하도다[三類分身息苦輪]

해설 이 오지(五智)는 여래가 만들어 내는 세 분신(分身)을 성취할 수 있으니, 지전보살[20]에 대해서는 천장(千丈)보다 큰 응신(應身)을 만들고 성문과 연각, 범부에 대해서는 여섯 장의 작은 응신을 만들며 나머지 중생에 대해서도 종류에 따라 몸을 변화시켜, 이 무수한 분신이 시방 찰토에 두루함을 말한다. 지금의 중생이 윤회의 고통을 그치고 불과를 증득하기 위한 이타적 사업이 아님이 없다.

의식송(意識頌) 1

三性三量通三境 三界輪時易可知 相應心所五十一 善惡臨時別配之

삼성과 삼량으로서 삼경에 통하니[三性三量通三境]

해설 우리가 통상 사고작용을 하는 심(心)은 의식(意識)이다. 공업(共業)[21]

---

19 세 종류 몸이란 대화신(大化身)·소화신(小化身)·수류화신(隨類化身)을 말한다. 대화신이란 크게 몸을 나투는 것이고, 소화신은 조금 작게 몸을 나투는 것이며, 수류화신은 중생의 종류를 따라 몸을 나투는 것이다. 축생을 위할 때에는 축생의 몸을 나투고, 남자를 위할 때에는 남자의 몸을 나투어 고해에 빠져 윤회하는 중생을 제도한다.

20 지전보살(地前菩薩)은 아직 십지(十地)에 들지 못한 십주(十住)·십행(十行)·십회향(十回向)의 보살을 가리키며, 이들을 달리 삼현(三賢)이라 부르기도 한다. 이미 십지에 들어선 보살은 십성(十聖) 또는 지상보살(地上菩薩)이라 부른다.

의 성통(性通)에는 선성(善性)·악성(惡性)·무기성(無記性)의 삼성(三性)이 있고, 그 능연(能緣)의 헤아림에는 현량(現量)·비량(比量)·비량(非量)의 삼량(三量)[22]이 있다. 그 소연(所緣)의 경계에는 성경(性境)·대질경(帶質境)·독영경(獨影境)의 삼경(三境)[23]이 있다.

삼계를 윤회할 때 쉽게 알 수 있도다[24][三界輪時易可知]

해설 의식은 욕계와 색계, 무색계 삼계에 변행(遍行)[25]한다. 따라서 삼계 중생의 윤회가 아직 그치지 않았을 때는 이 식(識)의 상(相)이 거칠어 떠오르든 가라앉든 쉽게 알 수 있어서 뒤의 두 식(識)이 쉽게 알 수 없는 것과 다르다.

상응하는 심소는 오십한 개이니[相應心所五十一]

해설 그 상응하는 심소(心所)는 변행(遍行) 다섯, 별경(別境) 다섯, 선(善)이 열하나, 근본번뇌(根本煩惱) 여섯, 수번뇌(隨煩惱) 스물, 부정(不定) 넷 등 모두 쉰한 개를 갖추고 있다.

선과 악에 임할 때 별도로 그것을 배정하도다[善惡臨時別配之]

---

21 업(業)은 두 가지로 나뉜다. 하나는 개인적으로 받는 업으로 이를 별업(別業)이라 하고, 또 하나는 집단으로 받는 업으로 이를 공업(共業)이라 한다.

22 현량(現量)은 직관적으로 대상을 아는 것이요, 비량(比量)은 유추와 추리로써 사물을 아는 것이며, 비량(非量)은 잘못된 현량과 비량(比量)을 말한다.

23 인식의 대상을 세 종류로 분류한 것이다. 성경(性境)은 주관의 영향을 받지 않는 객관 세계이며, 독영경(獨影境)은 주관의 영향하에 제멋대로 나타나는 경계이고, 대질경(帶質境)은 본질은 있으나 본질 그대로는 나타나지 않는 경계로서 제육식은 이 세 경계에 모두 통한다.

24 중생이 삼계에 윤회할 때 삼계에서 받는 생사와 선악의 인과는 바로 제육식의 작용으로 말미암기에, 그 모습을 팔식 중에서 가장 쉽게 알 수 있다.

25 두루 활동하는 마음 작용. 팔식 가운데 어느 식(識)이 일어나도 반드시 그와 함께 일어나는 마음 작용이다.

해설 의식이 생각을 일으킬 때는 혹은 선하게 혹은 악하게 혹은 무기(無記)가 되지만, 때에 맞추어 선이나 악이나 무기의 심소가 될 수 있어 분별하고 지배하는 것이 거기에 상응해 조금도 착오가 없다.

의식송 2

性界受三恒轉易 根隨信等總相連 動身發語獨爲最 引滿能招業力牽

삼성과 삼계와 오수[26] 셋은 항시 변화하여〔性界受三恒轉易〕

해설 의식이 연(緣)을 필요로 하는 것은 간소하여 항시 일어나며 머물지 않고 변동한다. 인(因)을 만드는 데는 삼성(三性)이 항상 전이하며 변화하지만 결과에는 삼계(三界)가 항시 변화한다. 경계에 접촉하여 감정이 생겨날 때는 홀연 즐겁고 홀연 고통스러우며 홀연 근심스럽고 홀연 기쁘며 홀연 괴롭지도 즐겁지도 않아, 그 오수(五受)[27]가 항시 전이하며 변화하니 이는 성·계·수 셋에서 항상 전이하며 변화하는 모습이다.

근본번뇌와 수번뇌, 신 등이 총체적으로 서로 연계되니〔根隨信等總相連〕

해설 심왕은 항시 전환 변화하며 심소 역시 그러하다. 때로는 근본번뇌가 여기에 상응하고, 때로는 대중소 수번뇌(隨煩惱)가 여기에 상응하며, 때로는 신(信) 등 선법, 혹은 부정(不定) 혹은 별경(別境)이 여기에 상응한

---

26 삼성(三性)은 선·악·무기이고, 삼계(三界)는 욕계·색계·무색계이며, 삼수(三受)는 세 가지 감수 작용인 고(苦)·낙(樂)·사(捨)를 말한다.

27 외부의 자극으로 느끼는 다섯 가지 감수 작용. 괴로움을 느끼는 고수(苦受), 즐거움을 느끼는 낙수(樂受), 근심하는 우수(憂受), 기쁨을 느끼는 희수(喜受), 괴롭지도 즐겁지도 않은 사수(捨受).

다. 총체적으로 서로 이끌려 이어져서 어느 때도 분리되지 않는다.

몸을 움직이고 말을 하는 데 가장 뛰어나니[動身發語獨爲最]

해설 의식의 상황이 이와 같아 신근(身根)을 끌어 움직일 수 있으며, 신업(身業)을 만들 수 있고, 입과 혀를 놀려 업을 두 배로 할 수 있다. 다른 식(識)과 비교할 때 그 힘이 유독 강하며 그 작용 또한 제일 강렬하다.

과보를 이끌고 채워서 능히 업력에 이끌림을 초래하도다[28][引滿能招業力牽]

해설 무릇 우리 사람이 만드는 신(身), 어(語) 등의 업(業)은 장식을 훈습하여 내세의 인(因) 종자가 된다. 두 가지 종류가 있으니 그 하나는 내세에 총괄적 과보를 끄집어낼 수 있는 것이요, 다른 하나는 내세에 별도의 과보를 완성해 채울 수 있는 것이다. 요컨대 육도의 중생이 내세의 과보를 초래할 수 있는 것은 모두 이 업을 만드는 의식의 힘이 끌어당기고 명령하여 일으킨 것일 뿐이다. 따라서 이 식(識)은 모든 것 중에서도 가장 강한 권력자다.

의식송 3

發起初心歡喜地 俱生猶自現纏眠 遠行地後純無漏 觀察圓明照大千

초심 환희지에서 지혜가 발하니[發起初心歡喜地]

해설 의식을 지혜로 바꾸는 것은 역시 허망한 법진(法塵)에 집착하지 않

---

28 『유가사지론 강의』(부키, 2021)에서는 "인업과 만업으로 능히 업력에 이끌림을 초래한다"라고 해석하였다.(『유가사지론 강의』 상권 350쪽 참조)

고 이공(二空)의 진여를 관찰하여 통달하는 데 있다. 그러나 지혜로 바꾸는 차례에는 삼위(三位)가 있어야 한다. 만약 최초로 지혜와 상응하는 심품을 일으킨다면 그것이 보살 제일 성위(聖位)인 환희지다.

구생혹²⁹은 오히려 스스로 나타나 전면하며³⁰[俱生猶自現纏眠]

해설 하지만 초지에서 아(我)와 법(法)을 분별하는 두 집착을 끊어야 한다. 만약 아와 법의 두 집착이 모두 생겨난다면 자연스레 현행하여 일마다 얽혀 들 것이다. 종자가 장식에 잠들어 있어 잠복하기 전에 끊는 것이다.

원행지 후에는 순전히 무루가 되어[遠行地後純無漏]

해설 만약 보살 제칠 성위인 원행지 도달한 이후라면 구생아집(俱生我執)의 종자가 이미 끊어지고 법집(法執)의 현행도 이미 잠복한다. 이때의 의식은 순전히 무루이니 바로 제이위의 전지(轉智)다.

묘관찰지가 원만하고 밝아 대천세계를 비추도다[觀察圓明照大千]

해설 곧바로 여래지에 들어서면 의식의 법집 종자 역시 끊어져 제삼 전지(轉智)인 구경성취위가 된다. 제법의 성상(性相)을 관찰할 수 있으며, 원만하고 빛나 대천세계를 두루 비추어 밝게 빛나지 않음이 없다. 여래가 기미를 보아 설법함은 여기에 의거하니 이 때문에 묘관찰지라 한다.

---

29 구생혹(俱生惑)은 선천적으로 익혀 온 번뇌.

30 환희지에서는 의식 작용 중 분별 혹은 멈추지만 구생혹인 전(纏)과 면(眠)은 아직 남아 활동하고 있다. 전(纏)은 현행(現行)을, 면(眠)은 종자(種子)를 말하므로, 초지에서 구생혹의 현행과 종자가 활동한다.

말나식송(末那識頌) 1 (즉 염오식染汙識)

帶質有覆通情本 隨緣執我量爲非 八大遍行別境慧 貪癡我見慢相隨

대질경[31]을 반연하고 유부무기[32]며 정과 본에 통하나[33][帶質有覆通情本]

해설 의식의 뿌리를 염오식이라 한다. 제육 의식을 잇기에 제칠식이라 한다. 이 식은 장식의 견분(見分)을 대질경(帶質境)으로 삼는다. 그 업성은 무기성이다. 그러나 무기에는 둘이 있어 염법(染法)과 상응하니, 정법(淨法)을 가로막아 방해할 수 있기에 유부(有覆)라 했으며 이것이 없는 것은 무부(無覆)가 된다. 이 식은 유부에 속한다.

또 이 식의 소연(所緣)이 대질경인데, 비록 장식 견분의 본질에 의존해 일어나지만, 스스로의 식(識)으로부터 해석되어 아경(我境)이 된다. 이 때문에 한편으로는 스스로의 식에 통하고 한편으로는 본질에 통하니, 이를 일러 정(情)과 본(本)에 통한다고 했다.

연을 따라 아에 집착하며 비량이로다[隨緣執我量爲非]

---

31 대질경(帶質境)이란 주관과 객관 사이에 놓여 있는 중간적 대상으로 유추하여 분별하는 것인데, 여기에는 진대질(眞帶質)과 사대질(似帶質)이 있다. 진대질은 제칠 말나식이 제팔식의 견분(見分)을 자아로서 반연하는 것으로, 이것은 객관적 경계를 반연하는 것이 아니다. 따라서 진대질은 제칠식에 해당된다. 그러나 사대질은 마음으로 경계를 반연하는 것으로 진대질처럼 전적으로 주관에 치우지지 않고 주관에 객관이 반영된 것이다. 따라서 사대질은 의식에 속한다.

32 삼성(三性) 중 무기(無記)는 선악 어디에도 속하지 않는데, 이것은 다시 유부무기(有覆無記)와 무부무기(無覆無記)로 구분된다. 유부무기는 제칠식의 열여덟 가지 마음 작용이 먼지가 덮여 있듯 덮어서 수행을 방해하기에 유부라고 하고, 무부무기는 무엇이 덮여 있기는 하지만 제팔식에서 단지 오변행만 수반하고 있기에 무부라고 한다. 진여 자성을 깨친 대원경지에서 볼 때는 제팔식도 무부무기라 할 수 없지만 중생의 차원에서 볼 때 제칠식은 열여덟 심소에 덮인 것이 심해 유부무기라 하고, 제팔식은 오변행만이 작용해 미세하기에 무부무기라고 한다.

33 정(情)이란 제팔식의 견분을 말하고 본(本)은 본질을 뜻하는 것으로, 제칠식은 정과 본에 모두 통한다.

해설 이 식은 그 소연(所緣)인 장식의 견분을 따라 그것을 아(我)라 집착한다. 바로 중생의 아집이 여기서부터 나온다. 무릇 장식의 견분은 원래 아가 아니지만, 아가 아닌 것을 아로 보기에 그 능연(能緣)의 양(量)이 비량(非量)이 된다.

여덟 대수번뇌와 오변행과 별경 중의 지혜와〔八大遍行別境慧〕

해설 그 상응하는 심소는 단지 열여덟 개로, 대수번뇌(大隨煩惱) 여덟, 변행(遍行) 다섯, 그리고 별경(別境) 중 혜(慧)가 하나 있다.

탐과 치, 아견과 아만이 서로 따르도다〔貪癡我見慢相隨〕

해설 거기다 탐(貪)·치(癡)·아견·아만의 근본번뇌 넷이 있어 함께하며 떨어지지 않는다.

말나식송 2

恒審思量我相隨 有情日夜鎭昏迷 四惑八大相應起 六轉呼爲染淨依

항시 심사 사량하고 아상이 수반되어〔恒審思量我相隨〕

해설 이 식의 사량(思量)의 공(功)은 팔식 중에서도 가장 뛰어난데, 그 뛰어난 점은 대개 항시 지속되며 상세히 살핀다는 두 측면에 있다. 하지만 그 사량으로 인해 아상에 대한 망집이 따라와도 버리지 못한다.

유정이 밤낮으로 혼미함에 빠지며〔有情日夜鎭昏迷〕

해설 오직 이 식에서만 아상에 대한 망집이 항상 머릿속을 떠나지 않아 세밀하게 따지게 된다. 이로 인해 일체 유정이 무시이래 밤낮을 쉬지 않고 인아(人我)를 분별하여 육도에 눌러붙어 벗어나려 하지 않으니, 두 집착에 혼미해져 깨어난 것이 없다.

사혹과 대수번뇌 여덟이 상응해 일어나며〔四惑八大相應起〕

해설 이 식에는 아견(我見)·치(癡)·탐(貪)·만(慢) 사혹(四惑)과 대수번뇌(大隨煩惱) 여덟을 갖추고 있어 항시 서로 응해 일어난다. 자신이 업을 만들지 않더라도 이미 발생한 의식이 이로 인해 오염되어 오염된 업을 만든다.

육식[34]의 전변은 오염과 청정이 의지하는 바가 된다고 불리도다〔六轉呼爲染淨依〕

해설 안이비설신의(眼耳鼻舌身意)의 여섯 종이 돌아가며 일어난 식이 모두 이 식에 의존해 생겨난다. 이 식이 오염되면 앞의 여섯 종 식이 오염되며, 이 식이 청정해지면 앞의 여섯 종 식도 청정해진다. 이것이 여러 식과 반연하므로 이 식을 염정의(染淨依)라 한다.

말나식송 3

極喜初心平等性 無功用行我恒摧 如來現起他受用 十地菩薩所被機

극희지의 초심[35]은 평등성이고〔極喜初心平等性〕

---

34 여기서의 육식은 저자 해설에 따르면 안이비설신의 여섯 종을 가리키나 『유가사지론 강의』에서는 제육식인 의식을 가리키는 것으로 해석하였다.(『유가사지론 강의』 상권 160-160쪽 참조)
35 초지(初地)를 말한다.

해설 말나식은 의식의 뿌리이기에 그것이 지혜로 전환되기 위해서는 반드시 의식의 전환을 빌려 이루어진다. 보살 초지인 극회지(極喜地)에서는 아(我)와 법(法)을 분별하는 이집종자(二執種子)가 이미 끊어져 초심이 지혜로 전환되기에, 이 식 역시 초심이 지혜로 전환되어 평등성을 이루기 시작한다.

무공용행[36]**에서 아집이 항시 부서지니**〔無功用行我恒摧〕

해설 제팔 부동지(不動地)에 이르러 의식이 제이위로 전지(轉智)하면 이 식 역시 이때에 제이위로 전지한다. 이 이후 무공용행을 빌려 이 식의 아집 종자를 맡기면 항상 꺾어 없애 더 이상 자라지 못하게 한다.

여래께서 타수용신[37]**을 드러내시어**〔如來現起他受用〕

해설 여래지에 들어서 묘관찰지의 구경이 원만히 완성되면 이 식에서 전환된 평등성지 역시 다시 성취를 이룬다. 여래는 자타불이의 경계를 드러낼 수 있어 타수용신을 일으키니 여기에 의지해 지혜를 이룬다.

십지보살이 가피를 받도다〔十地菩薩所被機〕

해설 이 지혜를 드러낸 불신(佛身)은 대개 초지에서 제십지에 이르는 여러 성위(聖位) 보살을 위한 것이다. 그리고 오직 이들 보살만이 기회를 보아 수용할 수 있다. 이것이 이들 보살에게 수용되는 이유다.

---

36 인위적인 공용(功用)이 필요 없는 제팔지를 말한다.

37 법상종에서는 부처의 세 몸 즉 법신·보신·응신을 말하는데, 이 중 부처의 지혜 공덕으로 이루어지는 몸인 보신이 바로 수용신(受用身)이다. 수용신에는 자수용신(自受用身)과 타수용신(他受用身)이 있는데, 자수용신은 육조(六祖)가 "본래 어떤 것도 없다〔本來無一物〕"고 말한 바로 그것이며, 타수용신은 평등지(平等智)가 드러나는 미묘하고 깨끗한 공덕을 갖춘 몸이다. 자수용신은 부처 스스로 수용하는 법락의 몸이요, 타수용신은 부처가 십지 보살에게 설법하기 위해 드러낸 몸이다.

아뢰야식송(阿賴耶識頌) 1 (즉 장식藏識)

性惟無覆五遍行 界地隨他業力生 二乘不了因迷執 由此能興論主諍

성은 오직 무부무기이며 오변행이니[38][性惟無覆五遍行]

해설 장식은 비단 선악의 두 업을 만들어 낼 수 없을 뿐 아니라 염법(染法)과 서로 응하지도 않는다. 따라서 그 업성은 무부무기다. 그 상응하는 심소에는 단지 다섯 개의 변행 심소만이 있을 뿐이다.

계와 지에서 다른 업력을 따라 생겨나도다[界地隨他業力生]

해설 이 식은 중생 과보의 본체다. 이 때문에 삼계구지[39]에서 두루 행해지며, 전육식의 업을 만드는 힘과 상응해 쉬지 않고 돌아간다.

이승이 알지 못해 이로 인해 미혹되고 집착하니[二乘不了因迷執]

해설 하지만 성문과 연각의 이승(二乘) 성인은 단지 육식만 알 뿐 장식이 있음을 모른다. 모두 소승 경전 중에는 뚜렷이 나타나지 않기 때문이다. 성문과 연각은 불지(佛旨)에 어두워서 이 식이 없다고 고집한다.

이로 인해 여러 논사들이 논쟁하게 되었도다[由此能興論主諍]

해설 이런 까닭에 대승의 논사들이 성교(聖敎)를 널리 끌어들여 바른 이

---

38 제팔식에는 오변행인 촉(觸)·작의(作意)·수(受)·상(想)·사(思)가 작용하고 있기는 하지만 그 작용이 미세하여 알기 어려우며 또 수행에 장애가 되지 않기에 무부(無覆)라고 한다. 대원경지에서 진여 본성을 증득하고 나서 보면 무부가 아니라 유부(有覆)가 되겠지만 무부라고 한 것은 작용이 매우 미세하고 미약하기 때문이다.

39 삼계구지는 미혹에 빠진 유정들이 윤회하는 세계를 말하는데, 크게 나누면 삼계가 되고 자세히 나누면 구지가 된다.

치를 준비하고 드러내어 쟁론을 일으켰으니, 『성유식론』에 실려 있는 것처럼 부득이한 것이었다.

아뢰야식송 2

浩浩三藏不可窮 淵深七浪境爲風 受熏持種根身器 去後來先作主公

방대한 삼장은 다 알 수가 없어〔浩浩三藏不可窮〕

해설 이 식의 저장은 넓고도 깊어 한 번에 제법의 종자를 다 갖추어 잃어버리지 않으니 이것이 그 능장(能藏)이요, 제 식의 훈습을 받아들여 훈습에 따라 종자를 이루니 이것이 그 소장(所藏)이다. 또 이 식의 견분에 제칠식이 집착해 그것이 아(我)라 여기니, 이것이 아애집장(我愛執藏)이다. 이로 인해 식의 본체에는 삼장의 뜻이 있어 종자를 지니고 훈습을 받아들이며 집착해 나라고 여긴다. 끝이 없는 유정(有情)이 무시이래로 이어지니 참으로 깊고 광대해 다 들여다 볼 수 없다.

근원이 깊어 전칠식이 파도로 경계는 바람이 되니〔淵深七浪境爲風〕

해설 장식은 연원이 깊어 다할 수 없는 것이 비유하자면 바다와 같다. 이 식이 바다라면 전칠식은 그 파도다. 이 파도가 일어나면 그 소연의 경계가 바람이 되는데, 바람과 파도가 인과가 되어 서로 이어서 생멸한다. 이 식이 바다가 되기에 이르면 그 고요한 모습을 잃어버리고 더욱더 출렁이게 된다.

훈습을 받아 종자와 근신과 기를 지니도다〔受熏持種根身器〕

해설 이 식이 정계(情界)에 있으면, 전칠식의 경계에 반연하여 업을 만드는 데에 훈습되어 심색이법(心色二法)의 종자를 형성한다. 그리고 다시 이들 종자를 과거위로부터 미래위에 이르도록 성숙시키면, 현재의 정보(正報)의 근신(根身)과 의보(依報)의 기계(器界)가 만들어지는데, 이 근신과 기계는 이 식이 집착하고 받아들이는 상분(相分)이 된다.

나중에 가고 먼저 와서 주인공 노릇을 하도다〔去後來先作主公〕

해설 이 식이 이미 근신과 기계의 작용에 집착하여 받아들였기에, 유정의 죽음은 그 가는 것이 홀로 뒤에 가고 유정의 삶은 그 오는 것이 홀로 앞에 온다. 삼계 유정에서 이 식이 주인공이라 하니 믿을 만하지 않은가?

아뢰야식송 3

不動地前纔舍藏 金剛道後異熟空 大圓無垢同時發 普照十方塵刹中

부동지 전에야 비로소 장식을 버리고[40]〔不動地前纔舍藏〕

해설 장식 전지(轉智)는 말나식 전지를 저울로 삼는다. 보살 제팔 부동지 전이면 말나식 제이위 전지(轉智)로 아집의 종자를 끊는다. 이렇게 되면 이 식은 다시는 말나식을 아(我)라 여겨 집착하지 않으며 비로소 집장(執藏)의 뜻을 버리기 시작한다. 이것이 제일위의 전지(轉智)로서 유정으로 하여금 분단생사를 받지 않게 한다.

---

40 제팔지 부동지 전인 칠지가 되면, 훈습된 번뇌 종자를 함장하고 있다는 의미에서 이름 붙여진 장식(藏識)이란 명칭을 버리게 된다. 이렇게 되면 부동지에서부터는 장식 대신 이숙식(異熟識)이라 불린다.

금강도⁴¹ 후에 이숙식⁴²이 공이 되어〔金剛道後異熟空〕

해설 보살 십지에 도달한 이후 등각위(等覺位) 속에서 금강도(金剛道) 후에 심이 여래지로 진입할 때 말나식은 구경으로 전지(轉智)하여 장식의 이숙과(異熟果) 상(相)도 역시 공(空)이 된다. 이것이 제이위 전지로, 유정으로 하여금 변역생사를 받지 않게 한다.

대원경지와 무구식이 동시에 발생하여〔大圓無垢同時發〕

해설 여래지 장식의 구경 전지(轉智)를 일컬어 대원경이라 한다. 이 식의 인상(因相)인 일체 종자는 무루가 되기에 그 이름을 무구식(無垢識)이라 한다. 이 무구식의 성취는 대원경지에 의지해 동시에 발하는데, 이것이 제삼위 전지의 모습이다.

시방의 모든 세계를 널리 비추도다〔普照十方塵剎中〕

해설 장식 중에는 유루종자를 갖추고 있어서 이것이 생사 유정의 근본이 된다. 이제 무구식의 유루종자가 이미 다하면 무량공덕의 장식으로 제불법신이 되어 대원경지의 항시 고요한 빛이 시방 세계를 두루 비추어 극히 미세한 불토 중에 항시 보신과 화신을 드러내어 미래의 중생을 모두 제도한다.

---

41 등각보살이 금강대정(金剛大定)에 들어간 것을 뜻한다.

42 선악의 업(業)으로 인하여 받게 되는 과보로서 이 이숙식(異熟識)이란 명칭은 범부로부터 금강도의 보살에 이르기까지 적용되며, 오직 불과(佛果)인 묘각(妙覺)에서만 그 명칭이 사라진다.

팔식규구송법상표(八識規矩頌法相表)

- 팔식심왕(八識心王)

  전오식(前五識): 안(眼) 이(耳) 비(鼻) 설(舌) 신(身)

  제육식(第六識): 의(意)

  제칠식(第七識): 말나(末那) 혹은 염오(染汙)

  제팔식(第八識): 아뢰야(阿賴耶) 혹은 함장(含藏)

- 삼경(三境): 성경(性境) 독영경(獨影境) 대질경(帶質境)
- 삼량(三量): 현량(現量) 비량(比量) 비량(非量)
- 삼성(三性): 선성(善性) 악성(惡性) 무기성(無記性)

- 삼계구지(三界九地)

  욕계(欲界): 오취잡거지(五趣雜居地)

  색계(色界): 이생희락지(離生喜樂地) 정생희락지(定生喜樂地) 이희묘락지
  (離喜妙樂地) 사념청정지(捨念淸淨地)

  무색계(無色界): 공무변처지(空無邊處地) 식무변처지(識無邊處地) 무소유
  처지(無所有處地) 비상비비상처지(非想非非想處地)

• 육위심소(六位心所)

변행(遍行) 5: 작의(作意) 촉(觸) 수(受) 상(想) 사(思)

별경(別境) 5: 욕(欲) 승해(勝解) 염(念) 정(定) 혜(慧)

선(善) 11: 신(信) 정신(精進) 참(慚) 괴(愧) 무탐(無貪) 무진(無瞋) 무치(無癡) 경안(輕安) 불방일(不放逸) 행사(行捨) 불해(不害)

번뇌(煩惱) 6: 탐(貪) 진(瞋) 치(癡) 만(慢) 의(疑) 악견(惡見)

수번뇌(隨煩惱) 20: 분(忿) 한(恨) 뇌(惱) 복(覆) 광(誑) 첨(諂) 교(憍) 해(害) 질(嫉) 간(慳) 무참(無慚) 무괴(無愧) 불신(不信) 해태(懈怠) 방일(放逸) 혼침(昏沈) 도거(掉擧) 실념(失念) 부정지(不正知) 산란(散亂)

부정(不定) 4: 회(悔) 수면(睡眠) 심(尋) 사(伺)

• 심용사분(心用四分): 상분(相分) 견분(見分) 자증분(自證分) 증자증분(證自證分)

• 팔식연생(八識緣生)

안식(眼識) 9:	空	明	根	境	作意	分別依	染淨依	根本依	種子
이식(耳識) 8:	空		根	境	作意	分別依	染淨依	根本依	種子
비식(鼻識) 7:			根	境	作意	分別依	染淨依	根本依	種子
설식(舌識) 7:			根	境	作意	分別依	染淨依	根本依	種子
신식(身識) 7:			根	境	作意	分別依	染淨依	根本依	種子
의식(意識) 5:				境	作意		染淨依	根本依	種子
말나식(末那識) 4:				境	作意			根本依	種子
뇌아식(賴耶識) 4:				境	作意			根本依	種子

- 보살위(菩薩位)

  지전현위(地前賢位)

  　자량위(資糧位): 십주(十住) 십행(十行) 십회향(十回向)

  　사가행위(四加行位): 난(煖) 정(頂) 인(忍) 세제일(世第一)

  지상성위(地上聖位)

  　초환희지(初歡喜地) 이이구지(二離垢地) 삼발광지(三發光地) 사염혜

  　지(四焰慧地) 오난승지(五難勝地) 육현전지(六現前地) 칠원행지(七遠

  　行地) 팔부동지(八不動地) 구선혜지(九善慧地) 십법운지(十法雲地) 금

  　강도(金剛道)

- 오수(五受): 고(苦) 낙(樂) 우(憂) 희(喜) 사(捨)

팔식규구송총표(八識規矩頌總表)

위 位	규구 規矩	전오식 前五識	제육 의식	제칠 말나식	제팔 아뢰야식
범정 凡情	경境	성(性)	성(性) 독영(獨影) 대질(帶質)	진대질(眞帶質)	무본질성(無本質性)
	양量	현(現)	현(現) 비(比) 비(非)	비(非)	현(現)
	성性	선(善) 악(惡) 무기(無記)	선(善) 악(惡) 무기(無記)	유부무기(有覆無記)	무부무기(無覆無記)
	계지 界地	욕(欲) 색(色) (비설불행鼻舌不行) 오취잡거(五趣雜居) 이생희락(離生喜樂)	욕(欲) 색(色) 무색(無色)	욕(欲) 색(色) 무색(無色)	욕(欲) 색(色) 무색(無色, 그 업력에 따라 생김)

| 범정
凡情 | 상응
심소
相應
心所 | 변행(遍行) 5
별경(別境) 5
선(善) 11
(신信 진進 참慚 괴愧
무탐無貪 무진無瞋
무치無癡 경안輕安
불방일不放逸
행사行捨 불해不害)
근번뇌(根煩惱) 3
(탐貪 진瞋 치癡)
중수번뇌(中隨煩惱) 2 (무참無慚 무괴無愧)
대수번뇌(大隨煩惱) 8 | 변행(遍行) 5
선(善) 11
별경(別境) 5
(욕欲 승해勝解
염念 정定 혜慧)
근번뇌 6
(탐貪 진瞋 치癡
만慢 의疑 악견惡見)
대수번뇌 8
중수번뇌 2
소수번뇌 10
(분忿 한恨 뇌惱
부覆 광誑 첨諂
교憍 해害 질嫉 간慳)
부정(不定) 4
(회悔 면眠 심尋
사伺) | 변행(遍行) 5
별경(別境) 1
(혜慧)
근번뇌 4
(탐貪 치癡 만慢
아견我見)
대수번뇌 8
(도거掉擧 혼침昏沈
불신不信 해태懈怠
방일放逸 실념失念
산란散亂 부정지不正
知) | 변행(遍行) 5
(작의作意 촉觸
수受 상想 사思) |
| | 의연
依緣 | 명(明) 공(空)
근(根) 경(境)
작의(作意)
분별(分別)
의염정(依染淨)
의근본(依根本)
의종자(依種子)
안식은 전부.
이식은 명 제외.
비설신식은 명과
공 제외. | 경(境)
작의(作意)
염정의(染淨依)
근본의(根本依)
종자(種子) | 경(境, 뇌아견분)
작의(作意)
근본의(根本依)
종자(種子) | 경(境, 근신根身
기계器界 종자種子)
작의(作意)
구유의(俱有依, 말
나) 종자(種子) |

범정 凡情	체상 體相	자성은 분명히 구별하나 근과 분리하기 어려움.	수념분별(隨念分別) 계도분별(計度分別) 자성분별(自性分別, 쉽게 알 수 있음)	항시 세밀하게 따져 사랑하는 데 이상이 수반됨. 유정이 주야로 혼미한 상태에 있음.	넓고 넓은 삼장은 다함이 없고 연원이 깊은 칠랑경(七浪境)이 바람이 됨.
	업용 業用	안식·이식은 중관진(中觀塵)을 떠나고 비식·설식·신식은 중관진과 합함.	행위와 말로 업을 만들어 삼계의 과보를 초래하고 삼성이 오수로 변해 윤회함.	전육식이 염정으로 변함.	훈습을 받아들여 종자와 근신(根身)을 지니고 기세계를 갔다 와 주인공이 됨.
성지 聖智	관행 觀行	상분(相分)으로 변화해 이공(二空)을 관찰. 진여가 후득지를 섭(攝).	이공(二空)을 익힘 (아공이 '아집을 파괴하고' 법공이 '법집을 파괴함'). 관행(觀行)	의혹을 끊어 낼 힘이 없어 의식을 빌림. 닦고 살펴서 끊음.	
	단혹 전지 斷惑 轉智	제팔식 전지(轉智) 때 근이 무루며 식 역시 무루로서 성소작지(成所作智)로 전환.	자량위 속에서 아, 법의 두 집착이 점차 항복함. 견도위에서 두 집착 종자를 분별해 끊고 처음으로 지상(智相)과 응함 (초심 환희지 일으킴). 수습위 속에서 구생이집(俱生二執)의 현생 종자를 항복해 끊음.	극희지(極喜地) 초심에서 구생이집이 잠복해 처음으로 지(智)와 상응. 무공도(無功道, 즉 부동지)에서 구생아집이 끊어짐. 금강도 후에 구생법집을 끊어 원행지 후 구생아집을 끊음.	부동지 전에(즉 칠식) 구생아집이 이미 끊어지니 이 때문에 삼장의 이름을 버림. 금강도 후에 구생법집이 끊어져 다 하므로 생사를 느끼지 못하며, 이 때문에 이숙과(異熟果)가 공(空)이 됨.

			순무루 등각위에서 구생법집을 끊어 묘관찰지가 원만하고 밝아짐.	평등성지가 눈앞에 드러남.	여기에 이르러 일체 식(識)의 유루종자 및 무루종자가 영원히 끊어져 무구식이 되니, 바로 대원경지로 전환됨.
성지 聖智	단혹 전지 斷惑 轉智				
	과용 果用	여래가 대화·소화·수류화의 세 종류로 분신해 윤회의 고통을 영원히 종식토록 교화.	지(智)가 대천세계 속을 비춰 중생의 상황에 맞춰 적절히 설법함.	타수용신을 드러내어 십지 보살에 교화되는 기회로 삼음.	시방 세계의 미진 찰토를 모두 두루 밝게 비춰 법계를 뚜렷이 알아 진속(眞俗)을 평등하게 봄.

용어풀이

가리(訶梨): 가리와 여감자(餘甘子) 등은 다섯 가지 약재 중 하나로 열매임.(원주)

가비라자(迦毗羅者): 수론파(數論派)의 원조로 이십오제(諦)의 뜻을 정립했다.(원주)

가지(加持): ① 부처님의 대자대비한 힘의 가호를 받아 중생이 불법 일체의 경지로 들어가
는 일. ② 부처님의 큰 자비가 중생에게 베풀어지고 중생의 신심이 부처님의 마음에 감명
되어 서로 어울림.

가패(珂珮): 흰색의 마노 노리개.(역주)

가합(假合): 모든 존재는 자각적 실체가 없고 단지 임시로 화합하여 나타나는 일시적 존재
에 불과하다는 것.

각지(覺知): 주의력이 집중되는 특이한 상황으로, 의식은 있지만 평가하지 않는 상태로 신
체 내부 또는 외부의 자극을 관찰하는 심리적 체험이다.(역주)

각지(各地): 대승 보살에는 환희지(歡喜地), 이구지(離垢地), 발광지(發光地), 염혜지(焰慧地),
난승지(難勝地), 현전지(現前地), 원행지(遠行地), 부동지(不動地), 선혜지(善慧地), 법운지
(法雲地)의 십지가 있다.(원주)

각지(覺支): 깨달음에 이르게 하는 수행의 갈래.(역주)

감수(感受): 감각 신경에 의해 외계의 자극이나 인상을 받아들이는 것.

강요(綱要): 가장 중요한 부분.

겁화(劫火): 세상이 파멸할 때 일어난다고 하는 큰불.

게어(偈語): 불경에서 교리를 설명하기 위해 사용한 노래 형식이며 매 구절이 보통 네 글자
로 된 것이 많다.(역주)

견분(見分): 사분(四分)의 하나. 대상을 인식하는 주관.

견지(見地): 성문, 연각, 보살의 삼승이 공통으로 닦는 열 가지 수행 단계인 십지(十地)의 하

나. 욕계, 색계, 무색계의 견혹을 끊어 다시 범부의 상태로 후퇴하지 않는 경지.

결(結): 번뇌를 뜻함. 번뇌는 중생의 몸과 마음을 결박하여 해탈하지 못하게 하므로 이와 같이 말함.

경계(境界): ① 대상. 인식 대상. ② 경지. ③ 상태. ④ 범위. 영역. ⑤ 일. 사건.

고음(苦陰): 고온(苦蘊)과 같은 말. 사람의 몸이 오온으로 이루어져 온갖 괴로움에서 벗어나지 못함을 이르는 말.

공공(空空): 일체법은 인연에 따라 임시로 구성된 것이므로 공(空)이고 또 그렇게 생각하는 자체도 공이라는 의미.(역주)

공무(空無): 모든 사물에는 그 나름대로의 독자적인 본성이 없음.

공상(共相): ① 여러 가지 사물에 공통되는 보편적 성질.(역주) ② 개념화된 인식 대상. 공견(共見)과 같음.

공생(空生): 부처님의 십대제자 중 공(空)의 이치에 밝았던 수보리(須菩提)를 가리킨다.

공업(共業): 업(業)은 두 가지로 나뉜다. 하나는 개인적으로 받는 업으로 이를 별업(別業)이라 하고, 또 하나는 집단으로 받는 업으로 이를 공업(共業)이라 한다.(역주)

공적(空寂): 만물은 모두 실체가 없고 상주(常住)가 없음. '공(空)'은 그 어느 것도 형상이 없음을 이르고, '적(寂)'은 일어나거나 스러짐이 없음을 이른다.

공화(空華): 번뇌로 생기는 온갖 망상. 본래 실체가 없는 현상 세계를 그릇된 견해에 사로잡혀 실체가 있는 것처럼 착각하는 것을, 눈병을 앓고 있는 사람이 때로는 아무것도 없는 허공에 마치 꽃이 있는 것처럼 잘못 보는 일에 비유한 것이다. 허공화.

관상(觀想): 어떤 현상이나 진리를 마음속으로 떠올려 그것을 자세히 주시함. 부처나 정토의 모습을 마음속으로 살피고 생각함.

광음천(光音天): 색계 십팔천(十八天)의 여섯째 하늘. 이선 삼천의 셋째 하늘. 이 하늘의 중생은 음성이 없고, 말할 때는 입으로 광명을 내어 말의 작용을 하므로 광음천이라 이름.

교법(敎法): 부처의 가르침. 언어로 표현된 부처의 가르침.

교수사(敎授師): 계율을 받는 사람에게 예법을 가르치는 승려.(역주)

구나함불(拘那含佛): 가섭(迦葉), 구류손(拘留孫), 구나함(拘那含)은 과거 일곱 부처님 중 셋이다.(원주)

구루사(拘樓舍): 구로사(俱盧舍, 拘盧舍)와 동의어. 고대 인도의 거리 단위. 소의 울음소리나 북소리를 들을 수 있는 최대 거리로, 실제 거리는 명확하지 않지만 보통 약 1킬로미터로 간주한다.

구부(九部): 구부교법(九部敎法). 불경의 내용 분류로서 모두 아홉 종류가 있다. 첫째 수다라(修多羅), 둘째 기야(祇夜), 셋째 가라나(伽羅那), 넷째 가타(伽陀), 다섯째 우타나(優陀那), 여섯째 이제목다가(伊帝目多伽), 일곱째 도타가(陀伽), 여덟째 비불략(毗佛略), 아홉째 아부타달마(阿浮陀達磨)다. 이 외에도 달리 나누는 법이 있다.(원주)

구생(俱生): 선천적으로 갖추어 있는 것. 태어날 때부터 갖고 있는 선천적인 번뇌.

구생아집(俱生我執) : 선천적으로 타고난 자아에 대한 집착. 후천적으로 습득한 그릇된 지식에 의해 일어나는 자아에 대한 집착은 분별아집(分別我執)이라 한다. 말나식.(역주)

구신(句身) : ①신(身)은 모임 혹은 종류란 뜻으로 어미에 붙어 복수를 나타낸다. ②글귀.

근(根) : ①힘이 있어 강한 작용을 가진다는 뜻. ②근기, 근성의 뜻으로 가르침을 받는 자로서의 성질과 자질을 나타내는데 여기에도 우열이 있다.

근진(根塵) : 바깥 세상을 인식하는 감각 기관인 육근(六根, 눈·귀·코·혀·몸·생각)에 끼는 육진(六塵). 육진은 육적(六賊)으로 지혜를 해치고 공덕을 덜게 하는 색(色)·성(聲)·향(香)·미(味)·촉(觸)·법(法) 등의 욕정(欲情)을 가리킨다.(역주)

금강도(金剛道) : 등각보살이 금강대정(金剛大定)에 들어간 것을 뜻한다.(역주)

ㄴ

낙정(樂定) : 첫째는 천락(天樂)으로, 십선(十善)을 닦은 자는 천상에 태어나 갖가지 오묘한 즐거움을 누린다. 둘째는 선락(禪樂)으로, 수행인이 선정에 들면 일심이 정결해지고 만 가지 생각이 잦아들어 적정의 즐거움을 얻는 것이다. 셋째는 열반락(涅槃樂)으로, 생사의 고통을 떠나 열반을 증득하는 것으로 구경의 편안함을 얻은 것이다.(원주)

난승지(難勝地) : 십지의 하나로 보살의 다섯 번째 수행 단계. 출세간의 진리를 아는 지혜인 무분별지와 세간의 일을 아는 지혜인 분별지를 모두 갖추기는 어렵다는 뜻. 끊기 어려운 미세한 번뇌를 소멸시키는 단계.

내성(內聖) : 내성외왕(內聖外王)의 약어로서, 자기 자신을 수양하여 안으로는 성인(聖人)의 경지에 올라가며, 밖으로는 이와 같은 수신을 바탕으로 임금의 지위에 오른다는 의미임.

내심(內心) : 외상(外相)에 대하여 마음을 내심이라 함.

내증(內證) : 자기 마음을 깨달음. 직접 체득한 내면의 깨달음.

노사나보신불(盧舍那報身佛) : 삼신불(三身佛)의 하나. 노사나불(盧舍那佛)은 보신(報身)이요 비로자나불(毘盧遮那佛)은 법신(法身)이며 석가불(釋迦佛)은 응신(應身)이다.(역주)

녹자모(鹿子母) : 인도의 승려 비사카. 앙가국(鴦伽國) 출신으로 석가모니부처님이 그 나라에 가서 교화할 때 아버지의 명령으로 오백 시녀(侍女)와 함께 영접하여 설법을 듣고 초과(初果)를 얻었다고 한다.(역주)

논장(論藏) : 삼장(三藏, 경장經藏·율장律藏·논장論藏)의 하나. 경전의 요지를 정리하고 분류해 그에 해설을 덧붙인 조사(祖師)들의 논설이다.(역주)

능가산 : 사자국(師子國 즉 석란도錫蘭島)의 산 이름이다. '능가(楞伽)'란 보석의 이름인데 달리 도달할 수 없고 들어가기 어렵다는 뜻도 있다. 이 산이 능가라는 이름으로 불린 것은 험준해서 사람이 들어가기 어려웠기 때문이다. 부처님은 이 산에서 『능가경』을 설하면서 뛰어난 법을 드러내셨다.(원주)

능상(能想) : 생각하는 주체.

능소(能所) : 어떤 행위의 주체와 그 행위의 목표가 되는 객체. 인식 주관과 객관.

능연(能緣) : 외계 사물을 인식하는 마음의 작용.(역주)

능인(能仁) : '석가(釋迦)'의 의역. 자비를 인(仁)으로 새겨 '인을 행할 수 있는 자'로 번역.(역주)

능취(能取) : 대상을 인식하는 주관.

ㄷ

단견(斷見) : 사람이 죽으면 마음과 몸도 모두 사라져 아무것도 남지 않는다고 보는 것.(역주)

대기(大機) : ① 부처의 가르침을 깨달을 수 있는 뛰어난 능력이나 소질. 또는 그것을 갖춘
사람. ② 뛰어난 임기응변의 책략. 그때그때의 상황에 따르는 뛰어난 수단이나 방법.

대력자재(大力自在) : 부처님이 『법화경(法華經)』을 설법하던 때에 설법을 들은 보살.

대승 보살 : 보살. 보리살타(菩提薩埵)의 준말로 도를 구하는 큰마음을 지닌 자이며 부처가
되기를 바라는 대승의 무리를 통칭한다.(원주)

대용(大用) : 뛰어난 역량. 제자를 지도하는 역량이 뛰어남.

대원경지(大圓鏡智) : 원명(圓明)이라고도 한다. 제팔식인 아뢰야식이 청정하게 전환하여 불
과(佛果)의 지혜가 열리는 경지다. 이때에는 전오식도 따라서 전환하여 무루(無漏)의 성소
작지(成所作智)가 된다.(역주)

대종(大種) : 대상의 특성을 형성하는 네 가지 성질. 지수화풍의 사대를 말함. 이 네 가지는
만물에 두루 퍼져 있으므로 대(大)라 하고 만물을 낳는 원소이므로 종(種)이라 함.

대지(大智) : 큰 지혜. 한 점의 흐림도 없는 거울과 같이 온갖 것이 그대로 비추어 모자람이
없이 원만 명료한 지혜.

대질경(帶質境) : 주관과 객관 사이에 놓여 있는 중간적 대상으로 유추하여 분별하는 것인
데, 여기에는 진대질(眞帶質)과 사대질(似帶質)이 있다. 진대질은 제칠 말나식이 제팔식
의 견분(見分)을 자아로서 반연하는 것으로, 이것은 객관적 경계를 반연하는 것이 아니
다. 따라서 진대질은 제칠식에 해당된다. 그러나 사대질은 마음으로 경계를 반연하는 것
으로 진대질처럼 전적으로 주관에 치우지지 않고 주관에 객관이 반영된 것이다. 따라서
사대질은 의식에 속한다.(역주)

도사(導師) : ① 어리석은 중생에게 바른 길을 가르쳐서 깨닫는 경지에 들어가게 하는 사람.
정도(程度)를 설법하여 불도(佛道), 오계(悟界)로 이끌어 제도하는 이, 곧 부처와 보살의
통칭. ② 법회 때에 그 모임의 주장이 되는 직명. 법회나 장의에서 여러 승려를 거느리고
의식을 행하는 승려.

도솔천(兜率天) : 미륵보살이 살고 있는 곳. 무착과 천친 형제가 없어 미륵보살이라도 만나
고자 하나 그 역시 어렵다. 『유가사지론(瑜伽師地論)』은 미륵보살이 강연한 것을 무착이
기록한 것이다.(역주)

독영경(獨影境) : 삼류경(三類境)의 하나. 주관이 홀로 착각해 객관적으로 존재하지 않은 것

을 존재하는 것처럼 보는 것이다.(역주)

등정각(等正覺): 바르고 원만한 깨달음. 또는 그 깨달음을 성취한 사람.

ㅁ

마시설(魔施設): '마경'의 뜻. '시설(施設)'이란 불교 용어로, '명칭' 혹은 '개념'의 뜻으로 사용된다. '시설'이란 말 속에 본래 설정(設定), 제정(制定)이라는 뜻이 들어 있기에 '명칭 혹은 개념으로 설정되는 것'이라는 뜻으로도 해석된다.

마하연(摩訶衍): 대승의 가르침.(역주)

만경(萬頃): 아주 많은 이랑이라는 뜻.

만법(萬法): 제법. 우주에 있는 유형, 무형의 모든 사물. 모든 현상. 인식에 형성된 모든 현상.

망상자성(妄想自性): 마음속으로 지어 낸 온갖 허구적 차별상으로 변계소집성과 동의어.(역주)

망심(妄心): 허망하게 분별하는 마음. 무명 번뇌.

명사(名辭): 하나의 개념을 언어로 나타내며 명제를 구성하는 데에 요소가 되는 말. 흔히 명사 하나로 이루어지지만 '한국에서 제일 높은 산'처럼 여러 개의 낱말로 이루어지기도 하며, 주사(主辭)와 빈사(賓辭)로 나뉜다.

명상(名相): 모든 사물에 명과 상이 있다. 귀로 들어야 하는 것을 명(名), 눈으로 보아야 하는 것을 상(相)이라 함. 다 헛된 것으로 법의 실성에는 꼭 들어맞지 않으나 범부는 이 명상을 분별하여 여러 가지 망혹을 일으킴. 망상을 일으키고 미혹하게 하는 들리고 보이는 모든 것.

명수(名數): 어떤 양을 단위를 붙여 수치로 나타낸 것을 말한다. 예를 들면 일 원, 두 마리, 세 그루 등이다. 이에 반해 단위가 붙지 않은 단순한 수를 무명수(無名數)라고 한다.(역주)

명신(名身): ①신(身)은 모임 혹은 종류란 뜻으로 어미에 붙어 복수를 나타낸다. ②두 개의 명칭을 말하며 세 개 이상의 명칭은 다명신이라 함. 가령 색성은 명신, 색성향은 다명신.

묘색신(妙色身): 삼십이상을 갖춘 여래의 아름다운 몸.(역주)

무간(無間): ①곧. 즉시. 끊임없이. ②무간업(無間業)의 준말. ③무간지옥(無間地獄)의 준말.

무루(無漏): 누(漏)란 번뇌의 다른 이름으로 누설(漏泄)된다는 뜻이다. 탐내거나 성내는 등의 번뇌는 밤이나 낮이나 눈이나 귀 등 육근을 통해 끊임없이 누설되어 흐르기에 이것을 누라 한다. 또 누는 누락(漏落)의 뜻으로, 번뇌는 사람으로 하여금 삼악도에 누락케 하므로 그것을 누라고 한다. 이 때문에 번뇌의 법운에 가려 누설되는 것을 유루(有漏)라 하고 번뇌의 법운을 떠난 것을 무루(無漏)라 한다.(원주)

무생법인(無生法忍): 무생법이란 생멸을 멀리 떠난 후의 진여실상의 이치다. 진정한 지혜가 여기에 편안히 머물러 움직이니 이것을 일러 무생법인이라 한다. 초지 혹은 칠팔구지에서 얻는 깨달음이다.(원주)

무소유상(無所有相): 세상의 모든 것 즉 아(我)와 법(法)을 모두 놓아 버리는 것으로, 성문과

연각 외에 일부 외도에서도 주장한다.(역주)

문사(文詞) : 문장에 나타난 말.

물(物) : ① 생명. 생물. ② 중생. ③ 사물. 물체.

ㅂ

바라문(婆羅門) : 인도 사성(四姓)의 왕. 이들은 정예(淨裔)라고 하며 정행(淨行)이라고도 한
다. 이 종족은 스스로 경서를 지니고 대대로 물려가고 있으며 도학(道學)을 업으로 삼는
다.(원주)

반대자(槃大子) : 바로 석녀를 말한다.(원주)

반연(攀緣) : ① 대상에 의해 마음이 움직임. 마음이 대상에 의지하여 작용을 일으킴. ② 인식
함. ③ 인식 대상. ④ 얽매임. 집착함. ⑤ 인연에 끌림.

발광지(發光地) : 보살 십지의 하나로 세 번째 단계. 점점 지혜의 광명이 나타나는 단계.

번뇌장(煩惱障) : 청정한 지혜가 일어나는 것을 방해하여 무지의 속박에서 벗어나지 못하게
하는 번뇌.

범행(梵行) : 음욕을 끊고 계율을 지키는 청정한 수행. 깨달음에 이르는 수행.

법(法) : ① 현상. 인식된 현상. 인식 주관에 드러난 현상. 분별에 의해 의식에 드러난 현상.
② 인식 작용. 의식 작용. ③ 인식 내용. 의식 내용. 관념. ④ 의식 상태. 마음 상태. ⑤ 부처
의 가르침. ⑥ 성전(聖典). ⑦ 진리. 규범. 법칙. ⑧ 성질. 속성. 특징. 특성. ⑨ 선(善). 공덕.
덕. 덕행. ⑩ 의식(儀式). ⑪ 방법. ⑫ 인명(因明)에서, 주장 명제인 종(宗)의 술어를 말함.
예를 들면 '말은 무상하다'에서 '무상'. 이에 반해, 종(宗)의 주어, 곧 '말'은 유법(有法)이
라 함. ⑬ 사물. 대상.

법계일신(法界一身) : 상주불변하는 진아(眞我)를 가리킨다.(역주)

법락(法樂) : 부처의 가르침을 믿고 행하므로 얻는 기쁨, 즐거움. 석존이 깨달음 직후에 자신
이 깨달은 법을 생각해서 즐긴 것에서 생김.(역주)

법무아(法無我) : 모든 현상은 여러 인연의 일시적 결합에 불과한 것으로 거기에 불변하는
실체가 없다는 것.(역주)

법상(法相) : 유식론에 입각해 세운 불교의 한 종파. 불법의 본체보다는 현상을 중시한다는
점에서 법상(法相)이라는 이름이 붙었다.(역주)

법상(法相) : 진리라 여기는 관념.(역주)

법성(法性) : ① 있는 그대로의 본성·상태. ② 모든 현상의 있는 그대로의 참모습. ③ 변하지
않는 진실·진리. ④ 우주 만물의 본체.

법성(法性) : 다른 말로 진여실상(眞如實相)이라고도 한다. 성(性)이란 본체로서 바뀌지 않는
것을 말한다. 진여는 만법의 본체로서 깨끗한 곳에 있든 더러운 곳에 있든 그 본성은 변
하지 않는다. 법성이란 말은 소승에서는 거의 언급하지 않지만 대승의 여러 파에서는 즐

겨 논의된다.(역주)

법성(法城) : 불법이나 열반을 견고하고 안전한 성에 비유하여 이르는 말.

법안(法眼) : ①모든 현상을 꿰뚫어 보는 부처의 눈. ②모든 현상의 참모습과 중생을 구제하는 방법을 두루 아는 보살의 눈.

법운(法雲) : 부처의 가르침을 구름에 비유한 말.

법이(法爾) : 정해져 있음. 있은 그대로의 모습, 이치.(역주) 제법의 이치가 인위적으로 이루어진 것이 아니라 스스로 본디부터 그러함을 이르는 말.

법인(法忍) : 사제(四諦)를 명료하게 주시하여 그것에 대한 미혹을 끊고 확실하게 인정함. 진리를 확실하게 인정하고 거기에 편안히 머물러 마음이 움직이지 않음.

법지(法智) : 십지(十智)의 하나. 욕계의 사제(四諦)를 체득한 지혜.

법진(法塵) : 진(塵)은 더럽히는 것으로 원래의 마음을 더럽히는 것 중 하나가 법(法)이다. 외부로부터 들어와 마음을 더럽히는 것으로는 색(色)·성(聲)·향(香)·미(味)·촉(觸)·법(法)의 여섯 가지가 있는데 이를 육경(六境) 또는 육진(六塵)이라고 하며, 이 중 법진은 의근(意根)의 대상이 되는 법(法)을 가리킨다.(역주)

변견(邊見) : 오견의 하나. 상견(常見)과 단견(斷見)의 어느 한 극단에 사로잡혀 중심을 얻지 못하는 그릇된 견해이다. 오견(五見)은 다섯 가지의 잘못된 생각으로 신견(身見), 변견, 사견(邪見), 견취견(見取見), 계금취견(戒禁取見)을 이른다.

변계소집(遍計所執) : '변계(遍計)' 즉 온갖 것을 두루 따져, '소집(所執)' 즉 거기에 집착하는 것이다.(역주)

변설(辯說) : 옳고 그름을 가려서 설명함.

변역생사(變易生死) : 윤회에는 분단생사와 변역생사 두 종류가 있다. 분단생사(分段生死)는 중생이 일정한 수명(分)과 형상(段)을 취해 육도를 윤회하는 것이고, 변역생사(變易生死)는 보살 등이 이전의 거친 몸 대신 미세한 몸으로 바꾸어(變易) 삼계 밖에서 성불할 때까지 받는 생사를 가리킨다. 분단생사의 고통은 벗어났지만 아직 미세한 번뇌로 인한 고통이 남아 있다.(역주)

변제(邊際) : 더는 갈 수 없는 데까지 이르는 것.(역주) 시간, 공간, 정도 따위에서 그 이상이 없는 한계.

변행(遍行) : 모든 심식에서 발생하는 마음 작용으로, 여기에는 촉(觸)·작의(作意)·수(受)·상(想)·사(思)의 다섯 가지가 있다.(역주)

별경(別境) : 변행처럼 모든 경우가 아니라 어떤 특정한 대상을 대할 때만 발생하는 마음의 작용을 뜻하며, 여기에도 욕(欲)·승해(勝解)·염(念)·정(定)·혜(慧) 다섯 가지가 있다.(역주)

보리(菩提) : 불교에서 수행 결과 얻어지는 깨달음의 지혜 또는 그 지혜를 얻기 위한 수도 과정을 이르는 말.

보살(菩薩) : 보리살타(菩提薩埵)의 준말로 도를 구하는 큰마음을 지닌 자이며 부처가 되기를 바라는 대승의 무리를 통칭한다.(원주)

본원(本願): 부처가 맨처음 깨달음을 얻고자 하는 마음을 일으키면서 세운 서원. 부처가 되기 이전 보살로서 수행할 때에 세운 서원.

부사의(不思義): 보통의 생각으로는 도저히 헤아릴 수 없는 경지라는 뜻으로 진여를 달리 이름. 말로 나타낼 수도 없고 마음으로 헤아릴 수도 없음. 생각이 미치지 못함. 생각할 수도 없는 놀라운 일.

부증불감(不增不減): 모든 존재의 참모습은 공(空)이므로 늘어나지도 줄어들지도 아니함.

부촉(付囑): 불법의 보호와 전파를 다른 이에게 맡겨 부탁함.

분단(分段): ①사물을 여러 단계로 나눔. ②육도에 윤회하는 범부가 각기 업인에 따라서 받게 되는 목숨의 길고 짧음의 분한(分限)과 신체의 크고 작음, 가늘고 굵음의 형단(形段).

분제(分齊): 범위, 정도, 한계, 경계.

불어(佛語): 부처님의 말씀. 곧 경전에 있는 말을 이른다.

불이(不二): 용수가 사용한 용어로 번뇌와 보리, 중생과 부처, 생사와 열반이 서로 의지해 존재하는 실체가 없는 공(空)으로 서로 다르지 않다는 의미다.(역주)

불환과(不還果): 아나함(阿那含)이라고도 하며, 욕계의 번뇌를 다 끊은 탓에 다시 욕계에 태어날 필요가 없는 경지에 도달한 성자를 말한다.(역주)

비구(比丘): 출가해서 구족계(具足戒)를 받은 사람을 통칭한다. 남자를 비구라 하고 여자를 비구니라 한다.(원주)

비뉴자(毗紐者): 비뉴(毗紐). 자재천(自在天)을 말한다. 달리 나라연천(那羅延天)이라고도 한다.(원주)

비량(非量): 그릇된 직접 자각과, 그릇된 추리에 의한 인식.

비량(比量): 추리에 의한 인식.

비원(悲願): 중생의 고통을 덜어 주려는 부처나 보살의 기원.

ㅅ

사(捨): ①들뜨지도 않고 침울하지도 않은 평등한 마음 상태. ②외부의 자극에 대해 괴롭지도 즐겁지도 않은 상태.

사(思): ①마음을 움직여 행위를 일으키게 하는 의지의 작용. ②사고, 분별, 생각, 추론.

사(事): ①현상, 차별 현상, 사물, 대상, 사태 등을 의미. ②분별하지 않고 있는 그대로 파악된 대상, 직관으로 파악된 대상.

사구(四句): 첫째는 상구(常句)다. 외도에서는 과거의 내가 지금의 나와 끊어지지 않고 이어진다고 집착해 상견(常見)에 떨어지는데, 이를 가리켜 상구라 한다. 둘째는 무상구(無常句)다. 외도에서는 내가 금생에 처음 생겨났으며 과거의 인(因)으로부터 오지 않았다고 집착해 단견(斷見)에 떨어지니, 이것을 일러 무상이라 한다. 셋째는 역상역무상구(亦常亦無常句)다. 외도에서는 앞의 두 관점에 모두 잘못이 있다고 보아 나는 끊임없이 이어지지만 내 몸은 계속 이어지지 않는다고 집착한다. 하지만 몸을 떠나면 내가 존재하지 않으니 이 역시 잘못이 있는데, 이를 일러 역상역무상이라 한다. 넷째는 비상비무상구(非常非無常句)다. 외도에서는 몸에는 다름이 있어 비상(非常)이지만 나에게는 다름이 없어 비무상(非無常)이라 집착한다. 하지만 몸을 떠나면 나도 존재하지 않으므로 이 역시 잘못이 있는데 이를 일러 비상비무상구라 한다.(원주)

사대종(四大種): 지(地), 수(水), 화(火), 풍(風)의 네 원소.(역주)

사량(思量): 생각하여 헤아림. 사유하고 판단함.

사려(思慮): ①여러 가지 일을 주의 깊게 생각함. 또는 그런 생각. ②마음속으로 분별함.

사리(事理): 변화하는 현상과 그 배후에 있는 불변하는 이치. 차별 현상과 본체.

사분(四分): 법상종에서 인식의 성립 과정을 네 부분으로 나눈 것. 상분(相分)은 인식 주관에 드러나 인식 대상, 견분(見分)은 대상을 인식하는 주관, 자증분(自證分)은 인식 주관과 인식 대상에 의한 자신의 인식 작용을 확인하는 부분, 증자증분(證自證分)은 자신의 인식 작용을 다시 확인하는 부분.(역주)

사상(事相): 차별 현상. 변화하고 낱낱이 차별되어 있는 현상계의 모습.

사주지무명주지(四住地無明住地): 삼계 견사(見思)의 번뇌다. 첫째는 견일체주지(見一切住地)로 삼계의 일체 견혹(見惑)이다. 둘째는 욕애주지(欲愛住地)로 욕계의 일체 사혹(思惑)이다. 셋째는 색애주지(色愛住地)로 색계 일체의 사혹(思惑)이다. 넷째는 유애주지(有愛住地)로 무색계의 일체 사혹이다. 여기에 무명주지를 추가해 넣어 오주지(五住地)라 한다. 모두 주지(住地)라 말한 것은 이 오법에서 일체의 허물이 생겨나며, 갠지스강의 모래알만치 많은 번뇌의 근본 의거처이기 때문이다.(원주)

삼거(三車): 『법화경』비유품(譬喩品)에서 말하는 양거(羊車), 녹거(鹿車), 우거(牛車)의 세 수레다. 양거는 성문승, 녹거는 연각승, 우거는 보살승에 비유된다.(역주)

삼경(三境): 인식의 대상을 세 종류로 분류한 것이다. 성경(性境)은 주관의 영향을 받지 않는 객관 세계이며, 독영경(獨影境)은 주관의 영향하에 제멋대로 나타나는 경계이고, 대질경(帶質境)은 본질은 있으나 본질 그대로는 나타나지 않는 경계로서 제육식은 이 세 경계에 모두 통한다.(역주)

삼계(三界): 달리 삼유(三有)라고도 한다. 범부가 생사 왕래하는 세계는 세 가지로 나누어진다. 첫째는 욕계다. 음욕과 식욕의 두 욕구를 지닌 유정(有情)이 머무는 곳이다. 위로 육욕천(六欲天)으로부터 중간에 사람이 사는 사대주, 그리고 아래로는 무간지옥까지를 욕계라 한다. 둘째는 색계다. 색이란 물질이 응고되어 있는 것으로, 형체를 지닌 물질을 말한다. 이 세계는 욕계의 위에 있으며 음욕과 식욕을 벗어난 유정(有情)이 머무는 곳이다. 신체와 궁전 및 일체의 물질이 모두 오묘하고 정교해 이 때문에 색계라 한다. 이 색계는 선정의 얕고 깊음에 따라 네 단계로 나누는데, 이를 사선천(四禪天)이라 부른다. 셋째는 무색계다. 이 세계는 색(色)도 없고 물질도 없으며 신체도 없고 궁전이나 국토도 없다. 오직 심식(心識)이 깊고 오묘한 선정에 들어 있을 뿐이라 이를 무색계라 한다. 아무 물질도 없는 세계라 그 방향과 장소를 정할 수 없다. 하지만 과보로 말한다면 색계의 위에 있다. 여기에는 사천(四天)이 있어 사무색(四無色) 또는 사공처(四空處)라 불린다.(원주)

삼계구지(三界九地): 미혹에 빠진 유정들이 윤회하는 세계를 말하는데, 크게 나누면 삼계가 되고 자세히 나누면 구지가 된다.(역주)

삼관설(三關說): 선종에서는 본래 깨달음의 단계를 설정하지는 않았다. 삼관(三關)의 설은 이후 조사들이 배우는 사람들의 방편으로서 제시한 것이다. 삼관설은 백장선사(百丈禪師)의 삼구(三句)로부터 시작했으며, 후에 간화선(看話禪)이 일어나면서 참선의 세 단계로 자리잡았다. 삼관이란 초관 파본참(破本參), 이관 파중관(破重關), 삼관 답뇌관(踏牢關)으로서, 초관은 반야의 공성(空性)에 들어 반야의 지혜를 얻는 것이요, 이관은 반야의 지혜로써 번뇌를 소멸시키는 것이요, 삼관은 번뇌를 소멸시켜 속세로부터 자유롭게 되는 것이다. 하지만 삼관에 대한 해석은 각 종파에 따라 약간씩 달라지기도 했다.(역주)

삼량(三量): 인식의 세 가지 근원으로 현량(現量), 비량(比量), 비량(非量).

삼마제(三摩提): 삼마지(三摩地), 삼매지(三昧地), 삼매(三昧)는 모두 범어 사마디의 음역. 마음을 한곳에 모아 움직이지 않기 때문에 정, 마음의 평정이므로 등지(等持), 정수(正受) 등으로 의역.

삼매(三昧): 정(定)이라고 하는 것으로 마음이 한곳에 머물러 움직이지 않는 상태다.(역주)

삼수(三受): 세 가지 감수 작용인 고(苦)·낙(樂)·사(捨)를 말한다.(역주)

삼십칠보리도품(三十七菩提道品): 도(道)란 통할 수 있다는 뜻으로, 열반의 길에 이르는 삼십칠종의 자량(資糧)을 말한다. 열거하면 다음과 같다. ①사념처(四念處): 신념처(身念處) 수념처(受念處) 심념처(心念處) 법념처(法念處). ②사정근(四正勤): 이미 생긴 악을 끊어 버리고 부지런히 정진한다. 아직 생겨나지 않은 악은 생겨나지 않도록 부지런히 정진한다. 아직 생겨나지 않은 선은 생겨나도록 정진한다. 이미 생긴 선에 대해서는 더욱 자라나도록 정진한다. ③사여의족(四如意足): 욕여의족(欲如意足) 염여의족(念如意足) 정진여의족(精進如意足) 사유여의족(思惟如意足). ④오근(五根): 신근(信根) 정진근(精進根) 염근(念根) 정근(定根) 혜근(慧根). ⑤오력(五力): 신력(信力) 정진력(精進力) 염위(念爲) 정력(定力) 혜력(慧力). ⑥칠각지(七覺支): 택법각지(擇法覺支) 정진각지(精進覺支) 희각지(喜覺支) 경안각지(輕安覺支) 염각지(念覺支) 정각지(定覺支) 행사각지(行捨覺支). ⑦팔정도(八正道): 정견(正見) 정사유(正思惟) 정어(正語) 정업(正業) 정명(正命) 정정진(正精進) 정념(正念) 정정(正定).(원주)

삼의(三衣): 승려의 소지품인 대의(大衣) 오조(五條) 칠조(七條)의 세 가지 가사(袈裟).(역주)

삼자성(三自性): 일체의 생명에 구비되어 있는 세 종류의 자성으로 변계집성(遍計執性)·의타기성(依他起性)·원성실성(圓成實性)을 가리킨다.(역주)

삼해탈문(三解脫門): 삼공문(三空門) 혹은 삼삼매(三三昧)라고도 한다. 공해탈문은 일체 만유가 공하다고 관하는 것, 무상해탈문은 상대적 차별 모양이 없다고 관하는 것, 무작해탈문은 무원해탈문이라고도 하며 일체를 구할 것이 없다고 관하는 것을 말한다. 삼해탈문은 원주에도 있으나 보충하였다.

삼해탈문(三解脫門): 해탈(解脫)이란 자재(自在)의 뜻이며 문(門)이란 통할 수 있다는 뜻이다. 이 삼해탈문을 통하면 열반에 이를 수 있음을 말한다. 삼해탈문이란 첫째는 공(空), 둘째는 무상(無相), 셋째는 무작(無作)인데 달리 성정해탈(性淨解脫), 원정해탈(圓淨解脫), 방편해탈(方便解脫)이라고도 한다.(원주)

상(相): ① 모습. 모양. 형상. 상태. ② 특징. 특질. 징표. 인식 주관에 형성된 대상에 대한 차별이나 특징. 의식에 떠오르는 대상의 상태나 특성. 인식 주관이 대상에 부여한 가치나 감정. ③ 생각. 관념. ④ 흔적을 남기려는 생각.

상견(常見): 사람이 죽어도 자아는 사라지지 않는다고 보는 것.(역주)

상락아정(常樂我淨): 열반에 갖춰져 있는 네 특성. 즉 영원히 변하지 않으며[常] 괴로움이 없이 편안하며[樂] 진아의 경지로서 자유자재하여 걸림이 없으며[我] 더러움이 없이 깨끗한[淨] 특성을 가리킨다.(역주)

상불사의(常不思議): 변함없이 존재하는[常] 것이지만 생각할 수도 없고[不思], 언어로 표현할 수도 없는[不議] 것으로 자각성지(自覺聖智)의 경계에서만 드러난다. 이 경계는 제일의의 경계와 같은 것으로 성문이나 연각 또는 외도가 알 수 있는 것이 아니다. 외도들이 말하는 상불사의는 스스로 증득한 것이 아닌, 말하자면 일종의 개념으로 사실상 언어적 유희에 불과하다.(역주)

상승(上乘): 대승(大乘)을 뜻함.

색구경계(色究竟界): 색계(色界) 사선천(四禪天) 중에서도 제일 위에 위치한 천(天). 색계에는 모두 열여덟 개의 천(天)이 있다.(역주)

색상(色像): ① 형상을 갖춘 몸, 육신. ② 마음에 형성된 대상의 모습이나 특징. 마음에 떠오르는 형상.

색상(色相): 형상의 특질이나 본성. 눈으로 볼 수 있는 물질의 형상.

생원(生元): 자연계와 인류의 발전을 이끌어 가는 일종의 우주적 의지를 가리킨다.(역주)

생취(生趣): 사생육취(四生六趣)의 준말. 사생(四生)은 태생(胎生)·난생(卵生)·습생(濕生)·화생(化生)을 말하며, 육취(六趣)는 중생이 윤회하는 육도 세계를 말한다.(역주)

선관(禪觀): 좌선하면서 여러 가지 관법을 사용해 망상을 끊는 것.(역주)

설통(說通): 스스로 체득한 깨달음을 막힘없이 말로 드러냄.

섭수(攝受): 자비로운 마음으로 중생을 거두어 들여서 보살핌.

성(性): ① 변하지 않는 본질이나 실체. 고유한 성질. ② 본래부터 갖추고 있는 소질. 타고난 성품. ③ 부처의 성품.

성계(性戒): 따로 정하지 않아도 행위 그 자체가 죄악이므로 당연히 금지된 살생(殺生), 투도(偸盜), 사음(邪淫) 등의 계율.(역주)

성공연기(性空緣起): 사물은 가유(假有)로서 그 본성이 공하며 인연에 따라 존재한다.(역주)

성문(聲聞): 부처님의 소승 제자로 부처님이 설한 고집멸도를 듣고 출세법을 닦는 자.(원주)

성상(性相): 본질과 현상. 근본적인 성질과 나타난 모습.

성자성(性自性): 원래의 육경과 육근을 성자성이라 하며, 이것이 인연을 만나 작용한 것을 수념자성(隨念自性)이라 하고, 이로부터 인생과 우주를 의식하는 작용을 계탁자성(計度自性)이라 한다. 이들은 각각 원성실성(圓成實性), 의타기성(依他起性), 변계소집성(遍計所執性)이라고도 하는데 성자성은 곧 원성실성을 말한다.(역주)

성종(性宗): 법성종(法性宗)이라고도 함. 법성(法性)은 법상(法相)과 대비되는 개념으로 법상이 현상을 중시한다면 법성은 진여(眞如) 또는 불성(佛性)을 세계의 근본으로 봄. 화엄종, 천태종, 삼론종, 밀종 등을 흔히 법성종이라 칭함.(역주)

세간(世間): 유정(有情)의 중생이 서로 의지하며 살아가는 세상.(역주)

세제(世諦): 세간 만유의 이치, 세간 일반의 도리.

소견(所見): 보이는 대상.

소상(所想): 생각하는 대상.

소연(所緣): 마음으로 인식하는 대상.(역주)

소지장(所知障): 번뇌장(煩惱障)과 소지장은 합쳐 이장(二障)이라고 한다. 탐진치(貪瞋癡) 등의 번뇌가 앎의 진상을 제대로 알지 못하게 하는 것이다. 앎을 덮어 바른 지혜가 생기는 것을 막으므로 지장(智障)이라고도 한다.(역주)

소취(所取): 인식 대상.

손타리외도녀(孫陀利外道女): 승단에 불만을 품고 미모를 이용해 승단에 접근했으나 여의치 않자 자신이 모 승려에게 강간당해 아이를 배었다는 소문을 퍼뜨린다. 시간이 흘러가면서 거짓이 탄로 날 위험이 있자 외도인들이 손타리를 죽여 승단 부근에 버리고 승단 사람이 죽였다는 소문을 퍼뜨린다. 결국 왕이 나서서 철저한 진상 규명을 하기에 이른다.(역주)

수(數): 수는 '지혜'의 다른 말이다. 혜소(慧沼)가 지은 『성유식론료의등(成唯識論了義燈)』에서는 "수란 지혜를 말한다[數是智慧]"고 풀이하고 있다.(역주)

수다원(須陀洹): 예류(預流)·입류(入流)라고 번역. 욕계·색계·무색계의 견혹(見惑)을 끊은 성자. 처음으로 성자의 계열에 들었으므로 예류·입류라고 함. 이 경지를 수다원과(須陀洹果)·예류과(預流果), 이 경지에 이르기 위해 수행하는 단계를 수다원향(須陀洹向)·예류향(預流向)이라 함. 수다반나와 동의어다.

수론(數論): 가비라선(伽毗邏仙)이 만든 논(論)이다. 달리 금칠십론(金七十論), 입이십오제(立二十五諦)라고도 부르는데 생사 열반을 논한 것이다. 숫자를 제법을 수량화시키는 근본으로 삼기에 이런 이름이 붙었다. 숫자로부터 논의를 일으키기에 이름을 수론이라 하였다.(원주)

수미산(須彌山): 묘고산이라 번역하는데, 한 소세계의 중심이다.(원주)

수유(酥油): 우유를 끓여서 만든 기름. 병든 수행승(修行僧)이 약으로 복용하거나, 밀교에서 호마(護摩) 때에 오곡에 섞어 태우는 데에 쓴다.

수지(受持): 경전이나 계율을 받아 항상 잊지 않고 머리에 새겨 가짐.

습염(習染): 버릇이 고칠 수 없을 정도로 깊이 몸에 뱀.

승론(勝論): 구로가선(嘔露迦仙)이 부르기 시작한 것으로, 우주 만유를 공간적인 유물적 다
원론으로 분석한 것이다. 각기 다른 여섯 종류가 있어 육구의(六句義)라고 한다. 실(實)이
본체요, 덕(德)이 속성, 업(業)이 작용, 동(同)이 공통성, 이(異)와 합(合)이 사물 간의 고
유성이다.(원주)

승만부인(勝鬘夫人): 사위국 파사닉 왕의 딸로서 아유사국으로 시집가 왕비가 되었다. 부처
님께서 급고독원에 계실 때 파사닉 왕의 부인이 그의 딸인 아유사국 왕비에게 편지를 써
서 부처님의 공덕을 찬양했다. 승만부인은 편지를 받고 기뻐하며 게송으로 멀리 계신 부
처님을 뵙고 싶다고 청하자 부처님께서 직접 몸을 드러내셨다. 승만부인이 게송으로 그
덕을 찬탄하자 부처님은 수기를 해 주셨다. 승만부인이 다시 십홍서원(十弘誓願)을 발하
니 천화(天花)와 천음(天音)이 감응하며 대승의 요의를 말하고 이승 불료의(不了義)를 널
리 밝히기에 이른다. 부처님께서 찬탄하며 인가하고 빛을 뿜으며 공중으로 솟아올라 급
고독원으로 돌아오시어 아난과 제석천에게 일러 결명부촉(結名付屬)하셨다.(원주)

승의유(勝義有): 세속을 초월한 궁극적 존재.(역주)

승인(勝因): 직접 영향을 주는 좋은 인연. 특별히 뛰어난 선인(善因).

승자재천(勝自在天): 승자재(勝自在)는 최승자재(最勝自在)라고도 하는데, 불가사의하게 오묘
하고 최고로 고명하며 위대한 역량으로, 최초의 제1원인이 되는 것을 말한다. 따라서 승자
재천이란 더 이상 원인이 없는 그것 자체가 원인이자 시작인 최고의 천주를 말한다.(역주)

식량(識量): 식견(識見)의 정도.(역주)

실단(悉檀): 실단이란 부처님이 설법하여 중생을 교화하는 방법으로 네 가지가 있다. 부처
님의 설법은 사실단(四悉檀)을 벗어나지 않는다. 실단이란 옛 사람이 번역한 것으로, 이
네 가지 법의 성취로 중생이 부처의 길로 나아가므로 이렇게 이름을 붙였다. 사실단으로
는 첫째가 세계실단(世界悉檀), 둘째가 각각위인실단(各各爲人悉檀), 셋째가 대치실단(對
治悉檀), 넷째가 제일의실단(第一義悉檀)이다.(원주)

실제(實際): 허망을 떠난 열반의 깨달음.

심경(心境): 마음의 상태.

심량(心量): 마음이 작용하여 대상을 분별하고 차별함.(역주)

심성(心性): 참되고 변하지 않는 마음의 본체.

심소(心所): 식(識)에는 마음의 주체인 심왕(心王)과 그에 종속되는 심소(心所)가 있다. 심소
란 심왕이 소유한다는 뜻의 심소유법(心所有法)의 줄인 말이다. 심왕과 독립하여 심소만
이 활동할 수 없으므로 심소란 심왕에 소속된 다양한 심리 활동이라 할 수 있다.(역주)

심수(心數): 심소(心所)의 옛 번역.(역주)

심식(心識): 인식하고 식별하는 마음의 작용.

심왕(心王): 우리 몸의 여섯 감각 기관인 육근(六根)이 여섯 대상인 육경(六境)에 부딪혀 여
섯 가지 마음이 일어나는데 이것을 육식(六息)이라 한다. 이 외에도 제칠식인 말나식과

제팔식인 아뢰야식이 있는데 이 여덟 가지 식(識)을 마음의 주체라 생각하여 심왕이라 부른다.(역주)

심요(心要) : 마음의 가장 중요한 정수.

심의식(心意識) : ① 초기 불교에서는 심(心)과 의(意)와 식(識)은 동의어로서 인식 주관 또는 인식 작용을 뜻함. ② 유식설에서는 심은 아뢰야식(阿賴耶識), 의는 말나식(末那識), 식은 육식(六識)을 뜻함. ③ 오온(五蘊)으로 설명하면 색(色)은 물질, 수(受)와 상(想)은 심(心), 행(行)은 의(意), 식(識)은 식(識)이다.(역주)

심인(心印) : 선종에서 글이나 말로 나타낼 수 없는 내심의 깨달음을 이르는 말. 심(心)은 불심을 뜻하고 인(印)은 인가, 인증의 의미로 불법의 확증을 말함.

심지(心地) : 선종(禪宗)에서 문자(文字)나 언어로써 나타낼 수 없는 것을 일컫는 말로 부처가 직접 체득한 깨달음을 말한다. 심인(心印)이라고도 한다.

심지법문(心地法門) : 마음을 대지에 비유해 대지가 만물을 생성하듯 마음이 만물을 생성함을 부각시킨 표현이다. 불법의 핵심이 심법(心法)임을 강조한다.(역주)

십력(十力) : 부처님에게는 열 가지 능력이 있다. 옳은 것과 그른 것을 아는 지혜, 삼세의 업보를 아는 지혜, 여러 선의 해탈 삼매를 아는 지혜, 여러 근기의 뛰어남과 열등함을 아는 지혜, 여러 해법을 아는 지혜, 여러 세계(소천세계)를 아는 지혜, 일체의 도에 이르는 바를 아는 지혜, 아무 걸림 없이 천안으로 아는 지혜, 생사의 번뇌를 벗어나는 것을 아는 지혜, 습기를 영원히 단절할 줄 아는 지혜가 있다.(원주)

십무진구(十無盡句) : 초지의 환희지 보살은 광대한 원(願)을 발해 십무진(十無盡)으로 성취한다. 만약 이 십구(十句)가 다함이 있으면 내 원(願) 역시 다하며 이 십구가 다함이 없다면 내 원 역시 다함이 없으므로 이를 십무진이라 했다. 십무진은 다음과 같다. ① 중생계무진(衆生界無盡) ② 세간무진(世間無盡) ③ 허공계무진(虛空界無盡) ④ 법계무진(法界無盡) ⑤ 열반계무진(涅槃界無盡) ⑥ 불출현계무진(佛出現界無盡) ⑦ 여래지계무진(如來智界無盡) ⑧ 심소연무진(心所緣無盡) ⑨ 불지소입경계무진(佛智所入境界無盡) ⑩ 세간전법전지전무진(世間轉法轉智轉無盡) (원주)

십이입(十二入) : 입(入)은 섭입(涉入)의 뜻이다. 육근과 육진이 서로 섭입하므로 십이라 불렀다. 예를 들어 안근이 색을 대하면 색을 볼 수 있어 안입(眼入)이라 불렸다. 볼 수 있는 모든 색을 눈과 연계시켜 색입(色入)이라 한 것이다.(원주)

십팔계(十八界) : 인식을 성립시키는 열여덟 가지 요소. 즉 외부 감각을 받아들이는 여섯 기관인 육근(六根)과 육근의 대상인 육경(六境) 그리고 그것을 식별하는 여섯 가지 마음 작용인 육식(六識)을 말한다.(역주)

십팔계(十八界) : 육근(六根) · 육진(六塵) · 육식(六識)을 끊는 것이다. 계(界)에는 두 뜻이 있다. 하나는 인(因)의 뜻으로 근진식(根塵識)이라 하는데, 삼(三)과 화합해 업을 만들어 생사의 인(因)이 된다. 또 하나는 한(限)의 뜻으로 근진식삼(根塵識三)이라 부르는데, 각자 한계가 있어서 서로 어지러워지지 않는다.(원주)

아가니타(阿迦膩吒): 색구경천(色究竟天)을 말한다.(역주)

아나함(阿那含): 불환 혹은 불래라고 번역. 욕계의 수혹을 완전히 끊은 성자로 색계, 무색계
의 경지에 이르고 다시 욕계로 되돌아오지 않는다고 하여 불환이라 함.

아라한(阿羅漢): 무생(無生)이라 한다. 제반 욕구가 청정해 번뇌가 일어나지 않는 것을 말하
는데 소승 최고의 과보다.(원주)

아마륵(阿摩勒): 아마륵(阿摩勒)은 열매다. 형태가 빈랑(檳榔)처럼 생겼는데 먹으면 풍냉(風
冷)을 막을 수 있다.(원주)

아타나식: 아뢰야식의 다른 이름이다.(역주)

악취(惡趣): 악도라고도 함. 악업을 지어서 죽은 뒤 가야 하는 괴로움의 세계. 보통 삼악도
가 있는데, 제일 좋지 않은 곳이 지옥도 그다음이 아귀도 세 번째가 수라도이다.

안심입명(安心立命): 자신의 불성(佛性)을 깨닫고 삶과 죽음을 초월함으로써 마음의 편안함
을 얻는 것을 이르는 말.

양(量): 양(量)은 인식의 근거, 수단이다. 양에는 현량(現量)과 비량(比量)이 있는데, 현량은
눈으로 보고 귀로 듣는 것이요 비량은 연기를 보고 불이 있다는 것을 추측하거나 이미
알고 있는 법(法)으로 미지의 법을 유추하는 것이다.(역주)

업력(業力): 선업은 즐거운 과[樂果]를 일으키는 힘으로 작용하고, 악업은 괴로운 과[苦果]
를 일으키는 힘으로 작용한다.(원주)

여실(如實): 사실과 꼭 같음.

여환삼매(如幻三昧): 모든 차별적 대상이 실재하지 않는 환상에 불과함을 살펴 아는 삼매이
며, 동시에 실제로 존재하지 않은 것을 존재할 수 있게 하는 삼매이기도 한다.(역주)

연각(緣覺): 스스로 십이인연을 살펴고서 도를 이루는 자로 역시 대승은 아니다.(원주)

염(念): ①집중. 주시. ②어떠한 것을 잊지 않고 마음속으로 재현함. 마음을 고요히 가라앉
히고 어떠한 것을 떠올림. ③생각

염혜지(焰慧地): 십지의 하나로 보살의 네 번째 수행 단계. 수행으로 생긴 공덕의 힘이 모든
번뇌와 망상을 태워 없앨 수 있는 경지.

오명(五明): 고대 인도의 다섯 가지 학문. 내명(內明)은 각 종교의 취지를 밝히는 학문, 인명
(因明)은 논리학, 성명(聲明)은 언어나 문법에 대한 학문이며, 의방명(醫方明)은 의술에
대한 학문, 공교명(工巧明)은 공예나 기술에 대한 학문이다.(역주)

오법(五法): 『입능가경(入楞伽經)』 권7에 의하면 명(名)·상(相)·분별(分別)·정지(正智)·여
여(如如)를 오법이라 하는데, 일체의 불법이 모두 이 오법 속에 있다고 하였다.(역주)

오법자성(五法自性): 온갖 법의 자성을 분별하여 다섯 가지로 나눈 것이다. 이를 줄여서 오
법(五法) 또는 오사(五事)라고도 하는데 첫째가 명(名), 둘째가 상(相), 셋째가 분별(分別),
넷째가 정지(正智), 다섯째가 여여(如如)이다. 이 중 앞쪽 세 가지가 미(迷)의 법이라면 뒤

쪽 두 가지는 오(悟)의 법이라 할 수 있다.(역주)

오분론(五分論): 인도에서 1세기 이래 여러 학파에서 쓴 변론 형식의 하나다. 종(宗)은 주장 명제·판단, 인(因)은 이유, 유(喩)는 구체적인 예, 합(合)은 유를 기반으로 하여 종과 인을 결합한 것, 결(結)은 종을 되풀이한 결론으로, 다섯 단계로 성립하는 논증 형식을 이른다.(역주)

오수(五受): 외부의 자극으로 느끼는 다섯 가지 감수 작용. 괴로움을 느끼는 고수(苦受), 즐거움을 느끼는 낙수(樂受), 근심하는 우수(憂受), 기쁨을 느끼는 희수(喜受), 괴롭지도 즐겁지도 않은 사수(捨受).

오음(五陰): 오온(五蘊)의 옛 번역어이다. 온은 모임, 집합, 더미를 뜻하는 것으로 다섯 가지 의식 작용을 말함. 색음(색온, 인식 주관의 망념으로 조작한 대상의 차별성), 수음(수온, 괴로움과 즐거움을 느끼는 감수 작용), 상음(상온, 대상에 이름과 개념을 지어내는 의식 작용), 행음(행온, 의도하고 지향하는 의식 작용), 식음(식온, 식별하고 판별하는 인식 작용).

오정육(五淨肉): 첫째, 내 눈으로 죽이는 것을 보지 않은 것. 둘째, 나를 위해 죽였다는 말을 듣지 않은 것. 셋째, 나를 위해 죽이지 않았을 법한 것. 넷째, 새나 짐승이 명이 다해 스스로 죽은 것. 다섯째, 독수리나 매 등 다른 짐승들이 먹다 남은 고기.(원주)

오지(五智): 대일여래의 다섯 가지 지혜. 법계체성지, 대원경지, 평등성지, 묘관찰지, 성소작지.

오취(五趣): 달리 오도(五道)라고도 하는데 첫째가 지옥이요, 둘째가 아귀, 셋째가 축생, 넷째가 인간, 다섯째가 천(天)이다.(원주)

오취잡거지(五趣雜居地): 우리가 현재 살고 있는 곳은 욕계로, 욕계는 오취(五趣) 즉 지옥·아귀·축생·인간·천(天)의 중생이 살고 있다. 이 욕계 안에 살고 있는 오취를 합한 것이 제일지 오취잡거지이다.(역주)

외계(外界): 육계(六界) 가운데 식(識)을 제외한 오계(五界)를 이르는 말. 지(地)·수(水)·화(火)·풍(風)·공(空)이며, 이에 대하여 식대(識大)는 내계(內界)라 한다.

외진(外塵): 육식(六識)의 대상인 육경(六境)을 달리 이르는 말.

요의(了義): 불법의 이치를 직접적으로 완전히 드러내는 것을 요의라 하고, 중생의 이해 정도를 감안해 점차적 방편적으로 인도하는 것을 불요의(不了義)라 하는데, 이 둘을 합쳐 이의(二義)라고 한다.(역주)

용천(龍天): 불가에서 말하는 천룡팔부(天龍八部). 천룡팔부는 불법을 수호하는 신장(神將)들로서 천, 용, 야차, 아수라, 가루나, 건달바, 긴나라, 마후라가임.

우담바라: 서응(瑞應)이라 번역한다. 저자가 볼 때 이 꽃은 무화과류에 속한다. 세상에서는 삼천 년에 한 번 핀다고 하며 부처님이 세상에 나올 정도가 되어야 피기 시작한다고 한다. 따라서 불세출의 인물을 칭송하여 우담바라가 나타났다고 한다.(원주)

원적(圓寂): 모든 번뇌를 완전히 소멸한 열반의 상태. 번뇌 잡염의 세계를 여의고 청정한 열반계에 돌아간다는 뜻.

원통(圓通): 걸림 없이 원만하게 두루 통함. 지혜로써 진여의 이치를 깨달은 상태에 있음.

또는 그 이치. 그 본질이 원만하여 널리 모든 존재에 두루 통하고 그 작용은 자재하여 거리낌이 없이 모든 존재에 작용한다.

위신(威神): 부처가 가진, 인간의 지식으로는 헤아릴 수 없는 영묘하고 불가사의한 힘. 불과 위에 있는 존엄하고 측량할 수 없는 부사의한 힘.

유식법상(唯識法相): 원리적 측면에서 보면 유식과 법상은 하나다. 그래서 보통은 유식과 법상을 구별하지 않고 유식법상이라 병기한다. 하지만 차이도 있으니 법상(法相)은 광범위하고 유식(唯識)은 아주 정밀하다. 유식의 식이 마음의 본체라면 법상의 상은 마음속에 나타나는 여러 모습이므로 유식과 법상의 관계는 말하자면 체용의 관계다. 따라서 법상은 반드시 유식을 그 근본으로 삼는다. 여기서는 일반적 관점을 따라 유식과 법상을 구별하지 않고 유식법상이라 병기한다.(역주)

육덕론(六德論): 육덕(六德)은 산스크리트어 박가범(薄伽梵)의 여섯 가지 뜻으로, 어떤 때는 왕자(王者)의 육덕으로도 통용된다. 첫째는 자재(自在), 둘째는 치성(熾盛), 셋째는 단엄(端嚴), 넷째는 명칭(名稱), 다섯째는 길상(吉祥), 여섯째는 존귀(尊貴)이다.(원주)

육도(六道): 달리 육취(六趣)라고도 한다. 지옥, 아귀, 축생, 아수라, 인간, 천상이 그것이다. 이 여섯은 중생이 윤회하는 길이라 육도라 한다. 중생은 각기 그 원인인 업에 따라 달려가므로 육취라고도 한다.(원주)

육도(六度): 육바라밀을 말하는데 도(度)란 생사의 바다를 건너간다는 뜻이다. 그 행법(行法)에는 보시(布施), 지계(持戒), 인욕(忍辱), 정진(精進), 선정(禪定), 지혜(智慧)의 여섯 가지가 있다.(원주)

육친(六親): 부모 처자 형제를 말한다.(원주)

의근(意根): 육근의 하나. 근은 기관 기능을 뜻함. 인식 기능, 의식 기능.

의리(義理): 모든 현상에 통하는 법칙. 타당한 이치.

의방론(醫方論): 의방명(醫方明)이라고도 한다. 고대 인도의 다섯 가지 학문인 오명(五明) 중 하나로서 질병이나 의료, 약방에 관해 해설하는 학문이다.(역주)

의보(依報): 과거에 지은 행위의 과보로 받는, 부처나 중생의 몸이 의지하고 있는 국토와 의식주 등. 우리의 몸과 마음에 따라 존재한 국토, 가옥, 의복 식물 따위.

의생신(意生身): 초지 이상의 보살이 중생을 제도하기 위하여 뜻대로 변화한 신체. 부모가 낳은 육신이 아니고 생각하는 대로 생기는 몸, 곧 화생신.

의타기(依他起): 인연에 의해 생겨나는 모든 것.(역주)

이무아(二無我): 인무아(人無我)와 법무아(法無我)를 이른다. 인무아를 아공(我空)이라 하고 법무아(法無我)를 법공(法空)이라고 하며 이 둘을 통칭하여 이공(二空)이라고 하는데, 이 공이 바로 이무아(二無我)이다. 혹은 아법이공(我法二空)이라 부르기도 한다.(역주)

이변(二邊): 중도의 바름을 여읜 양극단. 이를 주관적으로 보면 이견(二見). 유변과 무변, 증익변과 손감변, 단변과 상변 등 중도(中道)의 바름을 잃은 이변을 모두 이 책에서는 양극단으로 옮겼다.

이생희락지(離生喜樂地): 색계에는 초선(初禪)인 이생희락지(離生喜樂地), 이선(二禪)인 정생묘락지(定生妙樂地), 삼선(三禪)인 이희묘락지(離喜妙樂地), 사선(四禪)인 사념청정지(捨念淸淨地)가 있는데, 초선인 이생희락지에서는 무엇을 먹을 때 선열(禪悅)로 음식을 삼기 때문에 안식과 이식과 신식만이 작용할 뿐 설식과 비식은 필요하지 않다.(역주)

이숙(異熟): ①원인과 다른 성질로 성숙됨. ②과보. ③아뢰야식의 별명.

이숙식(異熟識): 선악의 업(業)으로 인하여 받게 되는 과보로서 이 이숙식이란 명칭은 범부로부터 금강도의 보살에 이르기까지 적용되며, 오직 불과(佛果)인 묘각(妙覺)에서만 그 명칭이 사라진다.(역주)

이승(二乘): 대승과 소승을 가리키기도 하며 달리 성문승과 연각승을 가리키기도 한다.(역주)

이십오진실(二十五眞實): 이십오제(諦)의 진실을 말한다. 이십오제는 수론(數論)의 외도에 의해 정립된 것으로, 우주 만유의 전개 상황과 순서의 근본 원리를 설명한다. 즉 자성(물질의 본체)이 신아(神我, 정신의 본체)의 작용을 받아들여 대(大)가 생겨나고, 대로부터 아만(我慢)이 생겨나며, 아만으로부터 오유(五唯, 色·聲·香·味·觸), 오지근(五知根, 眼·耳·鼻·舌·身), 오작업근(五作業根, 口·手·足·男女·大遺), 심근(心根)이 생겨나며, 다시 오유로부터 오대(五大, 空·風·火·水·地)가 생겨난다. 그리고 신아(神我)와 자성(自性)의 관계는 마치 절름발이와 장님과도 흡사하다. 신아가 비록 지혜의 작용이 있지만 움직일 수 없으며, 자성이 비록 활동의 작용이 있지만 그 활동의 근원적 동기를 생겨나게 할 수 없으니, 신아가 자성으로 하여금 활동하게 하고 자성이 활동의 동기를 실현하게 하는데, 이 둘로부터 중간의 이십삼제가 생겨난다.(원주)

이염(爾燄): 인식이 일어나게 하는 대상으로, 소지(所知)나 경계(境界) 등으로 번역된다.(역주)

인(因): ①어떤 결과를 일으키는 직접 원인이나 내적 원인 또는 조건을 뜻하는 연(緣)도 포함. ②과거의 행위와 경험과 학습 등에 의해 아뢰야식에 새겨진 인상, 잠재력. 곧 종자(種子)를 말함.

인(因): 인명(因明)에서 논증의 근거가 되며 논증을 성립시키는 이유. 이유(理由)의 의미로 사물을 생기(生起)하게 한다.

인무아(人無我): 인간의 몸은 오온(五蘊)의 일시적 결합에 불과한 것으로 거기에는 불변하는 본체가 없다는 것.(역주)

일천제(一闡提): 본디 해탈의 소인을 갖지 못하여 부처가 될 수 없는 이.

일체법(一切法): 모든 현상. 인식된 모든 현상. 의식에 형성된 모든 현상.

입처(入處): 대상이 들어오는 영역, 범위, 곧 대상을 감각하거나 의식하는 기관, 기능.

ㅈ
_____

자각성경(自覺聖境): 법신의 경계를 가리키는 것으로 일체의 언설과 마음의 작용이 끊어진 상태다.(역주)

자각성락(自覺聖樂) : 보고 듣고 지각하는 즐거움으로, 예를 들면 마음속에 각종 영상이 나타나 다양하게 변화하거나 장엄한 불국토가 나타나거나 찬란한 빛이 나타나는 현상으로, 부처의 상락아정의 즐거움이 아니다.(역주)

자각성지(自覺聖智) : 자각성취(自覺聖趣)라고도 하는데 여래가 스스로 증득한 경계다. 이 경계에 이르면 바로 여래지로 들어가 여래의 법신을 증득하게 된다.(역주)

자각성지구경상(自覺聖智究竟相) : 모든 것을 놓아 버린 후 최후로 여환삼매(如幻三昧)를 증득하는 것이다.(역주)

자량(資糧) : 보리와 열반에 이르는 데 바탕이 되는 여러 가지 선근, 공덕. 수행의 기본이 되는 선근, 공덕.

자상(自相) : 사물 그 자체만이 가지는 개별적 성질과 모양.(역주)

자성(自性) : 다른 것과 혼동되지 않으며 변하지도 않는 독자적인 본성을 의미한다.(역주)

자원처상(自願處相) : 성불에 가장 중요한 것으로 서원(誓願)을 세우는 것이다. 예를 들면 지장보살이 중생을 다 구제하지 않는 한 성불하지 않겠다, 지옥이 텅 비지 않는 한 성불하지 않겠다는 서원 등이다.(역주)

자재천주(自在天主) : 힌두교의 신 시바의 음역으로 대자재천(大自在天), 대자재(大自在), 자재천(自在天), 천주(在天)라고도 의역한다.(역주)

장식(藏識) : 심식(心識)의 명칭으로 팔식 중 여덟 번째이다. 번역해서 장(藏)이라고 하는데, 일체 사물의 종자를 머금어 저장한다는 뜻이다. 아뢰야식, 아라야식이라고 한다.(원주) 이 책에서는 여래장식, 아뢰야식, 제팔식, 아타나식이 모두 같은 의미로 쓰였다.

전불심인(傳佛心印) : 글이나 말로 표현할 수 없는 부처님의 내심의 깨달음을 전함.(역주)

전차바라문녀(旃遮婆羅門女) : 부처님 재세 시 부처님의 자식을 임신했다고 속여 부처님을 비방한 여인.(역주)

절복(折伏) : 불법을 설교하여 악법을 꺾고 정법을 따르게 함. 나쁜 사람이나 나쁜 교법을 꺾어 굴복시킴.

점화(點化) : 도가에서 이전의 사물을 고쳐서 새롭게 함을 이르는 말.

정견(正見) : 팔정도(八正道)의 하나로 바른 견해. 연기(緣起)와 사제(四諦)에 대한 지혜.

정과(正果) : 도를 닦아 깨달음을 얻은 것을 증과(證果)라 하는데, 외도의 맹목적인 수련을 통해 얻은 것과 비교하여 정사(正邪)를 구별하기 위해 정과라 부른다.(역주)

정론(定論) : 어떤 결론에 도달하여 확정된 의견이나 이론.

정보(正報) : 정보(正報)와 의보(依報). 정보는 금생에 부모로부터 받은 몸과 마음으로 오랜 윤회를 거치며 누적된 업보의 결과이며, 의보는 자신의 몸이 의탁하는 환경으로 역시 과거 업보의 결과이다. 말하자면 정보는 자기 몸으로 받는 업보요, 의보는 환경으로 받는 업보다.(역주)

정수(正受) : 마음의 산란을 멈추고 대상을 있는 그대로 바르게 받아들이는 선정(禪定).(역주)

정의(精義) : 본질적이고 근본적인 의미. 정수. 요체. 핵심. 골자.

제근(諸根): 오관(五官) 등의 기관이란 뜻으로 증상(增上)하고 능생(能生)하는 작용이 있는 것을 말함.

제법(諸法): 모든 현상. 인식된 모든 현상. 의식에 형성된 모든 현상.

제일의제(第一義諦): 열반, 진여, 실상 등의 깊고도 오묘한 절대적 진리, 형이상의 본체.(역주)

종(宗): ① 주된 요지. 근본 요지. ② 부처의 여러 가르침 가운데 제각기 중요하게 여기는 취지. 각각의 경론(經論)에서 설하는 가르침의 요지. ③ 스스로 체득한 궁극적인 진리. 언어로 표현할 수 없는, 스스로 체득한 깨달음 그 자체. ④ 인명(因明)에서 주장, 명제·판단. 예를 들면 다음과 같다. '말은 무상하다〔宗〕', '지어낸 것이기 때문이다〔因〕', '지어낸 모든 것은 무상하다. 예를 들면 병(瓶)과 같다〔喩〕' ⑤ 종파. 학파. 부처의 여러 가르침 가운데 제각기 내세우는 요지·해석·의식·수행 방법 등의 차이에서 나누어진 갈래. ⑥ 종지(宗旨). 한 종(宗)에서 내세우는 가르침의 요지.

종성(種性): 타고난 본래의 종자적 성향을 이른다. 깨달음의 바탕이 되는 소질, 깨달을 가능성, 깨달을 수 있는 잠재력, 타고난 성품 등이다.(역주)

종취(宗趣): ① 한 종에서 내세우는 가르침의 취지. ② 스스로 체득한 궁극적인 진리로 언어로 표현할 수 없는, 스스로 체득한 깨달음 그 자체.

종통(宗通): 스스로 통달한 깨달음 그 자체. 교리나 종지를 잘 알아서 통함.

주지(住持): 세상에 머물러 교법을 보존하고 유지함.

중마(衆魔): 마귀들. 마군(魔群).

중음신(中陰身): 사람이 죽은 뒤 다음 생을 받을 때까지의 상태.(역주)

증상만(增上慢): 아직 깨닫지 못하였는데도 이미 깨달았다고 생각하는 교만.

지견(知見): 분별하지 않고 대상을 있는 그대로 직관하는 능력이다.(역주)

직각(直覺): 사물을 보거나 듣는 즉시 추리 등의 사유를 거치지 않고 곧바로 깨달아 아는 것.(역주)

진식(眞識): 원래의 청정한 성품, 곧 여래장을 말함. 아뢰야식의 청정한 부분.(역주)

진실의(眞實義): ① 진실한 뜻. 의미. ② 분별하지 않고 있는 그대로 파악된 대상. 직관으로 파악된 대상.

진여(眞如): 제법의 본체는 허환(虛幻)을 벗어나 진실하므로 이 때문에 진(眞)이라 했다. 항시 머물러 변하지 않고 바뀌지 않으므로 여(如)라 했다.(원주)

진제(眞諦): ① 제일의 진리. 제일의제. ② 진리. 진실. 깨달음에 대한 진리. ③ 분별이 끊어진 상태에서 있는 그대로 파악된 진리. 분별이 끊어진 후에 확연히 드러나는 진리. 성제(聖諦), 승의제(勝義諦)라고도 한다. 열반, 진여, 실상, 중도, 법계, 진공 등 깊고 묘한 진리를 제일의제라고 한다. 이 진리는 모든 법 가운데 제일이라는 뜻.

진지(眞智): 모든 분별을 끊고 대상을 있는 그대로 직관하는 진실한 지혜. 차별이나 분별을 떠난 깨달음의 지혜.

ㅊ

차계(遮戒) : 부처님께서 저지하시는 일이다.(원주)

체상(體相) : 본질인 체(體)와 그 본질이 밖으로 나타난 현상인 상(相)을 아울러 이르는 말.
체는 하나이고 절대이며 무한이지만, 상은 하나가 아니고 상대이며 유한이다.

체성(體性) : 변하지 않는 본성이나 실체. 본래 갖추고 있는 성품.

체인(體認) : 마음속으로 깊이 인정함.

취(趣) : 중생이 자신이 지은 업인(業因)으로 인하여 이끌려 가거나, 스스로 찾아 가는 삶의
상태. 또는 그런 세계. 오취(五趣), 육취(六趣), 선취(善趣), 악취(惡趣) 따위가 있다.

ㅌ

타수용신(他受用身) : 법상종에서는 부처의 세 몸, 즉 법신·보신·응신을 말하는데, 이 중 부
처의 지혜 공덕으로 이루어지는 몸인 보신이 바로 수용신(受用身)이다. 수용신에는 자수
용신(自受用身)과 타수용신(他受用身)이 있는데, 자수용신은 육조(六祖)가 "본래 어떤 것도
없다[本來無一物]"고 말한 바로 그것이며, 타수용신은 평등지(平等智)가 드러나는 미묘하고
깨끗한 공덕을 갖춘 몸이다. 자수용신은 부처 스스로 수용하는 법락의 몸이요, 타수용신
은 부처가 십지 보살에게 설법하기 위해 드러낸 몸이다.

ㅍ

팔식(八識) : 유식학에서 말하는 여덟 가지 식(識)으로, 안(眼)·이(耳)·비(鼻)·설(舌)·신(身)
의 다섯 감각 기관에 의(意)·말나(末那)·아뢰야(阿賴耶)가 포함된 것이다. 앞의 다섯 식
은 구체적 대상을 인식하는 능력이며 뒤의 세 식은 추상적 인식 능력이다.(역주)

팔십팔결사(八十八結使) : 일체 번뇌 중 탐(貪)·진(瞋)·치(癡)·만(慢)·의(疑)·신견(身見)·변
견(邊見)·사견(邪見)·견취견(見取見)·계금취견(禁戒取見)의 십혹(十惑)을 일러 본혹(本
惑)이라 하고 그 나머지를 모두 수혹(隨惑)이라 하는데, 이 십혹에 미혹되어 생겨나는 차
별을 팔십팔결사라 한다. 결(結)과 사(使)는 모두 번뇌의 다른 이름이다. 신심(身心)을 얽
매어 고과(苦果)를 결성(結成)하므로 이 때문에 결(結)이라 하며, 중생을 따라다니며 함
부로 몰아쳐 부리[驅使]므로 사(使)라 했다. 고집멸도의 사제(四諦)에 미혹됨이 생겨 그
로부터 일어나는 것이 욕계에 서른두 가지, 색계에 스물여덟 가지, 무색계에 스물여덟
가지이니 삼계를 통틀어 여든여덟 가지가 된다. 욕계의 서른두 가지는 고제(苦諦)의 이
치에 미혹되어 일어나는 것이 십혹이요 다음으로 집제(集諦)의 이치에 미혹되어 일어나
는 것이 칠혹이니, 앞의 십혹 중 신변계(身邊戒)의 삼견(三見)을 제외한 것이다. 집제는
업인(業因)인데 업인이 없이 아체(我體)에 미혹되어 집착하므로 신견(身見)이 없으며, 신

견이 없기에 변견(邊見)이 없고 계금취견(戒禁取見)이 없다. 다음으로 멸제의 이치에 미혹되어 칠혹이 일어나는데 이는 집제와 같다. 다음으로 도제의 이치에 미혹되어 일어나는 것으로 팔혹이 있는데, 앞의 칠혹에다 계금취를 더한 것으로, 이상을 모두 합치면 욕계의 삼십이혹이 된다. 그러나 색계와 무색계에 각기 스물여덟 가지가 있는 것은 사제의 미혹 중 진(瞋)이 제외되기 때문이다. 색계와 무색계는 정(定)의 경지이기에 성냄과 같은 거친 번뇌는 일어나지 않는다.(원주)

풍송(諷頌): 경전의 서술 형식이 운문체로 된 것이다.(역주)

필경공(畢竟空): 일체 중생이 법(法)에 집착할까 봐 말한 것이 공(空)이며, 다시 공(空)에 집착할까 봐 말한 것이 비공비유(非空非有)와 시공시유(是空是有)의 중도의 법이며, 다시 중도의 법에 집착할까 봐 말한 것이 필경공이다.(역주)

ㅎ

한로(韓盧): 『전등록(傳燈錄)』에 나오는 고사 '한로축괴 사자교인(韓盧逐塊 獅子咬人)'에서 나온 말. '사자는 사람을 무는데 개는 흙덩이를 쫓아간다'는 뜻으로, 사람이 시선을 돌리기 위해 흙덩이를 던지면 사자는 흙덩이와 상관없이 사람을 쫓아가지만 개는 흙덩이를 쫓는다는 말이다. 여기서 한로는 개를 은유하는 표현.

행상(行相): 십이입을 통해 들어온 객관의 모습을 인식하는 작용.(역주)

향적세계(香積世界): 여러 향기가 나는 세계로 향적불(香積佛)이 주지(住持)한다.(원주)

허공(虛空): 걸림이나 장애가 없는 상태. 대립이나 차별이 없는 상태.

현량(現量): 비판하고 분별 없이 바깥의 사상(事象)을 그대로 깨달아 아는 일. 사물을 지각하는 방법의 하나로, 비판이나 분별을 떠나서 외계의 대상을 있는 그대로 지각하는 것이다. 전오식은 외계의 사물을 직접 지각할 뿐이기에 현량의 성질을 가진다. 언어와 분별을 떠난 직접 지각이나 직접 경험.(역주)

현식(現識): 아뢰야식이 여러 가지 객관 세계의 모든 현상을 나타내는 것. 삼식(三識)의 하나. 근본 심식으로서 객관 세계의 가지가지 현상을 나타낸다는 뜻으로 아뢰야식을 달리 이르는 말. 거울에 여러 형상이 나타나듯이 인식 작용으로 여러 대상이 나타남.

형기세간(形器世間): 형형색색의 물질로 구성된 세계.(역주)

형색(形色): ①대상이 외형적으로 갖추고 있는 특별한 형태. 대상의 형상. ②안색. 용모. 신체.

화택(火宅): 불타고 있는 집이라는 뜻으로 번뇌와 고통이 가득한 이 세상을 이르는 말.

훈습(薰習): 향이 그 냄새를 옷에 배게 한다는 뜻으로, 우리가 행하는 선악이 없어지지 아니하고 반드시 어떤 인상(印象)이나 힘을 마음속에 남김을 이르는 말.

희론(戲論): ①대상을 분별하여 언어로 표현함. 대상을 차별하여 그에 이름이나 의미를 부여함. ②허구적인 관념을 실재하는 대상으로 간주하는 마음 작용. 허망한 언어, 무의미한 말, 헛소리, 관념.